OCÉANO ATLÁNTICO

○La Habana

CUBA

Santiago ●

HAITÍ

**REPÚBLICA
DOMINICANA**

Santo Domingo ○

San Juan ●
● Ponce

PUERTO RICO

JAMAICA

MAR CARIBE

AS

Ipa

NICARAGUA

○

*Lago de
Nicaragua*

COSTA RICA

● San José

Canal de Panamá

● Panamá

PANAMÁ

Caracas ○

VENEZUELA

Río Orinoco

Río Magdalena

○Bogotá

COLOMBIA

BRASIL

Dos mundos

Dos mundos

A Communicative Approach

Tracy D. Terrell
University of California, San Diego

Magdalena Andrade
*University of California, Irvine, and
Irvine Valley Community College*

Jeanne Egasse
Irvine Valley Community College

Elías Miguel Muñoz
Wichita State University

Random House, New York
This book was developed for Random House by Eirik Børve, Inc.

First Edition
9 8 7 6 5

Library of Congress Cataloging-in-Publication Data

Main entry under title:

Dos mundos: a communicative approach.

  Includes index.
  1. Spanish language—Text-books for foreign speakers—
English.   I. Terrell, Tracy D.
PC4129.E5D67   1986b   468.2′421   85-24394
ISBN 0-394-34239-9

Manufactured in the United States of America

Text and cover design: Gary Head
Illustrations: Sally Richardson
Photo research: Judy Mason

Acknowledgment is made here for use of photographs appearing on chapter and part openers:

Page 1 Universidad de Madrid, España © Stuart Cohen; *p. 5 Universidad de Caracas, Venezuela* © Stuart Cohen; *p. 19 Universidad de Costa Rica* © David Kupferschmid; *p. 33 Perú* © Irene Bayer/Monkmeyer; *p. 49 Buenos Aires, Argentina* © Carl Frank/Photo Researchers; *p. 69 Granada, España* © Renate Hiller/Monkmeyer; *p. 95 Cerca de Bogotá, Colombia* © Stuart Cohen; *p. 125 Barcelona, España* © Beryl Goldberg; *p. 155 Puerto Rico* © Erika Stone/Photo Researchers; *p. 183 Jerez de la Frontera, España* © Peter Menzel; *p. 213 Puerto Rico* © Owen Franken/Stock, Boston; *p. 247 Caracas, Venezuela* © Stuart Cohen; *p. 277 El Parque Gaudí, Barcelona, España* © Peter Menzel; *p. 305 Caracas, Venezuela* © Stuart Cohen; *p. 307 México, D.F. (capital de México)* © Peter Menzel; *p. 314 México, D.F.* © Stuart Cohen; *p. 341 Caracas, Venezuela* © Stuart Cohen; *p. 373 Santiago, Chile* © Stuart Cohen; *p. 407 Lima, Perú* © Stuart Cohen; *p. 437 El Mercado de Pisac, Perú* © Peter Menzel; *p. 465 Bogotá, Colombia* © Stuart Cohen; *p. 489 Córdoba, España* © Fritz Henle/Photo Researchers; *p. 515 Brooklyn, New York* © Hazel Hankin

CONTENTS

TO THE INSTRUCTOR

Dos mundos is a complete package of instructional materials for beginning Spanish courses, in which the primary goal is proficiency in communication skills. The package provides both oral and written activities that can be used as starting points for communication. The class-tested course materials are designed to encourage you and your students to feel free to interact in Spanish as naturally and as spontaneously as possible. *Dos mundos* is an exciting approach to language instruction that offers a true alternative to the methodology of most Spanish-language textbooks available in the United States today.

COMPONENTS

There are two student texts: *Dos mundos: A Communicative Approach*, the main text, and *Dos mundos: Cuaderno de trabajo*, the workbook, which is both a laboratory and a writing manual.

The main text consists of five preliminary chapters, **Primeros Pasos A–E**, and fifteen regular chapters. All chapters are organized around language functions and vocabulary groups that are essential to communication at the beginning level. A wide variety of cultural materials provides a context for language acquisition. Each regular chapter is divided into three parts:

- Actividades orales, *with* Vocabulario;
- Lecturas adicionales;
- Gramática y ejercicios.

The **Actividades orales** are materials for oral communication in the classroom; some readings are included in this section as well. The **Vocabulario** at the end of each activities section is a reference list of all the new vocabulary introduced in that chapter section. The **Lecturas adicionales** are readings, but the section also includes dialogues, cultural notes, short stories, and so on. The **Gramática y ejercicios** section provides concise explanations of grammar and word usage and short verification exercises.

The *Cuaderno de trabajo* is organized much like the main text. It also contains the five preliminary chapters, **Primeros pasos A–E**, followed by fifteen chapters, each of which corresponds exactly to the chapters in the main text. Each chapter of the *Cuaderno de trabajo* consists of four sections:

- Actividades de comprensión (*coordinated with tapes*);
- Ejercicios de pronunciación (*with tapes*);
- Ejercicios de ortografía (*with tapes*);
- Actividades escritas.

Additional parts of the instructional program include:

- The *Instructor's Edition*, with marginal notes containing suggestions for using and expanding the materials in the student text, hints for teaching, and materials for listening comprehension.
- The *Instructor's Manual* (bound into the back of the *Instructor's Edition*), which provides a general introduction to the Natural Approach and to the types of acquisition activities contained in the program. The *Instructor's Manual* contains many pre-text activities designed for use *before* covering the activities in the student text, as well as other suggestions for implementing the Natural Approach.
- The *Testing Package*, with both vocabulary and grammar exams for each chapter and four-skills examinations for the mid-term and final.
- An *Audio-Video Program*, with tapes for each chapter that focus on the topics and functions of each chapter of the student text.
- A *Tapescript*, containing the text of all the materials in the *Cuaderno de trabajo*.

CHARACTERS

The people who appear in the student materials of *Dos mundos* belong to three groups of repeating characters:

- **Los amigos norteamericanos**, a group of students who are studying Spanish at the University of Texas, San Antonio;
- **Los amigos hispanos**, Hispanics from various parts of the Spanish-speaking world;
- Characters in **la telenovela "*Entre amigos*,"** the Ramírez and Ruiz families and their neighbors and friends, all from a fictional soap opera set in Mexico City.

Characters from the different groups appear in the drawings, activities, readings, and exercises of *Dos mundos* whenever possible. While there is no "story line" that must be followed, the appearance of people from the regular cast of characters gives *Dos mundos* a greater sense of unity and makes the materials seem less artificial to students.

THEORY

The materials in *Dos mundos* are based on Tracy D. Terrell's Natural Approach to language instruction, which, in turn, relies heavily on aspects of Stephen D. Krashen's theoretical model of second-language acquisition. This theory consists of five interrelated hypotheses, each of which is mirrored in some way in *Dos mundos*.

1. The *Acquisition-Learning Hypothesis* suggests there are two kinds of linguistic knowledge that people use in communication. "Acquired knowledge" is used unconsciously and automatically to understand and produce sentences. "Learned knowledge," on the other hand, may be used consciously, especially to produce carefully thought-out speech or to edit writing. *Dos mundos* is

designed to develop both acquired and learned knowledge. The following sections of the course materials are planned to help students achieve both goals:

ACQUISITION	LEARNING
Actividades orales	Gramática y ejercicios
Lecturas adicionales	Ejercicios de pronunciación
Actividades de comprensión	Ejercicios de ortografía
Actividades escritas	

2. The *Monitor Hypothesis* explains the function of acquired and learned knowledge in normal conversation. Acquired knowledge, the basis of communication, is used primarily to understand and create utterances. Learned knowledge is used principally to edit or "monitor" acquired knowledge, to make minor corrections before actually producing a sentence. Exercises in the **Gramática y ejercicios** ask students to pay close attention to the correct application of learned rules.

3. The *Input Hypothesis* suggests that the acquisition of grammatical rules occurs when the acquirer can comprehend, in natural speech, utterances that contain examples of those rules. That is, acquisition takes place when acquirers are trying to understand and convey messages. For this reason, comprehension skills are given extra emphasis in *Dos mundos*. "Teacher-talk" is indispensable, and no amount of explanation and practice can substitute for real communication experiences.

4. The *Natural Order Hypothesis* suggests that grammar rules and forms are acquired in a "natural order" that cannot be hurried. For this reason, a topical-situational syllabus is followed in the **Actividades orales** and other acquisition-oriented sections; students learn the vocabulary and grammar they need to meet the communication demands of a given section. A grammatical syllabus not unlike those in most beginning Spanish textbooks is the basis for the **Gramática y ejercicios** sections, but activities to encourage the acquisition of grammatical forms are spread out over subsequent chapters. The Natural Order Hypothesis is also the basis for our recommendation that speech errors be expanded naturally by the instructor into correct forms during acquisition activities, but be corrected clearly and directly during grammar exercises.

5. The *Affective Filter Hypothesis* suggests that acquisition will take place only in "affectively" positive, nonthreatening situations. *Dos mundos* tries to create such a positive classroom atmosphere by stressing student interest and involvement in two sorts of activities: those relating directly to students and their lives, and those relating to the Hispanic world. Hence the *dos mundos* of the title.

APPLICATION OF NATURAL APPROACH THEORY

These general guidelines, which follow from the preceding five hypotheses, are used in *Dos mundos* and characterize a Natural Approach classroom.

1. *Comprehension precedes production.* Students' ability to use new vocabulary and grammar is directly related to the opportunities they have to listen to vocabulary and grammar in a natural context. Multiple opportunities to express their own meaning in communicative contexts must follow comprehension.

2. *Speech emerges in stages. Dos mundos* allows for three stages of language development:

Stage 1. Comprehension	**Paso A**
Stage 2. Early speech	**Pasos B–E**
Stage 3. Speech emergence	**Capítulos 1–15**

The activities in **Paso A** are designed to give the students an opportunity to develop good comprehension skills without being required to speak Spanish. The activities in **Pasos B–E** are designed to encourage the transition from comprehension to an ability to make natural responses with single words or short phrases. By the end of the **Primeros pasos**, most students are making the transition from short answers to longer phrases and complete sentences using the material of the **Pasos**; their ability to communicate even at this early stage surpasses that of students learning by most other methods.

With the new material in each chapter, students will pass through the same three stages. The activities in the *Instructor's Edition*, the student text, and the *Cuaderno de trabajo* are designed to provide comprehension experiences with new material before production.

3. *Speech emergence is characterized by grammatical errors.* It is to be expected that students will make many errors when they begin putting words together into sentences, because it is impossible to monitor spontaneous speech. These early errors do not become permanent, nor do they affect students' future language development. It is best to correct only factual errors and to expand and rephrase students' responses into grammatically correct sentences.

4. *Group work encourages speech.* Most of the activities lend themselves to pair or small-group work, which allows for more opportunity to interact in Spanish during a given class period and provides practice in a nonthreatening atmosphere.

5. *Students acquire language only in a low-anxiety environment.* Students will be most successful when they are interacting in communicative activities that they enjoy. The goal is for them to express themselves as best they can and to enjoy and develop a positive attitude toward their second-language experience. The Natural Approach instructor will create an accepting and enjoyable environment in which to acquire and learn Spanish.

6. *The goal of the Natural Approach is proficiency in communication skills.* Proficiency is defined as the ability to convey information and/or feelings in a particular situation for a particular purpose. The three components of proficiency are discourse (ability to interact with native speakers), sociolinguistic (ability to interact in different social situations), and linguistic (ability to choose correct form and structure and express a specific meaning). Grammatical correctness is part of proficiency, but it is neither the primary goal nor a prerequisite for developing communicative proficiency.

STUDENT MATERIALS

Dos mundos: A Communicative Approach

The main text contains the **Actividades orales**, which aim to stimulate the acquisition of vocabulary and grammar. These activities are organized by topic. Several types of oral activities are repeated from chapter to chapter:

Model dialogues	Narration series
Scrambled dialogues	Definitions
Open dialogues	Matching activities
Situational dialogues	Personal opinion activities
Interviews	Newspaper ads
Affective activities	TPR (Total Physical Response) activities
Interactions	Student-centered input
Association activities	Photo-centered input
Autograph activities	

The **Vocabulario** at the end of the **Actividades orales** contains all the new words that have been introduced in the chapter and is classified by topic. These are the words students should *recognize* when they are used in a communicative context. Many of these words will be used "actively" by students in later chapters as the course progresses.

The main text also stresses reading skills as an aid to acquisition. Readings are found within the **Actividades orales** under an appropriate topic and in the **Lecturas adicionales** sections. The readings in the **Lecturas adicionales** are the more challenging; to understand them, students must use context more frequently to guess at the meanings of words. There are several categories of readings in *Dos mundos: A Communicative Approach*:

Los amigos hispanos	La telenovela
En el periódico	La ficción
Notas culturales	

Grammar plays an important part in the main text, since it represents the learning side of the Acquisition-Learning Hypothesis. We have set the **Gramática y ejercicios** apart from the **Actividades orales** for easier study and reference. However, in most **Actividades orales** sections, there are references (marked ¡OJO!) to the pertinent grammar section. The separation of the **Gramática y ejercicios** from the **Actividades orales** also permits the instructor to adopt a deductive, an inductive, or a mixed approach to grammar instruction. In the **Gramática y ejercicios** sections, there are short explanations of the rules of morphology (word formation), syntax (sentence formation), and word usage (lexical sets). Orthographic and pronunciation rules and practice are found in the *Cuaderno de trabajo*. Most of the grammar exercises are short and contextualized. The answers are given in Appendix 2 of the student text so that students can verify their responses.

Dos mundos: Cuaderno de trabajo

The workbook contains both acquisition activities and learning exercises for study outside the classroom.

The **Actividades de comprensión** are recorded oral texts of various sorts:

Dialogues	Newscasts
Narratives	Interviews
Radio/television commercial announcements	

Each oral text is accompanied by a list of new vocabulary, a drawing that orients students to the content of the text, and verification activities and comprehension questions that help students determine whether they have understood the main ideas (and some supporting detail) of the recorded material.

The **Ejercicios de pronunciación** and the **Ejercicios de ortografía** provide explanations of the sound system and orthography as well as additional practice in pronunciation and spelling.

The **Actividades escritas** are open-ended writing activities, coordinated with the topical-situational syllabus of the **Actividades orales**.

AUTHORS

Each of the four authors contributed to all parts of *Dos mundos*. Tracy David Terrell (University of California, Irvine and San Diego) wrote the first draft of the grammar sections; Magdalena Andrade (University of California, Irvine) wrote many of the oral texts of the **Actividades de comprensión**; Jeanne Egasse (Irvine Valley College) wrote many of the grammar exercises; and Elías Miguel Muñoz (Wichita State University, Kansas) wrote many of the readings.

ACKNOWLEDGMENTS

The authors wish to thank the many students and instructors who used earlier versions of these Natural Approach materials and who provided us with the indispensable information on how to make Natural Approach ideas "do-able" in the foreign-language classroom. Particular thanks go to the instructors and students who have field-tested these materials in various stages of their development: the Department of Spanish and Portuguese at the University of California, Irvine; Irvine Valley College (formerly Saddleback Community College, North); the Orange County (California) Department of Education; and the Santa Ana Unified School District (Orange County). The comments and suggestions of students and instructors alike have been invaluable in the development of *Dos mundos*.

Special thanks go to the many members of the language teaching profession who have read sections of *Dos mundos* at various stages of its development and offered valuable suggestions; the appearance of their names does not necessarily constitute endorsement of the text or its methodology:

Milton Azevedo
University of California, Berkeley

Margaret Beeson
Kansas State University

Karen Christian
Wichita State University, Kansas

John Chrzanowski
California State University, Los Angeles

Ronald Freeman
California State University, Fresno

Barbara González
University of Texas, San Antonio

Gail Guntherman
Arizona State University

Gene Hammitt
Allegheny College (Pennsylvania)

Theodore V. Higgs
San Diego State University

Sam Hill
California State University, Sacramento

James R. Houlton
University of Hawaii, Manoa

Amanda Jiménez
University of California, Irvine

Kathy Kelly
University of California, Irvine

Jacqueline Kiraithe
California State University, Fullerton

Dale Koike
University of Texas, Austin

Stephen D. Krashen
University of Southern California

Nancy F. Marino
University of Houston

Dorothy Rissel
Indiana University, Bloomington

Wilga M. Rivers
Harvard University

Sol Saporta
University of Washington

Diana Ringer Über
Rutgers University

Lorraine Yocky
Long Beach City College (California)

We gratefully acknowledge in particular the work of two professors. Richard V. Teschner (University of Texas, El Paso) read the final version of the **Gramática y ejercicios** sections, in addition to sections of earlier drafts of the manuscript, and offered many useful suggestions and comments. Mary Gay Doman (California State University, Northridge) read the final version of all components, offered invaluable suggestions on the implementation of Natural Approach methodology, and asked many insightful questions.

The native-speaking teaching assistants of the University of California, Irvine, gave constant help with the linguistic accuracy of many versions of these materials. In addition, we wish to thank two individuals, Laura Chastain (El Salvador) and María José Ruiz Morcillo (Spain) for their help with questions of language usage and cultural content in the final manuscript.

Especially we acknowledge our debt to our editor, Thalia Dorwick, who guided our ideas into the development of these materials, week-by-week and word-by-word. It is she who insisted on maintaining the innovations in the Natural Approach so that *Dos mundos* would not be just a copy of other texts currently on the market. We would also like to thank the following EBI/Random House associates for their excellent work on this project as well as for their patience and perseverance: Pamela Evans, Valerie Rynne, Anne Weinberger, Pattie Myers, Karen Judd, Charlotte Jackson, Christine Bennett. Extra special thanks go to our artist, Sally Richardson, who breathed life into the more than 50 characters who at first existed only in the authors' minds and who now live in this book.

And, finally, we would like to thank each other for five years of work in moving the Natural Approach from idea into print. If we have made a meaningful contribution to the direction textbook materials take, it will have been worthwhile.

TO THE STUDENT

The course you are about to begin is based on a methodology called the Natural Approach. It is an approach to language learning with which we have experimented during the past several years in various high schools, colleges, and universities. It is now used in many foreign-language classes across the country, as well as in classes in "English as a second language."

This course is designed to give you the opportunity to develop the ability to understand and speak "everyday Spanish"; you will also learn to read and write Spanish. Two kinds of experiences will help you develop language skills: "acquisition" and "learning." "Acquired" knowledge is the "feel" for language that develops from practical communication experiences. It is the unconscious language knowledge you use when communicating information to others. "Learned" knowledge comes from studying. Learning is based on lectures or textbooks and leads to knowledge about the language or culture. In this course we want you to both acquire and learn. We will try to provide you with real communication experiences for acquisition as well as factual information in order for you to learn about the Spanish language and the Spanish-speaking world.

Of the two kinds of knowledge, acquired knowledge is the most useful for understanding and speaking a second language. Learned knowledge is useful when we are writing, or when we have time to prepare ahead of time what we want to say (in a speech, for example). In normal conversations, however, it is very difficult to think consciously about what we have learned and then to apply this knowledge, while at the same time thinking about the content of what we want to say. It is preferable to concentrate on the message—what we want to say—and let the language flow naturally. This doesn't happen after only a few days' experience with a new language, of course, but with experience in communicative situations, as your acquired knowledge develops, it becomes easier and easier. For these reasons, class periods in this course will be dedicated to providing you with opportunities to use Spanish to communicate information and ideas.

The interesting thing about acquisition is that it seems to take place best when you listen to a speaker and understand what is being said. This is why your instructor will always speak Spanish to you and will do everything possible to help you understand without using English. You need not think about the process of acquisition, only about what your instructor is saying. You will begin to speak Spanish naturally after you can comprehend some spoken Spanish without translating it into English.

These Natural Approach materials are designed to help you with your acquisition and learning experiences. There are two textbooks: *Dos mundos: A Communicative Approach*, and *Dos mundos: Cuaderno de trabajo*. Each text and the various parts of the texts serve different purposes. *Dos mundos: A Communicative Approach*, the main text for the class hour, will be used as a basis for the oral acquisition activities you will participate in with your instructor and classmates. The main section contains the **Actividades orales** (*Oral activities*), which are springboards for your instructor, your classmates, and you to engage in conversation in Spanish about topics of interest to you and to Spanish speakers. The main text also contains the **Gramática y ejercicios** (*Grammar and exercises*) that provide you with learning activities to supplement what you do in class. The **Gramática y ejercicios** section contains explanations and examples of grammar rules followed by exercises whose goal is to provide you with a mechanism to verify whether you have understood the grammar explanation. It is important to realize that the exercises only teach you *about* Spanish; they do not teach you *Spanish*. Only real communication experiences of the type based on the oral activities will do that.

The *Cuaderno de trabajo* (*Workbook*) gives you more opportunities to listen to Spanish outside class and to write about topics that are linked to the oral classroom activities. Many of the activities are recorded on the tapes that accompany the workbook.

USING *DOS MUNDOS*

Actividades orales *(Oral activities)*

The purpose of the oral activities is to provide you with the opportunity to hear and speak Spanish. Since the goal of an activity is acquisition, it is important that during these activities you concentrate on the topic rather than the fact that Spanish is being spoken. Remember that acquisition will take place only if you are not focused on learning Spanish, but rather on using Spanish to talk about something. The point of an acquisition activity is to develop a natural conversation, not just to finish the activity. It isn't necessary to finish every activity. As long as you are listening to and understanding Spanish, you will acquire it.

It is important to relax during an acquisition activity. Don't worry about not understanding every word your instructor says. Concentrate on getting the main idea of the conversation. Nor should you worry about making mistakes. All beginners make mistakes when trying to speak a second language. Mistakes are natural and do not hinder the acquisition process. You will make fewer mistakes as your listening skills improve, so keep trying to communicate your ideas as clearly as you can at a given point. Don't worry about your classmates' mistakes, either. Some students will acquire more rapidly than others, but everyone will be successful in the long run. In the meantime, minor grammatical or pronunciation errors do no great harm. Always listen to your instructor's comments and feedback since he or she will almost always rephrase what a student has said in a more complete and correct manner. This is done not to embarrass anyone, but to give you the chance to hear more Spanish spoken correctly. Remember, acquisition comes primarily from listening to and understanding Spanish.

How can you get the most out of an acquisition activity? First and most importantly, remember that the purpose of the activity is simply to begin a conversation. Expand on the activity. Don't just rush through it; rather, try to say as much as you can. Some students have reported that it is helpful to look over an activity before doing it in class. You should certainly not engage in an activity you do not understand. Other students have suggested that a quick look before class at the new words to be used in the activity makes it easier to participate.

Finally, speak *Spanish*; avoid English. If you don't know a word in Spanish, try another way to express your idea. It's better to express yourself in a more round-about fashion in Spanish than to insert English words and phrases. If you simply cannot express an idea in Spanish, say it in English and your instructor will show you how to say it in Spanish.

Lecturas *(Readings)*

There are many reasons for learning to read Spanish. Some students may want to be able to read research published in Spanish in their field. Others may want to read Spanish literature. Many of you will want to read signs, advertisements, and menus when you travel in a Spanish-speaking country. Whatever your personal goal is in learning to read Spanish, reading is also a skill that can help you *acquire* Spanish.

There are at least four reading skills you should already have in English that you can transfer to reading Spanish: scanning, skimming, intensive reading, and extensive reading.

- Scanning is searching for particular information. You scan a menu, for example, looking for something that appeals to you. You scan newspaper ads for items of interest. There are a number of ads from Spanish newspapers and magazines in *Dos mundos* to give you scanning practice. You do not need to understand every word in an ad to search for the information you need or desire. Listen to the questions your instructor asks and scan for that particular piece of information.
- Skimming is getting an overview of the main ideas in a reading. You often skim newspaper articles. Or you skim a new chapter in a textbook before deciding which section to concentrate on. You should always skim a reading selection before reading it.
- Intensive reading is what you do when you are studying. For example, you read a chemistry assignment intensively, thinking about almost every sentence, making sure you understand every word. In *Dos mundos: A Communicative Approach* you will read the selections in the first few chapters intensively in order to start reading in Spanish. But for the most part we want you to avoid intensive reading in order to learn to read extensively.
- Extensive reading skills are used for most reading purposes. When you read extensively, you understand the main ideas and most of the content. You do not study the material, however, and there are usually words you do not understand. When reading extensively you use context and common sense to guess at the meaning of the words you do not understand. Sometimes there will be whole sentences (or even paragraphs) that you only vaguely understand. You use a dictionary only when an unknown word prevents you from understanding the main ideas in the passage. Extensive reading is associated with reading large amounts. Most of the readings we have provided are for practice with extensive reading.

We do not expect you to understand every word, nor all the structures used in the reading. Instead, we want you to read quickly, trying to get the main ideas. In fact we have purposely included unknown words and grammar in most readings to force you to get used to skipping over less important details.

A final point but, in our opinion, the most important one: Reading is not translation. If you look at the Spanish text and read in English, you are not reading, but translating. This is an extremely slow and laborious way of getting the meaning of a Spanish text. We want you to read Spanish *in Spanish*, not in English. We recognize that translating into English will be your natural inclination when you first start to read in Spanish, but you must resist that temptation and try to think in Spanish. If you are looking up a lot of words in the end vocabulary and translating into English, you are not reading. The meanings of some words are glossed in English. These are more difficult words or expressions that may cause confusion when you read, or words and phrases whose meaning you really need to know in order to comprehend fully the passage you are reading. You need not learn the glossed words, but you should use them to help you understand what you are reading.

Some readings are scattered throughout the **Actividades orales** sections. The meaning of new, unglossed words in these readings is included in the **Vocabulario** list (see the next section). Other readings are included in the **Lecturas adicionales** (*Additional readings*) sections. The new, unglossed words that appear in these readings do *not* appear in the chapter **Vocabulario**. You will generally be able to guess the meaning of these words from context. Even if you can't guess them, you can safely ignore them as long as you understand the main ideas of the passage. In fact, the purpose of the **Lecturas adicionales** is to give you experience in working with context and getting the main idea.

Vocabulario *(Vocabulary)*

Each chapter contains a vocabulary list classified by topics or situations. This list is mainly for reference and review. You should *recognize* the meaning of all these words whenever you hear them in context; however, you will not be able to *use* all these words in your speech. What you actually use will be what is most important or what is needed in your particular situations. Relax, speak Spanish as much as possible, and you will be amazed at how many of the words you recognize will soon become words you use in speaking as well.

Gramática y ejercicios *(Grammar and exercises)*

The final section of each chapter is a study and reference manual. Here, you will study Spanish grammar and verify your comprehension by doing the exercises. Since it is usually difficult when speaking to think of grammar rules and to apply them correctly, most of the verification exercises are meant to be written in order to give you time to check the forms you are unsure of in the grammar and/or dictionary.

We do not expect you to learn all the rules in the grammar sections. Read the explanations carefully and look at the examples to see how the rule in question applies. At the beginning of each subsection of the **Actividades orales**, there is a reference to the appropriate section in the grammar. As you begin a new section, read the specific grammar section or sections that apply.

GETTING TO KNOW THE CHARACTERS

In *Dos mundos* the people you will read and talk about reappear in activities and exercises throughout the text. Some are American students and others are Hispanics who live and work in various countries. Several are characters in a fictitious Mexican soap opera called **"Entre amigos,"** that is, *"Among Friends."*

First there is a group of students at the University of Texas at San Antonio. Although they are all majoring in different subjects, they know each other through Professor Adela Martínez's 8:00 A.M. Spanish class. You will meet six students in the class: Steve (Esteban), Carmen, Al (Alberto), Nora, Monique (Mónica), and Louis (Luis). Each uses the Spanish version of his or her name. Professor Martínez was born and raised in San Antonio and is completely bilingual in Spanish and English.

Mónica Carmen Esteban Nora Alberto Luis

The **amigos hispanos** (*Spanish friends*) live in various parts of the Spanish-speaking world. In Mexico you will meet Silvia Bustamante and her boyfriend, Carlos Padilla. You will also get to know the Saucedo family. Raúl Saucedo lives with his parents in Mexico City, but is currently studying engineering at the University of Texas at San Antonio; he knows many of the students in Professor Martínez's class. Raúl is originally from Arenal, a small town near Guadalajara, where his grandmother, María González de Saucedo, still lives. Raúl has twin sisters named Marisa y Clarisa.

Silvia Carlos   doña María Raúl

In Puerto Rico you will meet Carla Espinosa, a student at the Universidad de Puerto Rico (Río Piedras campus). Carla is studying biology and wants to be a doctor. Her best friend is Rogelio Varela, who is also a student at UPR. Marta Muñoz is a friend of both Carla and Rogelio. She is from Mexico, but she is currently working in Puerto Rico.

Carla Rogelio Marta

In Spain you will accompany an American student, Clara (Claire) Martin, on her travels. Her best friends in Spain are Pilar Álvarez and José Estrada.

Pilar   Clara   José

In Caracas, Venezuela, you will get to know Ricardo Sícora, who is 18 and has just graduated from high school.

Ricardo

In Argentina you will meet Adriana Bolini, who is single and who works for a computer company. Adriana travels a lot and speaks several languages in addition to Spanish.

Adriana

On radio and television you will listen to Julio Martínez Delgado, who works as an interviewer and news broadcaster for SIB (the Spanish International Broadcasting network). Julio is Cuban, and he now lives in Miami.

Julio

Finally, in Colombia you will meet the Torres family, Inés and Bernardo and their three children. Inés and Bernardo live and work in Bogotá, but they travel extensively, so we will follow them on many different occasions.

Inés y Bernado Torres

(Natalia, Rosalía y Lydia)

On television we will follow a soap opera (**telenovela**) **"Entre Amigos."** The **telenovela** takes place in an average Mexican city, mostly in one neighborhood. The main characters are the Ramírez family: Ernesto and Estela, their son, Ernestito, and their daughters, Andrea and Paula. Ernestito's best friend is his cousin, Gustavo Rivero. The Ramírez neighbors are the Ruiz family: Pedro Ruiz, a writer who works at home and takes care of the children, and Margarita, a businesswoman who is president of **la Compañía Mariola**, which manufactures toys. They have two children: Amanda, who studies at the Colegio Sagrado Corazón with Gustavo, and Guillermo, who is younger than Amanda. There are others in the neighborhood, as well, such as don Eduardo Alvar and don Anselmo Olivera, doña Lola Batini, doña Rosita Silva, and the young Daniel Galván, who considers himself something of a don Juan with the women, and his **novia** (*girlfriend*), Leticia Reyes. You will meet these people and others in due course.

la familia Ramírez

Estela   Ernesto

Ernestito Paula
Andrea   Gustavo

la familia Ruiz

Pedro   Guillermo

Margarita   Amanda

don   don   doña   doña
Eduardo Anselmo Lola   Rosita   Daniel Leticia

Remember that the best way to acquire Spanish in a Natural Approach course is to relax and enjoy yourself. Most of all, don't worry about mistakes: all beginners make mistakes. We hope you like these materials and this Natural Approach to the acquisition of Spanish. Acquiring Spanish will be fun!

Primeros pasos

UNDERSTANDING A NEW LANGUAGE

Understanding a new language is not difficult once you realize that you can understand what someone is saying without understanding every word. What is important in communication is understanding the ideas, the message the person is trying to convey. There are several techniques that will help you develop good listening comprehension skills.

First, and most important, you must *guess* at meaning! There are several ways to improve your ability to guess accurately. The most important factor in good guessing at meaning is to pay close attention to context. If someone greets you at three in the afternoon by saying **Buenas tardes**, chances are good that they have said *Good afternoon*, and not *Good morning* or *Good evening*. Here, the greeting context and the time of day help you to make a logical guess about the message being conveyed. If someone you don't know says to you, **Hola, me llamo Roberto**, you can guess from the context and from the key word **Roberto** that he is telling you what his name is.

In the classroom, ask yourself what you think your instructor has said even if you haven't understood most or any of the words. What is the most likely thing he or she would have said in a particular situation? Context, gestures, and body language will all help you guess more accurately. Be logical in your guesses and try to follow along by paying close attention to the flow of the conversation. People try to make sense when they talk, and they do not usually talk without meaning.

The next most important factor in good guessing is to pay attention to key words. These are words that carry the basic meaning of the sentence. In the class activities, for example, if your instructor points to a picture and says (in Spanish), *Does the man have brown hair?*, you will know from the context and intonation that a question is being asked. If you can focus on the key words *brown* and *hair* you will be able to answer the question correctly.

Second, it is important to realize that you do not need to know grammar to be able to understand much of what your instructor says to you. In the previous sentence, for example, you would not need to know the words *does*, *the*, or *have* in order to get the gist of the question. Nor would you have needed to study rules of verb conjugation. However, if you do not know the meaning of key vocabulary words, you will not be able to make good guesses about what was said.

VOCABULARY

Since comprehension depends on your ability to recognize the meaning of key words used in the conversations you hear, the preliminary chapters will help you become familiar with many new words in Spanish, probably well over one hundred. You should not be concerned about pronouncing these words perfectly; saying them easily will come a little later. Your instructor will write all the key vocabulary words on the board. You should copy them in a vocabulary notebook as they are introduced, for future reference and study. Copy them carefully, but don't worry now about spelling rules.

Include English equivalents if they help you remember the meaning. Do review your vocabulary lists frequently. Look at the Spanish and try to visualize the person (for words like *man* or *child*), the thing (for words like *chair* or *pencil*), a person or thing with particular characteristics (for words like *young* or *long*), or an activity or situation (for words like *stand up* or *is wearing*). You do not need to memorize these words, but you should concentrate on recognizing their meaning when you see them and when your instructor uses them in conversation with you in class.

CLASSROOM ACTIVITIES

In the first preliminary chapter, **Paso** (*Step*) **A**, you will be doing three kinds of class activities: TPR, descriptions of classmates, and descriptions of pictures.

TPR: This is "Total Physical Response," a technique developed by Professor James Asher at San Jose State University in northern California. In TPR activities your instructor gives a command, which you then act out. TPR may seem somewhat childish at first, but if you relax and let your body and mind work together to absorb Spanish, you will be surprised at how quickly and how much you can understand. Remember that you do not have to understand every word your instructor says, only enough to perform the action called for. In TPR, "cheating" is allowed! If you don't understand a command, "sneak" a look at your fellow classmates to see what they are doing.

Description of students: On various occasions, your instructor will describe each of the students in the class. You will have to remember the names of each of your classmates and identify who is being described. You will begin to recognize the meaning of the Spanish words for colors and clothing, and for some descriptive words like *long, pretty, new,* and so on.

Description of pictures: Your instructor will take many pictures to class and describe the people in them. Your goal is to identify the picture being described by the instructor.

In addition, just for fun, you will learn to say a few common phrases of greeting and leave-taking in Spanish: *hello, good-bye, how are you*?, and so on. You will practice these in short dialogues with your classmates. Don't try to memorize the dialogues; just have fun with them. Your pronunciation will not be perfect, of course, but it will improve as your listening skills improve.

EL MUNDO DEL ESTUDIANTE

PRIMEROS PASOS

PASO A

LOS TEMAS

Classroom Commands

The Names of Your Classmates

Describing People (Part 1)

Colors

Clothing

Numbers

Parts of the Body

Greeting and Leave-taking

LA GRAMÁTICA

A.1. Identifying Things and People (**ser** + Personal Pronouns)
A.2. Sentence Negation
A.3. Numbers (0–39)

In **Paso A** you will learn to understand a good deal of spoken Spanish and get to know your classmates. The listening skills you develop during these first days of class will enhance your ability to understand Spanish wherever you hear it spoken and will also make learning to speak Spanish easier.

ACTIVIDADES ORALES

MANDATOS EN LA CLASE

la profesora Martínez
escriba — *write*
escuche — *listen*
lea — *leer read*
levántese — *stand*
siéntese — *sit*

Esteban   Nora   Luis   Alberto   Carmen

Actividad 1. Los mandatos

pluma – fountain pen
bolígrafo – ball PT pen

a. Dé una vuelta. *dé a turn*
b. Abra el libro. *open bик*
c. Cierre el libro. *close bик*

d. Saque un bolígrafo. *take out pen*
e. Camine. *walk*

f. Salte. *Jump*
g. Corra. *run*
h. Mire arriba. *look up*

LOS NOMBRES DE LOS COMPAÑEROS DE CLASE

Carmen Esteban

—¿Cuál es su nombre?
—Mi nombre es Esteban.

la profesora Martínez

Nora

—¿Cómo se llama usted?
—Me llamo Nora Morales.

Actividad 2. Los amigos

Luis Esteban

—¿Cómo se llama el amigo de ____?
—Se llama ____.

Mónica Carmen

—¿Cómo se llama la amiga de ____?
—Se llama ____.

LA DESCRIPCIÓN DE PERSONAS (PARTE 1)

¡OJO! *Estudie Gramática A.1–A.2.*

ser (*to be*)	
(yo) **soy**	*I am*
(usted, él, ella) **es**	*you (sing.) are; he, she, it is*
(nosotros, nosotras) **somos**	*we are*
(ustedes, ellos, ellas) **son**	*you (pl.), they are*

Daniel Galván   don Eduardo   Gustavo Rivero   Leticia Reyes   Amanda Ruiz   doña Rosita Silva

Actividad 3. Descripciones

En la clase de español, ¿quién es _____?

1. rubio/a   2. alto/a   3. bonita/guapo   4. joven

LOS COLORES

Actividad 4. Los colores

¿De qué color es _____?

1. un automóvil *car*
2. una planta *plant*
3. un perro *dog*
4. una casa *hou*
5. un gato *cat*

a. rojo/a *red*
b. amarillo/a *ylw*
c. verde *grn*
d. color café
e. blanco/a *wht*
f. ¿_____?

clothes

◨◨ LA ROPA

el sombrero — la corbata *tie*
la camisa *shirt*

el suéter *sweater*
la blusa *blouse*

Jacket — el saco

suit

el traje

Jacket — la chaqueta

los zapatos *shoes*

los pantalones *pants*

la falda *skirt*

las botas *boots*

coat
el abrigo
el vestido *dress*

Daniel Galván   Gustavo Rivero   Leticia Reyes   Estela Ramírez

my classmates.

Actividad 5. Mis compañeros de clase

look at your classmates. State the name of the student, the clothes,
Mire a los compañeros de clase. Diga el nombre del estudiante, la ropa y el
color de la ropa.   *+ the color.*

NOMBRE	ROPA	COLOR
1. Carmen	blusa	amarilla
2. _____	_____	_____
3. _____	_____	_____
4. _____	_____	_____
5. _____	_____	_____

numbers

◨◨ LOS NÚMEROS

¡OJO! *Estudie Gramática A.3.*

0 cero	10 diez	20 veinte
1 uno	11 once	21 veintiuno
2 dos	12 doce	22 veintidós
3 tres	13 trece	23 veintitrés
4 cuatro	14 catorce	24 veinticuatro…
5 cinco	15 quince	30 treinta
6 seis	16 dieciséis	31 treinta y uno
7 siete	17 diecisiete	32 treinta y dos
8 ocho	18 dieciocho	33 treinta y tres
9 nueve	19 diecinueve	34 treinta y cuatro…

how many have

Actividad 6. ¿Cuántos hay?

Cuente los estudiantes en la clase que…

LLEVAN *are wearing*

_____ pantalones *pants*
_____ lentes *glasses*
_____ reloj *watch*
_____ blusa *blouse*
_____ falda *skirt*
_____ zapatos de tenis *sneakers*

TIENEN *have*

_____ barba *beard*
_____ pelo largo *long hr*
_____ bigote *stach*
_____ pelo castaño *brown*
_____ pelo rubio *blnd hr*
_____ ojos azules *blue eye*

parts of head

LAS PARTES DEL CUERPO

el pelo *hr*
los ojos *ey*
la nariz *nus*
las orejas *ear*
la boca *muth*

la cara *face*
la cabeza *head*
los hombros *shoulders*
la espalda *back*
el brazo *arm*
la mano *hand*
la pierna *leg*
el cuerpo *body*
el estómago
el pie *foot*

Actividad 7. ¿Quién es?

Mire a estas personas. Escuche la descripción y diga cómo se llama.

look at the people. listen to the descrip & esay the name.

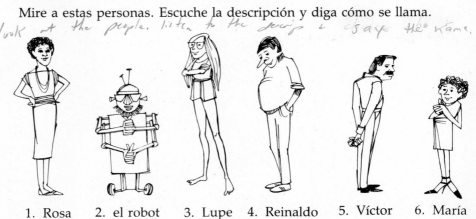

1. Rosa   2. el robot   3. Lupe   4. Reinaldo   5. Víctor   6. María

greeting + partings

LOS SALUDOS Y LAS DESPEDIDAS

Buenos días.

Buenas tardes.

Buenas noches.

—Mucho gusto.
—Igualmente.

—¿Cómo está usted?
—Muy bien, gracias.

Hasta luego.

Actividad 8. Diálogos

1. Carlos Padilla saluda a la nueva estudiante en su clase en la universidad.

   CARLOS: Buenos días. ¿Cómo está usted?
   PATRICIA: Muy bien, gracias. ¿Y usted?
   CARLOS: Muy bien.

2. La señora Inés Torres habla por teléfono con el señor Humberto López.

   INÉS: Señor López, ¿cómo está usted?
   HUMBERTO: Estoy un poco cansado. ¿Y usted?
   INÉS: Regular.

3. Rogelio Varela habla con una estudiante nueva en una clase en la Universidad de Puerto Rico.

   ROGELIO: Hola, soy Rogelio Varela. ¿Cómo se llama usted?
   VERÓNICA: Mi nombre es Verónica Moro. Mucho gusto.
   ROGELIO: Encantado.

4. Amanda habla con la señora Rosita Silva.

   SRA. SILVA: Buenas tardes, Amanda.
   AMANDA: Buenas tardes, señora. ¿Cómo está la familia?
   SRA. SILVA: Bien, gracias.

Vocabulario

LOS MANDATOS Commands

abra(n)	open	estudie(n)	study
baile(n)	dance	hable(n)	talk/speak
camine(n)	walk	lea(n)	read
cante(n)	sing	levánte(n)se	stand up
cierre(n)	close	mire(n)	look
corra(n)	run	abajo	down
cuente(n)	count	arriba	up
dé/den una vuelta	turn around	ponga(n)	put
a la derecha	to the right	salte(n)	jump
a la izquierda	to the left	saque(n)	take out
diga(n)	say	un bolígrafo	a pen
escriba(n)	write	siénte(n)se	sit down
escuche(n)	listen	tóque(n)se	touch

PREGUNTAS Questions

¿Cómo se llama usted?	What is your name?
Me llamo…	My name is . . .
Se llama…	His/Her name is . . .
¿Cuál es su nombre?	What is your name?
Mi nombre es…	My name is . . .

¿Cuántos/as (hay)?	How many (are there)?
¿Dónde (está…)?	Where (is . . .)?
¿Qué es?	What is it?
¿Quién (es)?	Who (is it)?
¿Quiénes (son)?	Who (are they)?

LA DESCRIPCIÓN FÍSICA Physical description

Es…	He/She is . . .
alto/a	tall
bajo/a	short
bonito/a	pretty
delgado/a	thin
feo/a	ugly
gordo/a	fat
grande	big, large
guapo/a	handsome, good-looking
joven	young
nuevo/a	new
pequeño/a	small, little
viejo/a	old

tiene…	has . . .
barba	beard
bigote	moustache

el pelo es… / tiene pelo…	hair is . . . / has . . . hair
castaño	brown
corto	short
lacio	straight
largo	long
mediano	medium (length)
negro	black
rizado	curly
rojo	red
rubio	blond

los ojos son… / tiene	eyes are . . . / has . . .
ojos…	eyes
azules	blue
castaños	brown
negros	black
verdes	green

LOS COLORES Colors

amarillo/a	yellow	**morado/a**	purple
anaranjado/a	orange	**negro/a**	black
azul	blue	**rojo/a**	red
blanco/a	white	**rosado/a**	pink
color café	brown	**verde**	green
gris	gray		

LA ROPA Clothes

Lleva//Llevan...	He/She wears/is wearing// They are wearing . . .	**lentes**	glasses
		pantalones	pants
un abrigo	a coat (overcoat)	**reloj**	watch
una blusa	a blouse	**un saco**	a sport coat
botas	boots	**un sombrero**	a hat
una camisa	a shirt	**un suéter**	a sweater
una corbata	a tie	**un traje**	a suit
una chaqueta	a jacket (*ski*, etc.)	**un vestido**	a dress
una falda	a skirt	**zapatos**	shoes

LAS PARTES DEL CUERPO Parts of the body

la barba	beard	**la mano**	hand
el bigote	moustache	**derecha**	right
la boca	mouth	**izquierda**	left
el brazo	arm	**la nariz**	nose
la cabeza	head	**los ojos**	eyes
la cara	face	**las orejas**	ears
la espalda	back	**el pelo**	hair
el estómago	stomach	**las piernas**	legs
el hombro	shoulder	**los pies**	feet

LAS PERSONAS People

el amigo/la amiga	friend	**el muchacho**	boy; young man
el compañero/la compañera de clase	classmate	**la mujer**	woman
		la niña	little girl; child (*f.*)
la chica	girl; young woman	**el niño**	little boy; child (*m.*)
el chico	boy; young man	**el profesor/la profesora**	professor
el/la estudiante	student	**el robot**	robot
la familia	family	**el señor**	man; Mr.
el hombre	man	**la señora**	woman; Mrs.
la muchacha	girl; young woman	**la señorita**	young lady; Miss

SALUDOS Y DESPEDIDAS Greetings and leave-takings

(Muy) Bien, gracias.	(Very) Well, thank you.	**¿Cómo está usted?**	How are you?
		Encantado/a.	Charmed. Glad to meet you.
Buenos días.	Good morning.		
Buenas tardes.	Good afternoon.	**(Estoy) Un poco cansado/a.**	(I'm) A bit tired.
Buenas noches.	Good evening/night.		

Hasta luego.	So long. See you later.
Hola.	Hello.
Igualmente.	Same here.
Mucho gusto.	Pleased to meet you.
¿Qué tal?	How are you?
Regular.	So-so. OK.
¿Y usted?	And you?

LOS VERBOS Verbs

es	is		**somos**	we are
habla	speaks/is speaking		**son**	are
hay	there is/there are		**soy**	I am
saluda	greets/is greeting			

LAS COSAS Things

el automóvil	automobile		**el libro**	book
la casa	house		**el nombre**	name
la clase	class		**el perro**	dog
el español	Spanish (language)		**la planta**	plant
la foto(grafía)	photo(graph)		**la universidad**	university
el gato	cat			

PALABRAS ÚTILES Useful words

con	with		**o**	or
de	of		**pero**	but
del	of the		**por teléfono**	by telephone
el, la, los, las	the		**que**	that; who; which
él	he		**sí**	yes
ella	she		**sobre**	on (top of)
ellos/as	they		**también**	also
este/a	this		**un(a)**	a, an
esto es	this is		**usted(es)**	you
estos/as	these		**¿verdad?**	right?, correct?
muy	very		**y**	and
no	no; not		**yo**	I
nosotros/as	we			

PALABRAS DEL TEXTO Words from the text

la cinta	tape (recording)		**la ortografía**	spelling
la comprensión	comprehension		**la página**	page
el ejercicio	exercise		**el paso**	step
la gramática	grammar		**la tarea**	homework
¡ojo!	attention!		**el tema**	topic, theme

LOS NÚMEROS Numbers

cero	0	**ocho**	8	**dieciséis**	16
uno	1	**nueve**	9	**diecisiete**	17
dos	2	**diez**	10	**dieciocho**	18
tres	3	**once**	11	**diecinueve**	19
cuatro	4	**doce**	12	**veinte**	20
cinco	5	**trece**	13	**veintiuno**	21
seis	6	**catorce**	14	**treinta**	30
siete	7	**quince**	15	**treinta y uno**	31

GRAMÁTICA Y EJERCICIOS

A.1. Identifying Things and People (**ser** + Personal Pronouns)

A. Use a form of the verb **ser** (*to be*) to identify things or people.

—¿Qué **es**? —**Es** un bolígrafo.   *"What is it?" "It's a pen."*

—¿Quién **es**? —**Es** Luis.   *"Who is it?" "It's Luis."*

Here are the present tense forms of the verb **ser** with the personal pronouns.

(yo) **soy**	*I am*	
(usted[1]) (él) } **es** (ella)	*you (sing.) are* *he is* *she is*	
(nosotros) (nosotras) } **somos**	*we are* *we (females) are*	
(ellos) (ellas) } **son** (ustedes[1])	*they are* *they (females) are* *you (pl.) are*	

(handwritten margin notes: soy — I am; es — he is; somos — we are; son — they are)

B. The personal pronouns are used to refer to people.

—¿Quién es **ella**? —Es Nora. —¿Y **él**? —Es Luis.
"Who is she?" "That's Nora." "And he?" "That's Luis."

—¿Qué son **ellos**? —Son profesores.
"What are they?" "They're professors."

C. It is not always necessary to use the personal pronouns in Spanish, especially if the verb form or the context identifies the subject of the sentence.

Soy estudiante.   *I'm a student.*

Somos amigos.   *We're friends.*

—¿Quién es la señorita Martínez? —Es mi profesora de español.
"Who is Miss Martínez?" "She's my Spanish professor."

D. Unlike English, Spanish does not generally use a pronoun (like *it* or *they*) as the subject of a sentence when the subject is a thing.

---

[1]**Usted** may be abbreviated **Ud**. or **Vd**. and **ustedes** as **Uds**. or **Vds**.

¿El automóvil? Es grande y moderno.
The automobile? It's big and modern.

¿Las faldas? Son largas y bonitas.
The skirts? They are long and pretty.

E. Spanish distinguishes between *you* singular and *you* plural. Many English speakers make this distinction by using *you-all* or *you guys* when talking to a group of people.

—¿Es **usted** profesor? —Sí, soy profesor de español.
"Are you a professor?" "Yes, I'm a professor of Spanish."

—¿Son **ustedes** estudiantes? —Sí, somos estudiantes de la Universidad de Puerto Rico.
"Are you students?" "Yes, we are students at the University of Puerto Rico."

F. **Ellos** (*They*) and **nosotros** (*we*) are used for groups that include either males only or males and females; **ellas** (*they*) and **nosotras** (*we*) are used only for groups of females.

—¿Quiénes son **ellos**? —¿Esteban y Raúl? Son amigos.
"Who are they?" "Esteban and Raúl? They're friends."

—¿Y **ellas**? ¿Son amigas? —¿Nora y Carmen? Sí, son compañeras de clase.
"And they? Are they friends?" "Nora and Carmen? Yes, they're classmates."

Ejercicio 1

Describe these people. Choose the correct form of the verb **ser: soy, es, somos, son.**

MODELO: ¿Yo? *Soy* estudiante de español.

1. Katherine Hepburn y Anthony Quinn _son_ viejos.
2. La Princesa Diana _es_ bonita.
3. Mi nombre es Carmen y _soy_ estudiante.
4. Esteban y yo _somos_ amigos.
5. Julio Iglesias _es_ guapo.

A.2. Sentence Negation

Sentences are made negative by placing **no** before the verb. There is no additional word in Spanish that is equivalent to English *don't.*

Nora **no tiene** pelo corto.	*Nora doesn't have short hair.*
Los pantalones **no son** azules.	*The pants are not blue.*
Ellas **no son** viejas.	*They are not old.*

Ejercicio 2

Disagree with these statements about Professor Martínez's Spanish class.

MODELO: Roberto tiene pelo negro, ¿verdad? →
No, Roberto *no* tiene pelo negro.

1. Carmen es gorda, ¿verdad?
2. Nora y Mónica son altas, ¿no?
3. Esteban tiene barba, ¿verdad?
4. Luis y Mónica son amigos, ¿no?
5. La profesora Martínez tiene pelo corto, ¿verdad?

A.3. Numbers (0–39)

0 cero	10 diez	20 veinte	30 treinta
1 uno	11 once	21 veintiuno	31 treinta y uno
2 dos	12 doce	22 veintidós	32 treinta y dos
3 tres	13 trece	23 veintitrés	33 treinta y tres
4 cuatro	14 catorce	24 veinticuatro	34 treinta y cuatro
5 cinco	15 quince	25 veinticinco	35 treinta y cinco
6 seis	16 dieciséis	26 veintiséis	36 treinta y seis
7 siete	17 diecisiete	27 veintisiete	37 treinta y siete
8 ocho	18 dieciocho	28 veintiocho	38 treinta y ocho
9 nueve	19 diecinueve	29 veintinueve	39 treinta y nueve

The numbers 16–19 and 21–29 can be written as one word (as shown in the chart) or as three words: **diez y seis, veinte y dos,** and so on.

Ejercicio 3

Say the following prices in **pesos ($)**.

1. $5.00
2. $13.00
3. $32.00
4. $25.00
5. $19.00
6. $10.00
7. $39.00
8. $20.00
9. $14.00
10. $4.00

PASO B

LOS TEMAS

- Talking with Others
- Things in the Classroom
- Describing People (Part 2)

LA GRAMÁTICA

B.1. Addressing Others: Formal and Informal *You* (**tú/usted**)
B.2. Gender and Indefinite Articles
B.3. Specifying Things: Definite Articles
B.4. Describing: Gender Agreement
B.5. Plural Forms

In **Paso B** you will continue to develop your listening skills in Spanish and will begin to speak Spanish. You will get to know your classmates better as you work with them in pairs or small groups. And you will learn more vocabulary for describing your immediate environment.

ACTIVIDADES ORALES

▦ HABLANDO CON OTROS

¡OJO! *Estudie Gramática B.1.*

Actividad 1. Diálogos

1. ¿Cómo está usted?

   Ernesto Ramírez saluda a su joven vecina, Amanda.

   ERNESTO: Hola, Amanda.
   AMANDA: Buenos días, señor Ramírez. ¿Cómo está usted?
   ERNESTO: Muy bien, gracias. ¿Cómo está tu mamá?
   AMANDA: Ella está bien, gracias.

2. ¿Cómo estás?

   Amanda saluda a su amigo, Gustavo.

   AMANDA: Buenas tardes, Gustavo. ¿Cómo estás?
   GUSTAVO: Regular. ¿Y tú?
   AMANDA: Un poco cansada.

Actividad 2. Diálogos abiertos

1. El estudiante nuevo

   E1: Hola, _____. ¿Cómo estás?
   E2: _____. ¿Y tú?
   E1: _____.
   E2: ¿Quién es ese chico de pelo _____?
   E1: Es un amigo de _____. Se llama _____.

2. En la oficina

   E1: Buenos días, _____. ¿Cómo está usted?
   E2: Estoy _____. ¿Y usted?
   E1: _____. ¿Quién es esa señorita de pelo _____?
   E2: Es _____. Es la secretaria.

Actividad 3. ¿**Tú** o **usted**?

Usted está hablando con estas personas.

1. un amigo de la universidad
2. el profesor de matemáticas
3. una niña de 10 años
4. un amigo de su papá
5. una señora de 40 años
6. una recepcionista
7. su doctor

LAS COSAS EN EL SALÓN DE CLASE

¡OJO! *Estudie Gramática B.2–B.5.*

singular	plural
el libro **un** libro	**los** libros **unos** libros
la mesa **una** mesa	**las** mesas **unas** mesas

Actividad 4. El salón de clase

—¿Cuántos/as _____ hay en el salón de clase?
—Hay _____.

1. estudiantes
2. mesas
3. borradores
4. pizarras

5. ventanas
6. paredes
7. puertas
8. luces

Actividad 5. Las cosas en el salón de clase

MODELO: En mi clase hay... → un lápiz viejo.

1. un lápiz
2. una ventana
3. una pizarra
4. un reloj
5. un bolígrafo
6. una mesa
7. un libro
8. una puerta

a. amarillo/a
b. moderno/a
c. azul
d. fácil
e. blanco/a
f. largo/a
g. viejo/a
h. pequeño/a

i. grande
j. difícil
k. ¿_____?

LA DESCRIPCIÓN DE PERSONAS (PARTE 2)

Actividad 6. Los compañeros de clase

Describa a los compañeros de clase. Mire el ejemplo de Esteban.

	ESTEBAN	¿QUIÉN?
1. ¿Tiene pelo rubio/rojo/negro/ castaño?	castaño	
2. ¿Tiene pelo largo/corto?	corto	
3. ¿Tiene barba/bigote?	no	
4. ¿Tiene ojos azules/castaños/ verdes/negros?	castaños	
5. ¿Lleva lentes?	sí	

Actividad 7. Interacción: Mis compañeros y yo

artístico/a   reservado/a   idealista
nervioso/a   dedicado/a   entusiasta
tímido/a   generoso/a   inteligente

1. —¿Es *artístico Esteban*?
   —*Sí*, es artístico. (*No*, no es artístico.)
2. —¿Cómo es *Carmen*?
   —Es *tímida*.
3. —¿Cómo es usted?
   —Soy *dedicado/a*. No soy *tímido/a*.

Actividad 8. Diálogos

1. Mi novio, Ramón

   GRACIELA: ¿Quién es ese chico alto, delgado y de barba?
   AMANDA: Es mi novio Ramón. Es guapo pero es un poco tradicional.
   GRACIELA: Yo también soy tradicional. ¿Qué hay de malo en eso?

2. La nueva amiga

   PROFESORA
   MARTÍNEZ: ¿Cómo es su nueva amiga, Luis?
   LUIS: Es alta, delgada y morena. ¡Y muy simpática!
   PROFESORA
   MARTÍNEZ: ¿Cómo se llama?
   LUIS: Cecilia Teresa.
   PROFESORA
   MARTÍNEZ: Es un nombre muy bonito.
   LUIS: ¡Ella es una chica muy bonita también!

Actividad 9. Diálogos abiertos

1. Los amigos nuevos

    E1: ¿Tienes amigos nuevos?
    E2: Sí, tengo dos.
    E1: ¿Cómo se llaman?
    E2: Se llaman _____ y _____ y son muy _____.
    E1: ¿Y son _____ también?
    E2: ¡Claro que sí!

2. El profesor (La profesora) de español

    E1: ¿Cómo es su profesor(a) de español?
    E2: Él/Ella es muy _____.
    E1: ¿Es _____, también?
    E2: Sí, es _____ y _____.

Actividad 10. Entrevista: Mi mejor amigo/a

ESTUDIANTE 1	ESTUDIANTE 2
1. ¿Cómo se llama tu mejor amigo/a?	Se llama _____.
2. ¿De qué color son sus ojos?	Son _____.
3. ¿Es alto/a, mediano/a o bajo/a?	Es _____.
4. ¿De qué color es su pelo?	Es _____.

Vocabulario

LOS MANDATOS Commands

baje(n) (la mano)	lower (your hand)	**describa(n)**	describe
busque(n)	look for	**estire(n)**	stretch
conteste(n)	answer	**levante(n) (la mano)**	raise (your hand)
déle/denle	give him/her	**muéstre(n)me**	show me

LA DESCRIPCIÓN Description

abierto/a	open	**inteligente**	intelligent
antipático/a	unfriendly	**malo/a**	bad
artístico/a	artistic	**nervioso/a**	nervous
dedicado/a	dedicated	**otro/a**	other, another
difícil	difficult	**reservado/a**	reserved
entusiasta	enthusiastic	**simpático/a**	nice, agreeable
fácil	easy	**tímido/a**	shy
generoso/a	generous	**tradicional**	traditional
idealista	idealistic		

LAS COSAS EN EL SALÓN DE CLASE Things in the classroom

el borrador	eraser	el piso	floor
el cuaderno	notebook	la pizarra	blackboard
el escritorio	desk	la pluma	pen
el lápiz (los lápices)	pencil	la puerta	door
la luz (las luces)	light	el pupitre	(student's) desk
la mesa	table	la silla	chair
el papel	paper	el techo	roof
la pared	wall	la tiza	chalk
		la ventana	window

REPASO (*Review*): **el bolígrafo, el libro**

LAS PERSONAS People

el doctor/la doctora	doctor	el/la recepcionista	receptionist
la mamá	mother, mom	el secretario/la secretaria	secretary
el novio/la novia	boyfriend/girlfriend	el vecino/la vecina	neighbor
el papá	father, dad		

LAS COSAS Things

el año	year	la interacción	interaction
el ejemplo	example	las matemáticas	mathematics
la entrevista	interview	el modelo	model
el inglés	English (language)	la oficina	office

PALABRAS Y EXPRESIONES ÚTILES Useful words and expressions

¡Claro que sí!	Of course!	dice	says
¿Cómo es... ?	What is . . . like?	ese/a	that
¿Cómo estás?	How are you?	eso es	that is
¿Cómo se dice... ?	How do you say . . . ?	esos/as	those
en español	in Spanish	Gracias.	Thank you.
en inglés	in English	su(s)	his, her, your, their
De nada.	You're welcome.	tu(s)	your (*familiar*)
¿De qué color es... ?	What color is . . . ?	unos/as	some

GRAMÁTICA Y EJERCICIOS

B.1. *Addressing Others: Formal and Informal "You" (tú/usted)*

A. In English one pronoun is used to address another person directly: *you*. In older forms of English, speakers used an informal pronoun among friends (*thou*), but today English speakers use *you* both formally (to strangers) and informally (to friends). In Spanish there are two ways to express *you* (singular): **tú** and **usted**. You have used only **usted** (formal *you*) verb forms up to this point, since it is customary in most Spanish-speaking countries for professors and students to use **usted** forms with each other. You should always use **usted** forms with persons you don't know.

In contrast, **tú** (informal *you*) is used with people you know well and with your peers (especially with friends). Beginning in this chapter you will use **tú** forms with your classmates, but continue to use **usted** forms with your instructor. Your instructor will use **usted** forms when addressing you. The text will also continue to address you as **usted** in the instructions for activities or exercises.

The use of **tú** and **usted** forms varies somewhat from country to country, within a country, and from family to family. Some parents require their children to use **usted** with them as a sign of respect, while others prefer that they use **tú**. It is best to use **usted** with persons you do not know personally and with those who are older than you. With other students, or with friends your own age, it is customary to use **tú**.

> Soy puertorriqueño. ¿Y **tú**? ¿De dónde eres?
> *I'm Puerto Rican. And you? Where are you from?*

> Soy profesor. ¿Y **usted**? ¿Es estudiante?
> *I'm a professor. And you? Are you a student?*

B. Verb forms that correspond to **tú** end in **-s** (with two exceptions that you will learn in later chapters).

> Tiene**s** el pelo muy bonito. ⎫
> Usted tiene el pelo muy bonito. ⎬   *You have very pretty hair.*

C. The form of the verb **ser** (*to be*) that corresponds to **tú** is **eres** (*you are*).

> **Eres** un buen amigo.   *You are a good friend.*

D. The pronoun **tú** is usually omitted; **usted** is more often expressed.

> ¿Cómo estás? ⎫
> ¿Cómo está usted? ⎬   *How are you?*

E. The familiar form for *your* is **tu(s)** (without an accent); as you know, the formal is **su(s)**.

> Esteban, **tu** hermano es muy simpático.
> *Esteban, your brother is very nice.*

> Profesora Martínez, ¿es nuevo **su** reloj?
> *Professor Martínez, is your watch new?*

Ejercicio 1

Usted habla con estas personas. ¿Familiar o formal?

1. un amigo
   a. Su camisa es bonita.
   b. Tu camisa es bonita.
2. una amiga de su clase de español
   a. ¿Tiene usted dos clases hoy?
   b. ¿Tienes dos clases hoy?
3. la profesora de español
   a. ¿De qué color es su carro?
   b. ¿De qué color es tu carro?
4. un secretario
   a. ¿Es su bolígrafo?
   b. ¿Es tu bolígrafo?
5. una persona de 39 años
   a. ¿Cómo se llama usted?
   b. ¿Cómo te llamas?

B.2. Gender and Indefinite Articles

All words that name things or people (nouns) are classified as *masculine* or *feminine* in Spanish. When the word refers to a thing (a table, a wall, a tree, etc.), the classification of masculine and feminine has nothing to do with sex, nor does it mean that Spanish speakers perceive things as being "male" or "female."

Words that refer to males are masculine and words that refer to females are feminine. Use **un** (*a/an*) with masculine words and **una** (*a/an*) with feminine words.

> Es un hombre.   *He's a man.*
> Es una mujer.   *She's a woman.*

Words like **cuaderno** (*notebook*) that end in **-o** are normally masculine, while words like **blusa** (*blouse*) that end in **-a** are normally feminine. Two very common exceptions are **un día** (*day*) and **una mano** (*hand*).

> —¿Qué es esto? —Es un cuaderno.
> *"What is this?" "It's a notebook."*

—Y esto, ¿qué es? —Es una blusa.
"And this, what is it?" "It's a blouse."

Some words that refer to people (and sometimes animals) have corresponding **o/a** pairs for male/female: **un chico/una chica** (*boy, girl*), **un niño/una niña** (*male child, female child*), **un amigo/una amiga** (*male friend, female friend*), **un gato/una gata** (*male cat/female cat*). A few words add **-a** for the feminine form: **un profesor/una profesora** (*professor*).

Es un muchacho.   *He's a boy.*
Es una muchacha.   *She's a girl.*

Words ending in letters other than **-a** or **-o** (such as **-n, -z, -l,** or **-e**) can be masculine or feminine; for example: **una luz** (*light*), **un pantalón** (*pants*), **un borrador** (*eraser*), **un reloj** (*clock*), **un pupitre** (*desk*), **una pared** (*wall*). Most, however, are masculine. Most words ending in **-d** and in **-ión** are feminine: **una universidad** (*university*), **una nación** (*nation*).

Ejercicio 2

Conteste.

MODELO: ¿Es un cuaderno? →
        No, no es un cuaderno. Es un lápiz.

1. ¿Es una puerta?   2. ¿Es un muchacho?   3. ¿Es una luz?

  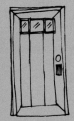 

4. ¿Es una mesa?   5. ¿Es un lápiz?   6. ¿Es una pizarra?

B.3. *Specifying Things: Definite Articles*

Use the definite articles **el** and **la** (*the*) to refer to specific things or people. **El** goes with masculine words and **la** with feminine words.

—¿Quién es **el** profesor de matemáticas? —Es **el** señor López.
"Who is the math professor?" "It's Mr. López."

—¿Quién es **la** profesora de español? —Es **la** señorita Martínez.
"Who is the Spanish professor?" "It's Miss Martínez."

Ejercicio 3

Use **el** o **la**.

1. _____ pizarra es verde.
2. _____ bolígrafo es nuevo.
3. _____ profesor es inteligente.
4. _____ ventana es grande.
5. _____ reloj es moderno.

B.4. *Describing: Gender Agreement*

A. Words that describe things and people (adjectives) must "agree" in gender (masculine or feminine) with the thing or person they describe. Many adjectives end in **-o** when used with masculine words and in **-a** when used with feminine words. Such words appear in vocabulary lists in this way: **blanco/a, rojo/a**.

Carmen lleva un suéter **bonito**.
Carmen is wearing a pretty sweater.

Esteban lleva una chaqueta **bonita**.
Esteban is wearing a nice-looking jacket.

B. Most adjectives that do not end with **-o** or **-a** can be used with either masculine or feminine words without change.

Luis lleva una camisa **azul** y una chaqueta **verde**.
Luis is wearing a blue shirt and a green jacket.

Nora tiene un libro **azul** y un bolígrafo **verde**.
Nora has a blue book and a green pen.

C. Some adjectives that end in consonants add an **-a** to the feminine form: **español/española** (*Spanish*), **inglés/inglesa** (*English*).

John es **inglés**, pero su profesora es **española**.
John is English, but his professor is Spanish.

D. Several adjectives ending in **-ista** are used with either masculine or feminine words: **idealista, optimista, pesimista**.

Mi amigo Carlos es **pesimista**, pero mi amiga Silvia es **optimista**.
My friend Carlos is pessimistic, but my friend Silvia is optimistic.

Ejercicio 4

Luisa y Marcos son gemelos (*twins*). Describa a Marcos.

1. Luisa es alta; Marcos es _alto_ también.
2. Luisa es simpática; Marcos es _tico_ también.
3. Luisa es idealista; Marcos es _ista_ también.
4. Luisa es una persona tradicional; Marcos es _nal_ también.
5. Luisa es guapa; Marcos es _po_ también.

B.5. *Plural Forms*

A. To form plurals add **-s** to words that end in a vowel (**a, e, i, o, u**) (**amigo/amigos**) and **-es** to words that end in a consonant (**profesor/ profesores**). Adjectives that describe plural words should also be plural: **ojos azules** (*blue eyes*).

> Alberto tiene brazos fuerte**s**. *Alberto has strong arms.*
> Nora tiene zapato**s** nuevo**s**. *Nora has new shoes.*

B. The articles also have plural forms.

el libro la pared	**los** libros **las** paredes	*the book/the books* *the wall/the walls*
un estudiante una niña	**unos** estudiantes **unas** niñas	*a student/some students* *a child/some children*

> **Los** libros son nuevos. *The books are new.*
> Luis tiene **unas** botas nuevas. *Luis has some new boots.*

C. Masculine plural forms may refer to both males and females.

> Esteban y Carmen son muy buenos amigos.
> *Esteban and Carmen are very good friends.*

D. To state or ask about the existence of objects or people (singular or plural) use **hay** (*there is/are*).[1]

> Hay una ventana en el salón de clase.
> *There is a window in the classroom.*

> Hay un profesor enfrente de la pizarra.
> *There is a professor in front of the chalkboard.*

> ¿Hay tres lápices[2] en el pupitre?
> *Are there three pencils on the desk?*

---

[1]**Ser** identifies: **Es un lápiz. Hay** states existence: **Hay tres lápices en la mesa.**

[2]Singular nouns that end in **-z** change the **z** to **c** before adding **-es** to form the plural: **lápiz/lápices, luz/luces**.

Ejercicio 5

¿Qué palabras pueden usarse (*can be used*) con estas personas?

1. Alberto: mujer, chico, secretaria
2. Nora: chica, hombre, español
3. Esteban y Carmen: niñas, amigas, estudiantes
4. La profesora Martínez: señor, profesor, mujer

Ejercicio 6

Luisa y Marcos, los gemelos, tienen muchas cosas. ¡Pero Luisa siempre (*always*) tiene una y Marcos dos!

MODELO: Luisa tiene un suéter azul, pero Marcos tiene dos… →
   suéteres azules

1. Luisa tiene un par (*pair*) de zapatos, pero Marcos tiene dos…
2. Luisa tiene un perro nuevo, pero Marcos tiene dos…
3. Luisa tiene una chaqueta roja, pero Marcos tiene dos…
4. Luisa tiene un lápiz amarillo, pero Marcos tiene dos…
5. Luisa tiene una profesora mexicana, pero Marcos tiene dos…

Ejercicio 7

Diga qué cosas hay en este salón de clase.

LOS TEMAS

Family and Family Members

Expressing Possession

Telling Time (Part 1)

Numbers to 100

Expressing Age

LA GRAMÁTICA

C.1. Possession: **tener**
C.2. Possession: **de, del, de la, de los, de las**
C.3. Possession: Possessive Adjectives
C.4. Telling Time (Part 1)
C.5. Age: **tener**

In **Paso C** you will do much more speaking than in previous **Pasos.** You will expand both your listening and your speaking vocabulary to include a number of new topics, including words to describe family members.

ACTIVIDADES ORALES

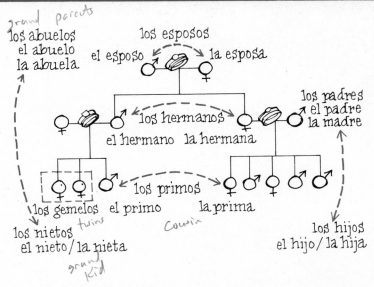

Actividad 1. La familia Saucedo

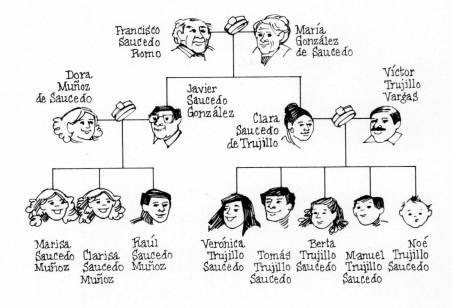

1. ¿Cuántos hijos tienen los señores Saucedo, Dora y Javier?
2. ¿Cuántos hermanos tiene Raúl Saucedo?
3. ¿Cómo se llama el esposo de la señora González de Saucedo?
4. ¿Cómo se llama el padre de Marisa y Clarisa?
5. ¿Tiene Manuel hermanas?
6. ¿Cómo se llama el hermano de Marisa?
7. ¿Cómo se llama la abuela de Raúl?
8. ¿Tiene primos Clarisa?
9. ¿Cómo se llama el primo de Berta?
10. ¿Cómo se llaman los padres de Verónica?

Actividad 2. Definiciones: La familia

MODELO:
E1: ¿Quién es el/la _____?
E2: Es _____.

1. hermano
2. abuelo
3. madre
4. esposo
5. abuela

a. la esposa de mi padre
b. la madre de mi padre o de mi madre
c. el hijo de mi madre
d. el padre de mi madre o de mi padre
e. el padre de mis hijos

Actividad 3. Diálogos

1. ¿Cuántos hijos tiene usted?

Don Anselmo Olivera saluda a Estela Ramírez.

DON ANSELMO: Buenas tardes, Señora Ramírez.
SEÑORA RAMÍREZ: Muy buenas, Señor Olivera.
DON ANSELMO: ¿Quiénes son las niñas? *children — girls*
SEÑORA RAMÍREZ: Son mis hijas, Andrea y Paula. *daughters*
DON ANSELMO: ¿Sus hijas? ¿Cuántos hijos tiene usted?
SEÑORA RAMÍREZ: Tengo tres. Las niñas, Andrea y Paula, y mi hijo Ernestito.

2. ¿Quién es?

Pedro Ruiz habla con don Eduardo Alvar.

DON EDUARDO: Perdón, Señor Ruiz. ¿Quién es ese señor?
SEÑOR RUIZ: Su nombre es César Ruiz.
DON EDUARDO: ¿Ruiz? ¿Es su hermano?
SEÑOR RUIZ: No. Su apellido es Ruiz también, pero no es mi hermano. Mi hermano se llama Germán.

Actividad 4. Diálogos abiertos

1. Mi familia

   E1: ¿Tienes hermanos?
   E2: Sí, tengo _____ hermanos y _____ hermanas. (No, no tengo hermanos. Soy hijo único/hija única.)
   E1: ¿Cómo se llaman?
   E2: Mi hermano se llama _____ y mi hermana se llama _____.

2. Mis hijos

   E1: ¿Cómo se llama usted, señor (señora, señorita)?
   E2: Me llamo _____.
   E1: ¿Es usted casado/a o soltero/a?
   E2: Soy _____.
   E1: ¿Tiene usted hijos?
   E2: Sí, tengo _____ hijos y _____ hijas. (No, no tengo hijos.)

Actividad 5. Entrevista: La familia

1. —¿Cómo se llama tu padre?
   —Mi padre se llama _____.
2. —¿Cómo se llama tu madre?
   —Mi madre se llama _____.
3. —¿Cuántos hermanos tienes?
   —Tengo _____ hermanos. (No tengo hermanos.)
4. —¿Cómo se llama tu hermano?
   —Mi hermano se llama _____.
5. —¿Cómo se llama tu hermana?
   —Mi hermana se llama _____.
6. —¿Cuántos primos tienes?
   —Tengo _____ primos. (No tengo primos.)

LA POSESIÓN

¡OJO! *Estudie Gramática C.1–C.3.*

tener (*to have*)	
tengo	*I have*
tienes	*you (informal) have*
tiene	*you (formal, sing.) have; he, she has*
tenemos	*we have*
tienen	*you (pl.), they have*

mi(s)	*my*	**de + el = del**	
tu(s)	*your*	**de + la = de la**	
su(s)	*your, his, her, their*		
nuestro/a(s)	*our*		

Daniel Galván tiene
un coche nuevo.

Mi perro es
muy fiel.

Los libros son de
la profesora Martínez.

Actividad 6. ¿Qué tiene?

don Eduardo   Amanda   Daniel   Estela

1. ¿Quién tiene un automóvil viejo?
2. ¿Quién tiene dos camisas?
3. ¿Quién tiene dos perros?
4. ¿Quién tiene un vestido nuevo?

Actividad 7. Diálogo: El coche de don Eduardo

ERNESTITO: ¿Tiene usted coche, señor Alvar?
DON EDUARDO: Sí, tengo un coche azul, un poco viejo.
ERNESTITO: Yo no tengo coche pero tengo una bicicleta nueva.
DON EDUARDO: Sí, y tu bicicleta es muy bonita.

Actividad 8. Diálogo: Mis perros

Busque el orden correcto.

___3___ ¿Son grandes?
___2___ Sí, tengo dos perros blancos.
___1___ ¿Tienes perros?
___4___ No, mis perros son pequeños.

Actividad 9. Diálogo abierto: Ropa nueva

E1: ¿Tienes ropa nueva?
E2: Sí, tengo un/a _____ nuevo/a.
E1: Es muy bonito/a.
E2: Tu _____ también es bonito/a.
E1: Sí, pero no es nuevo/a; es _____.
                                    viejo

Actividad 10. Entrevistas

Mi perro y mi carro

1. —Tienes perro?
   —Sí, tengo _____. (No, no tengo _____.)
2. —¿Cómo es tu perro?
   —Mi perro es _____.
3. —¿Tienes carro?
   —Sí, tengo _____. (No, no tengo _____.)
4. —¿Cómo es tu carro?
   —Mi carro es _____.

Los colores

1. —¿De qué color son tus ojos?
   —Mis ojos son _____.
2. —¿De qué color son los ojos de tu papá?
   —Sus ojos son _____.
3. —¿De qué color son los ojos del profesor (de la profesora)?
   —Sus ojos son _____.
4. —¿De qué color son los ojos de tu mejor amigo/a?
   —Sus ojos son _____.

▣ LA HORA (PARTE I)

¡OJO! *Estudie Gramática C.4.*

¿Qué hora es?

Es la una.   Son las tres.   Son las ocho.   Es la una
                                                             y media.

Son las nueve   Son las once   Es mediodía.   Es media-
y media.   y cuarto.   noche.

Actividad 11. Interacción: ¿Qué hora es?

1.   2.   3.   4.   5.

6.   7.   8.   9.   10.

E1: ¿Qué hora es?
E2: Son las _____.

Actividad 12. Diálogos

1. ¿Qué hora es?

   SEÑORA SILVA: Perdón, ¿tiene usted la hora?
   DON ANSELMO: Sí, señora, son las siete y cuarto.
   SEÑORA SILVA: Muchas gracias.

2. Mi reloj está descompuesto.

> GUSTAVO: ¿Qué hora es?
> AMANDA: Son las nueve y media.
> GUSTAVO: ¡Imposible! Es mucho más tarde.
> AMANDA: Tal vez mi reloj está atrasado.
> GUSTAVO: Posiblemente. Creo que ya son las diez y media.

Actividad 13. Entrevista: ¿A qué hora es tu clase?

1. —¿Qué hora es?
   —Es/Son _____.
2. —¿Cuántas clases tienes?
   —Tengo _____ clases.
3. —¿Tienes clase a las 9:00 ?
   —Sí, tengo clase a las 9:00 . (No, no tengo clase a las 9:00 .)
4. —¿A qué hora tienes clase de español?
   —Tengo clase de español a la(s) _____.

LOS NÚMEROS (HASTA 100)

10 diez	60 sesenta
16 dieciséis	67 sesenta y siete
20 veinte	70 setenta
25 veinticinco	76 setenta y seis
30 treinta	80 ochenta
33 treinta y tres	82 ochenta y dos
40 cuarenta	90 noventa
49 cuarenta y nueve	94 noventa y cuatro
50 cincuenta	100 cien
55 cincuenta y cinco	

Actividad 14. Los números

Escuche a su profesor y busque el número correcto.

84	91	99	64
23	86	58	53
82	18	39	75
30	65	29	52
45	15	67	73
42	96	35	66

⊞ LA EDAD

¡OJO! *Estudie Gramática C.5.*

¿Cuántos años tienes?

Tengo seis.

Tengo...   20 años
            19 años
            60 años
            32 años

Actividad 15. Diálogos

1. Mi primo

   AMANDA: Gustavo, ¿quién es ese chico gordito?
   GUSTAVO: Es mi primo, Ernestito.
   AMANDA: ¿Cuántos años tiene?
   GUSTAVO: Tiene sólo ocho años, pero es muy inteligente.

2. ¿Cuántos años tienen?

   DON EDUARDO: Señor Ruiz, ¿cuántos hijos tiene usted?
   PEDRO RUIZ: Tengo dos, don Eduardo.
   DON EDUARDO: ¿Y cuántos años tiene cada uno?
   PEDRO RUIZ: Bueno, la mayor es Amanda y ella tiene dieciséis años.
   Mi hijo se llama Guillermo y él tiene doce.
   DON EDUARDO: ¡Sólo dos hijos! ¡Cómo cambia el mundo!

Actividad 16. Diálogo: Una señora mayor

Busque el orden correcto.

___4___ Tiene cuarenta y seis.
___1___ ¿Quién es esa señora?
___3___ ¿Cuántos años tiene?
___2___ Es la mamá de Amanda.

Actividad 17. Diálogo abierto: ¿Cuántos años tienes?

E1: ¿Cuántos años tienes?
E2: Tengo _____ años.
E1: ¿Tienes hermanos?
E2: Sí, tengo _____ hermanos y _____ hermanas. (No, no tengo hermanos, pero tengo _____.)
E1: ¿Cuántos años tiene tu hermano/a mayor/menor?
E2: Tiene _____ años.

Vocabulario

LA FAMILIA Family

la abuela	grandmother
el abuelo	grandfather
los abuelos	grandparents
el apellido	last name
casado/a	married
la esposa	wife
el esposo	husband
el/la gemelo/a	twin
la hermana	sister
el hermano	brother
los hermanos	siblings
la hija (única)	(only) daughter

el hijo (único)	(only) son
los hijos	children
la madre	mother
la nieta	granddaughter
el nieto	grandson
los nietos	grandchildren
el nombre	first name
el padre	father
los padres	parents
el primo	cousin (*m.*)
la prima	cousin (*f.*)
soltero/a	single, not married

LA POSESIÓN Possession

del/de la/de los/de las	of the
mi(s)	my
nuestro/a(s)	our

REPASO: su(s), tu(s); tiene, tienen

tengo	I have
tienes	you have
tenemos	we have

(s)

(p) tienen → you have

LA HORA The time

¿Qué hora es?	What time is it?
a la(s)...	at (a certain hour)
¿a qué hora... ?	at what time?
adelantado/a	fast (ahead of time)
atrasado/a	slow, behind schedule
cuarto	quarter (of an hour)

en punto	on the dot
Es la... /Son las...	It's . . .
media	half (hour)
la medianoche	midnight
el mediodía	noon

LA EDAD Age

¿Cuántos años tiene(s)?	How old are you?
más de	more than
mayor	older

menor	younger
menos de	less than
tener... años	to be . . . years old

LOS SUSTANTIVOS Nouns

la bicicleta	bicycle	**la parte**	part
el coche	car	**la posesión**	possession
la definición	definition	**la pregunta**	question
el orden	order		

LA DESCRIPCIÓN Description

correcto/a	correct	**imposible**	impossible
descompuesto/a	out of order, broken down	**mejor**	better
elegante	elegant	**mucho/a**	much, a lot of
fiel	faithful	**tarde**	late
gordito/a	chubby		

PALABRAS Y EXPRESIONES ÚTILES Useful words and expressions

cada uno	each/every one	**posiblemente**	possibly
¡Cómo cambia el mundo!	My, how things change!	**sólo**	only
Creo que...	I think that . . .	**tal vez**	perhaps
Muchas gracias.	Thanks a lot.	**ya**	now, already
Perdón.	Pardon (me).		

LOS NÚMEROS Numbers

cuarenta	40	**ochenta**	80
cincuenta	50	**noventa**	90
sesenta	60	**cien**	100
setenta	70		

GRAMÁTICA Y EJERCICIOS

C.1. Possession: *tener*

The verb **tener** (*to have*) often expresses possession in Spanish.

> Nora **tiene** pelo largo.   *Nora has long hair.*
> —Esteban, ¿**tienes** clase ahora? —Sí, **tengo** clase de español.
> *"Esteban, do you have a class now?" "Yes, I have a Spanish class."*
> —Profesora Martínez, ¿**tiene** usted un automóvil nuevo? —Sí, **tengo** un Subarú verde.
> *"Professor Martínez, do you have a new car?" "Yes, I have a green Subaru."*

Here are the present tense forms of the verb **tener**.

(yo)	**tengo**	*I have*
(tú)	**tienes**	*you (informal) have*
(usted, él/ella)	**tiene**	*you (formal, sing.) have; he, she has*
(nosotros/as)	**tenemos**	*we have*
(ustedes, ellos/as)	**tienen**	*you (pl.), they have*

Ejercicio 1

Diga qué tienen estas personas. Use formas del verbo **tener** (**tengo, tienes, tiene, tenemos, tienen**).

1. Nora _____ una chaqueta roja.
2. Esteban y yo _____ un coche viejo.
3. Tú no _____ el libro de español, ¿verdad?
4. Yo _____ dos lápices y un cuaderno sobre mi pupitre.
5. Usted y su esposo no _____ hijos, ¿verdad?

C.2. Possession: *de, del, de la, de los, de las*

The verb **ser** (*to be*) followed by the preposition **de** (*of*) can be used to express possession. **De** followed by **el** contracts to **del** (*of the*). (See A.1 for the forms of **ser**.)

> —¿**De quién es** el cuaderno? —**Es de** Carmen.
> *"To whom does the notebook belong?" "It belongs to Carmen."*
>
> —¿**De quién es** el bolígrafo? —**Es del** profesor.
> *"To whom does the pen belong?" "It's the professor's."*

El libro **del** estudiante es grande.
The student's book is big.

Los zapatos **de la** niña son nuevos.
The girl's shoes are new.

—¿**De quién es** el perro? —**Es de los** señores García.
"To whom does the dog belong?" "It's the Garcías'."

—¿**Son de** Mónica los papeles? —No, **son de las** chicas.
"Do the papers belong to Mónica?" "No, they are the girls'."

Ejercicio 2. ¿De quién son estas cosas?

MODELO: Esteban → El bolígrafo es de Esteban.

1. la profesora Martínez   2. Luis   3. Nora

4. la señora Ramírez   5. el señor Ramírez   6. Ernestito

C.3. *Possession: Possessive Adjectives*

Possession can be indicated by the possessive adjectives **mi** (*my*), **tu** (*your*), **nuestro/a** (*our*), and **su** (*your/his/her/its/their*).

Mi coche es blanco.	*My car is white.*
Su pelo es largo.	*Your (His/Her/Its/Their) hair is long.*
Tu[1] hermano es muy simpático.	*Your brother is very nice.*

---

[1]Remember that the possessive **tu** is not written with an accent.

In conversation, context will normally tell you the person or thing **su** refers to.

> Esteban no tiene su libro de español.
> *Esteban doesn't have his Spanish book.*

Nuestro/a agrees in gender with the noun that follows.

> Nuestra profesora es muy buena.   *Our professor is very good.*
> Nuestro coche es viejo.   *Our car is old.*

All possessive adjectives must be plural if the thing possessed is plural.

> Mis profesores son interesantes.
> *My professors are interesting.*
> Sus amigos son simpáticos.
> *Your (His/Her/Their) friends are very friendly.*
> Nuestros cuadernos son azules.   *Our notebooks are blue.*
> Tus ojos son bonitos.   *Your eyes are pretty.*

Note that the number of the possessive adjective depends on what is possessed, *not* on the possessor or owner.

> Luis no tiene sus libros.
> *Luis doesn't have his books.*
> Mónica y Alberto tienen su coche.
> *Mónica and Alberto have their car.*

Ejercicio 3. **¿Mi(s), tu(s), su(s) o nuestro/a(s)?**

1. Mi novia no tiene _____ libro de matemáticas.
2. El profesor no tiene _____ lentes.
3. Tú no tienes _____ reloj, ¿verdad?
4. No tengo _____ zapatos de tenis.
5. No tenemos _____ cuadernos.
6. Los señores Ramírez no tienen _____ coche aquí.

C.4. Telling Time (Part 1)

The phrase **¿Qué hora es?** is often used to ask what time it is in Spanish. The answer usually begins with **son** (*are*).

> —¿Qué hora **es**? —**Son** las tres.
> *"What time is it?" "It's three o'clock."*

Use **es** to tell the time between one o'clock and two o'clock.

> —¿Es la una? —No, es la una y veinte.
> *"Is it one o'clock?" "No, it's one twenty."*

Use **y** (*and*) to express minutes after the hour.

—¿Son las seis y diez? —No, son las seis y veinte.
"Is it ten after six?" "No, it's twenty after six."

Use **cuarto** (*quarter*) and **media** (*half*) for fifteen and thirty minutes respectively.

—¿Qué hora tiene usted? —Son las tres y cuarto (media).
"What time do you have?" "It's a quarter after three (half past three)."

Ejercicio 4. ¿Qué hora es?

MODELO: 2:20 → Son las dos y veinte.

1. 4:20	3. 8:13	5. 7:07
2. 6:15	4. 1:10	6. 5:30

C.5. *Age: tener*

The verb **tener** (*to have*) expresses age. (See C.1 for the forms of the verb **tener**.)

—Señora Ramírez, ¿cuántos años tiene usted?—Tengo treinta y cinco (años).
"Mrs. Ramírez, how old are you?" "I'm thirty-five (years old)."

Ejercicio 5. ¿Qué edad tienen estas personas?

MODELO: → Don Eduardo Alvar tiene 80 años.

don
Eduardo
Alvar
(n. 1906)

1.

Estela
Ramírez
(n. 1951)

2.

Ernestito
Ramírez
(n.1978)

3.

Gustavo
Rivero
(n. 1970)

4.

doña María
González
de Saucedo
(n. 1907)

PASO D

In **Paso D** you will start to learn how to talk about weather and to tell where things are. You will be able to talk about locations on your own campus as well as about the countries of the world. You will talk about people from many countries, especially those in the Spanish-speaking world.

ACTIVIDADES ORALES

🔳 EL TIEMPO

¡OJO! *Estudie Gramática D.1.*

¿Qué tiempo hace?

Hace sol.

Hace mucho calor.

Hace buen tiempo.

Hace mucho frío.

Llueve.

Nieva.

Hace viento.

Hace fresco.

Actividad 1. El tiempo

¿Qué colores asocia usted con el tiempo?

1. Hace mal tiempo.
2. Hace frío.
3. Hace calor.
4. Llueve.
5. Nieva.
6. Hace buen tiempo.

a. rojo
b. negro
c. azul
d. amarillo
e. verde
f. gris
g. blanco
h. ¿____?

Actividad 2. Diálogo: El tiempo en la Ciudad de México

DON EDUARDO: Es un día bonito. Hace mucho sol.
DON ANSELMO: Sí, y hace un poco de calor, también.
DON EDUARDO: Es verdad. Aquí en México llueve solamente en la tarde.
DON ANSELMO: Pero en la noche hace fresco.

Actividad 3. Diálogo abierto: Un día bonito

E1: ¿Hace ____ hoy?
E2: Sí, hace ____ pero no ____.

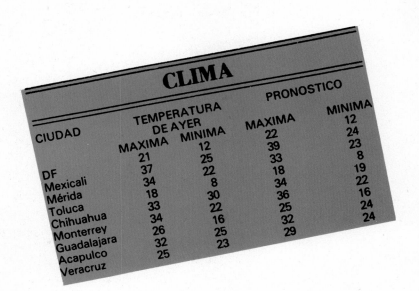

CLIMA

CIUDAD	TEMPERATURA DE AYER		PRONOSTICO	
	MAXIMA	MINIMA	MAXIMA	MINIMA
DF	21	12	22	12
Mexicali	37	25	39	24
Mérida	34	22	33	23
Toluca	18	8	18	8
Chihuahua	33	30	34	19
Monterrey	34	22	36	22
Guadalajara	26	16	25	16
Acapulco	32	25	32	24
Veracruz	25	23	29	24

⊞ EL ORIGEN Y LA NACIONALIDAD

¡OJO! *Estudie Gramática D.2.*

Soy + de...   Santa Fe
                  Nuevo México
                  los Estados Unidos

¿De dónde eres tú?
¿De dónde es usted?

Portugal
portugués
portuguesa

España
español
española

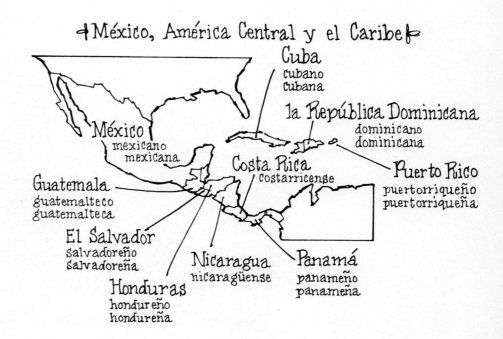

México, América Central y el Caribe

Cuba
cubano
cubana

la República Dominicana
dominicano
dominicana

México
mexicano
mexicana

Costa Rica
costarricense

Puerto Rico
puertorriqueño
puertorriqueña

Guatemala
guatemalteco
guatemalteca

El Salvador
salvadoreño
salvadoreña

Nicaragua
nicaragüense

Panamá
panameño
panameña

Honduras
hondureño
hondureña

Sudamérica

Venezuela
venezolano
venezolana

Colombia
colombiano
colombiana

Ecuador
ecuatoriano
ecuatoriana

Brasil
brasileño
brasileña

Bolivia
boliviano
boliviana

Perú
peruano
peruana

Paraguay
paraguayo
paraguaya

Uruguay
uruguayo
uruguaya

Chile
chileno
chilena

Argentina
argentino
argentina

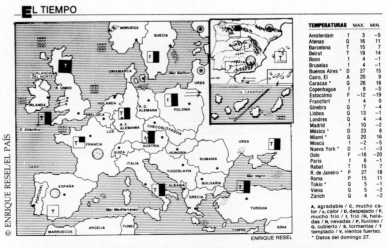

EL TIEMPO

TEMPERATURAS		MAX.	MIN.
Amsterdam	f	3	−5
Atenas	Q	16	11
Barcelona	T	15	7
Beirut	T	19	14
Bonn	f	4	−1
Bruselas	f	4	−1
Buenos Aires *	D	27	15
Cairo, El	A	20	9
Caracas *	Q	26	16
Copenhague	f	8	−5
Estocolmo	F	−12	−19
Francfort	f	4	0
Ginebra	Q	7	−4
Lisboa	Q	13	−1
Londres	Q	4	−4
Madrid	f	10	−2
México *	D	23	8
Miami	Q	20	16
Moscú	f	−2	−5
Nueva York *	D	−1	−3
Oslo	F	−18	−20
Paris	f	6	−1
Rabat	T	15	7
R. de Janeiro *	P	27	18
Roma	P	15	11
Tokio *	Q	5	−1
Viena	Q	5	−2
Zúrich	Q	4	−2

A, agradable / c, mucho calor / c, calor / D, despejado / F, mucho frío / f, frío /H, heladas / N, nevadas / P, lluvioso / Q, cubierto / s, tormentas / T templado / v, vientos fuertes.
* Datos del domingo 27.

© ENRIQUE RESEL/EL PAÍS

ENRIQUE RESEL

Subirán ligeramente las temperaturas

Actividad 4. Interacción: Nacionalidades

E1: ¿De dónde son *los peruanos*?
E2: Son de *Perú*.

E1: ¿De dónde es *Silvia Bustamante*?
E2: Es de *México*.

Pilar Álvarez
Madrid, España

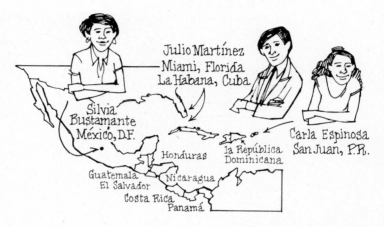

Julio Martínez
Miami, Florida
La Habana, Cuba

Silvia
Bustamante
México, D.F.

Honduras

la República
Dominicana

Carla Espinosa
San Juan, P.R.

Guatemala
El Salvador
Nicaragua
Costa Rica
Panamá

Ricardo Sícora
Caracas,
Venezuela

Ecuador

Perú

Brasil

Bolivia

Paraguay

Inés Torres
Bogotá, Colombia

Chile

Uruguay

Adriana Bolini
Buenos Aires,
Argentina

Actividad 5. Diálogos

1. ¿De dónde eres tú?

> ROGELIO: Buenos días. Yo soy Rogelio Varela. ¿Cómo te llamas?
> MARTA: Me llamo Marta Muñoz. ¿De dónde eres tú?
> ROGELIO: Soy de Puerto Rico, de San Juan. ¿Y tú?
> MARTA: Soy de México, pero vivo aquí en San Juan ahora.

2. Somos guatemaltecas.

> RAÚL: Hola. ¿Quiénes son ustedes?
> ROSA: Yo soy Rosa y ella es mi hermana, Cristina.
> RAÚL: ¿De dónde son?
> ROSA: Somos de Centroamérica. Somos guatemaltecas.

Actividad 6. Diálogo abierto: ¿De dónde es?

E1: Hola, señor (señora, señorita) _____. ¿Quién es el señor que está con usted?
E2: Se llama _____. Él es de _____.
E1: ¿Y la señorita que está con él?
E2: Ella se llama _____. Es de _____.
E1: Ah, es _____.

Actividad 7. Entrevista

1. —¿De dónde eres?
   —Soy de _____.
2. —¿De dónde es tu padre?
   —Mi padre es de _____.
3. —¿De dónde es tu madre?
   —Mi madre es de _____.
4. —¿Tienes un amigo de otro país?
   —Sí, mi amigo/a es de _____.
5. —¿Cómo se llama tu amigo/a?
   —Se llama _____.

Actividad 8. Interacción: Larga distancia

> ESTUDIANTE: Quiero llamar a *París*, por favor.
> OPERADOR(A): ¿Habla usted *francés*?
> ESTUDIANTE: Sí, hablo *un poco de francés*.
> (No, no hablo *nada de francés*).
> (Sí, hablo *francés muy bien*).

Ciudades: Roma, Londres, Madrid, Moscú, Buenos Aires, Pekín, Río de Janeiro, Toronto, Los Ángeles, Montreal, Berlín

Lenguas: italiano, inglés, español, ruso, portugués, chino, francés, alemán

Expresiones útiles: un poco de, nada de, muy bien

LECTURA: *Los amigos hispanos*

Dos estudiantes hablan en la Universidad Nacional Autónoma de México.

© FUJIHIRA / MONKMEYER

CARLOS PADILLA, ESTUDIANTE DE ARQUITECTURA

Me llamo Carlos Padilla. Soy estudiante de la Universidad Autónoma° de México (UNAM) aquí en la ciudad de México, en el Distrito Federal.° Tengo veintiún años y vivo con mis padres en la Calle Juárez, en el sur de la ciudad. Tengo ojos negros y pelo castaño. Tengo dos hermanas y un hermano. También tengo un perro que se llama Sultán.

autonomous, independent

Distrito... Federal District (similar to D.C.)

¿Cierto o falso?

1. Carlos estudia en la Universidad de los Andes.
2. Vive en la Calle 18.
3. Tiene los ojos negros.
4. Tiene dos hermanos y una hermana.
5. Tiene dos perros.

▦ LAS CLASES

¡OJO! *Estudie Gramática D.3.*

el arte

la literatura

la educación física

la química

la geografía

la economía

el comercio

la física

la sociología

la historia

la biología

el drama

la ciencia computacional

la música

las matemáticas

la psicología

la ingeniería

Actividad 9. Interacción: El horario de clases de Carla Espinosa

· UNIVERSIDAD·DE·PUERTO·RICO ·				
Nombre *Carla Espinosa*				
hora/día	lunes	martes	miércoles	jueves	viernes
8:00	biología		biología		biología
8:30		historia		historia	
9:00	economía		economía		economía
10:30	química	química	química	química	química
11:00	(laboratorio)		(laboratorio)		
12:00	almuerzo	↓	almuerzo	↓	almuerzo
1:00	inglés	almuerzo	inglés	almuerzo	inglés

E1: ¿Tiene clase Carla los *lunes* a *las 8:00*?
E2: Sí, tiene clase de *biología*.

E1: ¿Qué clase tiene Carla los *miércoles* a *las 10:30*?
E2: Tiene _____.

Actividad 10. Diálogo: Las clases

Raúl, un estudiante mexicano, habla de sus clases con su amigo norte-americano, Esteban.

RAÚL: Tengo cuatro clases este semestre.
ESTEBAN: Yo tengo cinco.
RAÚL: ¿Son muy difíciles?
ESTEBAN: Solamente la clase de física es difícil. Las otras son fáciles.
RAÚL: Mi clase de arte es difícil pero muy interesante.
ESTEBAN: No tengo clase de arte, pero sí tengo una clase de sociología muy interesante.

Actividad 11. Diálogo abierto: Mi clase favorita

E1: ¿Cuál es tu clase favorita este semestre?
E2: La clase de _____ es mi favorita.

E1: ¿Quién es el profesor de esa clase?
E2: Es el profesor (la profesora) _____.
E1: ¿Es difícil o fácil la clase?
E2: Es _____.

Actividad 12. Entrevista: Las clases

1. —¿Qué clases tienes este semestre?
   —Tengo _____, _____ y _____.
2. —¿Cuál es tu clase favorita?
   —Mi favorita es _____.
3. —¿Cuál es tu clase más difícil?
   —Mi clase más difícil es _____.
4. —¿Cuál es tu clase más fácil?
   —Mi clase más fácil es _____.

Actividad 13. Interacción: La escuela primaria de Ernestito, el Colegio «Benito Juárez»

AÑO	NIÑOS	NIÑAS	TOTAL
1°	11	13	24
2°	20	19	39
3°	12	14	26
4°	21	22	43
5°	15	16	31
6°	18	17	35

E1: ¿Cuántos *niños* hay en el *tercer* año?
E2: Hay *doce*.

LECTURA: *Los amigos hispanos*

NATALIA MORALES, MAESTRA BILINGÜE°   *bilingual*

Hola, me llamo Natalia Morales. Soy maestra bilingüe en una escuela primaria en San Antonio, Texas. Tengo cuarenta y nueve años y estoy casada. Mi esposo se llama Juan. Tenemos una hija, Nora, que tiene diecinueve años. El cumpleaños° de Nora es el 4 de julio, el Día de la Independencia de los Estados Unidos. ¡Qué° coincidencia!

birthday

What a

Preguntas

1. ¿Dónde viven Juan y Natalia?
2. ¿Qué profesión tiene Natalia?
3. ¿Cuántos años tiene la hija de los señores Morales?
4. ¿Qué día es el cumpleaños de Nora Morales?

¿DÓNDE ESTÁ?

¡OJO! *Estudie Gramática D.4.*

estar (*to be*)	
estoy	*I am*
estás	*you (informal) are*
está	*you (formal, sing.) are; he, she, it is*
estamos	*we are*
están	*you (pl.), they are*

Actividad 14. Interacción: ¿Dónde está?

E1: ¿Dónde está *el cuaderno*?
E2: Está *al lado del libro*.

Actividad 15. Interacción: La Universidad Estatal del Oriente

LA · UNIVERSIDAD · ESTATAL · DEL · ORIENTE

E1: ¿Dónde está *el teatro*?
E2: *El teatro* está *enfrente del edificio de Bellas Artes.*

E1: ¿En qué calle está *la cafetería*?
E2: Está en la *Avenida de las Rosas, enfrente de la librería.*

Actividad 16. Diálogo: En la universidad

La profesora Adela Martínez saluda a su amigo, el profesor Alejandro López.

ADELA: Hola, Alejandro. ¿Tienes clase ahora?
ALEJANDRO: Sí, tengo clase de matemáticas.
ADELA: ¿Dónde está el salón de tu clase?
ALEJANDRO: En el edificio de Ciencias Naturales.

Actividad 17. Diálogo abierto: Las clases

E1: Hola, _____. ¿Tienes clases hoy?
E2: Sí, tengo _____ y _____.
E1: ¿Dónde?
E2: En el edificio de _____.
E1: ¿Dónde está ese edificio?
E2: Está al lado del (de la) _____.

Actividad 18. Entrevista: ¿Dónde está?

En nuestra universidad...

1. —¿Dónde está la biblioteca?
   —Está al lado de _____.
2. —¿Dónde está el gimnasio?
   —Está enfrente de _____.
3. —¿Dónde está la librería?
   —Está detrás de _____.
4. —¿Dónde está el laboratorio de lenguas?
   —Está en el edificio de _____.

Vocabulario

EL TIEMPO The weather

¿Qué tiempo hace?	What's the weather like?		
Hace buen/mal tiempo.	The weather is good/ bad.	**Hace sol.**	It's sunny.
Hace (mucho) calor.	It's (very) hot.	**Hace (mucho) viento.**	It's (very) windy.
Hace fresco.	It's cool.	**Llueve.**	It rains. It's raining.
Hace (mucho) frío.	It's (very) cold.	**Nieva.**	It snows. It's snowing.

EL ORIGEN Origin

¿De dónde es usted/ eres tú?	Where are you from?	**la ciudad**	city
Soy de…	I'm from . . .	**el estado**	state
		el país	country

LOS PAÍSES Y LAS NACIONALIDADES Countries and nationalities

Alemania/ alemán/ alemana	Germany/ German	**Inglaterra/ inglés/ inglesa**	England/ English
Brasil/ brasileño/a	Brazil/ Brazilian	**Italia/ italiano/a**	Italy/ Italian
China/ chino/a	China/ Chinese	**Japón/ japonés/ japonesa**	Japan/ Japanese
los Estados Unidos/ americano/a	United States/ American	**Portugal/ portugués/ portuguesa**	Portugal/ Portuguese
Francia/ francés/ francesa	France/ French	**Rusia/ ruso/a**	Russia/ Russian

LOS PAÍSES Y LAS NACIONALIDADES HISPANOS Hispanic countries and nationalities

Argentina/ argentino/a	Argentina/ Argentinian	**México/ mexicano/a**	Mexico/ Mexican
Bolivia/ boliviano/a	Bolivia/ Bolivian	**Nicaragua/ nicaragüense**	Nicaragua/ Nicaraguan
Colombia/ colombiano/a	Colombia/ Colombian	**Panamá/ panameño/a**	Panama/ Panamanian
Costa Rica/ costarricense	Costa Rica/ Costa Rican	**Paraguay/ paraguayo/a**	Paraguay/ Paraguayan
Cuba/ cubano/a	Cuba/ Cuban	**Perú/ peruano/a**	Peru/ Peruvian
Chile/ chileno/a	Chile/ Chilean	**Puerto Rico/ puertorri- queño/a**	Puerto Rico/ Puerto Rican
Ecuador/ ecuatoriano/a	Ecuador/ Ecuadorian	**la República Dominica- na/ dominicano/a**	Dominican Republic/ Dominican
España/ español(a)	Spain/ Spanish	**El Salvador/ salva- doreño/a**	El Salvador/ Salva- dorian
Guatemala/ guatemalteco/a	Guatemala/ Guatemalan	**Uruguay/ uruguayo/a**	Uruguay/ Uruguayan
Honduras/ hondureño/a	Honduras/ Honduran	**Venezuela/ venezo- lano/a**	Venezuela/ Venezuelan

LAS LENGUAS Languages

el alemán	German	**el italiano**	Italian
el chino	Chinese	**el portugués**	Portuguese
el francés	French	**el ruso**	Russian

REPASO: el español, el inglés

OTROS LUGARES Other places

América Central/ Centroamérica	Central America	**Londres**	London
América del Sur/ Sudamérica	South America	**Moscú**	Moscow
el Caribe	Caribbean	**Roma**	Rome

LOS DÍAS DE LA SEMANA Days of the week

(el) lunes	Monday	**(el) viernes**	Friday
(el) martes	Tuesday	**(el) sábado**	Saturday
(el) miércoles	Wednesday	**(el) domingo**	Sunday
(el) jueves	Thursday		

¿CUÁNDO? When?

ahora	now	**la mañana**	morning
el día	day	**la noche**	night
hoy	today	**la tarde**	afternoon
mañana	tomorrow		

LAS CLASES Classes

la arquitectura	architecture	**la geografía**	geography
el arte	art	**la historia**	history
la biología	biology	**la ingeniería**	engineering
la ciencia computacional	computer science	**la literatura**	literature
		la música	music
el drama	drama	**la psicología**	psychology
la economía	economics	**la química**	chemistry
la educación física	physical education	**la sociología**	sociology
la física	physics		

REPASO: las matemáticas

¿DÓNDE ESTÁN? Where are they?

a la derecha de	to the right of	**debajo de**	under
al lado derecho de	to the right side of	**detrás de**	behind
a la izquierda de	to the left of	**encima de**	on top of
al lado izquierdo de	to the left side of	**enfrente de**	in front of
adentro de	inside	**(al) este (de)**	(to the) east (of)
afuera de	outside	**(al) norte (de)**	(to the) north (of)
alrededor de	around	**(al) oeste (de)**	(to the) west (of)
arriba de	on top of	**(al) sur (de)**	(to the) south (of)

LOS LUGARES EN LA UNIVERSIDAD Places in the university

el auditorio	auditorium	**Filosofía y Letras**	Humanities
las aulas (*but:* **el aula**)	classrooms	**Medicina**	Medicine
el baño	bathroom	**el gimnasio**	gym
la biblioteca	library	**el hospital**	hospital
la cafetería	cafeteria	**el laboratorio (de lenguas)**	(language) lab
el edificio	building		
el estacionamiento	parking lot	**la librería**	bookstore
la Facultad de:	Department/School of:	**la parada del autobús**	bus stop
Bellas Artes	Fine Arts	**la piscina**	swimming pool
Ciencias Naturales	Natural Sciences	**la rectoría**	administration
Ciencias Sociales	Social Sciences	**el teatro**	theater
Derecho	Law		

REPASO: el salón de clase

LOS ADJETIVOS ORDINALES Ordinal adjectives

primero/a (primer)	first	**sexto/a**	sixth
segundo/a	second	**séptimo/a**	seventh
tercero/a (tercer)	third	**octavo/a**	eighth
cuarto/a	fourth	**noveno/a**	ninth
quinto/a	fifth	**décimo/a**	tenth

LA DESCRIPCIÓN Description

cierto/a	true	**hispano/a**	Hispanic
falso/a	false	**interesante**	interesting
favorito/a	favorite		

LOS SUSTANTIVOS Nouns

el almuerzo	lunch	**la lectura**	reading
la avenida	avenue	**el maestro/la maestra**	teacher
la calle	street	**el mapa**	map
la coincidencia	coincidence	**la música**	music
el colegio	private school	**el operador/la operadora**	operator
la comida	food	**la profesión**	profession
la escuela primaria	elementary school	**el semestre**	semester
el horario	schedule	**el total**	total
la independencia	independence		

PALABRAS Y EXPRESIONES ÚTILES Useful words and expressions

apunte(n)	point	**¿Qué asocia usted con... ?**	What do you associate with . . . ?
aquí	here		
estar	to be	**Quiero llamar a...**	I want to call . . .
hablo/habla	I/you, he, she speak(s)	**si**	if
larga distancia	long distance	**un poco de**	a (little) bit of
nada	nothing	**vivo/vive**	I/you, he, she live(s)
por favor	please		

GRAMÁTICA Y EJERCICIOS

D.1. Weather (Part 1)

A. Spanish speakers use several verbs to describe weather conditions. **Hacer** (*to make*) is the most common.

> —¿Qué tiempo **hace** hoy? —Hace frío.
> *"What's the weather like today?" "It's cold."*

Other words used in weather expressions with **hacer** are **hace calor** (*it's hot*), **hace buen (mal) tiempo** (*it's good [bad] weather*), **hace sol** (*it's sunny*).

B. Other verbs that describe weather include **nieva** and **llueve**.

> **Nieva** mucho en Alaska.
> *It snows a lot in Alaska.*

> Siempre **llueve** aquí en la tarde.
> *It always rains here in the afternoon.*

Ejercicio 1. ¿Qué tiempo hace?

1.   2.   3.   4.   5.   6.

0°C 32°F   41°C 106°F

D.2. Origin and Nationality: *ser (de)*

A form of the verb **ser** (*to be*) followed by **de** (*of*) can specify origin.

> —¿**De dónde es** Adriana Bolini? —**Es de** Buenos Aires.
> *"Where is Adriana Bolini from?" "She's from Buenos Aires."*

> —Profesora Martínez, ¿**de dónde es** usted? —**Soy de** Texas.
> *"Professor Martínez, where are you from?" "I'm from Texas."*

Ser followed by an adjective specifies nationality.

> —Sr. Ramírez, ¿**es** usted **argentino**? —No, **soy mexicano**.
> *"Mr. Ramírez, are you Argentinian?" "No, I'm Mexican."*

> —¿**Son colombianos** los amigos de Ricardo? —No, **son venezolanos**.
> *"Are Ricardo's friends Colombian?" "No, they're Venezuelan."*

Note that the names of countries are capitalized in Spanish; nationalities are not.

Note the forms of these masculine and feminine pairs: **español/española, francés/francesa, inglés/inglesa, japonés/japonesa**. Some nationality words do not indicate gender.

Marta es **costarricense** y Alicia es **nicaragüense**.[1]
Marta is Costa Rican and Alicia is Nicaraguan.

Ejercicio 2

Luis no sabe mucho de nacionalidades. Ayúdele (*Help him*) con éstas.

1. Un hombre de Cuba es _____.
2. Una mujer de España es _____.
3. Los hombres de Francia son _____.
4. Las mujeres de Italia son _____.
5. Un hombre de Costa Rica es _____.

D.3. Ordinals

Ordinal adjectives are used to put things and people into a sequence or order. The ordinals in English are *first, second, third, fourth,* and so on. The ordinals from *first* to *tenth* in Spanish are as follows:

primero/a   tercero/a   quinto/a   séptimo/a   noveno/a
segundo/a   cuarto/a   sexto/a   octavo/a   décimo/a

Mi **segunda** clase es difícil.   *My second class is difficult.*

The words **primero** (*first*) and **tercero** (*third*) drop the final **-o** when used before a singular masculine noun.

Estoy en el **primer (tercer) año**.   *I am in the first (third) grade.*

Ejercicio 3

Conteste las preguntas.

Ernesto   Estela   Ernestito   Gustavo   Amanda   Ramón   don Anselmo

1. ¿Quién es la primera persona?
2. ¿Quién es la segunda persona?
3. ¿Es Gustavo el quinto?
4. ¿Es Amanda la primera?
5. ¿Es Ernestito el tercero?
6. ¿Quién es la sexta persona?
7. Don Anselmo es la quinta persona, ¿verdad?

---

[1]The dieresis over the **u**, **ü**, indicates that the **u** is pronounced.

Ejercicio 4

Diga el orden de los días de la semana.

MODELO: El lunes es el primer día. El martes es...

D.4. Location of People and Objects: *estar*

Use the verb **estar** (*to be*) to locate people and objects.

—¿Dónde **está** la profesora Martínez? —**Está** en clase.
"Where is Professor Martínez?" "She's in class."

—¿Esteban, ¿dónde **está** su libro? —**Está** en casa.
"Esteban, where is your book?" "It's at home."

Here are the present tense forms of the verb **estar**.

estar (*to be*)	
(yo) **estoy**	*I am*
(tú) **estás**	*you (informal) are*
(usted, él/ella) **está**	*you (formal, sing.) are; he, she, it is*
(nosotros/as) **estamos**	*we are*
(ustedes, ellos/as) **están**	*you (pl.), they are*

Remember that the verb **ser** (*to be*) is used to *identify* people or things and to express *origin* (with **de**). **Estar** (*to be*) is used to *locate* people or things (with **en**).

Clara **es** estudiante de español; **está** en España ahora.
Clara is a Spanish student; she's in Spain now.

Bernardo **es** de Colombia, pero **está** en Perú ahora con su esposa.
Bernardo is from Colombia, but he's in Peru now with his wife.

Ejercicio 5

Diga dónde están estas personas. Use formas del verbo **estar: estoy, estás, está, estamos, están**.

1. Carmen _____ en la biblioteca.
2. Luis y Nora _____ en su clase de biología.
3. Tú _____ en la rectoría.
4. Esteban y yo _____ en el edificio de Ciencias Naturales.
5. Yo _____ en mi coche.

PASO E

LOS TEMAS

 The Numbers to One Million

 Addresses and Telephone Numbers

 Dates and Birthdays

 Prices

LA GRAMÁTICA

E.1. Numbers
E.2. The Spanish Alphabet
E.3. Dates: Definite Article + **de**
E.4. Prices: **costar**

LAS LECTURAS

• ¿Dónde se habla el español?

• «Niño desaparecido»

In **Paso E** you will learn how to give personal information—your address, phone number, birthday, and so on. You will also learn more about the importance of Spanish in the world.

ACTIVIDADES ORALES

⊞ LOS NÚMEROS HASTA UN MILLÓN

¡OJO! *Estudie Gramática E.1.*

100 cien	700 setecientos/as
105 ciento cinco	800 ochocientos/as
200 doscientos/as	900 novecientos/as
300 trescientos/as	1000 mil
400 cuatrocientos/as	10,000 diez mil
500 quinientos/as	1,000,000 un millón (de)
600 seiscientos/as	2,000,000 dos millones (de)

Actividad 1. Los números

Escuche a su profesor y busque el número correcto.

185	438	783	554
652	396	204	265
865	294	174	384
947	385	473	677
693	962	954	856
439	290	653	505

Actividad 2. El precio de una casa

Diga los precios de estas casas y apartamentos.

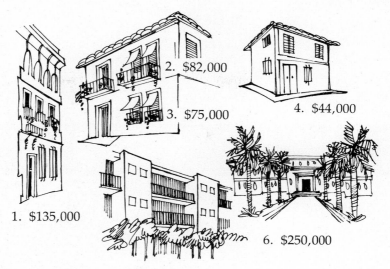

NOTA CULTURAL: ¿Dónde se habla el español?

El español se habla en muchas partes de los Estados Unidos.

© PETER MENZEL

Hay muchas personas que hablan español en el mundo—más de° doscientos cincuenta millones. Por supuesto° el español se habla° en España, pero también es la lengua principal de otros dieciocho países de la América Latina, que incluyen México y varias naciones de Centroamérica, del Caribe y de Sudamérica. Además,° en los Estados Unidos hay aproximadamente veinticinco millones de personas de habla española. Y el español es una de las cinco lenguas oficiales de las Naciones Unidas.

más... *more than*
Por... *Of course* / se... *is spoken*

Besides

¿Cierto o falso?

1. El español se habla solamente en España.
2. El español no se habla en el Caribe.
3. En los Estados Unidos hay muy pocas personas de habla española.
4. El español es una de las lenguas oficiales de las Naciones Unidas.

DATOS PERSONALES: EL TELÉFONO, LA DIRECCIÓN

¡OJO! *Estudie Gramática E.2.*

Vivo en la Avenida Polanco 16, apartamento 5A. Mi número de teléfono es el 5-67-89-40.

Actividad 3. Interacción: La cédula de estudiante

UNIVERSIDAD NACIONAL AUTÓNOMA DE MÉXICO

Nombre: Carlos Padilla
Dirección: Calle Juárez #528
Teléfono: 66-57-42
Fecha de Nacimiento: 26-II-65
Sexo: M   Edo. Civil: soltero
Ojos: negros   Pelo: castaño
Facultad: Arquitectura
Ciudadanía: mexicana
Nº. de Estudiante: 556874094

UNIVERSIDAD COMPLUTENSE DE MADRID

Nombre: José Estrada
Dirección: Calle Montes #490
Teléfono: 89-47-33
Fecha de Nacimiento: 15-IV-62
Sexo: M   Edo. Civil: soltero
Ojos: verdes   Pelo: castaño
Facultad: Ciencias
Ciudadanía: española
Nº. de Estudiante: 715389542

E1: ¿Cuál es el número de la cédula de *José Estrada*?
E2: Es el *71-538-95-42 (setenta y uno–quinientos treinta y ocho–noventa y cinco–cuarenta y dos).*

E1: ¿Dónde vive *Carlos Padilla*?
E2: Vive *en la Calle Juárez, número quinientos veintiocho.*

Actividad 4. Interacción: La libreta de direcciones de Esteban Brown

Esteban Brown tiene muchos amigos de diferentes países. Aquí tiene usted unos nombres de su libreta de direcciones.

E1: ¿De dónde es *Adriana*?
E2: Es de *Buenos Aires.*

E1: ¿Cuál es la dirección de *Pilar Álvarez*?
E2: Vive en *la Calle Almendras 481.*

E1: ¿Cuál es el número de teléfono de *Rogelio Varela*?
E2: Es el *599-6104.*

Nombres y Direcciones

Raúl Saucedo (tel.) 48-50-24
Calle Revolución 89
México, D.F., México

Rogelio Varela (tel.) 599-6104
Avenida Santa Bárbara 532
San Juan, Puerto Rico

Pilar Álvarez   71-91-55
Calle Almendras 481
Madrid, España

Ricardo Sícora   32-04-09
Avenida Simón Bolívar 482
Caracas, Venezuela

Adriana Bolini   68-34-57
Calle Sur 386
Buenos Aires, Argentina

Actividad 5. El pasaporte

1. ¿Cómo se llama la señora?
2. ¿Dónde vive?
3. ¿En qué mes nació?
4. ¿Es casada o soltera?
5. ¿De qué color son sus ojos?

No. M56 44937 26257

CIUDADANIA colombiana

ESTADO CIVIL
[X] casado(a)   [ ] soltero(a)
[ ] divorciado(a) [ ] viudo(a)

NOMBRE Inés de Torres

DIRECCION Molino 883
          Calle   No.
          Bogotá Colombia
          Ciudad País

FECHA DE NACIMIENTO
27 abril 1953
Día Mes Año

LUGAR DE NACIMIENTO
Medellín, Colombia

NOMBRE DE ESPOSO(A) Bernardo Torres

PROFESION maestra

OJOS negros PELO negro

ESTATURA 1.62 mts. PESO 63 kg.

FIRMA Inés de Torres

Actividad 6. Diálogo: El estudiante y la secretaria

Raúl Saucedo habla con una señorita en la rectoría de la Universidad de Texas.

SECRETARIA: ¿Cómo se llama usted?
RAÚL: Soy Raúl Saucedo.
SECRETARIA: Y ¿de dónde es usted?
RAÚL: Soy de México.
SECRETARIA: ¿Cuál es su dirección aquí en San Antonio?
RAÚL: Vivo en la Calle Sexta, número 566, apartamento 4.
SECRETARIA: ¿Y su número de teléfono?
RAÚL: Es el 486-1347.
SECRETARIA: Gracias por la información.

Actividad 7. Diálogo abierto: ¿Dónde vives?

E1: ¿Cómo te llamas?
E2: _____. ¿Y tú?
E1: _____. ¿Dónde vives?
E2: En la calle _____, número _____. ¿Y tú?
E1: Vivo en la calle _____, número _____.
E2: ¿Tienes teléfono?
E1: Sí, mi número es el _____. ¿Tienes teléfono tú?
E2: Sí, es el _____.

Actividad 8. Interacción: ¿Cómo se escribe?

Usted habla por teléfono con la operadora.

OPERADOR(A): Su nombre y apellido, por favor.
USTED: Ted Klamath.
OPERADOR(A): Perdón, no entendí bien. ¿Cómo se escribe su apellido?
USTED: Ca-ele-a-eme-a-te-hache. (K-L-A-M-A-T-H)

OPERADOR(A): Su nombre y apellido, por favor.
USTED: _____.
OPERADOR(A): Perdón, no entendí bien. ¿Cómo se escribe su apellido?
USTED: _____.

LECTURA

«NIÑO DESAPARECIDO»[1]

Ernestito Ramírez. Ocho años, pelo negro, pecoso.[2] Lleva pantalones vaqueros, camiseta azul y chaqueta color café. Su residencia: Avenida Juárez 457, México, D.F. Desaparecido el día 5 de octubre. Favor de[3] informar a sus padres, los señores Ramírez, al teléfono 28-35-40.

---

[1]*disappeared, missing*   [2]*freckled*   [3]Favor... *Please*

¿Cierto o falso?

1. Ernestito tiene once años.
2. Lleva una camiseta azul.
3. Vive en Ciudad Juárez.
4. Los señores Ramírez no tienen teléfono en su casa.

LAS FECHAS (DÍAS, MESES, AÑOS) Y LOS CUMPLEAÑOS

¡OJO! *Estudie Gramática E.3.*

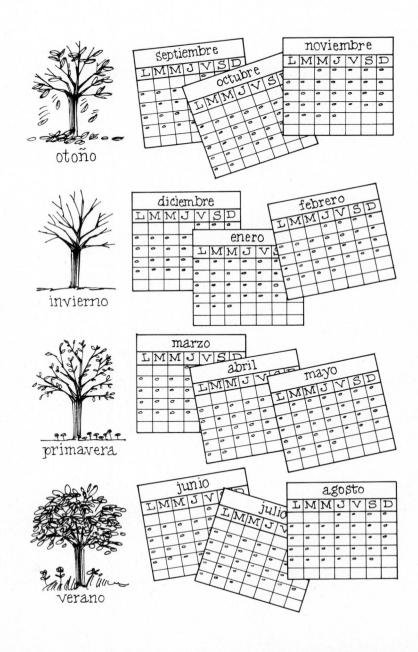

Actividad 9. Interacción: El calendario

LUN	MAR	MIÉR	JUEV	VIER	SÁB	DOM
		1	2	3	4	5
6	7	8	9	10	11	12
13	14	15	16	17	18	19
20	21	22	23	24	25	26
27	28	29	30			

E1: ¿Qué día es el *18*?
E2: Es *sábado*.

Actividad 10. El tiempo

¿Qué tiempo hace en estos meses donde usted vive?

1. En agosto
2. En enero
3. En abril
4. En junio
5. En diciembre
6. En febrero

a. hace mal tiempo
b. hace frío
c. hace calor
d. llueve
e. nieva
f. hace buen tiempo
g. ¿——?

Actividad 11. Interacción: El cumpleaños

E1: ¿Cuándo nació *José Estrada*?
E2: Nació el *15* de *abril*.

Actividad 12. La fecha

Escuche a su profesor y encuentre el año correcto.

1492	1810	1776	1854
1976	1929	1914	1945
1015	1515	1999	2000
1983	1986	1889	1965

Actividad 13. Interacción: Los amigos de Esteban Brown

NOMBRE	LUGAR DE NACIMIENTO	FECHA DE NACIMIENTO
Raúl Saucedo	Arenal, Jalisco, México	15 de octubre de 1967
Rogelio Varela	San Juan, Puerto Rico	30 de mayo de 1965
Pilar Álvarez	Madrid, España	4 de abril de 1964
Ricardo Sícora	Caracas, Venezuela	12 de octubre de 1968
Carmen Miller	Corpus Christi, Texas	23 de junio de 1967
Nora Morales	San Antonio, Texas	4 de julio de 1967

E1: ¿Quién nació el *30 de mayo de 1965*?
E2: *Rogelio Varela.*
E1: ¿Dónde nació?
E2: Nació en *San Juan, Puerto Rico.*

Actividad 14. El cumpleaños

¿Quién en la clase nació en… ?

USTED: ¿Naciste en *junio*?
COMPAÑERO/A: Sí.
USTED: ¿Qué día?
COMPAÑERO/A: El *10.*
USTED: Firma aquí, por favor.

MES	DÍA	FIRMA
enero	_____	_____
febrero	_____	_____
marzo	_____	_____
abril	_____	_____
mayo	_____	_____
junio	_____	_____
julio	_____	_____
agosto	_____	_____
septiembre	_____	_____
octubre	_____	_____
noviembre	_____	_____
diciembre	_____	_____

LOS PRECIOS

¡OJO! *Estudie Gramática E.4.*

el peso

la peseta

ESPAÑA Madrid

el centavo
(¼ de un quetzal)

el bolívar

Actividad 15. Interacción: ¿Cuánto cuesta?

Mire las cosas que hay en la clase y diga el precio.

$18.59 $0.39 $0.89 $1.49 $1.79 $1.98

E1: ¿Cuánto cuesta *el cuaderno*?
E2: Cuesta *$1.98 (un dólar noventa y ocho centavos).*

Actividad 16. Interacción: Una venta

regular $22.89
ahora $16.89

ahora $18.59

ahora $19.99

regular $32.79
ahora $18.79

regular $129.00
ahora $79.00

regular $35.00
ahora $28.00

ahora $12.89

regular $29.00
ahora $15.00

E1: ¿Cuánto cuesta *la blusa*?
E2: Cuesta *$16.89 (dieciséis dólares ochenta y nueve centavos)*.

Actividad 17. Diálogo: En la librería

Clara necesita un diccionario bilingüe inglés-español.

CLARA: Perdón, señor. ¿Cuánto cuesta este diccionario?
DEPENDIENTE: Cuesta siete dólares cincuenta y nueve centavos ($7.59).
CLARA: ¿Tiene usted uno más barato?
DEPENDIENTE: Sí, este diccionario es más pequeño pero es muy bueno. Cuesta tres dólares noventa y cinco centavos ($3.95).

CLARA: Quiero el pequeño.
DEPENDIENTE: Aquí lo tiene.
CLARA: Muchas gracias.
DEPENDIENTE: De nada, señorita.

Actividad 18. Diálogo abierto: ¿Cuánto cuesta?

E1: Perdón, ¿cuánto cuesta _____?
E2: Cuesta _____ dólares _____ centavos.
E1: Es muy _____.

Vocabulario

LOS DATOS PERSONALES Personal information

la cédula	I.D. card	la información	information
la ciudadanía	citizenship	la libreta de direcciones	address book
la dirección	address	el lugar de nacimiento	birthplace
divorciado/a	divorced	el pasaporte	passport
el estado civil	marital status	el peso	weight
la estatura	height	el sexo	sex
la fecha de nacimiento	birthdate	el viudo/la viuda	widower/widow
la firma	signature		

REPASO: el apellido, la profesión, el teléfono

LOS MESES DEL AÑO Months of the year

enero	January	julio	July
febrero	February	agosto	August
marzo	March	septiembre	September
abril	April	octubre	October
mayo	May	noviembre	November
junio	June	diciembre	December

LAS ESTACIONES Seasons

la primavera	spring	el otoño	fall, autumn
el verano	summer	el invierno	winter

LOS PRECIOS Prices

ahorra	save(s)	el dólar	dollar
Aquí lo tiene.	Here it is.	incluye(n)	include(s)
barato/a	inexpensive, cheap	necesita	needs
caro/a	expensive	quiero...	I want . . .
el centavo	cent	la venta	sale
¿Cuánto cuesta/cuestan	How much does/do . . . cost?		

LOS SUSTANTIVOS Nouns

el alfabeto	alphabet	**la lotería**	lottery
la América Latina	Latin America	**el mundo**	world
el apartamento	apartment	**la nación**	nation
el calendario	calendar	**las Naciones Unidas**	United Nations
la camiseta	T shirt	**la nota cultural**	cultural note
el día	day	**la residencia**	residence
el diccionario	dictionary	**la residencia estudiantil**	dormitory
la letra	letter (of alphabet)		

LA DESCRIPCIÓN Description

oficial	official	**varios/as**	various
principal	principal, main		

PALABRAS Y EXPRESIONES ÚTILES Useful words and expressions

aproximadamente	approximately	**nacer**	to be born
¿Cómo se escribe… ?	How do you spell . . . ?	**naciste**	you were born
¡Firma aquí!	Sign here!	**nació**	you/he/she were/was born
Gracias por…	Thanks for . . .	**No entendí.**	I didn't understand.
informar	to inform		

LOS NÚMEROS Numbers

cien	100	**cuatrocientos/as**	400	**setecientos/as**	700	**mil**	1,000
doscientos/as	200	**quinientos/as**	500	**ochocientos/as**	800	**un millón (de)**	1,000,000
trescientos/as	300	**seiscientos/as**	600	**novecientos/as**	900		

GRAMÁTICA Y EJERCICIOS

E.1. Numbers

A. As you know, the numbers by tens to one hundred are: **diez** (10), **veinte** (20), **treinta** (30), **cuarenta** (40), **cincuenta** (50), **sesenta** (60), **setenta** (70), **ochenta** (80), **noventa** (90), and **cien** (100). Most numbers over one hundred use **ciento**.[1]

100	cien
101	ciento uno
115	ciento quince
200	doscientos/as
238	doscientos/as treinta y ocho
300	trescientos/as
347	trescientos/as cuarenta y siete
400	cuatrocientos/as
491	cuatrocientos/as noventa y uno/a
500	quinientos/as
600	seiscientos/as
700	setecientos/as
800	ochocientos/as
900	novecientos/as

—¿Cuántos estudiantes hay de España? —Hay **cien**.
"How many students from Spain are there?" "There are one hundred."

—¿Cuántos libros hay? —Hay **ciento cincuenta y cuatro**.
"How many books are there?" "There are one hundred fifty-four."

Numbers that end in the number *one* drop the **-o** of **uno** before masculine nouns. The number *one* agrees in gender with the following noun.

—¿Hay **sesenta y un** libros? —Sí, hay exactamente **sesenta y uno**.
"Are there sixty-one books?" "Yes, there are exactly sixty-one."

—¿Hay **noventa y una** casas? —No, hay **ciento veintiuna**.
"Are there ninety-one houses?" "No, there are one hundred twenty-one."

B. The plural hundreds (200, 300, etc.) must agree in gender with the noun modified.

Aquí hay doscient**as mujeres** en la conferencia.
There are two hundred women here at the lecture.

---

[1]Exceptions: **cien mil, cien millones.**

C. The word for *one thousand* is **mil**.

      1,000 mil
      5,000 cinco mil
    10,000 diez mil
  100,000 cien mil
  365,000 trescientos sesenta y cinco mil

D. *One million* is **un millón**; its plural is **millones**.

  1,000,000 un millón
  5,000,000 cinco millones

If the noun counted is mentioned, the preposition **de** (*of*) is used with **millón** or **millones**.

México tiene setenta y dos **millones de** habitantes.
Mexico has seventy-two million inhabitants.

Ejercicio 1

Lea estos números.

MODELO: $315.00 → Trescientos quince dólares.

1. $568.00
2. $3689.00
3. $999.50
4. $50,396.00
5. $500,068,400.00

E.2. The Spanish Alphabet

LETTER	NAME	EXAMPLE
a	a	Ana
b	be, be grande	Bárbara
c	ce	Celia
ch	che	Chelo
d	de	David
e	e	Ernesto
f	efe	Franco
g	ge	Gerardo
h	hache	Hortensia
i	i	Isabel
j	jota	Juan
k	ca	Kati
l	ele	Laura
ll	elle, doble ele	Guillermo
m	eme	Miguel
n	ene	Nora
ñ	eñe	Íñigo

o	o	Olga
p	pe	Pedro
q	cu	Quintín
r	ere	Mario
rr	erre, doble ere	Roberto
s	ese	Sara
t	te	Tomás
u	u	Úrsula
v	uve, ve chica	Vicente
w	uve doble, doble ve, doble u	Walter
x	equis	Ximena
y	i griega, ye	Yolanda
z	zeta	Zulema

A. The names of the letters are feminine: **la «ele»**, **la «a»**, **la «equis»**, etc. The letters **ch** and **ll** are considered a single unit and thus affect alphabetization; for example, **chico** comes after **cumpleaños**. The combination **rr**, on the other hand, does not affect alphabetization, since it never appears as an initial letter. **Ch**, **ll**, and **rr** cannot be divided when splitting a word into syllables.

Since **b** and **v** are pronounced identically, speakers use different devices to differentiate them; the most common is to call one **be grande** and the other **ve chica** (or **b larga** and **v corta**). Many people say **be de burro**, **ve de vaca** (the **b** in the word **burro** and the **v** in the word **vaca**). The letters **k** and **w** are used mostly in words of foreign origin: **kilo, whisky**.

B. Spanish speakers normally do not spell out entire words, but rather tend to make reference only to the letters that might cause confusion. For example, if the name is **Rodríguez**, one might ask **¿Se escribe con zeta o con ese?** (*Is it written with a z or with an s?*), since most speakers pronounce these letters the same way. Common spelling questions asked by most Latin Americans are the following:

s, z	¿Con ese o con zeta?
c, s	¿Con ce o con ese?
c, z	¿Con ce o con zeta?
y, ll	¿Con i griega o con elle?
g, j	¿Con ge o con jota?

Since the letter **h** is never pronounced, a common question is *with or without h?*

h	¿Con o sin hache?

Only with foreign words (or perhaps very unfamiliar Spanish words) will Spanish speakers spell out the entire word.

—¿Cómo se escribe Dorwick, por favor?
—Se escribe: de, o, ere, doble ve, i, ce, ka.
—Gracias.

Ejercicio 2

¿Cómo se escriben estos apellidos?

1. Throckmorton
2. Redman
3. Brewer
4. Kandinsky
5. Wells

E.3. Dates: Definite Article + *de*

A. Dates are given in Spanish with the day followed by the month. The article **el** and the preposition **de** are always used.

—¿Qué día es hoy? —Es **el** tres **de** octubre.
"What day is today?" "It's the third of October (October 3)."

The ordinal **primero** is used to express the first day of the month. All other days use cardinal numbers.

—¿Es **el primero** de septiembre? —No, es **el cinco**.
"Is it the first of September?" "No, it's the fifth."

B. When abbreviating dates, Roman numerals are frequently used to indicate the month. Note that the month is given in second position, following the Spanish style for saying dates.

4/VII/44   *7/4/44*

el cuatro de julio de mil novecientos cuarenta y cuatro
July 4, 1944

Note the style for saying the year in Spanish.

Ejercicio 3

Lea estas fechas.

MODELO: 1/X/86 → Es el primero de octubre de mil novecientos ochenta y
seis.

1. 5/V/82
2. 16/VIII/90
3. 1/I/87
4. 28/II/62
5. 13/IX/75

E.4. Prices: *costar*

A. Prices may be given using only numbers, without specifying currency.

> —¿Cuánto cuesta? —Tres ochenta ($3.80).
> *"How much does it cost?" "Three-eighty."*

> —¿Cuánto cuestan los pantalones? —Veinticinco.
> *"How much do the pants cost?" "Twenty-five."*

A currency may also be specified. Note the use of **son** (*are*) for specifying the total.

> —¿Cuánto es? —**Son** diez **dólares** cincuenta y nueve **centavos**.
> *"How much is it (all together)?" "It's ten dollars and fifty-nine cents."*

B. Note the different ways to ask how much something costs.

¿Cuánto $\begin{cases} \text{cuesta?} \\ \text{cuestan?} \end{cases}$ How much $\begin{cases} \text{does it cost?} \\ \text{do they cost?} \end{cases}$

¿Cuánto es?   *How much is it (in total)?*

Ejercicio 4. ¿Cuánto cuesta?

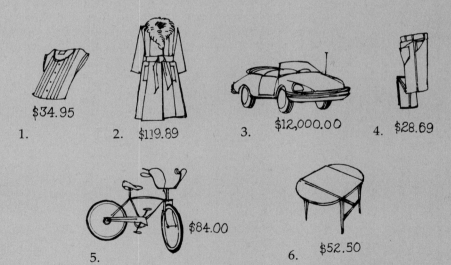

1. $34.95

2. $119.89

3. $12,000.00

4. $28.69

5. $84.00

6. $52.50

PRIMEROS PASOS: LECTURAS ADICIONALES

- LA TELENOVELA: Ernestito
- LOS AMIGOS HISPANOS: Inés
- LA TELENOVELA: Anuncios personales: «Busco amiga»; «Busco amigo»
- El horóscopo
- NOTA CULTURAL: Los nombres hispanos
- NOTA CULTURAL: Los hispanos en los Estados Unidos

In addition to the readings that are included with the **Actividades**, each chapter of *Dos mundos* will have a section called **Lecturas adicionales**. Even though these sections are called "additional," it is a good idea for you to do them, since the more you read in Spanish the more you will be able to understand and say.

You will recognize many of the words and phrases in these readings immediately, because they have appeared in the oral activities. Other words are glossed in the margin for you; you will probably need to know the meaning of those glossed words in order to understand the reading. In addition, there will be many words in the readings that you will not have seen before and that are not glossed. Try to understand the gist of the reading without looking such words up in the end vocabulary. Chances are that you can guess their meaning from context or do not need to know their meaning at all in order to get the general idea of the reading.

The readings within the activities and in the **Lecturas adicionales** sections fall into several categories.

- LA TELENOVELA

Episodes from «**Entre amigos**», a soap opera that takes place in Mexico City

- LOS AMIGOS HISPANOS

Brief portraits of a variety of people, designed to give readers a glimpse into the real life of Hispanics around the world

- NOTA CULTURAL

Brief cultural notes that will give you information about the chapter's cultural theme

- UN ENSAYO, UN EDITORIAL

Brief essays written in an editorial style that present definite points of view on serious topics

- LA FICCIÓN   Brief short stories

   In addition, there will be material that might appear in Hispanic magazines and newspapers (like **El horóscopo** in this chapter).

LA TELENOVELA: Ernestito

Buenos días. Me llamo Ernestito Ramírez y soy estudiante en una escuela primaria, el colegio «Benito Juárez», en la Ciudad de México. Mi escuela es vieja pero bonita. Los salones de clase son grandes, con muchas ventanas. El maestro tiene su mesa enfrente de la clase; es un escritorio de madera.° La pizarra es negra y el maestro usa tiza blanca. En un rincón° hay una bandera° con los colores nacionales, el verde, el blanco y el rojo.

wood
corner
flag

Preguntas

1. ¿Dónde está la escuela de Ernestito?
2. ¿Cómo son los salones de clase?
3. ¿Dónde está la mesa del profesor?
4. ¿Cuáles son los colores de la bandera mexicana?

LOS AMIGOS HISPANOS: Inés

Bogotá, la moderna capital de Colombia.

Hola, me llamo Inés de Torres. Soy casada. Tengo tres hijas. Vivo con mi esposo en Bogotá, Colombia. Yo soy colombiana pero mi esposo es ecuatoriano. Tengo treinta y tres años y Bernardo tiene cincuenta. Bernardo es hombre de negocios° en Bogotá, una ciudad muy bonita.   *business*

Preguntas

1. ¿Cuántos hijas tiene la señora de Torres?
2. ¿De dónde es el esposo de Inés?
3. ¿Quién tiene treinta y tres años?
4. ¿Cómo es Bogotá?

LA TELENOVELA: *Anuncios personales*

«BUSCO[1] AMIGA»

Daniel Galván, 23 años, ingeniero,[2] alto, delgado, muy bien parecido, aficionado[3] a los deportes, en especial al fútbol, quiere[4] relación con chica de 18 a 20 años, agradable, bonita, buena cocinera.[5] Dirección: Apartado postal[6] No. 87, México, D.F.

---

[1]*I'm looking for*   [2]*engineer*   [3]*fan*   [4]*wants*   [5]*cook*   [6]*Apartado... Post Office Box*

¿Cierto o falso?

1. Daniel es bajo y tiene pelo rubio.
2. Daniel busca una mujer vieja.
3. Daniel quiere una chica moderna.
4. Daniel vive en la Ciudad de México.

«BUSCO AMIGO»

Lola Batini, 42 años, maestra, independiente, sociable, bien educada,[1] busca hombre de 40 a 50 años, cariñoso,[2] alegre,[3] bien parecido. Relaciones serias. Tel. 71-02-40.

---

[1]*brought-up*   [2]*affectionate*   [3]*happy*

¿Cierto o falso?

1. Lola Batini es estudiante en la escuela secundaria.
2. Lola busca un hombre viejo y feo.
3. Lola trabaja en una oficina.

El horóscopo

PISCIS: (del 19 de febrero al 20 de marzo). Usted es muy trabajador[1] y muy independiente. Sus relaciones no son estables. No es celoso.[2] Color: amarillo.

ARIES: (del 21 de marzo al 19 de abril). Usted es muy expresivo, activo y enérgico. Es un amante[3] muy apasionado y tal vez[4] un poco impulsivo e impaciente. Color: rojo brillante.

TAURO: (del 20 de abril al 20 de mayo). Usted es un poco temperamental. Es fiel a sus amigos. Tiene un buen sentido del humor. Colores: café oscuro y negro.

GÉMINIS: (del 21 de mayo al 20 de junio). Usted es versátil, divertido,[5] muy sociable. No es muy sentimental. Le gusta[6] mucho conversar y es también un maestro excelente. La familia y los amigos son muy importantes en su vida.[7] Color: azul marino.[8]

CÁNCER: (del 21 de junio al 22 de julio). Es usted muy sensible.[9] Busca[10] la seguridad[11] y la buena vida. El dinero[12] es muy importante para usted. Es una persona activa y a veces[13] intensamente romántica. Colores: crema, amarillo y blanco.

LEO: (del 23 de julio al 22 de agosto). Usted es agresivo, persistente, dedicado. Tiene pocos pero buenos amigos. Es muy trabajador y entusiasta. Color: anaranjado.

VIRGO: (del 23 de agosto al 22 de septiembre). Usted es modesto y callado.[14] Es serio, práctico, competente. Tiene mucha energía y es un buen trabajador. Es muy selectivo en sus relaciones. Colores: café oscuro y verde.

LIBRA: (del 23 de septiembre al 22 de octubre). Usted es sensible, artístico y un poco tímido. Tiene muchos amigos. Es muy jovial y amistoso.[15] Color: azul.

ESCORPIÓN: (del 23 de octubre al 22 de noviembre). Usted es reservado, intuitivo y un poco tímido. Es sensual y romántico. Es también organizado y persistente. Colores: rojo y negro.

SAGITARIO: (del 23 de noviembre al 21 de diciembre). Usted es entusiasta y optimista. Es sociable, honrado y también sincero. A veces es impulsivo y apasionado. Colores: azul oscuro y violeta o morado.

CAPRICORNIO: (del 22 de diciembre al 20 de enero). Usted es una persona profunda, determinada y organizada. Es usted un soñador.[16] Tiene sentido del humor y una personalidad muy atractiva. Color: verde claro.

ACUARIO: (del 22 de enero al 18 de febrero). Usted es una persona elegante, creativa y sofisticada. Es un poco idealista y muy independiente. Puede[17] ser irresistible al sexo opuesto. Colores: rosado y blanco.

---

[1]*hardworking* [2]*jealous* [3]*lover* [4]*tal... perhaps* [5]*entertaining* [6]*Le... You like* [7]*life* [8]*azul... navy blue* [9]*sensitive* [10]*You seek* [11]*security* [12]*money* [13]*a... at times* [14]*quiet* [15]*friendly* [16]*dreamer* [17]*You can*

NOTA CULTURAL: *Los nombres hispanos*

El bautizo es un día muy especial en todo el mundo hispano.

© BERYL GOLDBERG

Al nacer, los hispanos reciben generalmente dos nombres. María Teresa, Jorge Luis y Mari Carmen son algunas° de las combinaciones más comunes. Muchos nombres tienen una forma familiar. El sobrenombre cariñoso° de Elena es «Nena», el de Jorge es «Yoyi» o «Yoyito» y el de Alberto es «Beto». En algunos casos el primer nombre es el nombre de un santo. Por ejemplo, un niño nace el día 5 de septiembre y sus padres le dan el nombre de Tomás. El niño celebra entonces° su cumpleaños en septiembre y además° celebra el día de su santo, en este caso el 7 de marzo, día de Santo Tomás de Aquino.

Muchas veces, además de tener dos nombres, el hispano lleva también el apellido del padre y el de la madre. En el nombre Raúl Rubén **Saucedo Muñoz**, por ejemplo, **Saucedo** es el apellido del padre y **Muñoz** el de la madre. Siempre que el hispano firma su nombre, usa ambos° apellidos.

some

sobrenombre... affectionate nickname

therefore
in addition

both

¿Cierto o falso?

1. Los hispanos generalmente reciben un solo nombre.
2. Muchos hispanos reciben el nombre de un santo.
3. Los hispanos sólo llevan el apellido del padre.

NOTA CULTURAL: Los hispanos en los Estados Unidos

Conversan unos amigos, estudiantes cubanos que viven en Miami, Florida.

© BERYL GOLDBERG

Los hispanos que llegan° a los Estados Unidos son de diferentes países y pertenecen a distintas clases sociales. Traen sus creencias,° sus costumbres, sus deseos de progresar en el país de las oportunidades. Algunos regresan a sus países después de trabajar° durante un tiempo en los Estados Unidos; otros se quedan° y contribuyen con su cultura y su lenguaje a la cultura norteamericana. Aunque° hay comunidades hispanas en todos los estados de este país, se puede distinguir tres grandes grupos:

arrive

beliefs

working

se... remain
Although

• Los mexicanoamericanos, que viven principalmente en el suroeste, en los estados de California, Nuevo México, Arizona, Texas y Colorado. Algunos son descendientes de los primeros colonizadores° españoles.

settlers

• Los puertorriqueños, que son ciudadanos° de los Estados Unidos y que viven principalmente en Nueva York.

citizens

• Los cubanos, que viven en muchos estados y ciudades de los Estados Unidos, especialmente en Miami, Nueva York y California.

Además de estos grupos, hay en los Estados Unidos emigrantes hispanos procedentes de toda la América Latina, sobre todo de países de Centroamérica.

¿Cierto o falso?

1. Hay dos grandes grupos de hispanos en los Estados Unidos.
2. Los mexicanoamericanos viven principalmente en el este.
3. Los puertorriqueños son ciudadanos de los Estados Unidos.
4. Hay muchos cubanos en Miami.
5. No hay hispanos procedentes de otros países latinos en los Estados Unidos.

CAPÍTULO UNO

LOS PASATIEMPOS

LOS TEMAS

- Your Favorite Activities and Sports
- Your Preferences and Wishes
- Your Future Plans (Part 1)
- Describing Activities in Progress

LAS LECTURAS

- Las actividades de Raúl

- Una joven de hoy

LAS LECTURAS ADICIONALES

- Los amigos hispanos: Correspondencia
- Los amigos hispanos: Julio Martínez Delgado
- Los amigos norteamericanos: Adela Martínez
- Los amigos hispanos: Una tarjeta postal de México
- Nota cultural: Los deportes
- Nota cultural: El tiempo libre

LA GRAMÁTICA

1.1. Expressing Likes and Dislikes: **gustar** + Infinitive
1.2. Preferences and Desires: **preferir** and **querer** + Infinitive
1.3. Plans (Part 1): **ir** + **a** + Infinitive
1.4. Actions in Progress: Present Progressive

In **Capítulo uno** you will learn to talk about recreational activities of all kinds: what you like to do and don't like to do, what you want to do, and what you are going to do.

ACTIVIDADES ORALES

LAS ACTIVIDADES FAVORITAS Y LOS DEPORTES

¡OJO! *Estudie Gramática 1.1.*

me			jugar al tenis
te			leer
le	+	gusta +	cenar en restaurantes
nos			ir de compras
les			esquiar

A Amanda y a Graciela
les gusta jugar al tenis.

Les gusta
jugar al fútbol.

A Margarita le
gusta ir de compras.

A Ernestito le
gusta patinar.

A Raúl y a
Esteban les
gusta esquiar.

A Roberto le gusta leer.

A Daniel le gusta
tocar la guitarra.

A los Ramírez les gusta
cenar en un restaurante
italiano.

Actividad 1. Interacción: Los fines de semana

nombre	los sábados le gusta...	los domingos le gusta...
Ricardo Sícora, 18 años Caracas, Venezuela	ir al cine	pasear por el parque
Adriana Bolini, 28 años Buenos Aires, Argentina	cocinar	jugar al tenis
Raúl Saucedo, 20 años México, D.F., México	salir a bailar	ver un partido de fútbol
Carlos Padilla, 21 años México, D.F.	ver la televisión	jugar al vólibol
Carla Espinosa, 22 años San Juan, Puerto Rico	ir de compras	ir a la playa

E1: ¿A quién le gusta *pasear por el parque los domingos*?
E2: A *Ricardo Sícora.*

E1: ¿Qué le gusta hacer a *Ricardo los sábados*?
E2: *Ir al cine.*

Actividad 2. Los gustos

Diga sí o no.

1. Durante las vacaciones me gusta...
   a. viajar.
   b. dormir todo el día.
   c. salir a bailar en la noche.
   d. navegar en el mar.
2. En el invierno me gusta...
   a. nadar en una piscina.
   b. esquiar en las montañas.
   c. jugar en la nieve.
   d. patinar en el hielo.
3. Por la noche a mis padres les gusta...
   a. ver la televisión.
   b. cenar en restaurantes.
   c. dar fiestas.
   d. charlar con sus amigos.
4. A mi hermano/a y a mí nos gusta...
   a. hablar por teléfono.
   b. acampar.
   c. comer comida china.
   d. jugar al fútbol.
5. A mi profesor(a) de español le gusta...
   a. ir a fiestas.
   b. tomar vino.
   c. dormir.
   d. llevar ropa elegante.

Actividad 3. Diálogo abierto: Los sábados

E1: ¿Qué te gusta hacer los sábados en la mañana?
E2: Me gusta _____ .
E1: A mí me gusta _____ también, pero me gusta más _____ .

Actividad 4. Entrevistas: ¿Qué te gusta hacer?

E1: ¿Te gusta *viajar*?
E2: Sí, me gusta mucho viajar. (No, no me gusta viajar.)

1. mirar la televisión
2. cenar en restaurantes
3. pescar
4. bailar en discotecas
5. escribir cartas
6. viajar en carro
7. escuchar música
8. cocinar
9. tomar fotos
10. trabajar

Actividad 5. Las actividades de la clase

En la clase, ¿a quién le gusta… ?

MODELO: correr →   USTED: ¿Te gusta *correr*?
                 COMPAÑERO/A: Sí.
                 USTED: Firma aquí, por favor.

FIRMA

1. nadar en el mar   _____
2. tomar café en la mañana _____
3. tocar la guitarra   _____
4. escuchar música clásica _____
5. acampar en las montañas _____
6. leer el periódico   _____
7. mirar las noticias en la televisión _____
8. comer tacos   _____
9. jugar al golf   _____
10. dibujar   _____

LOS AMIGOS HISPANOS: *Las actividades de Raúl*

Raúl Saucedo es de la ciudad de México. Ahora es estudiante en la Universidad de Texas en San Antonio. A Raúl le gustan mucho los deportes. Los sábados en la mañana le gusta jugar al fútbol con sus amigos latinos.° También le gusta mucho andar en bicicleta, levantar pesas° y nadar en la piscina de la

hispanos
levantar… *to lift weights*

universidad. Los sábados en la noche le gusta ir al cine con sus amigos norteamericanos para practicar el inglés.

Preguntas

1. ¿De dónde es Raúl?
2. ¿Qué le gusta hacer los sábados en la mañana?
3. ¿Hace ejercicio Raúl?
4. ¿Con quién le gusta ir al cine? ¿Por qué?

LAS PREFERENCIAS Y LOS DESEOS

¡OJO! *Estudie Gramática 1.2.*

pref**i**ero	qu**i**ero	descansar
pref**i**eres	qu**i**eres	lavar el coche
pref**i**ere	qu**i**ere +	escribir una carta
preferimos	queremos	pescar
pref**i**eren	qu**i**eren	merendar

Doña Lola quiere
escribir una carta.

Raúl quiere montar a
caballo.

El señor Ramírez
prefiere descansar.

Adriana quiere ir al
parque.

Don Anselmo quiere
pescar.

Gustavo prefiere andar
en motocicleta.

Daniel quiere lavar su
coche.

La familia quiere merendar en
el parque.

Actividad 6. Las preferencias

¿Cuáles son sus actividades favoritas?

HORA Y DÍA

1. Los sábados, a las siete de la mañana prefiero...
2. Los viernes, a las ocho de la noche prefiero...
3. Los lunes, a las cuatro de la tarde prefiero...
4. Los domingos, a las diez de la mañana prefiero...
5. Los sábados, a las tres de la tarde prefiero...

ACTIVIDADES

a. jugar al tenis
b. cocinar
c. descansar
d. correr
e. escribir cartas
f. montar a caballo
g. bailar
h. mirar la televisión
i. dormir
j. leer el periódico
k. ¿_____?

Actividad 7. Diálogo: ¿Quieres jugar al tenis?

ESTEBAN: ¿Te gusta jugar al tenis?
NORA: Sí, mucho.
ESTEBAN: ¿Quieres jugar el domingo en el parque?
NORA: ¿A qué hora?
ESTEBAN: A las once.
NORA: Perfecto. Nos vemos.

Actividad 8. Entrevista: Mis actividades favoritas

E1: ¿Prefieres nadar *en la piscina o en el mar*?
E2: Prefiero nadar *en el mar*.

1. ¿esquiar en el agua o en la nieve?
2. ¿cenar en casa o en un restaurante?
3. ¿jugar al boliche (*bowling*) o al billar (*pool*)?
4. ¿jugar al básquetbol o al fútbol?
5. ¿andar en motocicleta o en bicicleta?
6. ¿mandar cartas o recibir cartas?
7. ¿leer el periódico o mirar la televisión?
8. ¿lavar el carro o trabajar en el jardín?
9. ¿merendar en un parque o comer en casa?
10. ¿ir a la playa o a las montañas?

Actividad 9. ¿Quieres bailar?

EL CLUB DE CATALINA
Restaurante y salón de baile
Avenida Jalapa 1475, México, D.F.
Teléfono: 2-46-98-71

****

SÁBADOS: **Baile**
Desde las 8:00 de la noche hasta las 5:00 de la mañana
Especialidad de la casa: PIÑA COLADA
¡ORQUESTA DE BETO RODRÍGUEZ!

****

el domingo, 5 de octubre
Escuche la música de Jorge Manrico
¡directamente de Guadalajara!
¡Baile hasta las dos de la mañana!

****

VIERNES: **Baile**
Desde las 6:00 de la tarde
con la música de Pepe Fuentes

Preguntas

1. ¿Qué hay en el Club de Catalina?
2. ¿En qué calle está?
3. ¿Cuál es el número de teléfono?
4. ¿A qué hora empieza (*begins*) el baile los sábados?
5. ¿Cuál es la especialidad de la casa?
6. ¿Quién es de Guadalajara?
7. ¿Quién toca los viernes? ¿A qué hora empieza?

▦ LOS PLANES (PARTE 1)

¡OJO! *Estudie Gramática 1.3.*

voy			mirar la televisión
vas			escuchar música
va	+	a +	viajar
vamos			dar una fiesta
van			bailar en una discoteca

Pilar va a dar una
fiesta.

Los Torres van a
viajar.

Julia va a limpiar la casa.

Clara Martin va
a desayunar.

Carlos y Silvia van a
bailar en una
discoteca.

Marta va a
escuchar
música.

Ernesto y sus amigos
van a mirar la
televisión.

Actividad 10. ¿Qué vas a hacer?

Diga sí o no.

1. El sábado en la mañana voy a...
   a. reparar mi carro.
   b. pasear por el centro.
   c. dormir.
   d. _____.

2. El viernes en la noche mis padres van a...
   a. esquiar.
   b. mirar la televisión.
   c. dar una fiesta.
   d. _____.
3. El domingo en la tarde mi hermano va a...
   a. limpiar su cuarto.
   b. pescar.
   c. ir al cine.
   d. _____.
4. Durante las vacaciones mis amigos y yo vamos a...
   a. viajar.
   b. descansar.
   c. dormir mucho.
   d. _____.
5. Este invierno voy a...
   a. esquiar.
   b. beber mucho chocolate caliente.
   c. patinar en el hielo.
   d. _____.

Actividad 11. Diálogo: La fiesta de Rodolfo

Rogelio y Carla se saludan enfrente de la biblioteca de la Universidad de Puerto Rico.

ROGELIO: ¿Qué vas a hacer esta noche?
   CARLA: No sé. ¿Qué vas a hacer tú?
ROGELIO: Quiero divertirme.
   CARLA: Pues... yo creo que Rodolfo va a dar una fiesta. ¿Quieres ir?
ROGELIO: ¿Rodolfo? ¡Ay, no! Sus fiestas son siempre aburridas.
   CARLA: Pero, Rogelio, si vamos nosotros a la fiesta, ¡no va a ser aburrida!

Actividad 12. Diálogo abierto: Los planes para esta noche

E1: ¿Qué vas a hacer esta noche?
E2: Voy a _____.
E1: ¿Quieres _____ primero?
E2: ¡Buena idea!

Actividad 13. ¿Qué va a hacer Carmen el sábado?

Actividad 14. Interacción: Vamos al cine

OLIMPIA
LOS MUCHACHOS DEL VERANO con Gustavo Manrique y Francisco Gallo, para todos los públicos. $1.50 mayores, $1.00 menores. 5:30, 8:30 tarde.

ALAMEDA
EL PERRO con Felicia Rojas, mayores 16 años, en colores. 5:30, 8:30 tarde. $3.00.

DUARTE
EN LA BOCA DEL TIGRE, en colores, con Jaime Puente. Karate y acción. Tarde y noche, $0.75.

VARIEDADES
OPERACIÓN SECRETA, en colores, con Teresa Toniolo y Justo Ugarte. Tarde y noche, $1.50. 5:15 y 8:15 tarde.

PUEBLO
LOS DOS HUERFANITOS con Vicente Fernández y Angélica Gálvez. $0.85. 6:30 y 8:45 tarde.

PRESIDENTE
ADIÓS AMOR con Lino Ventura. $2.00 mayores y $1.00 menores. 5:00, 7:15, 9:30 noche.

NACIONAL
EL DIABLO con Isabel Cantero y Rafael Cortés, mayores 16 años. $2.00. 5:00, 7:00, 9:45 noche.

INDEPENDENCIA
LA NIÑA DE LA MOCHILA AZUL, en colores, con Pedrito Fernández y Lilia Carrillo. $1.25, niños $1.00. 5:00, 7:00, 9:00 noche.

CINEMA 83
EL HERMANO CRUEL con Juan Infante, mayores 16 años, en colores. 5:30, 8:45 tarde. $1.25.

ROBLE
LA MANSIÓN DE DRÁCULA con Miguel Arcos y Nina Catalano. Mayores, $4.00. 6:45, 8:45 y 1:45 noche.

E1: ¿Qué película van a ver esta noche?
E2: Vamos a ver «*Los dos huerfanitos*».
E1: ¿En qué cine?

E2: En el *Pueblo*.
E1: ¿A qué hora van?
E2: A las *8:45*.

ACTIVIDADES EN PROGRESO

¡OJO! *Estudie Gramática 1.4.*

| estoy estás está | + | comiendo hablando estudiando | | estamos están | + | leyendo durmiendo |

Gustavo está levantando pesas.

La criada está planchando la ropa.

Nora está buceando.

Los niños están
masticando
chicle.

Don Anselmo
está fumando.

El perro está
ladrando.

El bebé está
llorando.

Actividad 15. ¿Qué está haciendo Rogelio?

Actividad 16. Acciones extrañas

Diga si la actividad es extraña o normal.

1. un muchacho que está caminando
2. un pez que está nadando
3. un caballo que está fumando
4. un bebé que está llorando
5. un profesor que está masticando tabaco en clase
6. un hombre que está planchando
7. un pájaro que está patinando
8. un perro que está ladrando
9. un gato que está buceando
10. un bebé que está levantando pesas

Actividad 17. Diálogo: Hablando por teléfono

Carlos Padilla llama a un amigo uruguayo por teléfono.

CARLOS: Hola, Alfredo. ¿Qué estás haciendo?
ALFREDO: Estoy viendo la televisión. ¿Qué quieres?
CARLOS: Estamos jugando al fútbol Juan, Pablo y yo. ¿Quieres jugar con nosotros?
ALFREDO: ¿Ahora mismo?
CARLOS: Sí.
ALFREDO: ¿Dónde están Uds.?
CARLOS: Enfrente del gimnasio.
ALFREDO: De acuerdo. ¡Ya voy!

Actividad 18. Diálogo abierto: Dos amigos

E1: Hola, _____. ¿Qué estás haciendo?
E2: Estoy _____.
E1: ¿Quieres _____ después?
E2: Sí, cómo no. Me gusta mucho _____.

LECTURA: *La telenovela*

Amanda está leyendo el periódico y ve este artículo sobre su vecina, Leticia Reyes.

UNA JOVEN DE HOY

Leticia Reyes, actriz de la televisión mexicana, está visitando Madrid, España. Quiere ver los lugares turísticos[1] de la capital y obtener,[2] tal vez,[3] un papel[4] en una película española.

Leticia es una muchacha alta, alegre y expresiva. En su tiempo libre le gusta viajar y leer buenas novelas. Así[5] describe la actriz su personalidad: «Soy una joven de hoy: activa, trabajadora,[6] entusiasta y un poco idealista. No soy ni[7] muy tímida ni[7] muy extrovertida. Prefiero las personas alegres y los hombres sensibles[8] y artísticos. Quiero ser muy famosa algún[9] día.» Así es Leticia: una joven de hoy. ¡Buena suerte en España, Leticia!

---

[1]*para turistas* [2]*obtain, get* [3]*tal... perhaps* [4]*role* [5]*Like this, In this way* [6]*que le gusta trabajar* [7]*ni... ni neither . . . nor* [8]*sensitive* [9]*un*

Preguntas

1. ¿Quién es Leticia Reyes?
2. ¿Qué quiere hacer en España?
3. Describa a Leticia.
4. Describa el hombre que prefiere Leticia.

Vocabulario

LOS DEPORTES Y LOS JUEGOS Sports and games

el básquetbol	basketball	**ganar**	to win
el béisbol	baseball	**jugar**	to play
el campeón/la campeona	champion	**el partido**	game, match
la cancha	court	**la pelota**	ball
la carrera	race	**perder**	to lose
el equipo	team	**la raqueta**	racket
el fútbol	soccer	**el vólibol**	volleyball
el fútbol norteamericano	football		

PALABRAS SEMEJANTES (*Similar words*): **el bate, el golf**

LOS VERBOS Verbs

acampar	to camp, go camping	**beber**	to drink
andar en bicicleta	to ride a bike	**bucear**	to skin/scuba dive, snorkle
bailar	to dance	**caminar**	to walk

cenar	to eat dinner, dine	**ladrar**	to bark
cocinar	to cook	**lavar**	to wash
comer	to eat	**leer**	to read
correr	to run	**leyendo**	reading
charlar	to chat	**levantar**	to lift up
dar	to give	**levantar pesas**	to lift weights
desayunar	to eat breakfast	**levantarse**	to get up (out of bed);
dibujar	to draw		to stand up
divertirse	to have fun	**levantándose**	getting up
divirtiéndose	having fun	**limpiar**	to clean
dormir	to sleep	**llamar**	to call
durmiendo	sleeping	**llevar**	to wear; to carry
ducharse	to take a shower	**llorar**	to cry
duchándose	taking a shower	**mandar**	to send
escribir	to write	**masticar**	to chew
escuchar	to listen (to)	**merendar**	to picnic; to eat a snack
esquiar	to ski	**mirar**	to look at, watch
estudiar	to study	**montar a caballo**	to ride a horse
fumar	to smoke	**nadar**	to swim
gustar	to be pleasing to; to like to	**navegar**	to sail
me gusta	I like to	**pasear**	to take a stroll, walk
te gusta	you like to	**patinar**	to skate
le gusta	you, he/she like(s) to	**pescar**	to fish
les gusta	you, they like to	**planchar**	to iron
nos gusta	we like to	**prefiero**	I prefer
hablar	to speak	**prefiere**	you, he, she prefer(s)
hacer	to do; to make	**querer**	to want
ir	to go	**quiero**	I want
ir de compras	to go shopping	**quiere**	you, he, she want(s)
vamos	let's go	**recibir**	to receive
ya voy	I'm coming	**salir**	to go out, leave
ir a	to be going (*to do something*)	**tocar**	to play (*an instrument*)
va a	you, he/she are/is going to	**tomar**	to drink
vamos a	we are going to	**trabajar**	to work
van a	you/they are going to	**ver**	to see; to watch
vas a	you are going to	**viajar**	to travel
voy a	I am going to		

PALABRAS SEMEJANTES: conversar, practicar, reparar, visitar

LOS LUGARES Places

el centro	downtown	**el mar**	sea, ocean
el cine	movies	**la montaña**	mountain
el cuarto	room	**el parque**	park
el jardín	garden, yard	**la playa**	beach

PALABRAS SEMEJANTES: la capital, el club, la discoteca, la fiesta, el restaurante

LOS SUSTANTIVOS Nouns

la actriz (*pl.* **las actrices**)	actress	**el hielo**	ice
el agua	water	**la motocicleta**	motorcycle
el baile	dance	**la nieve**	snow
el bebé	baby	**las noticias**	news
el boleto	ticket	**la orquesta**	orchestra
el caballo	horse	**el pájaro**	bird
el café	coffee	**la película**	movie
el carro	car	**el periódico**	newspaper
la carta	letter	**la personalidad**	personality
la criada	maid	**el pez** (*pl.* **los peces**)	fish
el chicle	chewing gum	**el refresco**	soft drink
el deseo	desire	**la semana**	week
el disco	record	**la suerte**	luck
la especialidad	specialty	**el té**	tea
el fin	end	**las vacaciones**	vacation(s)
el gusto	taste, likes; pleasure	**el vino**	wine

PALABRAS SEMEJANTES: la acción, el chocolate, la guitarra, la idea, la novela, el plan, la preferencia, el programa, el sándwich, el tabaco, el taco, la televisión, el/la turista

LA DESCRIPCIÓN Description

aburrido/a	boring	**clásico/a**	classical
alegre	happy, cheerful	**extraño/a**	strange
caliente	hot	**extrovertido/a**	extroverted

PALABRAS SEMEJANTES: activo/a, expresivo/a, normal, perfecto/a

¿CUÁNDO? When?

ahora mismo	right now	**esta noche**	tonight
desde	from	**el fin de semana**	weekend
después	after(wards)	**los fines de semana**	weekends
durante	during	**hasta**	until

PALABRAS Y EXPRESIONES ÚTILES Useful words and expressions

¡cómo no!	of course!
¿cúal?	which?
de acuerdo	OK, I agree
directamente	directly
Nos vemos.	We'll see each other; See you.
¿por qué?	why?
pues...	well . . .
ya voy	I'm coming

LECTURAS ADICIONALES

LOS AMIGOS HISPANOS: *Correspondencia*

Me llamo Pilar Álvarez. Tengo 20 años y vivo en Madrid. Me gusta mucho mi ciudad. Soy muy alegre y expresiva. Me gustan mucho las fiestas, el cine, la música, el baile y vestir a la moda.[1] En mi tiempo libre me gusta escribirles cartas a mis amigos de todo el mundo. Estudio diseño[2] y arte gráfico en el Instituto Español de Comercio. Trabajo algunas horas a la semana para la Compañía Telefónica; soy operadora. Quiero entablar[3] correspondencia con otros chicos y chicas de mi edad y con intereses similares. Escriban a: Pilar Álvarez, Calle Almendras #481, Madrid, España.

[1]vestir... *dressing in style* [2]*design* [3]*begin*

Preguntas

1. ¿Qué le gusta hacer a Pilar en su tiempo libre?
2. ¿Qué estudia?
3. ¿Por qué escribe este anuncio?

LOS AMIGOS HISPANOS: *Julio Martínez Delgado*

¡Hola! Soy Julio Martínez Delgado y hoy quiero hablar un poquito de música, mi tema favorito. Mi trabajo está muy relacionado con la música. Soy locutor° *announcer* de radio en la emisora° KCRS de la ciudad de Miami, *station* estado de la Florida. También soy reportero y entrevistador del Canal 24 de la Cadena° SIB (*Spanish* *Chain* *International Broadcasting*). Mis amigos me llaman el «diyei»° mágico porque en mi programa de radio *DJ* siempre pongo° las canciones° que a la gente° le gusta *I play (put) / songs / people* escuchar.

A nosotros los hispanos nos gustan los ritmos tradicionales latinos como el merengue, la salsa, la cumbia, la rumba y la samba. Estos ritmos, como también el cha-cha-chá, son muy populares en los países del Caribe. Todos tienen gran influencia africana. Pero a mis amigos también les gustan las baladas sentimentales y románticas, como las canciones de José Luis Rodríguez, el venezolano, o de José José, el cantante° mexicano. *singer*

Bailando en una discoteca en México, D.F.

© PETER MENZEL

A mí me gusta mucho viajar a los países latinoamericanos para escuchar la música popular de todo el continente. Probablemente la música que más se oye° en las estaciones de radio populares es la música «rock». Y esta música rock puede ser° producida por conjuntos° de los Estados Unidos y Europa que cantan en inglés, pero también hay muchos grupos hispánicos que cantan «rock» en español.

se... *is heard*

puede... *can be groups*

¿Cierto o falso?

1. El tema favorito de Julio es la música.
2. La música como el merengue y la rumba es del Caribe.
3. José Luis Rodríguez es un cantante de España.
4. A Julio le gusta viajar a países latinoamericanos para visitar a sus amigos.
5. A los hispanos no les gusta escuchar la música «rock».

LOS AMIGOS NORTEAMERICANOS: Adela Martínez

Me llamo Adela Martínez. Mis padres son mexicanos y yo nací y me crié° en San Antonio, Texas. Soy profesora de español en la Universidad de Texas en San Antonio, pero durante los veranos doy° clases en la ciudad de Guanajuato, México, donde nacieron° mis padres. Me gusta mucho enseñar español, especialmente los cursos de verano en Guanajuato, porque siempre hay estudiantes de diferentes países.

yo... *I was born and raised*

I give (teach)

were born

En mis clases tengo estudiantes árabes, chinos, japoneses, franceses y un gran número de canadienses y estadounidenses.° Me gusta mucho ·hacer excursiones con ellos, salir por la noche a bailar, mostrarles la ciudad, visitar los museos, o simplemente invitarlos a mi casa para merendar y charlar de sus impresiones y experiencias en México.·

personas de los Estados Unidos

Me gusta trabajar, pero también disfruto de° mi tiempo libre. Me gusta conversar con los amigos en algún café. Nos gusta discutir la política internacional. También me gusta montar a caballo y tocar la guitarra. A mis estudiantes les encanta° escucharme cantar canciones tradicionales como «Cielito lindo» o «La Llorona».

disfruto... *I enjoy*

love

Preguntas

1. ¿Por qué le gusta a Adela enseñar español durante los veranos?
2. ¿De qué países son los estudiantes de Adela?
3. ¿Qué le gusta hacer con sus estudiantes?
4. ¿Qué le gusta hacer en su tiempo libre?

Guanajuato, México, es una ciudad colonial.

© HAZEL HANKIN/STOCK, BOSTON

LOS AMIGOS HISPANOS: Una tarjeta postal de México

El Palacio de Bellas Artes, México, D.F.

© STUART COHEN

Queridos padres:
Por fin estoy en la Ciu-
dad de México. Es muy
grande. ¡Qué tráfico!
¡Cuánta gente! México
tiene muchos lugares interesantes para visitar. Me gusta
mucho el Parque Chapulte-
pec. ¡Las pirámides° son
impresionantes. En esta
tarjeta postal está el Palacio
de Bellas Artes. Es muy
bonito, ¿no? Hasta pronto.
Un abrazo.° Adriana

Sres. Reynaldo y
Sara Bolini
Avenida Simón
Bolívar 436
Buenos Aires,
Argentina

pyramids   hug

Preguntas

1. ¿Dónde está Adriana?
2. ¿Qué lugares interesantes le gustan a Adriana?
3. ¿Cómo describe ella el Palacio de Bellas Artes?

NOTA CULTURAL: *Los deportes*

Los hispanos son muy aficionados° a los deportes.   *devoted*
Los deportes que más se practican° en la América   *se... are played*
Latina son el fútbol y el béisbol: el fútbol en México,
España, Chile, Argentina y Perú; el béisbol principalmente en Cuba, Venezuela, la República Dominicana y Puerto Rico. Pero, claro, también se practican deportes individuales como el esquí, la natación, el tenis, el ráquetbol. En Chile, Argentina y
España, países con zonas montañosas, a mucha
gente le gusta esquiar.

   Hoy día, en muchas partes del mundo hispánico,
hay gimnasios donde la gente puede jugar al ráquetbol y al tenis; puede nadar, darse un baño de vapor,°   *steam*
correr, levantar pesas, hacer gimnasia. Los deportes
como el tenis, el polo acuático, la natación, el
básquetbol y la equitación° se practican mayormente°   *horseback riding / mostly*
en clubes privados.

¿Cierto o falso?

1. Los deportes que más se practican en la América Latina son el esquí y
   la equitación.
2. En el mundo hispano se practican deportes individuales como la natación y el tenis.
3. En la América Latina no hay clubes privados.

*Un día de esquí en los
Pirineos, España.*

© PETER MENZEL

NOTA CULTURAL: *El tiempo libre*

Una de las muchas pequeñas plazas en Taxco, México.

En las ciudades grandes de Latinoamérica siempre hay mucha actividad en las calles. A muy pocas personas les gusta quedarse° en casa y mirar la televisión todas las noches. Prefieren salir de casa con el pretexto de comprar algo° y luego° visitar a un amigo, o simplemente para ir a pasear a la plaza. La plaza está generalmente en el centro de la ciudad; tiene una fuente,° árboles° y muchos bancos.° A los hispanos les gusta ir a la plaza para sentarse y descansar, para mirar a otras personas, para conversar o caminar y muchas veces, en especial la gente joven, para «conquistar».

    Muchos hispanos, en general, prefieren no planificar° demasiado° su tiempo. Les gusta hacer las cosas de un modo más flexible y espontáneo. Les agrada disfrutar° el momento presente y depender menos° del calendario y del reloj. Como a muchas personas del mundo entero, les gusta ir al cine, a bailar y discutir la política en los bares o en las reuniones° sociales.

stay

comprar… buying something / después

fountain / trees / benches

to plan / too much

Les… They like to enjoy
less

gatherings

Preguntas

1. ¿Qué prefieren hacer los hispanos por la noche?
2. ¿Qué cosas hay en una plaza típica?
3. ¿Para qué van los hispanos a la plaza?
4. ¿Cómo prefieren hacer los hispanos las cosas?
5. ¿Cuáles son algunas de las actividades favoritas de los hispanos durante su tiempo libre?

GRAMÁTICA Y EJERCICIOS

1.1. Expressing Likes and Dislikes: *gustar* + *Infinitive*

A. The Spanish verb **gustar** expresses the meaning of English *to like*. However, from a grammatical point of view it is used similarly to the English expression *to be pleasing to someone*.

> A Carmen le **gusta** leer.
> *Carmen likes to read. (To Carmen is pleasing to read.)*

The verb **gustar** is usually used with indirect object pronouns. With **gustar**, these pronouns tell *to whom* something is pleasing.

me	*to me*		**nos**	*to us*
te	*to you (informal)*		**les**	*to you (pl.)*
le	*to you (formal)*		**les**	*to them*
le	*to him*			
le	*to her*			

> —¿Qué **te** gusta hacer? —**Me** gusta aprender cosas nuevas.
> *"What do you like to do?" (What to you is pleasing to do?) "I like to learn new things." (To me is pleasing to learn new things.)*

> —¿Qué **les** gusta hacer? —**Nos** gusta cocinar.
> *"What do you like to do?" (What to you is pleasing to do?) "We like to cook." (To us is pleasing to cook.)*

B. Since **le gusta** can refer to *you*, *him*, or *her*, and **les gusta** can refer to *you* (plural) or *them*, you may expand the sentence with an **a** (*to*) phrase to be more specific. Use phrases like **a mi papá** (*to my father*), **a Juan** (*to Juan*), **a los estudiantes** (*to the students*), but do not forget the pronoun **le** or **les**.

> A **Amanda le** gusta leer novelas románticas.
> *Amanda likes to read romantic novels.*

> —¿**A usted le** gusta lavar su carro? —No, no **me** gusta.
> *"Do you like to wash your car?" "No, I don't like to."*

> —¿**A Gustavo y a Ernestito les** gusta acampar? —Sí, **les** gusta mucho.
> *"Do Gustavo and Ernestito like to go camping?" "Yes, they like to a lot."*

C. The verb form that follows **gustar** is called an *infinitive*. An infinitive in Spanish always ends in **-r**, preceded by **-a-** as in **hablar** (*to speak*), **-e-** as in **comer** (*to eat*), or **-i-** as in **vivir** (*to live*). The infinitive is the form listed in the dictionary and in most vocabulary lists.

me			estudiar (*to study*)
te			jugar (*to play*)
le	+	gusta +	comer (*to eat*)
nos			correr (*to run*)
les			escribir (*to write*)

D. When a singular noun follows **gustar**, use **gusta**. When a plural noun follows **gustar**, you must use the plural form **gustan**.

Me gust**a** **el automóvil** de Julio.   *I like Julio's car.*

Me gusta**n** **los automóviles** alemanes.   *I like German cars.*

Ejercicio 1. ¿Qué les gusta hacer?

La profesora Martínez le hace a Esteban estas preguntas. ¿Qué contesta Esteban?

MODELO: ¿A sus compañeros de clase? / esquiar →

MARTÍNEZ: A sus compañeros de clase, ¿qué les gusta hacer?
ESTEBAN: A mis compañeros de clase les gusta esquiar.

1. ¿A sus amigas? / cocinar
2. ¿A su papá? / fumar
3. ¿A su mamá? / jugar al golf
4. ¿A su novia? / tomar fotos
5. ¿A sus abuelos? / mirar la televisión

1.2. *Preferences and Desires:* **preferir** *and* **querer** + *Infinitive*

A. The verbs **preferir** (*to prefer, would rather*) and **querer** (*to want*) are used to express preferences and desires.

—¿Qué **quieres** hacer este verano? —**Quiero** viajar.
"What do you want to do this summer?" "I want to travel."

—¿Qué **prefiere** hacer Juan? —**Prefiere** esquiar.
"What does Juan prefer to do?" "He would rather ski."

Note that in the present tense forms of **preferir** and **querer** the vowel -**e**- of the stem changes to -**ie**- except in the *we* form.

PREFERIR → PREFIER-

(yo) prefi**e**ro	*I prefer*
(tú) prefi**e**res	*you (informal) prefer*
(usted) prefi**e**re	*you (formal) prefer*
(él/ella) prefi**e**re	*he/she prefers*
(nosotros/as) preferimos	*we prefer*
(ustedes) prefi**e**ren	*you (pl.) prefer*
(ellos/as) prefi**e**ren	*they prefer*

QUERER → QUIER-

(yo) qu**ie**ro	*I want*
(tú) qu**ie**res	*you (informal) want*
(usted) qu**ie**re	*you (formal) want*
(él/ella) qu**ie**re	*he/she wants*
(nosotros/as) queremos	*we want*
(ustedes) qu**ie**ren	*you (pl.) want*
(ellos/as) qu**ie**ren	*they want*

B. The verbs **querer** and **preferir** are followed by an infinitive.

Marta **prefiere estudiar** esta noche, pero yo **prefiero estudiar** ahora.
Marta prefers studying this evening, but I prefer studying now.

—¿**Quiere** usted **comer** ahora? —No, **prefiero dormir.**
"Do you want to eat now?" "No, I would rather sleep." (I prefer sleeping.)

Ejercicio 2. ¿Qué quieren hacer estas personas?

MODELO: ¿Qué quiere hacer Gustavo? → Quiere jugar al básquetbol.

1. ¿Qué quiere hacer Ernestito?

2. ¿Qué prefiere hacer el señor Ramírez?

3. ¿Qué quieren hacer Estela y Margarita?

4. ¿Qué prefiere hacer doña Lola?

5. ¿Qué prefieren hacer
   Gustavo y Roberto?

6. ¿Qué quiere hacer
   Amanda?

1.3. Plans (Part 1): *ir + a + Infinitive*

The most common way of expressing future plans is to use the verb **ir** (*to go*) plus the preposition **a** (*to*) followed by an infinitive.

—¿Qué **vas a hacer** mañana? —**Voy a esquiar**.
"What are you going to do tomorrow?" "I am going to ski."

—¿Qué **van a hacer** ustedes el fin de semana? —**Vamos a ir** al cine.
"What are you going to do this weekend?" "We're going to go to the movies."

—¿Qué **van a hacer** Marcos y Rubén después de la clase? —**Van a jugar** al básquetbol.
"What are Marcos and Rubén going to do after class?" "They're going to play basketball."

ir (*to go*)	
(yo) **voy**	*I am going*
(tú) **vas**	*you (informal) are going*
(usted, él/ella) **va**	*you (formal) are going; he/she is going*
(nosotros/as) **vamos**	*we are going*
(ustedes, ellos/as) **van**	*you (pl.), they are going*

Ejercicio 3. Una conversación sobre lo que (*what*) van a hacer algunos compañeros después de clase

Use formas del verbo **ir: voy, vas, va, vamos, van**.

1. ¿Qué _____ a hacer tú después de la clase?
2. (Yo) _____ a ir de compras con una amiga.
3. ¿Y qué _____ a hacer Esteban y Carmen?
4. Esteban _____ a estudiar y Carmen _____ a trabajar.
5. (Nosotros) _____ a cenar en un restaurante.

1.4. *Actions in Progress: Present Progressive*

To describe an action that is taking place at the moment Spanish uses a verb phrase composed of a form of **estar** (*to be*) and an **-ndo** (*-ing*) form (called a present participle). This combination is called the *present progressive.*

estar + -ndo		
estoy estás está estamos están	+	jugando (*playing*) caminando (*walking*) fumando (*smoking*) escuchando (*listening*) comiendo (*eating*)

[handwritten:] Yo, tú, El, Nosotros, Ellos

—¿Qué **está haciendo** Amanda? —**Está lavando** su carro.
"What is Amanda doing?" "She's washing her car."

—Ernesto, ¿qué **estás haciendo**? —**Estoy escribiendo** una composición.
"Ernesto, what are you doing?" "I'm writing a composition."

You can form the present participle (**-ando, -iendo**) from the infinitive (**-ar, -er, -ir**):

jugar → jug**ando** (*playing*)   comer → com**iendo** (*eating*)
hablar → habl**ando** (*speaking*)   vivir → viv**iendo** (*living*)

A few present participles are irregular; the irregular form will be given in vocabulary lists as follows: **dormir** (d**u**rmiendo), **leer** (le**y**endo).

—¿**Está durmiendo** Ernestito ahora? —Sí, está muy cansado.
"Is Ernestito sleeping now?" "Yes, he's very tired."

—Estela, ¿qué **estás leyendo**? —Estoy leyendo una novela.
"Estela, what are you reading?" "I'm reading a novel."

Ejercicio 4.   ¿Qué están haciendo?

1. ¿Qué está haciendo
    Gustavo?

2. ¿Qué están haciendo
    don Eduardo y don Anselmo?

3. ¿Qué está haciendo
Amanda?

4. ¿Qué está haciendo
la señora Ramírez?

5. ¿Qué están haciendo
Pedro y Margarita?

6. ¿Qué está haciendo
Daniel?

CAPÍTULO DOS

LAS ACTIVIDADES DIARIAS

LOS TEMAS

- Your Daily Activities

- Specifying When and How Often You Do Something

- Talking About the Places You Go To

LAS LECTURAS

- Un día típico en la vida de Bernardo

- Las actividades de Pilar

LAS LECTURAS ADICIONALES

- Los amigos hispanos: Carlos Padilla, estudiante de arquitectura
- Los amigos hispanos: Adriana Bolini
- Los anuncios sociales: Un rey moderno

LA GRAMÁTICA

2.1. Habitual Actions: Present Tense
2.2. Habitual Actions: Irregular Verbs
2.3. Habitual Actions: Verbs with Stem-vowel Changes
2.4. *Self*: Reflexive Pronouns
2.5. Adverbs of Time and Frequency
2.6. **Ir** + **a la**, **al** + Location

In **Capítulo dos** you will learn to talk about daily activities of all kinds. You will talk about not only what you do but what others do as well.

ACTIVIDADES ORALES

⊞ LAS ACTIVIDADES DIARIAS

¡OJO! *Estudie Gramática 2.1–2.4.*

hablar	correr	escribir
hablo	corro	escribo
hablas	corres	escribes
habla	corre	escribe
hablamos	corremos	escribimos
hablan	corren	escriben

decir	→	digo	poner	→	pongo	traer	→	traigo
hacer		hago	salir		salgo	venir		vengo
oír		oigo	tener		tengo	ver		veo

Ernesto se pone la ropa.

La señora Ramírez limpia la casa.

Ernestito se ducha.

Doña Lola se levanta.

Los Ruiz desayunan.

Don Eduardo se despierta.

Daniel sale para el trabajo.

Los estudiantes
caminan a la escuela.

Actividad 1. Interacción: Actividades diarias

	Silvia Bustamante México, D.F.	Adriana Bolini Buenos Aires	Julio Martínez Delgado Miami
lun., mañana	va en metro al trabajo	toma un taxi para ir a su oficina	maneja su coche a la estación de televisión
mar., 12 mediodía	almuerza en casa con la familia	almuerza con un cliente	almuerza con sus colegas
mié., tarde	trabaja en la estación de autobuses	vende una computadora	escribe un reportaje
jue., tarde	sale al cine con Carlos	lleva su ropa a la lavandería	juega con sus hermanitos
vie., mañana	estudia	asiste a una reunión	hace ejercicio en el gimnasio
sáb., mañana	duerme hasta las nueve	pasea por el parque	lee el periódico
dom., mañana	va a misa	juega al tenis	mira la televisión

E1: ¿Quién *va a misa*?
E2: *Silvia.*

E1: ¿Cuándo *juega Julio con sus hermanitos*?
E2: *Los jueves en la tarde.*

Actividad 2. Una mañana en la vida de Carla Espinosa

Actividad 3. Diálogo: El fin de semana

Esteban y Carmen hablan de sus actividades durante los fines de semana.

CARMEN: ¿Qué haces los fines de semana?

ESTEBAN: Depende. A veces mis padres, mi hermano Miguel y yo vamos al parque a jugar al fútbol con algunos amigos. Luego comemos en un restaurante cerca del parque. Y tú, ¿qué haces?

CARMEN: Generalmente me quedo en casa. Mi papá y mi hermano trabajan en el patio y lavan el carro. Mi hermana y yo limpiamos la casa. A veces visitamos a mi abuelita.

ESTEBAN: ¿Y tu madre? ¿Descansa?

CARMEN: ¡Qué va! A ella le gusta cocinar y los domingos pasa todo el día ensayando nuevas recetas.

ESTEBAN: ¡Dichosa tú! ¿Cuándo me invitas a cenar con ustedes?

LAS ACTIVIDADES DIARIAS **129**

Actividad 4. ¿Qué hace tu hermano?

Busque el orden correcto.

_____ —¿Estudia y trabaja tu hermano Carlos?
_____ —Se levanta a las 5:30 de la mañana y estudia por tres horas.
_____ —¿Cuándo estudia él?
_____ —Sí, tiene cuatro clases y trabaja por la noche en una fábrica.

Actividad 5. Entrevistas

LOS SÁBADOS

1. Generalmente los sábados...

   a. ¿Juegas al fútbol?
   b. ¿Limpias la casa?
   c. ¿Vas a la playa?
   d. ¿Cocinas?
   e. ¿Miras la televisión?
   f. ¿Te bañas?
   g. ¿Vas de compras?
   h. ¿Compras comida en el supermercado?
   i. ¿Asistes a clase?
   j. ¿Bailas?

LOS LUNES

2. Generalmente los lunes en la mañana...

   a. ¿Duermes hasta muy tarde?
   b. ¿Te levantas temprano?
   c. ¿Te bañas antes de desayunar?
   d. ¿Desayunas en casa?
   e. ¿Comes mucho o poco?
   f. ¿Limpias la casa antes de salir?
   g. ¿Manejas para ir al trabajo?
   h. ¿Tienes clases?
   i. ¿Estudias antes de ir a tus clases?
   j. ¿Trabajas? ¿Llegas a tiempo a tu trabajo? ¿A qué hora entras?

LOS VIERNES

3. Generalmente los viernes en la noche...

   a. ¿Sales a bailar con tus amigos?
   b. ¿Vas al cine?
   c. ¿Te quedas en casa?
   d. ¿Escuchas música?
   e. ¿Trabajas?
   f. ¿Sales a cenar a un restaurante?
   g. ¿Llamas a tus amigos por teléfono?
   h. ¿Compras ropa?
   i. ¿Lees un libro?
   j. ¿Limpias la casa?

Actividad 6. ¿Con quién?

MODELO: <u>Mis hermanos y yo</u> vamos a misa.

1. _____ lavamos el carro.
2. _____ jugamos al tenis.
3. _____ miramos la televisión.
4. _____ preparamos la cena.
5. _____ corremos por el parque.

Actividad 7. Las actividades de mi familia

En su familia, ¿quién hace estas actividades?

MODELO: sale(n) con sus amigos los fines de semana →
Mis hermanos salen con sus amigos los fines de semana.

mi padre	mi madre
mis padres	mi hermano
mi hermana	mis hermanos
mis hermanas	mis abuelos
nadie	mi esposo/a

1. toma(n) clases en la universidad
2. esquía(n) en el invierno
3. juega(n) al boliche los viernes
4. va(n) al cine los fines de semana
5. estudia(n) mucho
6. lee(n) el periódico en la mañana
7. va(n) a misa (a la iglesia) los domingos
8. escucha(n) música
9. va(n) mucho a la playa
10. trabaja(n) muchas horas

¿CUÁNDO?

¡OJO! *Estudie Gramática 2.5.*

hoy	esta semana	nunca	con frecuencia
mañana	la semana	una vez al mes	muchas veces
pasado mañana	próxima	dos veces al año	casi siempre
	este mes	pocas veces	siempre
	el mes próximo	a veces	
ahora	este año	de vez en	
ahora mismo	el año próximo	cuando	

abril

lun.	mar.	mié.	jue.	vie.	sáb.	dom.

Alberto corre todos los días.

octubre

lun.	mar.	mié.	jue.	vie.	sáb.	dom.

Carmen Ramírez se levanta antes de las siete los lunes, miércoles y viernes.

febrero

lun.	mar.	mié.	jue.	vie.	sáb.	dom.

Roberto siempre come demasiado.

noviembre

lun.	mar.	mié.	jue.	vie.	sáb.	dom.

Nora sale a cenar con frecuencia.

julio

lun.	mar.	mié.	jue.	vie.	sáb.	dom.

Raúl y Esteban juegan al boliche tres veces al mes.

Actividad 8. Interacción: Horario de trabajo

Muchos estudiantes hispanos estudian y trabajan. Éstos son los horarios de trabajo de tres estudiantes: Carlos Padilla, Pilar Álvarez y Rogelio Varela.

día	Carlos taxista	Pilar telefonista	Rogelio dependiente
lunes	nunca	en la noche	en la mañana
martes	en la tarde	en la mañana	en la tarde
miércoles	en la tarde	en la noche	nunca
jueves	en la tarde	nunca	nunca
viernes	casi siempre	nunca	nunca
sábado	nunca	a veces	todo el día
domingo	a veces	todo el día	nunca

E1: ¿Trabaja *Carlos los miércoles*?
E2: *Sí*, trabaja *en la tarde*.

E1: ¿Quién *nunca* trabaja *el domingo*?
E2: *Rogelio*.

Actividad 9. Diálogo: Mi rutina

Marta Muñoz habla con Rogelio Varela de su rutina diaria.

MARTA: ¿Trabajas todos los días?
ROGELIO: No, trabajo sólo los lunes, los martes y los sábados. ¿Y tú?
MARTA: Pues, trabajo de lunes a viernes. Durante la semana me levanto a las seis. Salgo de casa a las siete y vuelvo en la tarde a eso de las cinco.
ROGELIO: Y por la noche, ¿qué haces?
MARTA: Leo una novela o escucho música, y a veces salgo a pasear con mis amigos. Nos gusta jugar al boliche.
ROGELIO: ¿Quieres ir al cine conmigo algún viernes en la noche?
MARTA: Con gusto.

Actividad 10. ¿Qué haces en la tarde y en la noche?

Busque el orden correcto.

_____ —Y por la noche después de cenar, ¿estudias mucho?
_____ —Sí, estudio, pero también escucho música en el radio.
_____ —Trabajo cuatro horas por la tarde en una oficina que está cerca de mi casa.
_____ —¿Qué haces después de tus clases?

Actividad 11. Diálogo abierto: ¿Estudias en la noche?

E1: ¿Estudias mucho en la noche?
E2: A veces, pero también (yo) _____. ¿Y tú?
E1: Prefiero _____ y a veces me gusta _____ .

Actividad 12. Una tarde en la vida de Bernardo Torres

Actividad 13. Busque la firma

En la clase, ¿quién hace estas actividades?

MODELO: estudia química →

> E1: ¿Estudias química?
> E2: Sí, con el profesor Rodríguez.
> E1: Firma aquí, por favor.

FIRMA

1. toma café por la mañana _____ *no* *lyn*
2. duerme hasta las once de
   la mañana los sábados _____ *no* *zia*
3. desayuna mucho _____ *no* *gail*
4. hace ejercicio todos los días _____ *sí* *Chris*
5. corre todas la mañanas _____ *sí* *miguel*
6. va al trabajo después de las clases _____ *sí* *rebecca*
7. lee el periódico en la mañana _____ *no* *randel*
8. se levanta antes de las siete de la
   mañana los lunes _____
9. se baña en la noche _____ *sí* *Newt*
10. prepara el almuerzo en casa _____ *sí* *Lyn*

Actividad 14. Entrevistas

LA RUTINA

¿Qué haces generalmente *los sábados en la mañana*?

1. ¿los lunes en la mañana?
2. ¿los sábados en la noche?
3. ¿los domingos en la tarde?
4. ¿los miércoles en la tarde?
5. ¿los viernes en la noche?

LA RUTINA DE LA FAMILIA

1. ¿Qué hacen tus hermanos los domingos?
2. ¿Qué hacen tus padres los sábados?
3. ¿Qué hacen tus padres los lunes?
4. ¿Qué hacen tus abuelos los domingos?
5. ¿Qué hacen tus hijos todos los días por la tarde?

Actividad 15. Interacción: La televisión

E1: ¿A qué hora es el programa «*Yo quiero a Lucy*»?
E2: *A las cinco.*

11:30   Siempre Habrá un Mañana (novela)
12:25   Noticiero Tele Antillas (1ra. emisión)
12:30   Fiesta. Gran Musical (Johnny Ventura, Luchy Vicioso, Ballet Moderno)
 1:30   Muñequitos
 2:30   A las 2:30... Cine (Canción de Cuna)
 4:30   Muñequitos
 5:00   Yo Quiero a Lucy
 5:30   La Revista de Noticias
 6:00   La Zulianita (novela)
 7:00   Cristina Bazán (novela)
 8:00   El Hombre Increíble
 9:00   El Retorno del Santo
10:00   Noticiero Tele Antillas (1ra. emisión)
10:30   Cine para Desvelados (Mr. Jericó)

Actividad 16. Interacción: ¿Cuándo?

actividad	Ricardo Sícora Caracas	Julio Martínez Delgado Miami
ir de compras	ahora	la semana próxima
estudiar	esta noche	esta tarde
mirar la televisión	mañana en la noche	hoy
lavar el carro	el viernes que viene	el sábado en la mañana
ir de vacaciones	el mes próximo	el verano próximo
comer algo	dentro de 5 minutos	dentro de una hora
ir a la playa	mañana en la mañana	esta mañana

E1: ¿Cuándo quiere *estudiar* Julio?
E2: Quiere estudiar *esta tarde*.

E1: ¿Qué quiere hacer Ricardo *dentro de cinco minutos*?
E2: Quiere *comer algo*.

LOS AMIGOS HISPANOS: Un día típico en la vida de Bernardo

Caracas, Venezuela. Muchos regresan a casa al mediodía para almorzar y descansar.

© STUART COHEN

Bernardo Torres trabaja en un negocio que fabrica° productos de plástico en Bogotá, Colombia. Su esposa se llama Inés y tienen tres hijas: Lidia, de nueve años, Rosalía, de seis años, y Natalia, de cinco años. Inés es maestra en un colegio cerca de la casa. Viven en un pequeño apartamento en la Calle Molino.

    Durante la semana, Bernardo se levanta a las 5:30 todos los días. Inés y las niñas se levantan un poco más tarde. La empleada doméstica° prepara el desayuno y desayunan a eso de las 7:30. Bernardo entra al trabajo a las 9:00 y a las 12:00 vuelve a casa para almorzar con toda la familia. Regresa al trabajo a las tres de la tarde y sale a las siete y media de la noche. Algunos días se queda en la fábrica hasta más tarde si tiene que° trabajar horas extra.

    La familia cena algo ligero° a las 8:30. Por la noche los esposos generalmente juegan con sus hijas o a veces llega alguna visita;° a veces miran todos su telenovela favorita en la televisión. Es una vida rutinaria,° pero olvidamos° mencionar la pasión de Inés y Bernardo: viajar. Es durante las vacaciones cuando Inés y Bernardo realizan sus sueños.° Este año van a viajar por primera vez a España. Pero mientras tanto,° es necesario levantarse a las 5:30 de la mañana todos los días…

manufactures

empleada… maid

tiene… he has to
light

visitor

routine / we forgot

realizan… realize their dreams (their dreams come true)
mientras… meanwhile

Preguntas

1. ¿Por qué se levanta Bernardo temprano?
2. ¿Por qué vuelve Bernardo a casa al mediodía?
3. ¿Qué hacen los esposos generalmente en la noche?
4. ¿Qué tiene de rutinario la vida de Inés y Bernardo? ¿y de extraordinario?

LOS LUGARES

¡OJO! *Estudie Gramática 2.6.*

ir (*to go*)			
voy			mercado
vas			cine
va	+ al	+	biblioteca
vamos	a la		escuela
van			playa

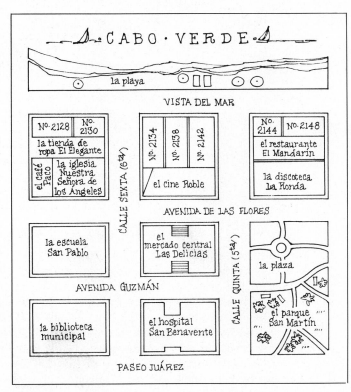

Actividad 17. ¿Qué hacemos?

¿Qué hacemos en estos lugares?

MODELO: en el parque →
Cuando vamos al parque, jugamos con nuestros amigos.

EN...

1. el cine
2. una tienda de ropa
3. la playa
4. el mercado
5. una discoteca
6. la biblioteca
7. un restaurante

ACTIVIDAD

a. compramos comida
b. leemos y estudiamos
c. comemos
d. compramos vestidos y camisas
e. bailamos
f. vemos una película
g. tomamos el sol y nadamos en el mar

Actividad 18. Diálogo: ¡Vamos a la playa!

Julio Martínez está hablando con otro amigo cubano por teléfono.

JULIO: ¿Adónde vas hoy después del trabajo, Gerardo?
GERARDO: Voy a la playa. ¿Quieres acompañarme?
JULIO: Sí, pero primero quiero ir a mi casa a recoger el traje de baño.
GERARDO: Está bien. Te espero enfrente del supermercado al lado de mi casa.

Actividad 19. Diálogo abierto: ¿Adónde vas?

E1: ¿Adónde vas este fin de semana?
E2: Voy a la (al) _____. ¿Y tú?
E1: Voy a la (al) _____. Quiero _____.

LOS AMIGOS HISPANOS: Las actividades de Pilar

¡Hola! Me llamo Pilar Álvarez Cárdenas. Tengo veinte años y soy estudiante de diseño y arte gráfico. Vivo en Madrid, la capital de España. Comparto° un apartamento pequeño con mi hermana Gloria; ella estudia psicología. Vivimos en el centro de la ciudad, enfrente del Retiro, un parque muy grande. Cuando no quiero estudiar más, doy un paseo° por el parque. Me gusta mucho mirar a la gente, descansar debajo de un árbol o simplemente caminar cuando hace sol.

Cerca de mi apartamento hay un pequeño museo

I share

doy... I take a walk

El Museo del Prado,
Madrid, España.

© PETER MENZEL

de arte moderno. Me gusta ir al museo los domingos.
A una cuadra° de mi casa hay una discoteca; casi   *block*
todos los sábados por la noche voy a bailar allí con
mis amigos y amigas. El muchacho que pone los discos siempre escoge° mis canciones favoritas.   *chooses*

   Gloria cree que vivimos en un lugar ideal porque
todo está muy cerca y siempre hay algo que hacer.
Para mí eso es un problema porque es muy difícil
estudiar con tantas distracciones y tanta gente. Pero
Gloria dice que para ella todo es perfecto. Claro,
siempre tiene oportunidades estupendas de conocer°   *meet*
a personas interesantes y de poner en práctica las
cosas que aprende en sus clases de psicología.

Preguntas

1. ¿Qué estudia Pilar?
2. ¿Qué le gusta hacer cuando está cansada de estudiar?
3. ¿Cuándo le gusta a Pilar ir al museo?
4. ¿Qué hay enfrente de su casa? ¿Qué hay muy cerca, a una cuadra?
5. ¿Por qué es difícil estudiar en el apartamento de Pilar?
6. ¿Por qué piensa Gloria que el lugar donde viven es perfecto?

Vocabulario

LOS VERBOS Verbs

acompañar	to accompany	**lavarse los dientes**	to brush one's teeth
acostarse (ue)	to go to bed	me lavo/se lava	
me acuesto/se acuesta		**llegar**	to arrive
almorzar (ue)	to eat lunch	**manejar**	to drive
almuerzo/almuerza		**mencionar**	to mention
aprender	to learn	**oír**	to hear
asistir (a)	to attend	oigo/oye	
bajar (de)	to descend, go down; to get off (of); to get out (of)	**pasar**	to happen; to spend (*time*)
		pensar (ie)	to think
		pienso/piensa	
bañarse	to bathe, take a bath	**poner(se) (la ropa)**	to put (to get dressed)
me baño/se baña		(me) pongo/(se) pone	
comprar	to buy	**preparar**	to prepare
decir	to say; to tell	**quedarse**	to stay, remain
digo/dice		me quedo/se queda	
depender	to depend	**recoger**	to pick up
despertarse (ie)	to wake up	recojo/recoge	
me despierto/ se despierta		**regresar**	to return
		salir	to leave; to go out
dormir (ue)	to sleep	salgo/sale	
duermo/duerme		**secarse**	to dry off
durar	to last	me seco/se seca	
empezar (ie)	to begin	**subir**	to go up; to get on
empiezo/empieza		**terminar**	to finish
ensayar	to try out	**traer**	to bring
entrar	to enter	traigo/trae	
entrar al trabajo	to start work	**vender**	to sell
esperar	to hope; to wait for	**venir**	to come
estacionar	to park	vengo/viene	
hacer	to do; to make	**ver**	to see
hago/hace		veo/ve	
invitar	to invite	**vivir**	to live
ir de vacaciones	to go on vacation	**volver (ue)**	to return
jugar (ue)	to play	vuelvo/vuelve	
juego/juega			

REPASO: beber, caminar, cenar, cocinar, correr, desayunar, lavar, levantarse, limpiar, llamar, llevar, mirar, tomar

LOS SUSTANTIVOS Nouns

la abuelita	grandmother, granny	**el canal**	channel
el autobús	bus	**la canción**	song
el boliche	bowling	**la cerveza**	beer
el café	café; small restaurant	**la cocina**	kitchen

el/la colega	colleague		**la oportunidad**	opportunity
la computadora	computer		**el problema**	problem
el/la dependiente	clerk		**la receta**	recipe
el desayuno	breakfast		**el refrigerador**	refrigerator
la fábrica	factory		**el reportaje**	report
la gente	people		**la reunión**	meeting
el hermanito	little brother		**la rutina**	routine
la iglesia	church		**el/la taxista**	taxi driver
la lavandería	laundry		**el/la telefonista**	telephone operator
el mercado	market		**la tienda**	shop
el metro	subway		**la toalla**	towel
la misa	Mass		**el trabajo**	work
el museo	museum		**el traje de baño**	bathing suit
nadie	no one		**la vida**	life
el negocio	business			

PALABRAS SEMEJANTES: el cereal, el cliente, la distracción, la pasión, el patio, la práctica, el producto, el radio, el sofá, el supermercado, el taxi

¿CUÁNDO? When?

a eso de	about (*with time*)		**muchas veces**	often
a tiempo	on time		**nunca**	never
a veces	sometimes		**pasado mañana**	day after tomorrow
(casi) siempre	(almost) always		**pocas veces**	infrequently
con frecuencia	frequently		**próximo/a**	next
de vez en cuando	from time to time		**todo el día**	all day long
dentro de	within		**todos los días**	every day
diario/a	daily		**la vez** (*pl.* **veces**)	time, occasion
dos veces	twice		**una vez**	once
generalmente	generally			

ADJETIVOS Adjectives

algún, alguno/a	some
dichoso/a	happy, lucky
estupendo/a	great, wonderful

PALABRAS SEMEJANTES: extra, extraordinario/a, ideal, necesario/a, plástico/a, típico/a

PALABRAS Y EXPRESIONES ÚTILES Useful words and expressions

¿adónde?	where (to)?		**luego**	then
algo	something		**porque**	because
cerca (de)	near (to)		**¡Qué va!**	No way!
con gusto	with pleasure		**simplemente**	simply
demasiado/a	too much		**¡vaya!**	well!
en casa	at home			

LECTURAS ADICIONALES

LOS AMIGOS HISPANOS: Carlos Padilla, estudiante de arquitectura

Carlos Padilla estudia arquitectura en la Universidad Nacional Autónoma de México (UNAM). Se levanta todos los días a las 6:00, se ducha, se viste, toma un poco de café con pan dulce° y repasa° su tarea brevemente; luego toma el camión° para ir a la universidad.

pan... sweet rolls / reviews
bus (Mex.)

Carlos llega a la Ciudad Universitaria° a las 8:00 cada mañana. Le gustan mucho sus clases. Su primera clase empieza a las 9:00 y la última termina a las 12:00. Carlos trabaja de chofer° de taxi por las tardes y, el viernes, todo el día. Regresa a casa a las 9:00 de la noche y cena con su familia. Por la noche Carlos generalmente estudia y hace su tarea, pero los fines de semana sale a bailar o va al cine con su novia, Silvia Bustamante, y algunos amigos.

Ciudad... University City (campus)

driver

Muchos estudiantes hispanos van a la universidad en autobús.

© ELÍAS MIGUEL MUÑOZ

Preguntas

1. ¿Qué hace Carlos en la mañana antes de ir a la Universidad?
2. ¿A qué hora empiezan las clases de Carlos? ¿A qué hora terminan?
3. ¿Qué tipo de trabajo tiene Carlos?
4. ¿Qué hace Carlos por la noche? ¿Y los fines de semana?

LOS AMIGOS HISPANOS: *Adriana Bolini*

En España y en la América Latina, las computadoras ya son muy importantes en el mundo de los negocios. Esta mujer trabaja en Santiago de Chile.

© DAVID KUPFERSCHMID

Adriana Bolini es una joven argentina que trabaja en una compañía de computadoras. Vive en Buenos Aires, donde también trabaja, y con frecuencia hace viajes de negocios a Brasil, Venezuela, México y los Estados Unidos. Además del° español, Adriana habla italiano —que es la lengua de sus padres —y también habla francés, inglés y portugués. Para Adriana, su profesión está llena° de estímulos y desafíos.° Estudia constantemente y con frecuencia asiste a congresos° y exposiciones internacionales en donde se presentan los últimos avances tecnológicos en el campo° de las computadoras.

    La profesión de Adriana requiere tiempo y dedicación; por eso no se ha casado todavía.° Pero su decisión de no casarse muchas veces le causa conflictos familiares. Sus padres le dicen que a los veintiocho años una mujer ya debe estar casada y tener su propia° familia. Adriana, sin embargo,° prefiere dedicarse a su carrera.° No rechaza° la idea del matrimonio, pero de momento prefiere su independencia y su profesión. No se siente preparada para el papel° de madre y esposa tradicional.

Además... *In addition to*

full / challenges
conventions

field

no... *she has not yet gotten married*

own / sin... *however*
career / reject

role

Preguntas

1. ¿Cuál es la profesión de Adriana?
2. ¿Qué países visita con frecuencia?
3. ¿Qué lenguas habla?
4. ¿Por qué no están contentos sus padres con su estilo de vida?
5. ¿Qué prefiere Adriana?

LOS ANUNCIOS SOCIALES: Un rey[1] moderno

El rey Juan Carlos y su esposa, Sofía.

© UPI/BETTMAN NEWSPHOTOS

Este hombre de cabello[2] castaño, alto, delgado, bien parecido está considerado como uno de los más elegantes del mundo. Es un hombre de letras: culto y políglota. Es amable, famoso y con muchos amigos. Es el rey Juan Carlos I de España.

En este momento el rey está planeando un viaje a México. Quiere saludar personalmente a sus amigos mexicanos. El rey va a ir acompañado de su esposa, la reina[3] Sofía. Juan Carlos quiere visitar primero al presidente de México, el licenciado[4] Miguel de la Madrid, y cenar con su familia. El rey explica que éste es un viaje de placer,[5] pero también diplomático, pues siempre está representando a España.

Para las personas interesadas en saludar al rey Juan Carlos personalmente, su itinerario es el siguiente:[6]

Domingo 14: llegada[7] a Los Pinos[8] y cena con el señor presidente de México y su familia. **Lunes 15**: rueda de prensa[9] en el Palacio Nacional, con los representantes de los periódicos nacionales e internacionales. **Martes 16**: asistencia al teatro en el Palacio de Bellas Artes con el Sr. Presidente. **Miércoles 17**: conversación privada[10] con el Secretario de Relaciones Exteriores[11] y con varios diputados.[12] **Jueves 18**: visita al Museo de Antropología. **Viernes 19**: visita a las Pirámides de Teotihuacán. **Sábado 20**: viaje a Guadalajara. **Domingo 21**: asistencia a una corrida de toros[13] en honor de la reina Sofía. **Lunes 22**: regreso[14] a España.

---

[1]*king* [2]*hair* [3]*queen* [4]*lawyer* [5]*pleasure* [6]*el… the following* [7]*arrival* [8]*Los… presidential residence* [9]*rueda… press conference* [10]*private* [11]*foreign* [12]*representatives* [13]*corrida… bullfight* [14]*return*

Preguntas

1. Describa físicamente al rey de España.
2. ¿Por qué va Juan Carlos a México?
3. ¿Va solo don Juan Carlos?
4. Describa brevemente su itinerario.

GRAMÁTICA Y EJERCICIOS

2.1. Habitual Actions: Present Tense

A. The endings on Spanish verbs must correspond to the person or thing that does the action; that is, to the subject of the sentence.

—Nora, ¿cuándo estudi**as**? —Estudi**o** todas las noches excepto los viernes y los sábados.
"Nora, when do you study?" "I study every night except Fridays and Saturdays."

—¿Cuándo com**e** Esteban? —Com**e** al mediodía, con nosotros.
"When does Esteban eat?" "He eats at noon, with us."

—¿Qué hac**en** ustedes los domingos? —Visit**amos** a nuestros parientes.
"What do you do Sundays?" "We visit our relatives."

Here are the endings for verbs ending in **-ar**, for example, **hablar** (*to speak*).

habl-ar (*to speak*)	
(yo) habl**o**	*I speak*
(tú) habl**as**	*you (informal) speak*
(usted) habl**a**	*you (formal) speak*
(él/ella) habl**a**	*he/she speaks*
(nosotros/as) habl**amos**	*we speak*
(ustedes) habl**an**	*you (pl.) speak*
(ellos/as) habl**an**	*they speak*

Verbs with the vowel **a** in the ending are the most common. There are two other patterns, for verbs ending in **-er** and **-ir**.

com-er (*to eat*)	
(yo) com**o**	*I eat*
(tú) com**es**	*you (informal) eat*
(usted) com**e**	*you (formal) eat*
(él/ella) com**e**	*he/she eats*
(nosotros/as) com**emos**	*we eat*
(ustedes) com**en**	*you (pl.) eat*
(ellos/as) com**en**	*they eat*

viv-ir (*to live*)	
(yo) viv**o**	*I live*
(tú) viv**es**	*you (informal) live*
(usted) viv**e**	*you (formal) live*
(él/ella) viv**e**	*he/she lives*
(nosotros/as) viv**imos**	*we live*
(ustedes) viv**en**	*you (pl.) live*
(ellos/as) viv**en**	*they live*

Except for the *we* form, (com**e**mos, viv**i**mos), **-er** and **-ir** verb endings are identical.

B. Since the verb itself indicates who is performing the action, Spanish speakers do not have to mention the subject explicitly in every sentence.

—Alberto, ¿qué quier**es** hacer? —Quier**o** jugar al tenis.
"Alberto, what do you want to do?" "I want to play tennis."

Ejercicio 1

Combine personas de la lista A con actividades de la lista B.

LISTA A
1. la profesora Martínez
2. yo
3. tú
4. mi hermano y yo
5. mis compañeros de clase

LISTA B
a. se levantan temprano
b. maneja un carro nuevo
c. jugamos al tenis
d. como demasiado
e. lees el periódico

Ejercicio 2

Hágale estas preguntas a otro/a estudiante. Use la forma **tú** del verbo.

MODELO: Pregúntele a otro/a estudiante si...   quiere un refresco →
¿Quieres un refresco?

1. toma mucho café
2. quiere comer ahora
3. cocina bien
4. juega al béisbol
5. asiste a clases de francés

Ejercicio 3

Hágale estas preguntas a una amiga de su abuela. Use el pronombre **usted** y la forma correcta del verbo.

MODELO: Pregúntele a la amiga de su abuela si...   habla español →
¿Habla usted español?

1. va de compras con frecuencia
2. prepara café por la mañana
3. escribe una carta
4. vive cerca
5. toma mucho café

2.2. *Habitual Actions: Irregular Verbs*

Some verbs have irregular **yo** forms. These will generally be indicated in vocabulary lists: **poner** (**pongo/pone**), **traer** (**traigo/trae**). Here are some common verbs with irregular **yo** forms.

infinitive	**yo**	**él/ella, usted**
decir (*to say*)	digo	dice
hacer (*to do; to make*)	hago	hace
oír (*to hear*)	oigo	oye
poner (*to put*)	pongo	pone
salir (*to leave, depart*)	salgo	sale
tener (*to have*)	tengo	tiene
traer (*to bring*)	traigo	trae
venir (*to come*)	vengo	viene
ver (*to see*)	veo	ve

—¿**Viene** usted siempre temprano? —Sí, **vengo** siempre a las ocho.
"Do you always come early?" "Yes, I always come at eight."

—¿A qué hora **sale** usted de su trabajo? —**Salgo** a las cinco.
"What time do you leave work?" "I leave at five."

—¿Qué te **pones** cuando llueve? —Me **pongo** un abrigo.
"What do you put on when it rains?" "I put on a coat."

—¿Qué **traes** a clase? —Siempre **traigo** el cuaderno y el libro.
"What do you bring to class?" "I always bring my notebook and book."

—¿Qué **haces** los domingos? —No **hago** nada. Descanso todo el día.
"What do you do on Sundays?" "I don't do anything. I rest all day."

Ejercicio 4

El profesor de la clase de español le hace a usted estas preguntas. Conteste con la forma correcta del verbo.

1. —¿Trae usted su perro a clase?
—¡Claro que no! _____ el libro y el cuaderno solamente.

2. —¿Se pone usted pantalones cortos cuando tiene frío?
   —¡No! Me _____ pantalones largos y una chaqueta.
3. —¿Dice usted «buenos días» a las 2:00 de la tarde?
   —No, siempre _____ «buenas tardes».
4. —¿Oye usted música en la clase de español?
   —Sí, a veces _____ canciones en español.
5. —¿Sale usted para sus clases a las siete de la mañana?
   —No, _____ a las 8:30.

2.3. Habitual Actions: Verbs with Stem-vowel Changes

Some verbs have vowel changes in certain forms.

> —¿A qué hora qu**ie**ren ustedes salir? —Queremos salir a las nueve.
> *"What time do you want to leave?" "We want to leave at nine."*

> —¿A qué hora alm**ue**rzan en su casa? —Almorzamos a mediodía.
> *"What time do you eat lunch at your house?" "We eat lunch at noon."*

The following changes are common:

	e → ie	o → ue
	querer	**dormir**
(nosotros/as)	queremos	dormimos
(yo)	qu**ie**ro	d**ue**rmo
(tú)	qu**ie**res	d**ue**rmes
(él/ella, usted)	qu**ie**re	d**ue**rme
(ellos/as, ustedes)	qu**ie**ren	d**ue**rmen

Verbs with vowel changes in the stem will be noted in vocabulary lists: **dormir** (**duermo/duerme**). Here are some other common verbs with vowel changes.

cerrar (*to close*)   c**ie**rro/c**ie**rra   cerramos
empezar (*to begin*)   emp**ie**zo/emp**ie**za   empezamos
pensar (*to plan; to think*) p**ie**nso/p**ie**nsa   pensamos
perder (*to lose*)   p**ie**rdo/p**ie**rde   perdemos
preferir (*to prefer*)   pref**ie**ro/pref**ie**re   preferimos

almorzar (*to have lunch*)   alm**ue**rzo/alm**ue**rza   almorzamos
jugar[1] (*to play*)   j**ue**go/j**ue**ga   jugamos
volver (*to return*)   v**ue**lvo/v**ue**lve   volvemos

---

[1]**Jugar** has a **u** instead of an **o** in the infinitive and the *we* form.

Ejercicio 5

¿Qué hacen usted y sus amigos? Conteste con sí o no y la forma correcta del verbo.

MODELO: ¿Cierran ustedes los libros en clase? →
Sí, cerramos los libros. (No, no cerramos los libros.)

1. ¿Juegan ustedes al tenis los fines de semana?
2. ¿Almuerzan ustedes a mediodía?
3. ¿Prefieren ustedes ir al cine en la mañana?
4. ¿Vuelven ustedes siempre a casa después de medianoche?
5. ¿Duermen ustedes en su clase de español?

2.4. *Reflexive Pronouns: "Self"*

Reflexive pronouns are used whenever the action of the verb is done by the subject to himself or herself. Many of the verbs that require reflexive pronouns in Spanish do not require them in English.

—Esteban, ¿**te bañas** o **te afeitas** primero? —**Me baño** primero.
"Esteban, do you take a bath or shave first?" "I take a bath first."

—¿A qué hora **se levanta** Carmen? —**Se levanta** muy temprano.
"What time does Carmen get up?" "She gets up very early."

—¿**Se baña** usted o **se ducha**? —**Me ducho**.
"Do you take a bath or a shower?" "I take a shower."

Here are the reflexive pronouns.

me	*myself*
te	*yourself (informal)*
se	*yourself (formal)*
se	*himself*
se	*herself*
se	*itself*
nos	*ourselves*
se	*yourselves*
se	*themselves*

The reflexive pronouns correspond to English *self/selves*. Whether **se** refers to *yourself*, *himself*, *herself*, or *themselves* is determined by the context of the sentence. For example, the **se** in **Miguel se baña** refers to **Miguel** (*himself*). In **Rosa y Julio se peinan**, the **se** refers to **Rosa y Julio** (*themselves*).

The reflexive pronouns precede conjugated verbs, but may be attached to infinitives. One says **Marina *se* ducha** (*Marina takes a shower*), but **Marina**

quiere duchar*se*. (*Marina wants to take a shower*), with the pronoun following the infinitive and attached to it.[2]

Quiero afeitar**me** antes de ir al trabajo.
I want to shave before going to work.

—Alberto, ¿vas a acostar**te** tarde esta noche? —Sí, tengo mucha tarea.
"Alberto, are you going to go to bed late tonight?" "Yes, I have a lot of homework."

Here are some other common verbs that take a reflexive pronoun when the action is directed to oneself.

acostarse (ue) (*to go to bed*)	me ac**ue**sto/ se ac**ue**sta	nos acostamos
afeitarse (*to shave*)	me afeito/se afeita	nos afeitamos
bañarse (*to take a bath*)	me baño/se baña	nos bañamos
despertarse (ie) (*to wake up*)	me desp**ie**rto/ se desp**ie**rta	nos despertamos
lavarse (*to wash*)	me lavo/se lava	nos lavamos
levantarse (*to get up*)	me levanto/se levanta	nos levantamos
peinarse (*to comb one's hair*)	me peino/se peina	nos peinamos
ponerse (*to put [clothes] on*)	me pongo/se pone	nos ponemos
quitarse (*to take [clothes] off*)	me quito/se quita	nos quitamos
sentarse (ie) (*to sit down*)	me s**ie**nto/se s**ie**nta	nos sentamos
vestirse[3] (*to get dressed*)	me visto/se viste	nos vestimos

Ejercicio 6

¿Qué hacen usted y sus compañeros de la clase de español?

MODELO: ¿Se lavan ustedes el pelo todos los días? →
Sí, nos lavamos el pelo todos los días. (No, nos lavamos el pelo una vez por semana.)

1. ¿Se despiertan ustedes antes de las cinco de la mañana?
2. ¿Se acuestan ustedes antes de medianoche?
3. ¿Se bañan ustedes en la mañana?
4. ¿Se lavan ustedes el pelo cada mañana?
5. ¿Se afeitan ustedes todos los días?

---

[2]The pronoun can also precede both verbs: **Marina *se* quiere duchar.**
[3]Note that the vowel change in **vestir** is from **e** to **i.** See 8.2 for more explanation.

2.5. *Adverbs of Time and Frequency*

A. Speakers can refer to specific points or periods of time.

hoy	*today*
mañana	*tomorrow*
pasado mañana	*the day after tomorrow*
ahora	*now*
ahora mismo	*right now*

Pasado mañana vamos a visitar a mis abuelos.
The day after tomorrow we are going to visit my grandparents.

this . . .	esta semana	este mes	este año
next . . .	la próxima semana	el próximo mes	el próximo año

mañana en/por la mañana	*tomorrow morning*
mañana en/por la tarde	*tomorrow afternoon*
mañana en/por la noche	*tomorrow evening*

—Luis, ¿vas a jugar al fútbol **esta semana**? —Sí, quiero jugar **mañana en la tarde**.
"Luis, are you going to play soccer this week?" "Yes, I want to play tomorrow afternoon."

—Mónica, ¿quieres estudiar **mañana por la tarde**? —Sí, tenemos un examen de biología **la próxima semana**.
"Mónica, do you want to study tomorrow afternoon?" "Yes, we have a biology exam next week."

—Estela, ¿vas a ir de compras **este mes**? —Sí, voy a comprar un vestido nuevo **mañana por la mañana**.
"Estela, are you going to go shopping this month?" "Yes, I'm going to buy a new dress tomorrow morning."

B. Speakers can also specify the frequency of activities.

nunca, jamás	*never*
una vez	*once*
dos (tres) veces	*two (three) times*
a veces	*sometimes*
pocas veces	*infrequently*
varias veces	*often, several times*
de vez en cuando	*from time to time*
muchas veces	*very often*
con frecuencia, frecuentemente	*frequently*
casi siempre	*almost always*
siempre	*always*
cada día (semana, mes, año)	*every day (week, month, year)*

—Gustavo, ¿te levantas temprano **siempre**? —No, a veces me levanto tarde.

"Gustavo, do you always get up early?" "No, sometimes I get up late."

—Profesor López, ¿viaja usted a México **muchas veces** al año? —No, voy **solamente una vez**, en diciembre.

"Professor López, do you travel to Mexico many times each year?" "No, I go only once, in December."

—¿Van ustedes al cine **con frecuencia**? —Sí, vamos **varias veces al mes**.

"Do you go to the movies frequently?" "Yes, we go several times a month."

2.6. *Ir* + *a la, al* + *Location*

Use a form of the verb **ir** (*to go*) followed by the preposition **a** (*to*) to indicate motion toward a location. Remember that the present tense forms of **ir** are **voy**, **vas**, **va**, **vamos**, **van**. Note that **a** + **el** contracts to **al**.

—Estela, ¿cuándo vas a hacer la compra? —**Voy al** supermercado esta noche.

"Estela, when are you going to do the shopping?" "I'm going to the . supermarket tonight."

Of course not !

—Amanda, ¿**vas al** cine con Roberto? —¡Claro que no! Voy con Ramón.

"Amanda, are you going to the movies with Roberto?" "Of course not! I'm going with Ramón."

The *we* form of **ir** is also used to make a suggestion.

—¡**Vamos** a la playa! —No, ¡**vamos** a las montañas!
"Let's go to the beach!" "No, let's go to the mountains!"

Note the difference between **ir** + **a** and **estar** + **en** in sentences of location.

—**Vamos a la** biblioteca. —No, **vamos a la** piscina.
"Let's go to the library." "No, let's go to the swimming pool."

—¿**Está** Esteban **en** la biblioteca? —No, **está en** el gimnasio.
"Is Esteban at the library?" "No, he's at the gym."

Ejercicio 7

Complete con formas del verbo **ir** (**voy**, **vas**, **va**, **vamos**, **van**) y **al** o **a la**.

MODELO: Usted _____ _____ parque los domingos. →
Usted <u>va</u> <u>al</u> parque los domingos.

1. (Tú) _____ _____ trabajo después de las clases.
2. Mis hermanos siempre _____ _____ cine los sábados.
3. (Nosotros) _____ _____ _____ tienda para comprar ropa nueva.
4. La profesora Martínez _____ _____ _____ oficina para trabajar.
5. (Yo) _____ _____ _____ playa para tomar el sol y bañarme.

CAPÍTULO TRES

LA FAMILIA Y YO

LOS TEMAS

- More about Family and Relatives
- Describing States (Physical and Mental)
- The Order of Events
- Classroom Activities
- Telling Time (Part 2)
- Your Talents and Abilities

LAS LECTURAS

- Los hispanos hablan de su familia

- Palabras nuevas en español y en inglés

- Los gestos

LAS LECTURAS ADICIONALES

- Los amigos hispanos: Cristina Ledesma
- Los amigos hispanos: La novia del año
- Nota cultural: El sistema de educación hispano

LA GRAMÁTICA

3.1. Describing States: **estar**
3.2. Describing States: **tener**
3.3. Ordering Events: Infinitives After Prepositions
3.4. Reflexive Pronouns with Infinitives and Present Participles
3.5. Indirect Object Pronouns with Verbs of Reporting
3.6. Telling Time (Part 2)
3.7. Expressing Abilities: **saber** and **poder** + Infinitive

In **Capítulo tres** you will learn more words for describing your family and you will talk about classroom activities and the activities of all of your family members. You will learn additional ways to describe how people look and feel and also how to describe your talents and those of others.

ACTIVIDADES ORALES

LA FAMILIA Y LOS PARIENTES

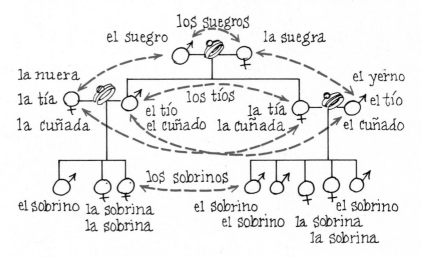

Actividad 1. La familia de Raúl

1. ¿Cuántos hijos tienen Dora y Javier?
2. ¿Cómo se llama la tía de Raúl, Clarisa y Marisa?
3. ¿Cuántos primos tiene Raúl?
4. ¿Cómo se llaman los abuelos de Raúl?
5. ¿Cómo se llama el tío de Tomás?
6. ¿Cuántas sobrinas tienen Dora y Javier? ¿Cómo se llaman?
7. ¿Cómo se llama el cuñado de Javier?
8. ¿Cómo se llaman los suegros de Dora?
9. ¿Cuántos nietos tienen Francisco y María?
10. ¿Cómo se llaman las primas de Tomás, Manuel, Berta, Verónica y Noé?
11. ¿Cómo se llama el yerno de Francisco y María? ¿y su nuera?

Actividad 2. Diálogo abierto: Mis primos y sobrinos

E1: ¿Cuántos primos tienes?
E2: Tengo _____. Viven en _____. (No tengo primos.)
E1: ¿Tienes sobrinos?
E2: Sí, tengo _____. Se llaman _____. (No tengo sobrinos.)

Actividad 3. Mis cuñados

Busque el orden correcto.

___2___ —Sí, mi cuñada es una mujer muy simpática.
___3___ —¿Y tu hermana está casada también?
___1___ —¿Tu hermano está casado?
___4___ —Sí, ella y mi cuñado viven en Puerto Rico.

Actividad 4. Entrevista: Mi familia

1. ¿Cuántas personas hay en tu familia?
2. ¿Cuántos años tiene tu padre? ¿tu madre?
3. ¿Cuántos tíos tienes? ¿Dónde viven?
4. ¿Están vivos (muertos) tus abuelos? ¿Cuántos años tienen? ¿Dónde viven?
5. ¿Tienes muchos primos? ¿Cómo se llama tu primo favorito (prima favorita)?

NOTA CULTURAL: Los hispanos hablan de su familia

¿Cómo describen los hispanos a sus familias? Éstos son los comentarios de algunos amigos latino-americanos: «Mi familia es unida»,° dice Rogelio. Y Carla: «Mi familia es bastante° grande... » Carlos habla así° de su familia: «Me gusta pasar mucho tiempo con mi familia. Dos o tres veces al mes, los do-

united
rather
thus

¿Cómo es esta familia de Bogotá, Colombia?

© STUART COHEN

mingos, vamos al parque para merendar. Es un día maravilloso».

Las familias de estas personas representan bastante bien a la familia hispana: es grande y unida. La familia es un núcleo importante en la sociedad hispana. El hispano prefiere hablar de sus problemas con el padre, la madre o un hermano antes que hablar con un amigo. Cuando hay problemas personales, el hijo pone su confianza° en el padre, y la hija en la madre. «Un buen amigo», dice Rogelio, «puede° escuchar nuestros problemas y tratar de° ayudarnos, pero nadie° puede entendernos tan bien como un miembro de la familia».

La familia hispana típica no consta° solamente de los padres y los hijos. En el grupo familiar están incluidos° también los abuelos, una tía, un primo o un sobrino, y hasta° los amigos. «Mi casa», explica Carla, «nunca está vacía.° La puerta siempre está abierta para los amigos. Todos son parte de nuestra familia».

confidence

can

tratar... *try to*

nobody

consists

included

even

empty

Preguntas

1. ¿Cómo es la familia hispana según (*according to*) Rogelio? ¿según Carla?
2. ¿Qué le gusta hacer a Carlos con su familia?
3. ¿Con quién prefiere hablar un hispano sobre sus problemas?
4. ¿Quiénes forman parte de la familia hispana?

LOS ESTADOS FÍSICOS Y MENTALES

¡OJO! *Estudie Gramática 3.1–3.2.*

(Ernesto) (Estela)

está contento   están tristes   está enojado   están borrachos

está enferma   está aburrido   está ocupada   está preocupado

(Gustavo) (Amanda)

tienen hambre   tienen prisa   tiene sueño   tiene sed

tiene calor   tiene frío   tiene miedo

Actividad 5. Su opinión

¿Qué hace usted cuando está... ? Diga sí o no.

1. Cuando estoy enfermo/a,
   a. duermo.
   b. miro la televisión.
   c. doy un paseo por el parque.
   d. ¿____?
2. Cuando estoy triste,
   a. quiero estar solo/a.
   b. escucho música.
   c. compro ropa nueva.
   d. ¿____?
3. Cuando estoy contento/a,
   a. salgo en el carro.
   b. voy de compras.
   c. paso tiempo solo/a.
   d. ¿____?
4. Cuando estoy cansado/a,
   a. duermo.
   b. leo.
   c. me baño.
   d. ¿____?
5. Cuando estoy aburrido/a,
   a. como.
   b. cocino.
   c. me quedo en casa.
   d. ¿____?

¿Qué hace usted cuando tiene... ? Diga sí o no.

6. Cuando tengo hambre,
   a. como hamburguesas.
   b. tomo un vaso de leche.
   c. me lavo los dientes.
   d. ¿____?
7. Cuando tengo sed,
   a. bebo cerveza.
   b. como chocolate.
   c. llamo a mi novio/a.
   d. ¿____?
8. Cuando tengo frío,
   a. me quito la chaqueta.
   b. me baño.
   c. me pongo un suéter.
   d. ¿____?
9. Cuando tengo calor,
   a. tomo un refresco.
   b. tomo café caliente.
   c. me ducho.
   d. ¿____?
10. Cuando tengo prisa,
    a. camino rápidamente.
    b. tomo el autobús.
    c. doy un paseo.
    d. ¿____?

Actividad 6. ¿Adónde va?

MODELO: Cuando tengo hambre... → voy a un restaurante.

1. Cuando necesito un libro
2. Cuando tengo hambre
3. Cuando tengo clase de español
4. Cuando tengo calor

voy

a. a mi casa
b. a una discoteca
c. a la biblioteca
d. a un restaurante

5. Cuando estoy aburrido/a
6. Cuando quiero comprar una camisa nueva
7. Cuando quiero ir de compras
8. Cuando tengo ganas de bailar
9. Cuando quiero jugar al fútbol
10. Cuando estoy muy enfermo/a
11. Cuando quiero descansar

e. a la playa
f. al centro
g. a una tienda de ropa
h. a la universidad
i. al parque
j. al hospital
k. al cine
l. ¿_____?

Actividad 7. Entrevistas

¿Qué haces cuando estás... ?

1. deprimido/a
2. borracho/a
3. contento/a
4. enfermo/a
5. triste

¿Qué haces cuando tienes... ?

1. frío
2. hambre
3. sed
4. sueño
5. prisa
6. calor
7. miedo

EL ORDEN DE LAS ACTIVIDADES

¡OJO! *Estudie Gramática 3.3–3.4.*

antes de bañarse
después de ponerse la ropa

Después de jugar al tenis, Ernesto descansa.

Antes de cenar, Pedro Ruiz hace la compra.

—Después de ayudar a mi mamá, voy a terminar la tarea.

—Apago las luces de la casa antes de salir.

Actividad 8. Diálogo abierto: ¿Adónde vas?

E1: ¿Adónde vas antes de ____?
E2: Voy a ____ porque quiero ____.
E1: Yo también voy a ____, pero después de ____.

Actividad 9. ¡Paciencia, mujer!

Busque el orden correcto.

____**2** ERNESTO: Un momento, por favor, Estela. Antes de salir quiero cerrar todas las puertas y ventanas, y luego...

____**1** ESTELA: ¡Ernesto, Ernesto! ¿Qué estás haciendo? Es tarde. Quiero llegar al cine a tiempo.

____**3** ESTELA: Pero vamos a llegar tarde. Ya son las siete y media.

____**5** ESTELA: ¿Quieres llegar antes o después de la película? Yo quiero llegar *antes*. ¡No voy a esperar más! Adiós.

____**4** ERNESTO: Estela, mujer... No tienes paciencia. Mira, primero voy a apagar las luces y después sólo voy a...

Actividad 10. ¿Antes o después?

¿Cuál es el orden lógico de estas actividades?

MODELOS: levantarse, bañarse → Me levanto antes de bañarme.
(Me baño después de levantarme.)
desayunar, levantarse → Desayuno después de levantarme.
(Me levanto antes de desayunar.)

1. lavarse el pelo, peinarse
2. salir a bailar, ponerse la ropa
3. estudiar la lección, ir a clase
4. comer, lavar los platos
5. preparar la comida, hacer la compra

⊞ LAS ACTIVIDADES DE LA CLASE DE ESPAÑOL

¡OJO! *Estudie Gramática 3.5.*

me	*to me*
te	*to you*
le	*to you, him/her*
nos	*to us*
les	*to you (pl.), them*

Carmen escucha a la profesora.

Nora le lee las notas culturales a Esteban.

Luis estudia la gramática.

Alberto les habla a sus compañeros.

Mónica le escribe una carta a su amigo.

La profesora le explica la lección a Carmen.

La profesora nos hace preguntas.

Le contestamos a la profesora.

La profesora nos dice «Buenos días».

Le hacemos preguntas a la profesora.

Aprendemos mucho.

Actividad 11. Diálogo: La clase de español de Mónica

Raúl habla con Mónica sobre su clase de español.

RAÚL: Mónica, ¿qué haces en tu clase de español?
MÓNICA: Muchas cosas. Escucho al profesor, hablo en español con mis compañeros...
RAÚL: ¿Escriben ustedes en español también?
MÓNICA: Sí, leemos y escribimos en español. No es muy difícil.
RAÚL: ¿Les explica el profesor la gramática?
MÓNICA: A veces... cuando le hacemos preguntas. Pero, por lo general, estudiamos la gramática y hacemos los ejercicios en casa.

Actividad 12. Mi clase de español

¿Qué tan frecuentes son estas actividades en la clase de español?

PALABRAS ÚTILES: a veces, todos los días, una vez a la semana, todas las noches, de vez en cuando, nunca, con frecuencia,...

1. Les hablamos a los compañeros de clase.
2. Escribimos las palabras nuevas en el cuaderno.
3. Merendamos en la sala de clase.
4. Contestamos las preguntas.
5. Escuchamos las opiniones de los compañeros de clase.
6. Limpiamos el coche.
7. Aprendemos a comprender el español.
8. Le hacemos preguntas al profesor (a la profesora).
9. Preparamos la tarea en clase.
10. Dormimos una siesta.
11. Le decimos «buenas noches» a la profesora (al profesor).
12. Les escribimos cartas a los parientes.

Actividad 13. Entrevista: La clase de español

1. ¿Qué aprendes en tu clase de español?
2. ¿Ayudas a tus compañeros con la tarea?
3. ¿Te gusta cuando el profesor (la profesora) te hace una pregunta?
4. ¿Le contestas al profesor (a la profesora) siempre en español? ¿Piensas en español?
5. Cuando llegas tarde a clase, ¿qué le dices al profesor (a la profesora)?
6. ¿Lees todas las lecturas adicionales?
7. ¿Tu profesor(a) te lee las lecturas?
8. ¿Escuchas las cintas de las *Actividades de comprensión* en tu coche?
9. ¿Te gusta la clase de español?
10. ¿Hay cosas que *no* te gusta hacer en la clase de español? ¿Cuáles son?

NOTA CULTURAL: *Palabras nuevas en español y en inglés*

El directorio del almacén «El Corte Inglés» en Madrid.

© MARK ANTMAN/THE IMAGE WORKS

7	CAFETERIA AGENCIA DE VIAJES
6	OPORTUNIDADES
5	TIENDA JUVENIL
4	CANASTILLAS NIÑAS NIÑOS Hasta 15 años COLEGIOS
3	SEÑORAS PELUQUERIA CALLE DE LA MODA
2	SERVICIO AL CLIENTE TEJIDOS LENCERIA CORSETERIA MERCERIA LANAS DE LABOR
1	CABALLEROS VIAJE PELUQUERIA
ENTRE- PLANTA	COMPLEMENTOS ZAPATERIA SEÑORA NIÑOS Y CABALLERO
PLANTA BAJA	PERFUMERIA BISUTERIA JOYERIA RELOJERIA ABANICOS PARAGUAS TURISMO
PLANTA SOTANO	PAPELERIA LIBRERIA JUGUETES RADIO TELEVISION FOTOGRAFIA DEPORTES DISCOS CAZA PESCA ACCESORIOS DE AUTOMOVIL MATERIAL ESCOLAR

Del español proceden° muchas palabras muy usadas en inglés. Por ejemplo, vienen directamente del español *vista, plaza, canal, sierra, rodeo, patio y siesta.* Aunque° con algunos cambios,° otras palabras inglesas de origen español son *cigar* (**cigarro**), *alligator* (**el lagarto**°), *hurricane* (**huracán**) y *barbecue* (**barbacoa**).

En los nombres geográficos, la influencia del español es muy evidente; Colorado, California, Santa Bárbara, San Francisco, Santa Mónica, San Diego, San Antonio, El Paso, Amarillo, Texas, Pueblo y muchos otros nombres de ciudades y estados norteamericanos son españoles.

El español también toma palabras del inglés. En español comemos un bistec (*beef steak*) o un sándwich. Llevamos un suéter (*sweater*) o los «jeans». Y si hablamos de deportes, jugamos al fútbol, al básquetbol, al vólibol y al béisbol, y hacemos un jonrón o un gol.

come

Although / changes

lizard

Preguntas

1. Mencione otras palabras de origen español usadas en inglés.
2. ¿Por qué hay influencia del español en los nombres de Los Ángeles y El Paso, entre otros?
3. ¿Por qué hay palabras inglesas en español?

LA HORA (PARTE 2)

¡OJO! *Estudie Gramática 3.6.*

Son las once menos
    veinte y cinco.
Son las diez y treinta y
    cinco.
Son veinte y cinco
    para las once.
Faltan veinte y cinco
    para las once.

Es la una menos cinco.
Son las doce y
    cincuenta y cinco.
Son cinco para la una.
Faltan cinco para la
    una.

Son las siete menos
    cuarto.
Son las seis y cuarenta
    y cinco.
Son quince para las
    siete.
Faltan quince para las
    siete.

—¿Cinco para las tres? ¡Mi reloj
está atrasado!

—¿Son las cuatro? ¡Mi reloj está
adelantado!

Actividad 14. La hora

Diga la hora usando **menos**, **y**, **para** o **faltan**.

MODELO:

→

Son las ocho menos diez y Gustavo está haciendo su tarea.
(Son las siete y cincuenta… Faltan diez para las ocho…

1. Estela   2. Ernestito   3. Amanda

4. Ernesto   5. la criada   6. Pedro

LAS HABILIDADES

¡OJO! *Estudie Gramática 3.7.*

saber	poder	+ *infinitive*
sé	puedo	jugar al tenis
sabes	puedes	hablar español
sabe	puede	coser
sabemos	podemos	esquiar
saben	pueden	bailar bien

La señora Ruiz sabe montar a caballo muy bien.

—¿Sabe usted patinar?

—Yo no puedo salir ahora. Es muy tarde.

—Hoy es sábado. Puedo levantarme muy tarde hoy.

Actividad 15. Diálogo: Ernestito baña a su perro

Ernestito quiere bañar a su perro, pero Estela cree que él necesita instrucciones.

ERNESTITO: Mamá, mamá, ¿puedo bañar al perro?

ESTELA: Sí, hijo, pero antes de traer al perro, prepara el agua y el jabón.

ERNESTITO: Ya está todo listo, mamá.

ESTELA: Bueno, hijo, después de bañarlo, vas a secarlo muy bien, ¿verdad?

ERNESTITO: Ya sé, mamá.

ESTELA: Perfecto, pero también vas a...

ERNESTITO: Mamá, tengo ocho años. ¡Sé bañar a un perro!

Actividad 16. Mis actividades

¿Qué sabes hacer? Diga (a) **sí, muy bien**, (b) **sí, bien**, (c) **sí, un poco** o (d) **no**.

MODELO: ¿Sabes jugar al vólibol? →
Sí, sé jugar al vólibol muy bien. (No, no sé jugar al vólibol.)

1. preparar la comida china
2. bucear
3. dibujar
4. patinar
5. esquiar
6. cantar
7. bailar
8. jugar al boliche
9. coser
10. reparar carros

Actividad 17. La comida

Busque el orden correcto.

___2___ —Sí, mucho.

___5 4___ —¿Y qué comida sabes preparar muy bien?

___6___ —Me gusta mucho cocinar la comida china.

___1___ —¿Te gusta invitar a tus amigos a cenar en tu casa?

___4___ —¡Claro! Es muy fácil.

___3___ —¿Y sabes cocinar muy bien?

Actividad 18. Entrevistas

LAS HABILIDADES

E1: ¿Sabes *esquiar*?
E2: Sí, sé *esquiar*. (No, no sé *esquiar*.)

1. patinar
2. jugar al básquetbol
3. nadar
4. cocinar
5. reparar carros
6. andar en bicicleta
7. bucear
8. hablar francés
9. tocar el piano
10. pintar

¿PUEDES _____ BIEN?

1. navegar en velero
2. patinar en el hielo
3. esquiar
4. jugar al ráquetbol
5. cocinar

6. coser
7. manejar una motocicleta
8. montar a caballo
9. bucear
10. jugar al boliche

NOTA CULTURAL: *Los gestos*

Comunicamos nuestras ideas por medio del idioma° que hablamos. Pero también usamos nuestro cuerpo para la comunicación. Por ejemplo, cuando conocemos a una persona por primera vez, le damos la mano.° Otra manera de expresarnos al hablar es con los gestos. Aquí tiene usted algunos gestos comúnmente usados en España y en Hispanoamérica.

language

le... we shake hands

1. No.

2. dinero

3. Quiero comer.

4. Un momentito...

5. ¡Excelente!

Vocabulario

LA FAMILIA Y LOS PARIENTES Family and relatives

el/la cuñado/a	brother-in-law/sister-in-law	**el/la suegro/a**	father-in-law/mother-in-law
la nuera	daughter-in-law	**el/la tío/a**	uncle/aunt
el/la sobrino/a	nephew/niece	**el yerno**	son-in-law

REPASO: el/la abuelo/a, el/la hijo/a, el/la nieto/a, el padre/la madre, el/la primo/a

LOS ESTADOS FÍSICOS Y MENTALES Physical and mental states

estar...	to be . . .	preocupado/a	preoccupied, worried
borracho/a	drunk	triste	sad
confundido/a	confused	usado/a	used
contento/a	content, happy	vivo/a	alive
de buen/mal humor	in a good/bad mood	tener...	to be (*lit.* to have) . . .;
deprimido/a	depressed		to feel . . .
enamorado/a	in love	calor	hot (*lit.* heat)
enfermo/a	sick	frío	cold
enojado/a	angry	ganas de (+ *inf.*)	like (*doing something*)
interesado/a	interested	hambre	hungry (*lit.* hunger)
irritado/a	irritated	miedo (de)	afraid (*lit.* fear) (of)
listo/a	ready	prisa	in a hurry
muerto/a	dead	sed	thirsty (*lit.* thirst)
ocupado/a	occupied, busy	sueño	sleepy (*lit.* sleep)

LAS ACTIVIDADES DE LA CLASE Classroom activities

ayudar	to help	entender (ie)	to understand
cerrar (ie)	to close	entiendo/entiende	
cierro/cierra		explicar	to explain
comprender	to understand	hacer una pregunta	to ask a question
comunicar	to communicate	hago/hace	
contestar	to answer	mostrar (ue)	to show
copiar	to copy	muestro/muestra	
creer	to believe	preguntar	to ask
enseñar	to teach	repasar	to review
		tomar apuntes	to take notes

REPASO: aprender, dar, decir, describir, escribir, escuchar, estudiar, hablar, leer, pensar (ie), preparar, recoger, saludar

LA HORA Time

es (son) la(s)... menos...	it's . . . to . . .	son... para la(s)...	it's . . . to . . .
faltan... para la(s)...	it's . . . to . . .		

REPASO: adelantado/a, atrasado/a

LOS VERBOS Verbs

apagar	to turn off	hacer la compra	to go grocery shopping
bañar	to bathe, give a bath to	hago/hace	
cantar	to sing	necesitar	to need
conocer	to know; to meet	peinarse	to comb one's hair
conozco/conoce		me peino	
coser	to sew	se peina	
dar un paseo	to take a walk	poder (ue)	to be able, can
doy/da		puedo/puede	
formar	to form	quitarse	to take (something) off
gritar	to shout	me quito/se quita	

representar	to represent	**sonreír**	to smile
saber	to know	**sonrío/sonríe**	
sé/sabe		**usar**	to use

LOS SUSTANTIVOS Nouns

la banda	band (*musical*)	**la hamburguesa**	hamburger
la barbacoa	barbecue	**el huracán**	hurricane
el bistec	steak	**el jabón**	soap
el cigarro	cigarette	**el jonrón**	home run
el comentario	commentary	**la lección**	lesson
el dinero	money	**el miembro**	member
la flauta	flute	**la sala**	(main) room; living room
el gesto	gesture	**el vaso**	glass

PALABRAS SEMEJANTES: la comunicación, el evento, la influencia, las instrucciones, la manera, el momento, la opinión, la paciencia, el piano, el rodeo, la siesta, el violín

LOS ADJETIVOS Adjectives

maravilloso/a	marvelous	**roto/a**	broken

PALABRAS SEMEJANTES: evidente, excelente, frecuente, geográfico/a, hispanoamericano/a, importante, latinoamericano/a, lógico/a

PALABRAS Y EXPRESIONES ÚTILES Useful words and expressions

antes (de)	before	**por lo general**	generally
¡claro!	Of course!	**¿Qué tan frecuente(s)**	How frequent is/are . . . ?
comúnmente	commonly, usually	**es/son... ?**	
entre	between, among	**rápidamente**	quickly
menos	less	**sobre**	about
momentito	just a moment		

LOS PRONOMBRES Pronouns

me	to me	**nos**	to us
le	to you (*formal*), him, her	**te**	to you (*informal*)
les	to you (*pl.*), them		

LECTURAS ADICIONALES

LOS AMIGOS HISPANOS: Cristina Ledesma

Unos amigos conversan en un café en México. A mucha gente le gusta tomar un refresco y conversar con los amigos por la tarde.

© HAZEL HANKIN

Me llamo Cristina Isabel Ledesma Fernández. Soy de Morelia pero vivo ahora en la Ciudad de México con mis tíos y primos. Éste es mi primer año de estudios en la UNAM. Mi primo, Carlos Padilla, es también estudiante en la UNAM y vamos juntos todos los días a la universidad en camión.°   *bus (Mex.)*

Aquí en el D.F.° casi nunca salgo para <u>divertirme</u>   *Distrito Federal* porque siempre estoy estudiando. Quiero salir a bailar e ir al cine con mis compañeros de la universidad, pero tengo poco <u>tiempo libre</u> y la tarea es lo más importante. Además, mis tíos no me permiten salir sola ni° llegar tarde a casa. Dicen que solamente   *nor* tengo 18 años y que el D.F. es un lugar peligroso para una mujer joven. Son estrictos, ¿no?

En Morelia —por suerte— todo es diferente. Morelia no es una ciudad tan grande como la capital y, aunque° parezca° extraño, ¡mis padres son mucho   *although / it seems* menos estrictos que mis tíos! Cuando vuelvo a Morelia, durante las vacaciones, nado mucho; también juego al tenis, monto a caballo, bailo y hago muchas cosas más. Tengo muchos primos y amigos y siempre me divierto con ellos.

Preguntas

1. ¿De dónde es Cristina?
2. ¿Dónde y con quién vive?
3. ¿Qué hace Cristina cuando va de vacaciones a Morelia?
4. ¿Por qué no se divierte Cristina en el D.F.?
5. Según Cristina, ¿cuál es la gran diferencia entre Morelia y México?

LOS AMIGOS HISPANOS: *La novia del año*

La boda es una ceremonia especial en el mundo hispano. Estos jóvenes se casan en Cali, Colombia.

© VICTOR ENGLEBERT/PHOTO RESEARCHERS

Todo el mundo está hablando de la boda[1] del año. Es el acontecimiento[2] más comentado en Miami en los últimos meses. La hermosa joven María Luisa Márquez Arce se casa[3] el próximo domingo día 24 con el señor Julio Martínez Delgado, conocido locutor y comentarista de la Cadena SIB aquí en Miami.

Como todo el mundo sabe, la señorita Márquez es hija de la Sra. Irene Arce de Márquez y del Sr. Enrique Márquez, presidente de la compañía de textiles Universal. El señor Martínez Delgado es hijo del Sr. Ramón Martínez y la Sra. Ofelia Delgado de Martínez, comerciantes[4] cubanos residentes en Miami por varios años. La novia está muy ocupada con los preparativos de la boda. «Quiero una ceremonia tradicional», dice la Srta. Márquez, muy entusiasmada. «Mi madrina[5] va a llevar claveles[6] blancos y mi vestido es largo, de encaje[7] blanco, con adornos[8] de flores y una cola[9] muy larga. ¡El pastel[10] de boda va a ser enorme!»

¿Qué dice el afortunado novio? «Estoy muy contento y muy enamorado. Éste es el momento más importante de mi vida». El regalo de bodas[11] de los señores Martínez es un viaje de luna de miel[12] por toda España. ¡Felicitaciones a los novios del año!

---

[1]*wedding* [2]*event* [3]*se… is getting married* [4]*business people* [5]*maid of honor* [6]*carnations* [7]*lace* [8]*decorations* [9]*train* [10]*cake* [11]*regalo… wedding gift* [12]*luna… honeymoon*

Preguntas

1. ¿Dónde va a tener lugar este acontecimiento?
2. ¿Quiénes son los novios? ¿Y las familias de los novios?
3. Describa el vestido de la novia.
4. ¿Cuál es el regalo de bodas de los padres del novio?

NOTA CULTURAL: *El sistema de educación hispano*

Estas niñas son alumnas de un colegio católico en Bahía Blanca, Argentina.

El sistema de educación en el mundo hispánico se divide en tres partes básicas: (1) la educación primaria, (2) la educación secundaria y (3) la educación universitaria.

Para los niños de uno o dos años, existen «guarderías infantiles».° Entre los dos y los cinco años de edad, los niños pueden asistir a una escuela preprimaria o a un «Kínder». La escuela primaria dura seis años, desde los seis años de edad hasta los doce. La educación secundaria consta de tres años. Después, el estudiante asiste a una preparatoria° por tres años si quiere estudiar en la universidad. En la universidad escoge una carrera°—medicina, derecho, economía, ingeniería—y estudia durante cuatro, cinco o seis años en la facultad de su elección.

Existen escuelas públicas, pero mucha gente (especialmente la de las clases media y alta) prefiere las escuelas privadas. Este tipo de escuela se llama «co-

guarderías... day-care centers

prep school

career

legio», por ejemplo, el «Colegio del Sagrado Cora-
zón».° También hay escuelas bilingües donde el   Sagrado... *Sacred Heart*
estudiante aprende inglés, francés o alemán además
de° estudiar su propia lengua, el español.   además... *in addition to*

Preguntas

1. ¿Cuáles son las tres partes del sistema de educación hispano?
2. ¿Cuántos años dura la escuela primaria?
3. ¿Cuál es el requisito (*requirement*) para entrar en la universidad?
4. ¿Cómo se llaman las escuelas privadas?

GRAMÁTICA Y EJERCICIOS

3.1. Describing States: *estar*

Use the verb **estar** (*to be*) to describe how someone is or is feeling at a particular time. Recall the forms of **estar: estoy, estás, está, estamos, están**.

—¿Cómo **estás**? —**Estoy** un poco deprimido.
"How are you?" "I'm a bit depressed."

—¿Cómo **está** José Luis hoy? —**Está** enfermo.
"How is José Luis today?" "He's sick."

—¿Cómo **están** ustedes? —**Estamos** muy bien, gracias.
"How are you?" "We are fine, thank you."

Remember that the verb **ser** (*to be*) is used to identify or describe the characteristics of someone or something, *not* to tell how they are (feeling) at a particular moment.

Alberto **es alto, delgado, joven y muy guapo**.
"Alberto is tall, thin, young, and very handsome."

Hoy **está confundido y cansado**.   *Today he's confused and tired.*

Ejercicio 1

Describa el estado de estas personas.

MODELO: Carmen → Carmen está nerviosa.

1. yo
2. mi primo
3. Luis y yo
4. Nora y Mónica
5. tú (*f.*)

a. está nervioso
b. están deprimidas
c. estoy enojado/a
d. estamos preocupados
e. estás contenta

3.2. Describing States: *tener*

Some states of being are described in Spanish with the verb **tener** (*to have*), although they correspond to the verb *to be* in English. (Recall the forms of **tener: tengo, tienes, tiene, tenemos, tienen**.) Common states expressed with **tener** are **tener hambre** (*to be hungry*), **tener sueño** (*to be sleepy*), **tener sed** (*to be thirsty*), **tener prisa** (*to be in a hurry*), **tener frío** (*to be cold*), **tener calor** (*to be hot*), and **tener miedo** (*to be afraid*).

—Ernesto, ¿cuándo quieres comer? **Tengo** mucha **hambre**.
"Ernesto, when do you want to eat? I'm very hungry."

—Estela, ¿quieren ir al cine tú y Ernesto esta noche? —No, gracias. **Tenemos** mucho **sueño** y queremos acostarnos temprano.
"Estela, do you and Ernesto want to go to the movies tonight?" "No, thanks. We're very sleepy and want to go to bed early."

—Gustavo, ¿**tienes sed**? —Sí, **tengo** mucha **sed**. Vamos a tomar algo.
"Gustavo, are you thirsty?" "Yes, I'm very thirsty. Let's get something to drink (drink something)."

—¿Por qué **tiene prisa** Luis? —Porque su clase empieza a las ocho.
"Why is Luis in a hurry?" "Because his class begins at eight."

Ejercicio 2

Describa el estado de estas personas.

MODELO: La clase empieza a las cuatro. Yo... → Yo tengo prisa.

ESTADOS: tener calor, tener frío, tener hambre, tener prisa, tener sed, tener sueño

1. A las 12:00 del día Margarita...
2. ¿... (tú)? ¿Por qué no llevas un suéter?
3. (Nosotros)... La temperatura está a 45°C hoy.
4. A medianoche yo...
5. Estoy en casa. Son las 8:55 y tengo una clase a las 9:00. Tengo...
6. Hace mucho sol hoy. Gustavo y Ernestito...

3.3. *Ordering Events: Infinitives After Prepositions*

An infinitive (**-ar**, **-er**, **-ir** form) is used after a preposition in Spanish. The usual verb form after prepositions in English is a present participle (*-ing*).

Después de jugar al béisbol, voy a ir a la playa.
After playing baseball, I'm going to go to the beach.

Antes de dormir, quiero terminar mi tarea.
Before going to sleep, I want to finish my homework.

Clarisa y Marisa generalmente estudian **antes de jugar** con sus amigas.
Clarisa and Marisa usually study before playing with their friends.

The contraction **al** (**a** + **el**) followed by an infinitive is equivalent to the English *upon* or *after* (doing something).

Al terminar el programa, vamos a salir.
Upon finishing the program, we are going out.

Al escribir esta composición, voy a acostarme.
After writing this composition, I'm going to bed.

Ejercicio 3

Haga una oración (*sentence*) con **antes de** o **después de** según el contexto.

MODELO: terminar la tarea / ver la televisión   (nosotros) →
Después de terminar la tarea, vemos la televisión.
Antes de ver la televisión, terminamos la tarea.

1. salir para el trabajo / ponerme la ropa   (yo)
2. preparar la comida / hacer la compra   (Estela Ramírez)
3. limpiar la casa / invitar a unos amigos   (Pedro y Margarita Ruiz)
4. ir al trabajo / leer el periódico   (el señor Galván)
5. acostarse / apagar la luz   (Amanda)

3.4. *Reflexive Pronouns with Infinitives and Present Participles*

As you know, reflexive pronouns (**me, te, nos, se**) are placed before most verb forms.

Me baño muy temprano en la mañana.
I take a bath very early in the morning.

The progressive forms and the verb plus infinitive construction offer a choice: the pronoun may be placed before the verb phrase or it may be attached to the infinitive or present participle.

Me voy a afeitar ahora. ⎫
Voy a **afeitarme** ahora. ⎬ *I'm going to shave (myself) now.*

Leticia **se está** mirando en el espejo. ⎫ *Leticia is looking at herself in*
Leticia está **mirándose**[1] en el espejo. ⎬ *the mirror.*

If the infinitive follows a preposition, the pronoun must follow the infinitive and be attached to it.

Después de bañarme, voy a lavarme el pelo.
After taking a bath, I'm going to wash my hair.

Antes de peinarse, Estela va a maquillarse.
Before combing her hair, Estela is going to put on her make-up.

Ejercicio 4

Éstas son las actividades que van a hacer estas personas antes de salir para la universidad. Use el verbo más lógico: **afeitarse, secarse, quitarse, bañarse, lavarse, ponerse.**

1. Gustavo va a _____ con la toalla después de _____.
2. Paula y Andrea quieren _____ los dientes después de desayunar.

---

[1]When a pronoun is attached to a present participle, write an accent on the vowel preceding **-ndo**.

3. Hoy Margarita Ruiz quiere _____ ropa nueva.
4. Después de _____ el saco, Ernesto va a estar listo para cenar.
5. Pedro va a _____ porque tiene mucha barba.

3.5. *Indirect Object Pronouns with Verbs of Reporting*

The indirect object pronouns (**me**, **te**, **nos**, **le**, **les**) are used with verbs of reporting to tell to whom something is said (told, explained, reported, asked, answered, etc.). See 1.1 for an explanation of these same pronouns used with **gustar** (*to like, to be pleasing*).

—¿Qué **les explica** la profesora Martínez? —**Nos explica** el significado de las palabras nuevas.
"What does Professor Martínez explain to you?" "She explains the meaning of new words to us."

Amanda ya no **me habla**.
Amanda doesn't speak to me anymore.

¡Pobre Ernestito! Su mamá siempre **le dice** que no.
Poor little Ernestito! His mother always says "no" to him.

The indirect object pronouns, just like reflexives, are placed before the main verb, or are attached to infinitives (**-ar**, **-er**, **-ir** form) and present participles (**-ndo** form).

—¿Qué **te va** a decir tu papá? —No sé qué va a **decirme**.
"What is your father going to say to you?" "I don't know what he is going to say to me."

Esteban **nos está** leyendo la respuesta.⎤ *Esteban is reading the*
Esteban está **leyéndonos** la respuesta. ⎦ *answer to us.*

When using **le** (*to him, to her, to you*) or **les** (*to them, to you* [*plural*]), it is common to use a phrase with **a** to specify the person (or thing) involved. Spanish requires the pronoun even when the phrase with **a** is used.

—¿**A quién le** escribe Clara la carta? —**Le** escribe la carta **a su amiga Norma**.
"Whom is Clara writing the letter to?" "She's writing the letter to her friend Norma."

Yo siempre **le** aviso **a mi jefe** con tiempo si no voy a trabajar.
I always tell my boss ahead of time if I'm not going to work.

Ejercicio 5. En la clase

Use el pronombre más lógico: **me**, **te**, **nos**, **le**, o **les**.

Yo _____ pregunto a la profesora Martínez qué significa la palabra **enorme**. Ella _____ contesta que significa **muy grande**. Pero yo no oigo bien porque mis compañeros están hablando. Luego ____ pregunto a mis amigos Luis y Alberto si ellos entienden a la profesora Martínez. Ellos ____ dicen que sí y ____ explican que en inglés se dice *enormous*. Yo trato de sacar el diccionario pero la profesora ____ ofrece el diccionario de ella. Mis compañeros ____ indican la página correcta. Yo ____ doy las gracias.

Más tarde yo ____ pregunto si puedes salir esta noche, pero tú ____ dices que tienes mucha tarea. Luego la profesora ____ dice que debemos (*we should*) prestar atención y no hablar en clase.

3.6. Telling Time (Part 2)

In order to indicate time before the hour, use **menos** (*less*), **y** (*and*), **para** (*to, until*), or **faltan** (*are lacking*).

Son las dos menos quince (cuarto).	*It's fifteen to two.*
Es la una y cuarenta y cinco.	*It's one forty-five.*
Son quince para los dos.	*It's a quarter to two.*
Faltan quince para las dos.	

Ejercicio 6

Diga la hora. Use **menos**, **para**, o **faltan**.

1. 11:45	4. 3:40	7. 8:40	9. 7:35
2. 9:35	5. 5:52	8. 2:58	10. 12:45
3. 4:55	6. 10:55		

3.7. Expressing Abilities: *saber* and *poder* + Infinitive

Both **saber** (*to know how to*) and **poder** (**ue**) (*to be able to*) are followed by an infinitive.

—Yo no **puedo escribir** con la mano izquierda. Carmen, ¿**puedes** tú **hacerlo**?
"I can't write with my left hand. Carmen, can you do it?"

—¿**Saben hablar** francés tus hermanos? —Sí, ambos **saben hablar** francés muy bien.
"Do your brothers know how to speak French?" "Yes, both know how to speak French very well."

The present tense forms of **saber** are **sé, sabes, sabe, sabemos, saben**. The present tense forms of **poder** are **puedo, puedes, puede, podemos, pueden**.

The verb **poder** also may indicate permission or potential.

Yo no puedo salir contigo porque tengo que estudiar.
I can't go out with you; I have to study.

—¿Pueden cenar con nosotros? —No, hoy no podemos, pero mañana sí.

"Can you come to dinner with us?" "No, today we can't, but tomorrow we can."

Ejercicio 7

¿Quién puede o sabe hacer estas actividades?

MODELO: sabe hablar francés → Mi padre sabe hablar francés.

1. sabe bucear
2. saben preparar comida china
3. sé tocar el piano
4. puedes jugar al tenis esta tarde
5. podemos estudiar español esta noche si quieres

a. tú
b. Luis
c. nosotros
d. Mónica y Nora
e. yo

PLANES, OBLIGACIONES Y CARRERAS

In **Capítulo cuatro** you will talk about your future plans and obligations—in particular, about your career plans and other job-related topics.

ACTIVIDADES ORALES

LAS CARRERAS, LAS PROFESIONES Y LOS OFICIOS

¡OJO! *Estudie Gramática 4.1.*

el mesero · el médico · el dependiente · el dentista

la piloto · la abogada · la juez · el peluquero

una ama de casa · la obrera · el cocinero · el mecánico

el cajero · la arquitecta · la ingeniera · el maestro

Actividad 1. El lugar de trabajo

¿Dónde trabaja...?

1. una piloto
2. un maestro
3. una peluquera
4. un médico
5. una cajera
6. un dependiente
7. un cantante
8. un cocinero
9. una obrera industrial
10. un mecánico

a. en un restaurante
b. en un avión
c. en su consultorio y en un hospital
d. en una peluquería
e. en una fábrica
f. en un banco
g. en una tienda
h. en una escuela
i. en un club
j. en un taller de reparaciones

Actividad 2. ¿Quién en la clase... ?

Busque la firma de un compañero (una compañera) de clase que...

MODELO: quiere ser asistente de vuelo. →
    —¿Quieres ser asistente de vuelo?
    —Sí.
    —Firma aquí, por favor.

FIRMA

1. estudia medicina. _____
2. quiere ser ingeniero/a. _____
3. trabaja los fines de semana. _____
4. es mesero/a en un restaurante. _____
5. conoce a un(a) piloto. _____
6. trabaja cuarenta horas por semana. _____
7. tiene un abogado (una abogada) en la familia. _____
8. es hijo/a de un(a) dentista. _____
9. quiere ser arquitecto/a. _____
10. es cajero/a. _____

Actividad 3. Entrevista

1. ¿Cuál es tu clase favorita en la universidad?
2. ¿Qué profesión quieres tener?
3. ¿Cuántos años tienes que estudiar para tener esa profesión?
4. ¿Es bueno el sueldo?
5. ¿Es una profesión de mucho prestigio?

LOS PLANES (PARTE 2)

¡OJO! *Estudie Gramática 4.2.*

Voy/Va a	quedarme/se en casa.
Pienso/Piensa	esquiar.
Me/Le gustaría	viajar.
Quisiera	ganar mucho dinero.
Tengo/Tiene ganas de	tomar un refresco.

—Vamos a ir a esquiar en diciembre.

Adriana piensa quedarse en casa el sábado.

—Nos gustaría viajar a Europa.

—Quisiera ganar mucho dinero.

—Tengo ganas de tomar un refresco.

Actividad 4. Las preferencias

Diga sí o no.

1. El sábado en la noche pienso
   a. salir con los amigos.
   b. ir al cine.
   c. quedarme en casa.
   d. ¿——?
2. Este fin de semana voy a
   a. levantarme tarde.
   b. dormir todo el día.
   c. limpiar la casa.
   d. ¿——?
3. Este fin de semana mi padre tiene ganas de
   a. acostarse tarde.
   b. trabajar en el jardín.

    c. merendar con la familia.

    d. ¿____?

4. Durante las vacaciones mis hermanos quisieran

    a. estudiar leyes.

    b. divertirse mucho.

    c. leer varias novelas de amor.

    d. ¿____?

5. El verano próximo a mi amigo/a le gustaría

    a. trabajar de mesero/a en un restaurante.

    b. viajar a España.

    c. tomar una clase de fotografía.

    d. ¿____?

Actividad 5. Los planes de Silvia y Angélica

Busque el orden correcto.

___5___ —No, a mí no me gusta Julio Iglesias. Prefiero ir al cine. ¡Que se diviertan!

___3___ —Voy a ir al cine con Carlos. ¿Tienes planes tú?

___2___ —¡Angélica! ¡Qué gusto de verte! ¿Qué vas a hacer este fin de semana?

___4___ —Sí, mi prima Teresa y yo pensamos ir al concierto de Julio Iglesias el viernes en la noche. ¿Tú no vas?

___1___ —¡Hola, Silvia!

Actividad 6. Entrevista

¿Qué quisieras hacer...

1. el viernes por la noche?
2. el sábado?
3. el domingo?
4. durante las próximas vacaciones?
5. en el verano?
6. el día de tu cumpleaños?

EN EL PERIÓDICO: *Un viaje de estudios*

El joven Ricardo Sícora Martín va a viajar a España en agosto de este año para comenzar su carrera de derecho internacional en la Universidad Complutense de Madrid. Ricardo es hijo de los Sres. Sícora, respetados comerciantes argentinos radicados[1] en Caracas. Después de considerar varias áreas de estudio, como la medicina, la ingeniería y la arquitectura, el joven Sícora escogió[2] la carrera de leyes porque, como él mismo dice, «va muy bien con mi personalidad».

Los Sres. Sícora y su hijo piensan viajar por toda la Península Ibérica[3] durante el mes de agosto, para luego regresar a Caracas, dejando[4] a Ricardo en España para comenzar su carrera universitaria.

Le deseamos muy buena suerte y una carrera productiva al futuro abogado.

---

[1]*living* [2]*chose* [3]*Península... Iberian Peninsula* [4]*leaving*

Preguntas

1. ¿Qué va a hacer Ricardo en agosto de este año?
2. ¿Por qué quiere Ricardo seguir la carrera de leyes?
3. ¿Cuáles son los planes de la familia Sícora para el verano?

LAS OBLIGACIONES Y LOS DEBERES

¡OJO! *Estudie Gramática 4.3.*

Tengo/Tiene que	repasar la lección.
Debo/Debe	estudiar más.
Necesito/Necesita	limpiar la casa.
Es necesario	consultar al dentista.
Hay que	tomar vitaminas.

Es necesario consultar
al dentista una vez al
año.

Los señores Ruiz necesitan limpiar
la casa.

Hay que tomar
vitaminas todos los
días.

Gustavo debe estudiar
más.

—Tengo que repasar
mis apuntes.

Actividad 7. Los deberes

En la vida hay cosas que tenemos que hacer. Considere estas actividades y decida si...

    a. tiene que hacerlo y además le gusta hacerlo.
    b. tiene que hacerlo pero no le gusta hacerlo.
    c. no lo hace nunca.

    1. lavar el carro
    2. estudiar
    3. lavar la ropa
    4. cocinar
    5. cuidar el jardín

    6. tomar vitaminas
    7. pagar impuestos
    8. manejar un carro
    9. visitar a los parientes
   10. consultar al dentista

Actividad 8. Diálogo abierto: El fin de semana

E1: ¿Qué vas a hacer durante el fin de semana?
E2: Pienso _____.
E1: ¡Qué divertido! Me gustaría _____ también pero yo tengo que _____.
E2: Yo debo _____, pero de todos modos voy a _____.

HOMBRES DE BOLSILLO BY QUINO. EDITORIAL LUMEN, BARCELONA, 17, SPAIN, 1977.

LAS ACTIVIDADES RELACIONADAS CON EL TRABAJO

¡OJO! *Estudie Gramática 4.4.*

este	ese	aquel
esta	esa	aquella
estos	esos	aquellos
estas	esas	aquellas

Aquella secretaria habla con la jefa.

Ese secretario lee el periódico.

(la jefa)

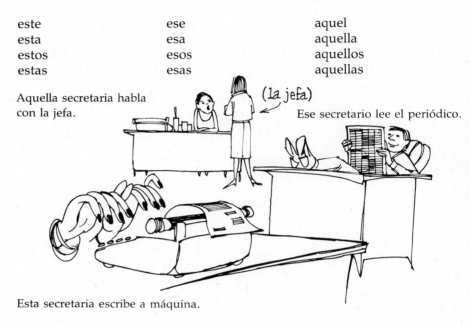

Esta secretaria escribe a máquina.

recepcionista / contestar el teléfono

chofer / manejar el autobús

mesero / servir la comida

enfermera / cuidar a los enfermos

cocinero / preparar la comida

mecánico / reparar el automóvil

Actividad 9. Definiciones

Nombre la profesión correcta.

1. Ese señor enseña en una escuela. Es _____.
2. Esta señora trabaja en un hospital, receta medicinas y examina a los pacientes. Es _____.
3. Este señor conduce un avión. Es _____.
4. Ese señor es la persona que recibe el dinero en un restaurante. Es _____.
5. Esa señorita hace planos para construir casas y edificios. Es _____.
6. Esta señora atiende a las personas que tienen problemas con la ley. Es _____.
7. Esa señorita ayuda a los médicos en un hospital y lleva un uniforme blanco. Es _____.
8. Aquel señor trabaja en un taller y repara automóviles. Es _____.
9. Este señor escribe novelas. Es _____.
10. Este señor cura los animales. Es _____.
11. Aquel señor corta el pelo. Es _____.

Actividad 10. Diálogo abierto: Mi trabajo

E1: ¿Tienes empleo ahora?
E2: Sí, trabajo en _____.
E1: ¿Qué haces allí?
E2: Yo tengo que _____ y _____.
E1: ¿Tienes que trabajar esta (mañana, tarde, noche) (este verano)?
E2: Sí. (No, pero _____.)

Actividad 11. Entrevista: El trabajo

1. ¿Dónde trabajas? ¿Vives lejos de tu trabajo?
2. ¿Cuánto tiempo tardas en ir de tu casa a tu trabajo?
3. ¿A qué hora entras al trabajo? ¿A qué hora sales?
4. ¿Te gustan tus horas de trabajo? ¿A qué hora prefieres empezar a trabajar?
5. ¿Es tu trabajo de «jornada completa» o «jornada parcial»? ¿Cuál prefieres? ¿Por qué?
6. ¿Qué haces en tu trabajo?
7. ¿Haces diferentes actividades en tu trabajo?
8. De todas las actividades del trabajo, ¿cuál te gusta más? ¿Por qué?
9. ¿Hay aspectos desagradables en tu trabajo? ¿Cuáles son?
10. ¿Qué trabajo te gustaría hacer? ¿Por qué?

Actividad 12. Un juego

Busque la profesión de cada persona.

Hay tres parejas: los Hurtado, Jaime y Ana
los Pérez, Hugo y Cecilia
los Salinas, Alejandro y Olivia

Hay seis profesiones: doctor(a)   maestro/a
dentista   secretario/a
ingeniero/a   abogado/a

LA INFORMACIÓN

1. Ana trabaja en un hospital pero no es doctora.
2. El esposo de la abogada es ingeniero.
3. La secretaria está casada con un doctor.
4. El esposo de la dentista trabaja en una escuela.
5. Jaime trabaja con enfermeras.
6. Alejandro enseña matemáticas.

Actividad 13. Anuncios comerciales: Buscando empleo

Busque la información en el anuncio.

Se necesita cocinero/a con experiencia en comida mexicana. Venga personalmente a la Calle Obregón 838.

Bar «Noche de Ronda» necesita: Meseras/os para atender mesas. Sueldo y comisión. Si le interesa, favor de llamar al 45-67-94.

Secretaria/o con tres años de experiencia. Algo de inglés y que escriba a máquina mínimo 50 ppm, para trabajo estable de oficina cerca del centro. Llame sólo de 5 a 7 P.M. 58-03-49.

Guardia h/m. Para trabajo de noche, 4 días a la semana. Llame al 49-05-34.

Chofer h/m. Con experiencia. Debe hablar inglés. Compañía «Transportes El Blanco» en Coyoacán. 67-45-93.

Carpintero h/m. Con experiencia en todo tipo de muebles. Llame de 9-11 A.M. al Sr. Varniz. 80-34-76.

Atención: Compañía necesita varias personas bilingües para sus oficinas en Laredo y Ciudad Juárez. Llame al 56-94-93 o al 93-57-00 desde las 10 hasta las 2.

Taller de reparaciones busca mecánico con experiencia. Cinco días por semana. Buen sueldo. 56-94-83.

1. ¿Qué tienen que hacer las personas que trabajan en el bar «Noche de Ronda»?
2. ¿Qué habilidad tiene que tener el chofer?

3. Si usted busca el trabajo de secretario, ¿qué experiencia necesita tener?
4. Si usted sabe hacer muebles, ¿a quién debe llamar?
5. ¿Qué tiene que saber hacer el cocinero?
6. ¿Es necesario ser hombre para obtener el trabajo de guardia?
7. ¿Qué compañía necesita personas que hablan español e inglés?
8. Si usted sabe reparar coches, ¿a qué número debe llamar?

EL TIEMPO, EL CLIMA Y LAS ESTACIONES

¡OJO! *Estudie Gramática 4.5.*

Actividad 14. Interacción: «¿A cuánto está la temperatura?»

CIUDAD	DÍA/MES	TEMPERATURA
San Francisco	5/I	5° C
Londres	30/VI	15° C
Lima	20/XII	23° C
San Juan, P.R.	15/VII	37° C
Buenos Aires	3/VIII	2° C
Nueva York	3/X	11° C

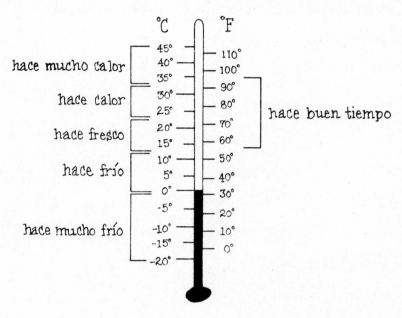

E1: ¿Dónde estás?
E2: Estoy en _____.
E1: ¿Qué día es hoy?
E2: Es el _____ de _____.
E1: ¿Qué tiempo hace?
E2: Hace _____.

Actividad 15. Entrevista: Mis actividades y el tiempo

1. ¿Qué te gusta hacer cuando hace _____?   (calor, frío, sol, viento, mal tiempo)
2. ¿Qué haces cuando _____?   (llueve, nieva, hace buen tiempo, hay relámpagos y truenos)
3. ¿Qué estación prefieres? ¿Por qué?
4. ¿Qué te gusta hacer en el verano?
5. ¿Qué tiempo hace en el invierno?
6. ¿Qué te gusta más de la primavera?
7. ¿Es bonito el otoño en tu ciudad?
8. ¿Qué ropa necesitas llevar cuando _____?   (llueve, hace mucho frío, nieva, hace viento)

Actividad 16. El pronóstico del tiempo

Busque la información en el siguiente anuncio de un periódico de Tampico, México.

LA TEMPERATURA DE LA SEMANA:
TAMPICO

LUNES. Se anticipa un día de calor con una temperatura máxima de 30° C (grados centígrados) y una mínima de 18° C.

MARTES. Neblina por la costa en la mañana pero se anticipa un día de mucho calor. La temperatura máxima va a llegar a 35° C. En la noche la temperatura va a bajar a 20° C.

MIÉRCOLES. Se pronostica un día fresco parcialmente nublado. La temperatura máxima durante el día será de 22° C y la mínima esta noche será de 14° C.

JUEVES. Un día soleado pero va a hacer más frío que ayer. Temperatura máxima de 19° C, mínima de 15° C.

1. ¿Qué día va a ser el más caluroso?
2. ¿Cuál va a ser la noche más fría?
3. ¿Va a llover esta semana?
4. ¿Qué día va a estar nublado?
5. ¿Va a haber neblina? ¿Dónde? ¿Qué día?

LOS DÍAS FERIADOS Y LAS CELEBRACIONES

Actividad 17. Definiciones: «¿Qué día es?»

1. Generalmente hay regalos y un pastel cuando uno celebra su _____.
2. En México se celebra el 16 de septiembre; en Argentina es el 9 de julio; en los Estados Unidos es el 4 de julio. Es el _____.
3. Es un día muy popular entre los jóvenes. Dan muchas fiestas y hay decoraciones rojas y blancas con corazones. Es el _____.
4. El _____ es un día de fiesta en los Estados Unidos. Las familias se reúnen y preparan una comida abundante.
5. Es una fiesta religiosa. En los Estados Unidos los niños reciben muchos dulces, especialmente de chocolate. También, todos llevan ropa nueva. Es la _____.
6. Los hispanos celebran este día más que los norteamericanos. Es el día antes de la Navidad, _____.
7. El _____ es un día especial para recordar a nuestro padre y expresarle nuestro amor con un regalo.

8. Mucha gente sale de vacaciones durante esta semana. Es la semana antes del Domingo de Pascua. Las personas religiosas, especialmente en España y en Latinoamérica, asisten a varias ceremonias en las iglesias. Es la _____.

9. Mucha gente le da la bienvenida a este primer día de enero con bailes y fiestas muy alegres. Llevan gorros de papel, y esperan las doce de la noche con impaciencia. Es el _____.

Actividad 18. Entrevista: Los días feriados

1. ¿Qué aspecto de la Navidad te gusta más? ¿Qué aspecto te gusta menos?
2. ¿Viajas mucho durante la Semana Santa?
3. ¿Cuál es la fecha del Día de la Independencia de los Estados Unidos?
4. ¿Sabes la fecha del Día de la Independencia de algún país hispano?
5. ¿Qué haces con tu familia el Día de Acción de Gracias?
6. ¿Qué otras fiestas celebras con tu familia? ¿Qué hacen para celebrar esas fiestas?

NOTA CULTURAL: Los días feriados

Los mexicanos veneran a la Virgen de Guadalupe. Esta basílica es un santuario muy moderno.

© PETER MENZEL

Los días feriados hispanos más importantes coinciden con dos fiestas° religiosas: la Semana Santa y las Navidades. La Semana Santa es la semana antes del Domingo de Pascua, el día de la Resurrección de Jesucristo. Durante estas fiestas, muchas personas visitan iglesias o catedrales. Otras simplemente aprovechan° la semana para estar con sus familiares y amigos, para ir a la playa o para acampar en las montañas.

celebrations

take advantage of

Las Navidades duran desde el 24 de diciembre, la Nochebuena, hasta el 6 de enero, la fiesta de los Reyes Magos.° La familia se reúne para cenar durante la Nochebuena. El 25 es el día en que se celebra el nacimiento de Jesucristo. En algunos países hispanos ya es costumbre ahora intercambiar regalos este día. Pero muchos esperan todavía hasta el 6, día en que los Reyes Magos le ofrecen sus regalos al Niño Jesús.

los... the Three Wise Men

Preguntas

1. ¿Cuáles son los días feriados más importantes en los países hispanos?
2. ¿Qué hacen muchas personas religiosas durante la Semana Santa?
3. ¿Qué se celebra el día 6 de enero? ¿Por qué intercambian algunos hispanos sus regalos ese día?

Vocabulario

PROFESIONES Y OFICIOS Professions and trades

el/la abogado/a	lawyer	**el/la escritor(a)**	writer
el actor	actor	**el/la guardia**	guard
el ama de casa	housewife	**el/la ingeniero/a**	engineer
el/la arquitecto/a	architect	**el/la juez**	judge
el/la asistente de vuelo	flight attendant	**el/la mecánico/a**	mechanic
el/la cajero/a	cashier; teller	**el/la médico**	doctor, physician
el/la cantante	singer	**el/la mesero/a**	waiter/waitress
el/la carpintero/a	carpenter	**el/la obrero/a**	worker
el/la cocinero/a	cook; chef	**el/la peluquero/a**	hairdresser/barber
el/la chofer	driver	**el/la piloto**	pilot
el/la dentista	dentist	**el/la veterinario/a**	veterinarian
el/la enfermero/a	nurse		

REPASO: la actriz, el/la dependiente, el/la doctor(a), el/la maestro/a, el/la profesor(a), el/la recepcionista, el/la secretario/a

LAS PREFERENCIAS Y LOS DESEOS Preferences and wishes

desear	to wish; to want	**pensar (ie)**	to plan, intend to
me (le) gustaría	I (he/she/you) would like to	**pienso/piensa**	
		quisiera	I (he/she/you) would like to

REPASO: preferir (ie), querer (ie), tener ganas de

LAS OBLIGACIONES Y LOS DEBERES Obligations and duties

deber	ought, must, should	**tener que**	to have to
hay que	one has to, must	**tengo/tiene**	

REPASO: es necesario, necesitar

LOS VERBOS Verbs

atender (ie)	to assist (*a client, patient*)	intercambiar	to exchange
atiendo/atiende		pagar	to pay
celebrar	to celebrate	recetar	to prescribe (*medicine*)
comenzar (ie)	to begin	recordar (ue)	to remember
comienzo/comienza		recuerdo/recuerda	
conducir	to drive	reunirse	to get together, meet
conduzco/conduce		me reúno/se reúne	
consultar con	to consult with, go to (*the doctor*)	seguir (i) una carrera	to follow a career
		sigo/sigue	
cortar	to cut	servir (i)	to serve
cuidar	to take care of	sirvo/sirve	
divertirse (ie)	to have fun	tardar (tiempo) en	to take (time) to
me divierto/ se divierte		trabajar de	to work as (a)

PALABRAS SEMEJANTES: coincidir, construir, curar, decidir, examinar, expresar

EL CLIMA Climate

¿A cuánto está la temperatura?	What is the temperature?	el máximo	maximum
		el mínimo	minimum
anticipar	to expect, anticipate	la neblina	fog
se anticipa que	it is expected that	nevar (ie)	to snow
caluroso/a	hot	nieva	
Celsio, Celsius	Celsius	las nubes	clouds
centígrado	centigrade	nublado/a	cloudy
el ciclón	cyclone	parcialmente	partially
despejado/a	clear (*skies*)	pronosticar	to forecast
la escarcha	frost	se pronostica que	the forecast tells us that
el grado	degree (*of temperature*)	el pronóstico	forecast
la humedad	humidity	el relámpago	lightning
el huracán	hurricane	el rocío	dew
llover (ue)	to rain	soleado/a	sunny
llueve		el termómetro	thermometer
la llovizna	drizzle	la tormenta	storm
lloviznar	to drizzle	el tornado	tornado
la lluvia	rain	el trueno	thunder

LOS DÍAS FERIADOS Y LAS CELEBRACIONES Holidays and celebrations

el Año Nuevo	New Year's	el Día de los Padres	Father's Day
el Día de (Acción de) Gracias	Thanksgiving	el día del santo	saint's day
		el Domingo de Pascua	Easter Sunday
el Día de la Independencia	Independence Day	la(s) Navidad(es)	Christmas
		la Nochebuena	Christmas Eve
el Día de las Madres	Mother's Day	la Semana Santa	Holy Week
el Día de los Enamorados	Valentine's Day		

LOS SUSTANTIVOS Nouns

el amor	love		la jornada	work day
el avión	airplane		completa	full-time
la bienvenida	welcome		parcial	part-time
la compañía	company		el/la joven	young person
el concierto	concert		la ley	law
el consultorio	(doctor's) office		los muebles	furniture
el corazón	heart		la pareja	pair, couple (*people*)
la costa	coast		el pastel	cake
la costumbre	custom, habit		la peluquería	barber shop, beauty salon
los dulces	candy		el plano	blueprint
el empleo	job, work		el regalo	gift
los familiares	family members		la reparación	repair
el gorro	hat, cap		el sueldo	salary
el impuesto	tax		el taller	workshop
el/la jefe/a	boss			

PALABRAS SEMEJANTES: el animal, el área, el aspecto, el banco, la ceremonia, la decoración, la experiencia, la impaciencia, el/la paciente, el prestigio, el uniforme, la vitamina

LOS ADJETIVOS Adjectives

desagradable unpleasant   **respetado/a** respected

PALABRAS SEMEJANTES: abundante, futuro/a, importante, industrial, internacional, popular, religioso/a

PALABRAS Y EXPRESIONES ÚTILES Useful words and expressions

además	besides		lejos	far
aquel, aquella/os/as	that/those		¡Qué divertido/a!	What fun!
ayer	yesterday		¡Que se divierta(n)!	Have fun! (*formal*)
de todos modos	anyway		¡Que te diviertas!	Have fun! (*informal*)
especialmente	especially		será	will be
haber	to be			
hay	there is, are			

LECTURAS ADICIONALES

LOS AMIGOS HISPANOS: Bachiller por fin

Es un día muy especial cuando el estudiante hispano recibe el bachillerato. Aquí, una chica colombiana recibe su título.

© TAURUS PHOTOS

Soy Ricardo Sícora. Soy venezolano y vivo en Caracas, Venezuela. Hoy es un día especial para mí porque recibo mi título de bachillerato° después de tres años de estudios. Ahora mismo estoy sentado en el salón principal de mi colegio con mis compañeros de clase.

    —¡Ricardo Sícora! —me llama el señor director. Yo me acerco.° Él me entrega un diploma.

    —Felicitaciones, joven. Es usted ahora un señor bachiller.

    —Muchas gracias, Sr. Director.

    Después de la ceremonia todos me felicitan.° Regreso a casa con mi familia y allí hay una gran fiesta. Vienen parientes, amigos y vecinos. Todos están orgullosos° de mí. ¡Bachiller por fin! Pero pronto llegan las preguntas:

título... *high school diploma*

Yo... *I draw near.*

me... *congratulate me*

proud

—Y ahora, Ricardo, ¿qué planes tienes?

—¿Qué vas a hacer ahora? ¿Vas a viajar?

—¿Vas a trabajar?... ¿En qué?

—¿Vas a seguir estudiando?

Yo respondo a todos que no sé. No tengo planes definitivos. Tengo muchos sueños,° eso sí. Y mientras todos comen, y beben, y conversan y me felicitan, yo sueño despierto°...

dreams

yo... I daydream

«Posiblemente voy a hacer un largo viaje por todo el mundo. Voy a quedarme en los mejores hoteles y a comer en los restaurantes más lujosos.° ¡Qué vida! Noches de teatro, de cine, de bailes, de amigas... Tal vez° voy a firmar un contrato con una gran compañía para el puesto° de presidente, y si no está disponible° ese puesto, entonces el de vicepresidente está bien... Mejor todavía: voy a alejarme° del mundo, irme a una isla deshabitada con mi novia y construir nuestra propia casa en un árbol... »

luxurious

Tal... Perhaps
job / available

distance myself

Sueños, sueños, sueños...

—Ricardo, hijo —me habla mi padre. Vas a continuar estudiando, ¿verdad?

—Sí, papá. Creo que voy a continuar...

—Entonces, ¿qué te parece la carrera de arquitecto?

—No, creo que no. Ya sabes que no soy muy bueno para construir cosas.

—Entonces, ¿medicina?

—No me gusta ver sangre.°

blood

—¿Y la literatura? ¿Profesor de literatura?

—Me aburre° la literatura, papá.

bores

—Bueno, bueno, hijo. ¿Qué te parece° la carrera de derecho?

¿Qué... What do you think (about) . . . ?

—Papá, ¿por qué no celebramos hoy y mañana hablamos seriamente sobre mi futuro? ¿Te parece?

Preguntas

1. ¿Qué recibe Ricardo hoy?
2. ¿Qué celebran en su casa?
3. ¿Qué le preguntan todos a Ricardo?
4. ¿Cuáles son algunos de los sueños de Ricardo?
5. ¿Qué carreras sugiere (*suggests*) su padre?
6. ¿Qué decide hacer Ricardo?

TELENOVELA: *¡Espera, Daniel, espera!*

*La filmación de una
telenovela en Puerto
Rico.*

© PETER MENZEL

Olivia Benítez es una mujer joven. Tiene veintidós
años y vive con sus padres y sus hermanos en la
ciudad de México. Olivia es actriz. Tiene un papel°   *role*
importante en una telenovela mexicana muy popular,
«Entre amigos».

    Olivia trabaja constantemente y en su tiempo libre
toma clases de baile y de canto. Su historia es la
misma de muchas «aspirantes a estrellas»° que   *aspirantes… aspiring
sueñan con grandes papeles y con ver su nombre en   actresses*
luces de neón a la entrada de teatros y cines. Pero
Olivia, en realidad, tiene muchas cosas a su favor:
además de tener talento artístico, es hermosa, sociable, trabajadora y constante. Siempre está contenta y
entusiasmada con sus muchas actividades y, por
suerte,° tiene buena salud.°   *por… luckily / health*

    Hoy Olivia está un poco preocupada y nerviosa
porque esta noche tiene una prueba° cinematográfica.   *test*
Se trata de° una película mexicana que va a ser fil-   *Se… It has to do with*
mada parcialmente en España. Por eso hoy no va a
asistir a sus clases, para no estar cansada en la
actuación° de la noche. Prefiere quedarse en casa,   *performance*
descansar, comer bien y leer alguna novela inte-
resante. Dos horas antes de la prueba va a repasar el
texto que tiene que decir.

En la escena que tiene que hacer para la prueba, Olivia está con un amigo—llamado Daniel en la película—en un parque de recreo.° Los dos están montados° en «La Estrella».° Él está un poco mareado° y asustado.° Tiene miedo de la altura.° Ella está contenta porque le gusta estar con Daniel. Cuando la estrella por fin° para,° ¡Daniel tiene que correr al baño! Entonces Olivia dice sus palabras: «¡Espera! ¡Espera, Daniel! ¡Espera!»

recreation

seated / name of a ferris wheel
dizzy / frightened / height
por... finally / stops

Preguntas

1. ¿Quién es Olivia Benítez?
2. ¿Por qué está preocupada hoy?
3. ¿Qué piensa hacer Olivia antes de su prueba?
4. ¿Dónde tiene lugar la escena?
5. ¿Qué pasa cuando para «La Estrella»?
6. ¿Adónde va Daniel?

NOTA CULTURAL: *Las estaciones y el clima*

En Bolivia el clima depende de la altura. El Lago (lake) Titicaca está a 3850 metros sobre el nivel (level) del mar. La temperatura media aquí es de 10 centígrados. El Lago Titicaca es el lago navegable más alto del mundo.

© PETER MENZEL

El clima de un lugar depende de varios factores. En primer lugar es importante su relación con el ecuador.° Los países hispanos al norte de la línea ecuatorial, como España, México, Colombia y los países de la América Central y del Caribe, tienen invierno desde el 21 de diciembre hasta el 21 de marzo. En cambio,° en los países hispanos al sur de la línea ecuatorial—Ecuador, Perú, Bolivia, Chile, Argentina, Paraguay y Uruguay—comienza el invierno el 21 de junio y dura hasta el 21 de septiembre. Al norte, la

equator

En... On the other hand

Navidad se asocia con el invierno; al sur, con el verano.

Las estaciones de invierno y de verano no siempre se asocian° con el frío o el calor. En muchas zonas el clima está determinado por otros factores, la altura° sobre el nivel de mar,° por ejemplo. La línea ecuatorial cruza el país de Ecuador, pero en las montañas altas, el clima es frío.

se... are associated
height
nivel... sea level

En algunos países hay solamente dos estaciones: la estación de las lluvias y la estación seca. En la ciudad de Guatemala, por ejemplo, normalmente no llueve en los meses de noviembre a abril. Por su altura (aproximadamente 1500 metros) hace fresco en las noches y sol durante el día. En los meses de lluvia, de mayo a octubre, puede hacer buen tiempo en la mañana y llover por una o dos horas en la tarde. Muchos llaman a Guatemala «la tierra de la eterna° primavera».

eternal

Preguntas

1. ¿Durante qué meses tienen invierno los países hispanos al norte del ecuador?
2. ¿Cuáles son los meses de invierno en países como Perú, Bolivia y Argentina?
3. ¿Cuáles son algunos de los factores que determinan el clima de una zona?
4. En algunos países solamente hay dos estaciones. ¿Cuándo tienen estas estaciones?
5. ¿Qué tiempo puede hacer durante los meses de lluvia en Guatemala?

NOTA CULTURAL: Las posadas

Raúl Saucedo es un joven mexicano que estudia en la Universidad de Texas en San Antonio. Un día después de los exámenes finales Raúl invita a su amigo Steve Brown (Esteban) a pasar las vacaciones de Navidad en Arenal, con su familia. Raúl le explica que podrían° ver «las posadas», una fiesta religiosa muy popular en México.

they would be able to

—Mira, es una fiesta que empieza el 16 de diciembre y dura nueve días. Al final de «las posadas» hay un baile. Primero los peregrinos° —la Virgen° y San José— van de puerta en puerta... como lo hicieron los padres de Jesucristo...

pilgrims / Virgin Mary

—¿De puerta en puerta por la vecindad?°

neighborhood

—O en la misma casa. Piden° permiso para pasar allí la noche. La respuesta es «no» en varias puertas. Por fin en una, los reciben.° Entonces la gente reza° el rosario y luego se divierte. Hay comida deliciosa como tamales y buñuelos°... Esteban, tienes que venir conmigo. No vamos a gastar mucho dinero. Podemos quedarnos en casa de mi abuela. ¿Te acuerdas de ella?

They ask

los... they let them in / pray

sweet fritters

—¡Claro! Es simpática y baila estupendamente.

—Sí. No hay persona más alegre en las fiestas. Me gusta mucho pasar las Navidades con ella. Siempre canta villancicos° y prepara turrón,° rompope,° buñuelos, todas esas cosas ricas. Tú sabes, mi abuela es una mujer muy moderna, pero en esos días es la más tradicional de las abuelas mexicanas. ¿Qué dices? ¿Aceptas la invitación?

Christmas carols / nougat candy / egg nog

—¡Claro!

© PETER MENZEL/STOCK, BOSTON

¿Cierto o falso?

1. «Las posadas» es una fiesta religiosa de España.
2. El Niño Jesús va de puerta en puerta.
3. Cuando reciben a la Virgen y San José en una casa, hay una celebración.
4. A la abuela de Raúl no le gusta divertirse en las fiestas.
5. Los buñuelos y el turrón son postres (*desserts*) navideños.
6. Esteban tiene ganas de asistir a las posadas.

GRAMÁTICA Y EJERCICIOS

4.1. Professions and Occupations: *ser* + *Noun*

Use the verb **ser** (*to be*) to express someone's profession.

—¿Es usted maestro? —Sí, **soy maestro** de primaria.
"Are you a teacher?" "Yes, I am a primary school teacher."

Names of professions are generally preceded by the indefinite article (*a, an*) in English. **Un** and **una** are not used in Spanish unless the name of the profession is modified by an adjective.

Mariana va a **ser enfermera**.
Mariana is going to be a nurse.

El doctor Martínez **es un buen médico**.
Dr. Martínez is a good doctor.

Ejercicio 1

Identifique la profesión de estas personas.

MODELO: Jorge y Enrique → Jorge y Enrique son pilotos.

1. Julio Iglesias
2. Fernando Valenzuela
3. Shakespeare y Cervantes
4. Julia Child
5. Meryl Streep

a. escritores
b. atleta
c. cocinera
d. actriz
e. cantante

4.2. Plans (Part 2): *pensar, ir a, quisiera, me gustaría, tener ganas de* +*Infinitive*

There are many ways of talking about future actions in Spanish. The verbs **pensar** (**ie**) (*to think, plan on*) and **ir** (*to go*) are very commonly used with infinitives to indicate future actions. The infinitive follows **pensar** directly, but after the verb **ir**, the preposition **a** is used before the infinitive. Recall that the present tense forms of the verb **pensar** are **pienso, piensas, piensa, pensamos, piensan**.

—¿Qué **piensan hacer** durante las vacaciones? —**Pensamos viajar** a Europa.
"What are you planning to do during vacation?" "We're planning on traveling to Europe."

—¿**Vas a salir** con nosotros esta noche? —No, **voy a quedarme** en casa para estudiar.
"Are you going to go out with us tonight?" "No, I'm going to stay at home to study."

When not followed by an infinitive, **pensar** usually expresses *to think*: **pensar que** (*to think that*), **pensar de** (*to think about, have an opinion of*), **pensar en** (*to think about, have one's thoughts on*).

—¿Qué **piensas del** nuevo plan? —**Pienso que** es muy bueno.
"What do you think about the new plan?" "I think that it's very good."

—¿**Piensas** mucho **en** María? —No, **pienso en** ella solamente de vez en cuando.
"Do you often think about María?" "No, I think about her only from time to time."

Quisiera and **me (le) gustaría** are also frequently used to indicate future desires, especially those that are more speculative or unlikely to occur. Both forms are equivalent to English *would like*. Neither has an *I*-form ending in **-o**.

(yo) quisiera	me gustaría	*I would like*
(tú) quisieras	te gustaría	*you would like*
(usted, él/ella) quisiera	le gustaría	*you, he, she, it would like*
(nosotros/as) quisiéramos	nos gustaría	*we would like*
(ustedes, ellos/as) quisieran	les gustaría	*you (pl.), they would like*

Quisiéramos viajar este verano si tenemos tiempo.
We would like to travel this summer if we have time.

A mi esposa **le gustaría viajar** a España.
My wife would like to travel to Spain.

Estoy cansado; **quisiera descansar** un poco.
I'm tired; I would like to rest a while.

Tener ganas de (*to feel like [doing something]*) is also followed by an infinitive.

Tenemos ganas de quedarnos en casa esta noche.
We feel like staying home tonight.

Ejercicio 2

Éstos son los planes y los deseos de usted, su familia y sus amigos. Complete las oraciones con **le gustaría**, **quisiéramos**, **nos gustaría**, **te gustaría**, **piensa**, **tengo ganas**, **tienes ganas**, **pienso** o **piensan**.

1. A Adriana _____ viajar durante sus vacaciones.
2. (Nosotros) _____ ver la película pero no tenemos tiempo.

3. Yo _____ descansar este fin de semana.
4. ¿_____ de tomar un refresco?
5. A nosotros _____ quedarnos en casa para ver la televisión.
6. Pedro _____ esquiar mucho este invierno.
7. Yo _____ de salir a pasear por el centro esta noche.
8. ¿A ti _____ aprender a bucear?
9. Esteban, Luis y Nora _____ hacer un viaje a México este verano.

4.3. Expressing Obligation and Duty

The verbs **tener que** (*to have to*), **deber** (*should, ought to*), **necesitar** (*to need*), and the impersonal expressions **hay que** (*one must*) and **es necesario** (*it is necessary*) are all followed by the infinitive.

—¿A qué hora **tenemos que estar** en el teatro? —A las nueve.
"What time do we have to be at the theater?" "At nine."

Esteban **necesita estudiar** más, pero **debemos terminar** muy pronto.
Esteban needs to study more, but we should finish soon.

Hay que lavar un carro nuevo frecuentemente.
One should (must) wash a new car frequently.

Es necesario terminar la tarea esta noche porque mañana no tenemos tiempo.
It is necessary to finish the homework tonight because tomorrow we won't have time.

Ejercicio 3

Éstas son las necesidades y obligaciones que tienen usted y sus amigos. Complete las oraciones lógicamente con **debe**, **tengo que**, **necesitan**, **tienes que** o **debemos**.

1. _____ estudiar esta noche porque tengo un examen mañana.
2. Raúl _____ escuchar al profesor con mucho cuidado (*carefully*) porque no comprende nada.
3. (Nosotros) _____ ayudar a mamá porque está muy cansada.
4. Inés y Gabriela _____ comprar un regalo para mamá.
5. _____ ir a la fiesta porque todos tus amigos van a estar allí.

4.4. Demonstratives

Demonstratives are used to point out things or people.

Tengo que terminar **esta lección** primero.
I have to finish this lesson first.

Esos tres **muchachos** quieren ser médicos.
Those three boys want to be doctors.

A demonstrative must agree in gender and number with the noun it modifies.

AQUÍ (ACÁ)

este libro	*this book*	estos pantalones	*these pants*
esta señora	*this lady*	estas casas	*these houses*

ALLÍ (ALLÁ)

ese libro	*that book*	esos pantalones	*those pants*
esa señora	*that lady*	esas casas	*those houses*

—Amanda, ¿no te gusta más **esta blusa**? —No, prefiero **esa blusa** roja.
"Amanda, don't you like this blouse more?" "No, I prefer that red blouse."

—**Estos pantalones** son nuevos. ¿Te gustan?
"These pants are new. Do you like them?"

Use the words **esto** or **eso** when you have not identified the object.

—Estela, ¿sabes qué es **esto**? —No, no sé.
"Estela, do you know what this is?" "I don't know."

There is another set of words for *that/those* in Spanish: **aquel**, **aquellos**, **aquella**, and **aquellas**. These words indicate that the person or thing pointed out is somewhat more distant.

—¿Ves **aquella casa**? —¿**Aquella casa** de los árboles grandes? —Sí.
"Do you see that house (over there)?" "That house with the big trees?" "Yes."

Este edificio es para filosofía y letras. **Aquel edificio** es para biología.
This building is for humanities. That building (over there) is for biology.

Ejercicio 4

Usted está en una fiesta con Esteban. Esteban no conoce a muchas personas y por eso le hace a usted estas preguntas. Complete las preguntas de Esteban con formas de **este** o **ese**.

1. ¿Cómo se llama _____ señora que está hablando con Nora allí en el rincón?
2. Creo que _____ señor que está aquí a la derecha es amigo de tu padre, ¿verdad?
3. ¿Son arquitectos _____ dos jóvenes que están allí en la cocina?
4. ¿Se llama Jesús _____ muchacho que está aquí detrás de nosotros?
5. ¿Cómo se llaman _____ muchachas que están sentadas justamente enfrente de nosotros?

Ejercicio 5

Usted sale a comprar zapatos. ¿Cuáles recomienda Ud.? Use formas de **este**, **ese** y **aquel**.

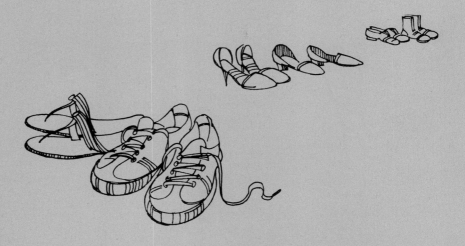

1. _____ zapatos son mejores para jugar al tenis.
2. _____ zapatos son para un señor que trabaja en una oficina.
3. _____ zapatos me parecen muy incómodos (*uncomfortable*).
4. _____ zapatos son para una mujer que trabaja en una oficina.
5. _____ botas son para un obrero.
6. _____ sandalias me gustan mucho.

4.5. Weather (Part 2)

Spanish frequently uses the verbs **hace** (*it makes*) and **hay** (*there is, are*) to describe weather conditions.

> Hace calor, frío, viento, fresco, sol.
> *It's hot, cold, windy, cool, sunny.*

> Hay escarcha, humedad, neblina, nubes, truenos, relámpagos.
> *There is/are frost, humidity, fog, clouds, thunder, lightning.*

There are other verbs that also describe weather conditions.

> **Llueve** (**Nieva**) frecuentemente en los Andes.
> *It rains (snows) a lot in the Andes.*

> Aquí **truena** y **relampaguea** durante las tormentas.
> *Here it thunders and there is lightning during storms.*

Remember to use the verb **tener** (*to have*) to describe some physical conditions of people.

—¿Tienes calor? —No, tengo frío.
"Are you hot?" "No, I'm cold."

Remember to use the verb **estar** (*to be*) to describe the state of things and emotional states.

—¿Cómo está el agua? —Está fría (caliente).
"How's the water?" "It's cold (hot)."

—¿Cómo estás? —Un poco deprimido.
"How are you?" "A little depressed."

Ejercicio 6

Identifique el tiempo: **escarcha, nubes, truenos, viento, humedad, tormenta, neblina, fresco, llovizna**.

1. Después de los relámpagos, casi siempre vienen los _____.
2. Si baja la temperatura en la noche, puede aparecer _____ en las ventanas y en los techos (*roofs*).
3. Antes de una _____, las _____ cubren (*cover*) el sol.
4. Una lluvia ligera (*light*) también se llama _____.
5. Cuando hace mucho _____, la gente pierde el sombrero.
6. En las zonas tropicales hay mucha _____.
7. Hay que manejar lentamente (*slowly*) cuando hay mucha _____.
8. Cuando la temperatura está a 18° C, hace _____.

LOS TEMAS

▣ Your Place of Residence: The House, Rooms, and Furniture

▣ Activities That Take Place at Home

▣ Places in a Neighborhood

▣ Meeting Others: Making Introductions

LAS LECTURAS

• La gata Manchitas

• Los saludos y las despedidas

LAS LECTURAS ADICIONALES

• La telenovela: ¡Ernestito!
• Nota cultural: Las ciudades hispanas
• Los amigos hispanos: Don Pepe y doña Chelo
• La telenovela: Pedro Ruiz, el escritor

LA GRAMÁTICA

5.1. Comparisons
5.2. Pronouns After Prepositions
5.3. **Por** and **para** (Part 1)
5.4. **Conocer** and **saber**
5.5. Personal Direct Object Pronouns

In **Capítulo cinco** you will learn vocabulary and expressions for talking about where you live and the activities that take place there. You will also learn how to introduce people to each other in Spanish.

ACTIVIDADES ORALES

LA CASA, LOS CUARTOS Y LOS MUEBLES

¡OJO! *Estudie Gramática 5.1.*

más/menos que
tan ＿＿ como

tanto/a ＿＿ como
tantos/as ＿＿ como

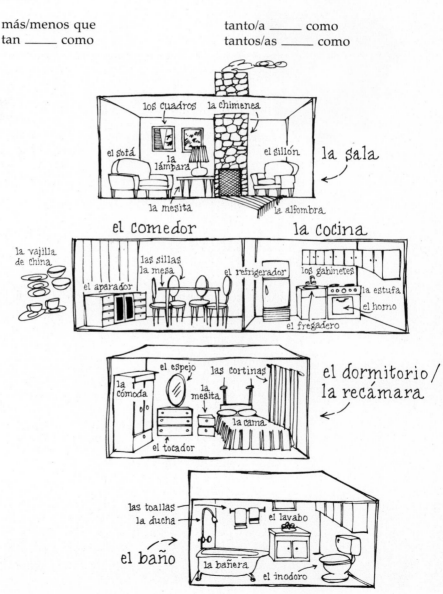

Actividad 1. ¿Qué hay en una casa?

Diga sí o no. Si la respuesta es **no**, explique por qué.

1. En mi casa hay...
   a. una cancha de tenis.
   b. tres dormitorios.
   c. una cocina pequeña.
   d. un solo baño.
   e. un jardín con muchas flores.
   f. un garaje para dos carros.
   g. un patio en el centro de la casa.
2. En la sala de mi casa hay...
   a. un sofá.
   b. una cama.
   c. un lavabo.
   d. varias lámparas.
   e. un estéreo.
   f. plantas.
   g. una alfombra.
3. En la cocina de mi casa hay...
   a. una estufa.
   b. unas fotos de la familia.
   c. un lavaplatos.
   d. un refrigerador.
   e. un estante con libros.
   f. un espejo.
   g. un horno de microondas.
4. En el cuarto donde yo duermo hay...
   a. una cama matrimonial.
   b. una bañera.
   c. un tocadiscos.
   d. un armario.
   e. unas almohadas.
   f. un inodoro.
   g. un piano.

Actividad 2. Entrevista: Las cosas de la casa

1. ¿Cuál es más grande, un calentador o una cama?
2. ¿Cuál cuesta más, una escoba o una toalla?
3. ¿Cuál cuesta menos, una tetera o un cepillo de dientes?
4. ¿Dónde hay más lámparas, en tu recámara o en tu sala?
5. ¿Cuál cuesta más, un ventilador o una cafetera?
6. ¿Hay tantos platos en tu comedor como en tu cocina?

Actividad 3. Entrevista: Mi casa

1. ¿Dónde vives? ¿Vives en una residencia, un apartamento, una casa o un condominio?
2. ¿Es grande tu casa (apartamento, dormitorio)?
3. ¿Es de uno o dos pisos tu casa (apartamento)?
4. ¿Tienes comedor en tu casa?
5. ¿Cuántos baños hay en tu casa?
6. ¿Hay terraza en tu casa (apartamento)?
7. ¿Con quién vives?
8. ¿Tienes tu propio cuarto?
9. ¿Qué muebles hay en tu cuarto?
10. ¿Qué aparatos eléctricos tienes en tu cuarto?
11. De todo lo que tienes, ¿qué es lo más valioso?
12. ¿Cuál es el aparato más útil que tienes en tu casa? ¿Por qué?

▣ LAS ACTIVIDADES EN CASA

¡OJO! *Estudie Gramática 5.2–5.3.*

para	mí
de	ti
por	él/ella, usted
con	nosotros/as
en	ellos/as

conmigo, contigo

···· En la casa de los Ramírez ·····

Andrea/encender (prender) la luz (■ → □)

Paula/apagar la luz (□ → ■)

la criada/limpiar

el jardinero/cortar el césped

Estela/cocinar

Ernesto/barrer

Ernestito/regar

···· En la casa de los Ruiz ····

la criada/sacar la basura

Amanda/planchar

las criadas/sacudir los muebles / pasar la aspiradora

Margarita/lavar los platos

Pedro/secar la ropa

Guillermo/tender la cama

Actividad 4. Los quehaceres de la casa

Cuando uno vive en una casa o en un apartamento con otras personas, cada persona debe hacer algo para mantener limpia y ordenada la casa. Diga quién tiene la obligación de hacer estos quehaceres en su casa.

MODELO: cocinar → En mi casa generalmente cocina mi mamá.

1. lavar los platos
2. limpiar el baño
3. planchar la ropa
4. ir al supermercado
5. cuidar las plantas de la casa
6. pasar la aspiradora
7. tender las camas
8. preparar la comida
9. sacudir los muebles
10. cortar el césped

Actividad 5. Las actividades en casa

Aquí tenemos unas actividades de la vida en casa. Diga cuál es el cuarto más apropiado para estas actividades.

MODELO: Reparamos el carro. → Generalmente reparamos el carro en el garaje.

1. Charlamos con las visitas.
2. Comemos.
3. Cocinamos.
4. Nos bañamos.
5. Escuchamos el radio.
6. Miramos la televisión.
7. Lavamos los platos.
8. Dormimos la siesta.
9. Estudiamos.
10. Hablamos de nuestros problemas.

Actividad 6. Definiciones: ¿Para qué sirve?

¿Qué función tienen estos aparatos domésticos?

1. un congelador
2. un horno
3. un tostador
4. una aspiradora
5. un horno de microondas

a. Se usa para limpiar las alfombras.
b. Se usa para calentar la comida rápidamente.
c. Se usa para congelar alimentos.
d. Se usa para hornear alimentos.
e. Se usa para tostar el pan.

Actividad 7. Diálogo abierto: El fin de semana

E1: ¿Qué tienes que hacer este fin de semana en tu casa?
E2: Tengo que _____ con mi _____. ¿Y tú?
E1: Quiero _____ pero debo _____.
E2: Yo puedo ayudarte a _____ y después podemos _____.

Actividad 8. Entrevista: Los deberes y las diversiones en casa

1. ¿Qué haces los sábados por la mañana en tu casa?
2. ¿Con quién vives?
3. ¿Tienes que ayudar a tu padre? ¿a tu madre?
4. ¿Pasas mucho tiempo en tu casa o prefieres salir a pasear?
5. ¿Quién tiene la responsabilidad de limpiar tu casa?
6. ¿Quién mantiene limpio el jardín en tu casa?
7. ¿Qué te gusta hacer en tu casa?
8. ¿Te visitan mucho tus amigos?
9. ¿Trabajan tus amigos contigo cuando tienes mucho trabajo en casa?
10. ¿Para quién es la recámara más grande de tu casa?
11. ¿Cómo te diviertes en casa con tus amigos?
12. ¿Qué aspecto te gusta más de tu casa?

LOS AMIGOS HISPANOS: *La gata Manchitas*

¡Ay! Estas pulgas°… ¡estas pulgas! Mis amos° nunca me ponen la atención que deben y nunca juegan conmigo. Están siempre ocupados y serios. ¡Qué vida° llevan los seres humanos! Mi ama se levanta temprano en la mañana y corre a la cocina para hacer esa bebida negra y caliente que ellos toman todas las mañanas. Luego llama a mi amo, aunque° él siempre quiere dormir un poco más. Ella abre las ventanas y la luz entra en la recámara.

°*fleas / masters, owners*

°*¡Qué… What a life*

°*although*

Mi amo se baña, se viste, toma la bebida negra, dice algunas cosas que yo no comprendo y sale. Entonces° mi ama vuelve a la cama y, a veces, me permite acostarme a sus pies. Pero luego ella se levanta y me lleva afuera, diciendo: «¡Busca ratones!»° No me gusta estar afuera en la mañana. Hace frío; por eso siempre salto a la ventana. Y desde mi lugar en la ventana puedo mirar a mi ama adentro de la casa. Ella se baña, se viste, se pinta la cara,° tiende la cama, sacude los muebles, pasa la aspiradora (¡no me gusta esa máquina!). Después va a la cocina y prepara la comida. Entonces en el aire hay olores° muy ricos a carne o a pescado o a pollo. Los seres humanos comen mucho mejor que nosotros los pobres animales.

°*Then*

°*mice*

°*se… she puts on make-up*

°*aromas*

Mi ama sale todas las tardes y yo me quedo en el patio sola y aburrida. Por la noche mis amos vuelven. Comen y me dan las sobras.° El amo a veces juega un poquito conmigo. Después los dos se sientan en-

°*leftovers*

frente de la caja de luces° y pasan toda la noche mirando a otros seres humanos en esa caja. Por fin,° ellos se quedan dormidos,° y yo, pues, me voy a un rincón° y me duermo también.

caja... *box of lights*
Por... *Finally*
se... *fall asleep*
corner

Preguntas

1. ¿Qué hace el ama de Manchitas cuando se levanta?
2. ¿Qué quiere hacer el amo?
3. Mencione algunos de los quehaceres domésticos del ama de Manchitas.
4. ¿Qué hacen los amos de Manchitas por la noche?
5. ¿Qué hace Manchitas por la noche?

LA CASA Y LA VECINDAD

••• casa particular •••

el techo
las ventanas
la escalera
el jardín
la cerca
el piso
el patio

••• el multifamiliar •••

el apartamento
el ascensor
los edificios
las oficinas
el parque

••• los condominios •••

la piscina
la terraza

Actividad 9. Interacción: Mi barrio

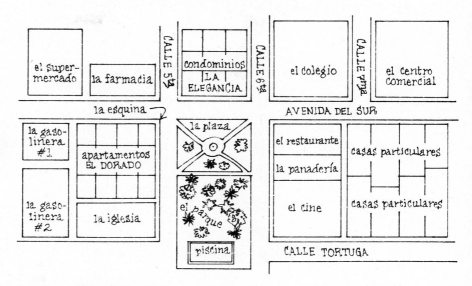

E1: ¿Qué hacemos en *un restaurante*?
E2: En un restaurante *comemos*.

Actividad 10. Anuncios comerciales: Un apartamento en México

Usted es negociante y tiene un nuevo contrato con una compañía mexicana. Va a pasar tres meses en la Ciudad de México y necesita alquilar un apartamento. En el periódico mexicano «La Prensa», encuentra los siguientes anuncios. ¿Cuál le parece mejor? ¿Qué apartamento o habitación le gustaría alquilar?

LA PRENSA

SE ALQUILA apartamento. Dos recámaras. Sala. Comedor. Cocina. Baño. Lugar céntrico. Alquiler módico. Llamar a Luz María Galván. Tel. 59-50-69. Calle 12 No. 49 México 22, D.F.

SE ALQUILA apartamento amueblado. Dos recámaras. Dos baños. Cocina amplia: estufa, refrigerador, gabinetes grandes y todos los utensilios. Ascensor. Avenida Juárez No. 420. México, D.F.

SE ALQUILA habitación amueblada. Preferible: joven estudiante, callado y serio. Alquiler bajo. Derecho a cocina. Favor de enviar datos personales. Isabel la Católica 96 (centro) México, D.F. Tel. 85-72-44.

APARTAMENTO. Una recámara. Bien decorado. Ventanas grandes. Vista agradable. Cerca de todo transporte. Llamar al 79-09-22 o escribir a: Sres. Gallegos, Luis Kuhne No. 755, México 20, D.F.

Actividad 11. Anuncios comerciales: La compra de un condominio en Puerto Rico

Busque esta información en los siguientes anuncios.

1. ¿Qué condominios tienen tres dormitorios?
2. ¿Cuántos baños tienen los condominios San Juan?
3. ¿Cuál de los condominios tiene la cuota inicial más baja?
4. ¿Cuánto es el pago por mes de los condominios Quebradillas?
5. ¿Cómo se llama la compañía de construcción de los condominios Miramar?
6. ¿Tienen cuarto de servicio todos los condominios?
7. ¿Cuál tiene la cuota inicial más alta?
8. ¿Cuál tiene intercomunicador privado?

CONDOMINIOS MIRAMAR

Viviendas individuales a 2 niveles
Calle Miramar, Condado, Puerto Rico
3 dormitorios. Sala. Comedor. Cocina.
2-1/2 baños. 2 terrazas.
Cuarto de servicio.
PAGOS MENSUALES DESDE: $890.00
CUOTA INICIAL DESDE: $22,940.00
CONSTRUCTORA HERMANOS VIGO

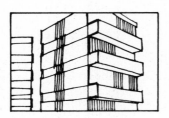

CONDOMINIOS SAN JUAN

Apartamentos
Calle Fernández Juncos
Santurce, Puerto Rico
2 dormitorios. Sala. Comedor.
Cocina. Baño. Intercomunicador privado.
Cuarto de servicio.
PAGOS MENSUALES DESDE: $430.00
CUOTA INICIAL DESDE: $8,900.00
(Financiable)
CONSTRUCTORA ROMERO

CONDOMINIOS QUEBRADILLAS

Viviendas individuales a 2 niveles
en Calle José de Diego
Río Piedras, Puerto Rico
3 dormitorios. Sala. Comedor. Cocina.
2-1/2 baños. Terraza. Cuarto de servicio.
PAGOS MENSUALES DESDE: $505.00
SÓLO QUEDAN 3 VIVIENDAS
CUOTA INICIAL DESDE: $12,496.29
(Financiable)
Construyen: Ings. Herrera y Vélez

Actividad 12. La comparación de casas

la casa de los Medrano

5 recámaras
3 baños
1 biblioteca

(servicio)

3 recámaras
2 baños

la casa de
los Toledo

2 recámaras
1 baño

la casa de los García

E1: ¿Cuántas *recámaras* tiene la casa de los *Toledo*?
E2: Tiene *tres*, pero no tiene *tantas como* la casa de los *Medrano*.

E1: ¿Cuántos *balcones* tiene la casa de los *Medrano*?
E2: Tiene *más balcones que* la casa de los *Toledo*; tiene *tres*.

Actividad 13. Entrevista: Mi vecindad

1. ¿Vives en una vecindad vieja o nueva?
2. ¿Hay multifamiliares en tu vecindad? ¿condominios?
3. ¿Hay muchos edificios comerciales en tu vecindad?
4. ¿Hay alguna gasolinera cerca de tu casa?
5. ¿Cuál es el centro comercial más cercano de tu casa? ¿Vas de compras allí a menudo?
6. ¿Llevas tu ropa a una lavandería o tienes lavadora y secadora en tu casa?
7. ¿Hay una piscina pública en tu barrio? ¿Nadas allí con frecuencia?
8. ¿Hay un parque en tu vecindad? ¿Vas mucho allí? ¿Qué haces allí?

⠿ LAS PRESENTACIONES

¡OJO! *Estudie Gramática 5.4–5.5.*

me	*me*		nos	*us*
te	*you*		los, las	*you (pl.), them*
lo, la	*you, him, her*			

—Quiero presentarte a mi amigo, Jorge.
—Hola, Jorge, ¿qué tal?

—Señor Luján, quisiera presentarle a mi amiga, la señora Ruiz.
—Mucho gusto en conocerla, señora.
—Igualmente, señor Luján.

—Señor Marcos, me gustaría presentarle a mi vecina, la señora Batini.
—Mucho gusto en conocerla, señora.
—Encantada, señor Marcos.

Actividad 14. Diálogo: Estudiantes de psicología

Estamos en una fiesta de estudiantes en el apartamento de Pilar y Gloria Álvarez.

PILAR: Oye, Antonio, ¿conoces a mi hermana, Gloria?

ANTONIO: No, no la conozco.

PILAR: Ven y te la presento. Gloria, te presento a Antonio.

GLORIA: Mucho gusto, Antonio.

ANTONIO: Igualmente, Gloria. ¿Eres estudiante aquí?

GLORIA: Sí, estudio psicología.

ANTONIO: ¡Qué coincidencia! Tengo un amigo, Jaime, que también estudia psicología.

GLORIA: Me gustaría conocerlo.

ANTONIO: No hay ningún problema. Él está aquí en la fiesta. Te lo presento inmediatamente.

(*Se va y regresa pronto con Jaime.*)

ANTONIO: Jaime, te presento a una amiga, Gloria. Gloria estudia psicología.

JAIME: Encantado.

GLORIA: Igualmente. Así que tú estudias psicología...

JAIME: Sí, y si vienes a mi fiesta el sábado que viene, te puedo presentar a todos mis amigos «futuros psicólogos».

GLORIA: ¡Fantástico!

1. ¿A quién le presenta Pilar a Gloria?
2. ¿Cuál es la coincidencia de que habla Antonio?
3. ¿Adónde va Gloria el sábado que viene?

Actividad 15. Diálogos abiertos: Las presentaciones

1. Preséntele su nuevo amigo (nueva amiga) a otro amigo (otra amiga).

   E1: ____, quiero presentarte a mi amigo/a ____. Vive en ____.
   E2: Mucho gusto.
   E3: ____.

2. Ahora, preséntele su nuevo amigo (nueva amiga) a un amigo (una amiga) de su familia.

   E1: Sr. ____, quiero presentarle a mi amigo/a ____. Es ____.
   E2: ____ en conocerlo/la.
   E3: ____.

Actividad 16. El nuevo vecino

—¿Conoce usted a los vecinos que viven enfrente?
—Sí, los conozco muy bien, su apellido es Ramírez.

El señor Valdés tiene sólo una semana viviendo en el barrio de San Vicente. Está hablando con su vecino, don Eduardo. Complete con las frases apropiadas las preguntas del señor Valdés.

¿Conoce usted (a)...
¿Sabe usted...

1. los dueños de la casa de la esquina?
2. al cura de la parroquia?
3. si hay una farmacia cerca?
4. si hay una alberca pública cerca?
5. al director del colegio que está en la esquina?
6. un buen restaurante chino?
7. dónde está el parque Colón?
8. si hay una lavandería en el centro comercial «El Toro»?
9. cuánto cuesta ponerle un techo nuevo a la casa?
10. la vecina de la casa amarilla?

Actividad 17. Entrevista: ¿Conoces tu vecindad?

1. ¿Sabes el nombre del colegio más cercano a tu casa?
2. ¿Conoces al director de ese colegio?
3. ¿Conoces a los vecinos de la casa de la izquierda? ¿de la derecha? ¿de enfrente?
4. ¿Sabes dónde hay un buen restaurante cerca de tu casa?
5. ¿Conoces a los dependientes del supermercado donde haces la compra?
6. ¿Sabes cuánto cuesta un apartamento pequeño en tu ciudad?
7. ¿Conoces a alguien que tiene piscina?
8. ¿Sabes cuánto cuesta una casa particular en tu barrio?
9. ¿Sabes dónde está el parque _____?

NOTA CULTURAL: *Los saludos y las despedidas*

Hay muchos saludos informales en español: «Hola», «¿Cómo estás?», «¿Qué tal?» Hay también saludos más formales: «¿Cómo está usted?», «¿Cómo le va?», «¿Cómo está la familia?»

Dos amigos se saludan en una calle de Madrid.

© BERNARD PIERRE WOLFF/PHOTO RESEARCHERS

En la sociedad hispana, cuando uno entra en un lugar donde hay otras personas, es costumbre saludar a todos con «Buenos días» o «¿Qué tal?» y, si es posible, darle la mano° a cada persona. Cuando uno se va,° también es costumbre despedirse, muchas veces, dándole la mano a cada uno otra vez y diciendo, por ejemplo, «Adiós», «Nos vemos», «Gusto de verte», «Hasta mañana».

darle... *shake hands*
se... *leaves*

Los saludos y las despedidas pueden durar mucho tiempo, pero valen la pena.° Muchos hispanos creen que las relaciones humanas son más importantes que el tiempo.

valen... *they are worth the trouble*

Preguntas

1. ¿Cuáles son algunos de los saludos informales en español?
2. ¿Qué hacen los hispanos al saludar y al despedirse?
3. ¿Por qué duran mucho tiempo los saludos y las despedidas en el mundo hispano?

Vocabulario

LOS CUARTOS Y OTRAS DEPENDENCIAS Rooms and other parts of the house

la alcoba	bedroom	**el cuarto de servicio**	servant's bedroom
el ascensor	elevator	**el dormitorio**	bedroom
el balcón	balcony	**la escalera**	stairway, stairs
la cerca	fence	**la flor**	flower
el comedor	dining room	**el garaje**	garage

la habitación	room	**el techo**	roof
el intercomunicador	intercom	**la terraza**	terrace
el patio	patio	**la vista**	view
la recámara	bedroom		

REPASO: el (cuarto de) baño, la cocina, el jardín, el piso, la planta, la puerta, la
sala, el techo (*ceiling*), la ventana

LOS MUEBLES Y APARATOS ELÉCTRICOS Furniture and electrical appliances

la alfombra	carpet	**los gabinetes**	cabinets
la almohada	(bed) pillow	**el horno**	oven
el aparador	sideboard, credenza	**el horno de**	microwave oven
el armario	closet	**microondas**	
la aspiradora	vacuum cleaner	**el inodoro**	toilet
la bañera	bathtub	**la lámpara**	lamp
la cafetera	coffeepot	**el lavabo**	bathroom sink
el calentador	heater	**la lavadora**	washing machine
la cama	bed	**el lavaplatos**	dishwasher
la cama matrimonial	double bed	**la mesita**	coffee table; end table
la cómoda	chest, dresser	**la regadera** (*Méx.*)	shower
el congelador	freezer	**la secadora**	dryer
las cortinas	curtains, drapes	**el sillón**	easy chair
el cuadro	picture	**el televisor**	television set
la chimenea	chimney; fireplace	**la tetera**	teapot
la ducha	shower	**el tocadiscos**	record player
la escoba	broom	**el tocador**	dresser
el espejo	mirror	**el tostador**	toaster
el estante para libros	bookshelf	**los utensilios**	utensils
el estéreo	stereo	**la vajilla de china**	(set of) china
la estufa	range, stove	**el ventilador**	fan
el fregadero	kitchen sink		

REPASO: la mesa, los platos, el refrigerador, la silla, el sofá, la televisión, la
toalla

LOS QUEHACERES DOMÉSTICOS Domestic chores

barrer	to sweep	**sacar la basura**	to take the trash out
cortar el césped	to mow the lawn	**sacudir (los muebles)**	to dust (the furniture)
hornear	to bake	**secar la ropa**	to dry clothes
mantener... limpio/a	to keep . . . clean	**tender (ie) la cama**	to make the bed
pasar la aspiradora	to vacuum	**tiendo/tiende**	
regar (ie)	to water (plants, etc.)		
riego/riega			

REPASO: cocinar, cuidar las plantas, hacer la compra, lavar, limpiar, planchar

OTRAS ACTIVIDADES Other activities

abrir	to open	**enviar**	to send
alquilar	to rent	**envío/envía**	
calentar (ie)	to warm up	**parecer**	to seem
caliento/calienta		**me/le parece**	It seems to me/to him, her, you . . .
congelar	to freeze		
conocer	to know	**permitir**	to allow, permit
conozco/conoce		**poner atención**	to pay attention
encender (ie) (la luz)	to turn on (the light)	**prender (la luz)**	to turn on (the light)
enciendo/enciende		**saltar**	to jump
encontrar (ue)	to meet	**tostar (ue)**	to toast
encuentro/encuentra		**tuesto/tuesta**	

REPASO: apagar, ayudar, construir

LOS ANIMALES Animals

el acuario	aquarium	**la pecera**	fishbowl
la jaula	cage	**la vaca**	cow

REPASO: el caballo, el/la gato/a, el pájaro, el/la perro/a, el pez

LA CASA Y LA VECINDAD The house and the neighborhood

la alberca (*Méx.*)	pool	**la farmacia**	pharmacy
el árbol	tree	**la gasolinera**	gas station
el barrio	neighborhood	**la lavandería**	laundry
la casa particular	private home	**el multifamiliar**	apartment complex
el centro comercial	shopping center	**la panadería**	bakery
el condominio	condominium	**la parroquia**	parish; parish church
la esquina	corner (*of block*)	**la vivienda**	dwelling, house

REPASO: el apartamento, el cine, el colegio, el edificio, la iglesia, la oficina, el parque, la piscina, la plaza, el supermercado, el teatro

LOS ADJETIVOS Adjectives

agradable	pleasant	**cercano/a**	near, close by
alto/a	high (*price*)	**módico/a**	reasonable, economical
amplio/a	roomy	**propio/a**	own
amueblado/a	furnished	**rico/a**	rich, delicious (*food*)
apropiado/a	appropriate	**serio/a**	serious
bajo/a	low (*price*)	**útil**	useful
callado/a	quiet (*person*)	**valioso/a**	valuable
céntrico/a	central		

PALABRAS SEMEJANTES: característico/a, doméstico/a, fantástico/a, financiable, humano/a, moderado/a, preferible, privado/a, público/a

LOS SUSTANTIVOS Nouns

el alimento	food; nourishment	**la carne**	meat
el alquiler	rent	**el cepillo de dientes**	toothbrush
el anuncio	announcement, ad	**la cuota inicial**	down payment

el cura	priest	**el nivel**	level
el derecho	right	**el pago (mensual)**	(monthly) payment
el/la director(a)	school principal	**el pan**	bread
la diversión	entertainment	**el pasatiempo**	pastime
el/la dueño/a	owner	**el pescado**	fish (*food*)
la frase	phrase; sentence	**el pollo**	chicken
las legumbres	vegetables	**la relación**	relationship
la máquina	machine	**los seres humanos**	human beings
el mundo	world	**el transporte**	transportation

PALABRAS SEMEJANTES: la comparación, la construcción, el contrato, la función, la responsabilidad

LAS PRESENTACIONES, LOS SALUDOS Y LAS DESPEDIDAS Introductions, greetings, and farewells

adiós	good-bye	**Mucho gusto en conocerlo/la.**	Pleased to meet you.
¿Cómo le va?	How is it going? How are you?	**Mucho gusto en conocerte.**	Pleased to meet you. (*familiar*)
despedirse (i)	to say good-bye	**presentar**	to introduce
me despido/se despide		**preséntele**	introduce to him/ her/you
Gusto de verte.	Glad to see you.		
Hasta mañana.	See you tomorrow.		

REPASO: encantado/a, hola, igualmente, nos vemos, ¿Qué tal?

LAS COMPARACIONES Comparisons

más/menos... que	more/less . . . than	**tanto/a... como**	as much . . . as
tan... como	as . . . as	**tantos/as... como**	as many . . . as

LAS PREPOSICIONES Y LOS PRONOMBRES Prepositions and pronouns

de	of; from	**contigo**	with you
en	in; on; at	**mí**	me
por	for	**ti**	you
		él	him
		ella	her
		usted(es)	you
		nosotros/as	us
		ellos/as	them

REPASO: con, conmigo, para

EXPRESIONES ÚTILES Useful expressions

a menudo	often	**¿Para qué sirve(n)?**	What is it (are they) (good) for?
así que	so		
inmediatamente	immediately	**un poco/un poquito**	a little
lo que	that which	**por eso**	for that reason
otra vez	again	**pronto**	soon, quickly
oye	hey, listen	**Ven.**	Come here. (*familiar command*)

LECTURAS ADICIONALES

LA TELENOVELA: ¡Ernestito!

Estoy cansado de obedecer° a mis padres. Siempre me están gritando. Todos los días escucho las mismas cosas.

—¡Ernestito! ¿Dónde estás, Ernestito? No dejes tu ropa en el suelo.° No mires tanto la televisión. Levántate ahora mismo. Tienes que recoger tus juguetes. ¡Ernestito! ¿Dónde estás, Ernestito?

Mi madre no me comprende. Tengo solamente ocho años pero yo quiero hacer mis propios planes, vivir mi propia vida. Ella no sabe que yo también tengo problemas. Por ejemplo: la maestra está disgustada° conmigo porque no hago mi tarea, no comprendo las matemáticas... y tantas° otras cosas... ¡Uf! Otra vez me está llamando mamá.

—Ernestito, hoy después de las clases vas a hacer tu tarea inmediatamente, —me dice mi madre. —Después vas a venir de compras conmigo pues tenemos que comprar un regalo de cumpleaños para mi amiga Margarita. Más tarde, si quieres, puedes ver una hora la televisión. Y luego, ¡a la cama!

¡Caramba!° Ernestito esto, Ernestito aquello, Ernestito, ¿dónde estás? A veces me gustaría tener otro nombre o hacerme el sordo.° Un día les voy a decir a mis padres ¡basta!° y voy a iniciar el «Movimiento de la Liberación de los Niños Oprimidos».°

obeying

floor

upset
so many

Good grief!

deaf
enough!
Oppressed

Preguntas

1. ¿De qué está cansado Ernestito? ¿Por qué?
2. ¿Qué problemas tiene Ernestito en la escuela?
3. ¿Qué piensa organizar Ernestito algún día?

NOTA CULTURAL: Las ciudades hispanas

Las ciudades hispanas son antiguas;° algunas tienen 200 ó 300 años y en España aún más. ¡Hay ciudades que datan del Imperio Romano!° En algunas ciudades la parte más antigua está reconstruida.° El viejo San Juan, la ciudad colonial de Santo Domingo y el Quito

ancient

Imperio... Roman Empire
reconstructed

Una de las muchas iglesias de la ciudad colonial de Quito, Ecuador. Quito tiene más de 450 años.

© PETER MENZEL/STOCK, BOSTON

colonial, por ejemplo, son centros de interés turístico.

La zona del centro de las ciudades hispanas es muy bulliciosa° y tiene mucha actividad comercial. Hay tiendas, oficinas, restaurantes y toda clase de negocios. El centro de estas ciudades es un lugar lleno de vida donde también viven muchas personas, algunas en casas particulares y otras en los apartamentos que hay encima de los locales comerciales.

Con el gran crecimiento° de la población las ciudades se extienden ahora hasta las afueras,° donde generalmente viven las personas más pobres. Algunas zonas de la ciudad son únicamente residenciales mientras que otras son industriales o comerciales. Más comunes, sin embargo,° son las zonas «mixtas»:° calles con casas particulares, apartamentos, tiendas y oficinas. Las diferentes zonas de la ciudad suelen° tener nombres: «Argüelles», «La Loma», «La Villa». Frecuentemente el padre de familia trabaja lejos° de su casa, pero la madre hace sus compras en las tiendas del barrio y los niños pasan el tiempo jugando con otros niños de su propia vecindad.

noisy

growth
suburbs

sin... however / mixed

usually

far

Comprensión

¿Se aplican estas descripciones más a las ciudades hispanas, a las norteamericanas o a las dos?

Algunas zonas de Madrid tienen edificios muy modernos.

© MARK ANTMAN/THE IMAGE WORKS

1. Son muy viejas.
2. Hay ciudades que datan del Imperio Romano.
3. Los centros sirven de zona turística.
4. Hay mucha actividad comercial en los centros.
5. Hay muchos restaurantes.
6. Muchas personas viven en apartamentos en el centro.
7. Las personas de las clases bajas viven en las afueras.
8. Las diferentes áreas tienen sus propios nombres.
9. Se hacen las compras muy cerca de la casa.

LOS AMIGOS HISPANOS: Don Pepe y doña Chelo

José González tiene sesenta años. Es un hombre muy activo a pesar de° su edad. Tiene una finca° en Arenal, en las afueras de Guadalajara, México, donde vive con su esposa, doña Consuelo. Don José—o don Pepe, como lo llama todo el mundo°—se despierta diariamente° a las 4:30; se levanta a las 5:00, ordeña° las vacas, corta la leña° y, por la tarde, después de almorzar, trabaja en el campo. Cuando no está muy ocupado con la cosecha,° construye algún mueble° para la casa. Doña Chelo, como él la llama afectuosamente,° se levanta también muy temprano, prepara el desayuno, les da de comer a los animales y durante el día se ocupa de los quehaceres domésticos.

a... in spite of / farm

todo... everybody
daily / he milks
wood

harvest / piece of furniture

affectionately

Este señor peruano tra-
baja en su finca.

Don Pepe y doña Chelo se sienten contentos con su vida y muy orgullosos° de sus hijos y nietos. Les gustaría verlos más y pasar más tiempo con ellos, pero por razones de trabajo y por la distancia no siempre es posible. Juan, el mayor, tiene un buen trabajo en la capital, y uno de los hijos de Juan, Jorge, estudia agronomía° en los Estados Unidos. Isabel, la menor, vive en Arenal con su esposo y sus tres hijos. La hermana de don Pepe, María González de Saucedo, también vive todavía en Arenal. Se visitan° con mucha frecuencia ya que° doña María es viuda. Don Pepe y doña Chelo también tienen visitas de sus hijos y nietos. Los días de fiesta, como la Navidad, los reúnen a todos en su casa. Don Pepe y doña Chelo gozan de° buena salud y en su hogar° no falta° nunca la alegría. Piensan seguir trabajando hasta el último día de su vida.

proud

agriculture, agronomy

Se... They visit each
* other*
ya... since

gozan... enjoy / home /
* is missing*

Preguntas

1. ¿Con quién vive don Pepe?
2. ¿Qué hace don Pepe en la mañana?
3. ¿Qué hace doña Consuelo durante el día?
4. ¿Dónde viven los hijos de don Pepe y doña Chelo?
5. ¿Quién es la hermana de don Pepe? ¿Está casada?

TELENOVELA: *Pedro Ruiz, el escritor*

Pedro Ruiz es un famoso escritor mexicano, ganador[1] del «Premio[2] Universal». Esta entrevista que le hace Julio Martínez Degado aparece en el periódico «El Diario».

J: El público habla mucho del «arreglo doméstico»[3] que usted tiene con su esposa, Margarita Rivero de Ruiz. ¿Tiene usted algún comentario?

P: Solamente quiero decir que soy muy feliz[4] con mi esposa. Ella es presidenta de la Compañía de Juguetes «Mariola» y le gustan mucho los negocios. Yo prefiero estar en la casa para escribir.

J: ¿Cuántos hijos tienen?

P: Dos: Amanda, que tiene dieciséis años, y Guillermo, que tiene doce.

J: Este arreglo no es muy común aquí en México.

P: Usted tiene razón. Pero las cosas están cambiando. Yo no entiendo por qué la mujer tiene que quedarse en la casa cuando ella tiene sus propios talentos que quiere desarrollar.[5]

J: ¿Qué hace usted en la casa mientras su esposa trabaja?

P: Escribo.

J: Pero... ¿y los quehaceres?

P: La muchacha[6] se encarga de[7] una gran parte del trabajo doméstico.

J: Su rutina diaria, ¿cómo es?

P: Me levanto con mi esposa todos los días a las 6:00, desayunamos juntos, mi esposa se va al trabajo y yo despierto a los niños y los llevo al colegio. Cuando regreso a la casa escribo un poco. Nunca almuerzo mucho, una torta[8] con un refresco o un café. Por la

---

[1]*winner* [2]*Prize* [3]arreglo... *domestic arrangement* [4]*happy* [5]*develop* [6]*maid* [7]se... *takes charge of* [8]*sandwich (Mex.)*

Esta mujer de negocios está trabajando en su oficina en México, D. F. Los papeles tradicionales del hombre y de la mujer están cambiando en la América Latina. Hoy día muchas mujeres tienen una carrera además de ser esposas y madres.

© PETER MENZEL/STOCK, BOSTON

tarde juego al tenis con algún amigo y escribo otro poco. A mi esposa no le gusta cocinar, pero a mí me gusta mucho. Por eso,[9] de vez en cuando, preparo yo una cena especial.

J: ¿Puede hablar ahora un poco de sus pasatiempos, Sr. Ruiz?

P: Me gusta mucho jugar al tenis. Me gusta viajar...

J: ¿A algún país en especial?

P: Me gustan mucho algunas ciudades como París, Nueva York, Londres, Barcelona.

J: ¿Qué hace usted en su tiempo libre?

P: Leo, escribo cartas, juego con mis hijos, voy a fiestas, converso con los amigos, viajo, hago deportes, en fin... muchas cosas.

J: Sr. Ruiz, usted es ganador del Premio Universal de Literatura. Es un gran honor. ¿Cómo se siente?

P: Pues... muy contento, emocionado, sorprendido...

J: Y su esposa, ¿qué dice?

P: Ella está orgullosa y muy feliz. Este premio es también para ella.

---

[9]Por... *For this reason*

Preguntas

1. ¿Quién es la persona de la entrevista?
2. Describa un día típico en la vida del Señor Ruiz. ¿Por qué es tan especial su día?
3. ¿Cuáles son los pasatiempos del Sr. Ruiz?

GRAMÁTICA Y EJERCICIOS

5.1. Comparisons

A. Unequal comparisons are made with words such as **más** (*more*) and **menos** (*less*) followed by **que** (*than*).

> Silvia es **más alta que** Cristina.
> *Silvia is taller than Cristina.*

> Carlos es **menos serio que** Jorge.
> *Carlos is less serious than Jorge.*

To single out one of a group, use an article (**el, la, los, las**) followed by **más** (*more, most*) or **menos** (*less, least*).

> Adriana es **la más divertida** (de las tres).
> *Adriana is the most fun (of the three).*

You may include a noun in the comparison.

> Alberto y Luis son los **estudiantes** menos serios.
> *Alberto and Luis are the least serious students.*

B. When implying that qualities are (or are not) equal or identical (*as pretty as/not as pretty as*) use **tan… como / no tan… como**. **Tan** never changes form in comparisons or contrasts dealing with qualities.

> Marisa es **tan** inteligente **como** Clarisa.
> *Marisa is as intelligent as Clarisa.*

> Gustavo no es **tan** gordo **como** Roberto.
> *Gustavo is not as fat as Roberto.*

C. When equating quantities (*as much/many as*) use **tanto… como**. **Tanto** agrees with the noun that follows in gender and number: **tanto, tanta, tantos, tantas**.

> Alicia no tiene **tanto dinero como** Adriana.
> *Alicia doesn't have as much money as Adriana.*

> Ustedes tienen **tantas tareas como** nosotros.
> *You have as many assignments as we do.*

When comparing abstract or concrete quantities use **más/menos… que**.

> Yo tengo **más experiencia que** Esteban.
> *I have more experience than Esteban.*

> Amanda tiene **menos libros que** Graciela.
> *Amanda has fewer books than Graciela.*

For numerical quantities use **más... de**.

Gustavo tiene **más de tres radios** en su casa.
Gustavo has more than three radios in his house.

D. Note the irregular forms of **bueno** and **malo**.

bueno/a	mejor	el/la mejor
malo/a	peor	el/la peor

Alberto es **mejor** en matemáticas **que** yo.
Alberto is better in math than I am.

Ejercicio 1

Haga comparaciones. Use **más/menos**.

MODELO: El sofá cuesta $150. El sofá-cama cuesta $500.   (cuesta) →
El sofá-cama cuesta más que el sofá. (El sofá cuesta menos que el sofá-cama.)

1. La mesa pesa (*weighs*) cinco kilos. El sillón pesa diez kilos.   (pesa)
2. En mi casa viven ocho personas. En la casa de los vecinos viven cinco personas.   (personas)
3. El refrigerador tiene un año. La estufa tiene ocho años.   (nuevo)
4. La casa de los López tiene cuatro recámaras. La casa de los vecinos tiene dos recámaras.   (recámaras)
5. El patio de mis abuelos es grande. Nuestro patio es muy grande. (grande)

Ejercicio 2

Haga comparaciones. Use **tantos/tantas**.

MODELO: Mi casa tiene dos recámaras. Su casa tiene cuatro recámaras. (recámaras) →
Mi casa no tiene tantas recámaras como su casa.

1. La sala de nuestra casa tiene cuatro lámparas. La sala de su casa tiene sólo dos lámparas.   (lámparas)
2. La casa de los señores Ramírez tiene ocho cuartos. La casa de los señores Ruiz tiene cinco cuartos.   (cuartos)
3. La casa de los señores Ramírez tiene dos baños. La casa de los señores Ruiz también tiene dos baños.   (baños)
4. El edificio de la calle Colón tiene cuatro pisos. El edificio de la calle Bolívar también tiene cuatro pisos.   (pisos)
5. El patio de doña Lola tiene muchas flores y plantas. El patio de don Anselmo tiene pocas flores y plantas.   (flores y plantas)

Ejercicio 3

Haga comparaciones. Use **tan... como**.

MODELO: El parque Chapultepec es muy grande. El parque Juárez es pequeño. (grande) →
El parque Juárez no es tan grande como el parque Chapultepec.

1. La piscina de los señores Montes es muy bonita. La piscina de los señores Lugo es muy bonita también. (bonita)
2. El edificio de la Avenida Oriente tiene seis pisos. El edificio nuevo de la Avenida del Libertador tiene diez pisos. (alto)
3. La lavandería nueva de la calle Ebro es muy limpia. La lavandería vieja de la Avenida Paseo no es muy limpia. (limpia)
4. El apartamento de Adriana Bolini es muy bonito. El apartamento de Julio Martínez Delgado es muy bonito también. (bonito)
5. Los condominios «Princesa» son muy modernos. Los condominios «San Juan» tienen ya once años. (modernos)

5.2. Pronouns After Prepositions

A. The pronouns used after prepositions are the same as the personal subject pronouns except for **mí**[1] (*me*) and **ti** (*you*).

—¿Para quién es el regalo? ¿**Para mí**? —No, es **para él**.
"For whom is the gift? For me?" "No, it's for him."

—¿Es este disco **para ti**? —No, es **para nosotros**.
"Is this record for you?" "No, it's for us."

—Roberto, ¿estás pensando en Amanda? —Sí, estoy pensando **en ella**.
"Roberto, are you thinking about Amanda?" "Yes, I'm thinking about her."

Note the following correspondences with English:

yo/mí	*I/me*
tú/ti	*you (informal)*
usted	*you (formal)*
él	*he, him*
ella	*she, her*
nosotros/as	*we, us*
ustedes	*you (pl.)*
ellos/as	*they, them*

B. **Con** and **mí** combine to produce **conmigo** (*with me*); **con** and **ti** produce **contigo** (*with you*).

---

[1]The pronoun **mí** (*me*) is written with an accent to distinguish it from the possessive **mi** (*my*).

—¿Quieres ir **conmigo**? —No, no puedo ir **contigo**.
"Do you want to go with me?" "No, I can't go with you."

C. As you know, a prepositional phrase consisting of **a** + *pronoun* is frequently used to clarify or to emphasize the indirect object pronouns.

¡Lola, te digo que **a mí** no **me** gustan los muebles modernos!
Lola, I tell you I don't like modern furniture!

Ejercicio 4

Graciela le dice a Cristina para quién son algunas cosas y Cristina reacciona con sorpresa. ¿Qué dice Cristina en cada caso?

MODELO: El suéter es para mi primo, Marcos. → ¿Para él?

1. El refrigerador es para mi mamá.
2. El sillón grande es para Ernestito.
3. La lámpara es para mis abuelos.
4. Esta cama es para mí.
5. El espejo es para ti.
6. El horno de microondas es para mi papá.
7. La plancha nueva es para mi hermano Diego.
8. La tetera es para doña Lola.
9. Este tocador es para mí.
10. Este tostador es para doña Rosa y don Ramiro.

5.3. *Por* and *para* (Part 1)

A. Use **por** to indicate duration.

Voy a trabajar **por dos horas**.
I'm going to work for two hours.

Gustavo no quiere estar allí **por mucho tiempo**.
Gustavo doesn't want to be there for a long time.

Many native speakers of Spanish omit **por** in this case.

Vamos a trabajar solamente (**por**) tres horas.
We are going to work only three hours.

B. Use **para** to indicate a deadline by which time something is expected to happen.

Necesitamos limpiar la casa **para el sábado**.
We need to clean the house by Saturday.

Use **para** to indicate a recipient.

Este sofá es **para mi esposa**, Margarita.
This sofa is for my wife, Margarita.

Use **para** to indicate the purpose or function of something.

Usamos un refrigerador **para mantener** fría la comida.
We use a refrigerator (in order) to keep food cold.

Ejercicio 5

Use **por** o **para**.

1. ¿_____ qué usamos una lavadora? _____ lavar la ropa.
2. Voy a ir de compras _____ una hora.
3. La recámara más grande es _____ mis padres.
4. Necesitamos la cama nueva _____ el fin de semana.
5. Los invitados van a quedarse con nosotros _____ tres días.
6. Un espejo es _____ mirarse.
7. Necesito usar la plancha _____ quince minutos.
8. El baño más pequeño es _____ ustedes.
9. Una escoba es _____ barrer.
10. Necesitamos el horno nuevo _____ el sábado, 22 de octubre.

5.4. *Conocer* and *saber*

Conocer (*to know*) is used in the sense of *to be acquainted with*; it is normally used with people and places. **Saber** (*to know*) is used in the sense of *to know* something or *to know how* to do something. The present tense forms of **conocer** are **conozco, conoces, conoce, conocemos, conocen**. The present tense forms of **saber** are **sé, sabes, sabe, sabemos, saben**.

—¿**Conoces** a[2] Carla Espinosa? —Sí, y **conozco** también a su hermano.
"Do you know Carla Espinosa?" "Yes, and I also know her brother."

—¿**Conoces** muy bien la Ciudad de México? —Todavía no.
"Do you know Mexico City well?" "Not yet."

—¿**Sabes** la respuesta? —¡Por supuesto, yo lo **sé** todo!
"Do you know the answer?" "Of course, I know everything!"

—¿**Sabes** nadar? —No, no **sé** nadar.
"Do you know how to swim?" "No, I don't know how to swim."

—¿**Sabes** dónde está el restaurante? —No, no lo **sé**.
"Do you know where the restaurant is?" "No, I don't."

---

[2]The preposition **a** precedes a direct object noun when it is a person.

Ejercicio 6

Complete con las formas correctas de los verbos **saber** o **conocer**.

MODELO: ¿_____ tú a Ricardo Sícora? → ¿Conoces tú a Ricardo Sícora?

1. ¿_____ Rogelio y Carla nadar?
2. ¿_____ ustedes al doctor Gómez?
3. ¿_____ usted hablar francés?
4. ¿_____ usted a mi hermano Guillermo?
5. ¿_____ (tú) jugar al tenis?
6. ¿_____ (tú) México?

5.5. Personal Direct Object Pronouns

Personal direct object pronouns (**me**, **te**, **lo**, **la**, **nos**, **los**, **las**) are commonly used with verbs such as **ver** (*to see*), **recordar** (*to remember*), **conocer** (*to know*), **amar** (*to love*), **llevar** (*to take [someone somewhere]*), **cuidar** (*to take care of*), **invitar** (*to invite*), and so on.

A. **me**, **te**, **nos**: These direct object pronouns are similar to the corresponding English pronouns *me, you, us*. Recall that in Spanish object pronouns usually precede the verb.

> Usted no **me conoce** todavía. Soy Raúl Saucedo.
> *You don't know me yet. I'm Raúl Saucedo.*
>
> Hasta luego. **Te llamo** mañana.   *So long. I'll call you tomorrow.*
>
> Mi abuelita **nos recuerda** siempre en Navidad.
> *My grandmother always remembers us at Christmas.*

B. **lo**, **la**, **los**, **las**: These direct object pronouns indicate the sex and number of the person or persons they refer to. Note the following correspondences between English and Spanish:

lo	*him*	los	*them*
la	*her*	las	*them (females only)*

> —¿Conoces a **José Estrada**, el amigo de Pilar? —Sí, **lo** conozco.
> *"Do you know José Estrada, Pilar's friend?" "Yes, I know him."*
>
> ¿Mi hija **Carla**? **La** llevo todos los días a la escuela.
> *My daughter Carla? I take her to school every day.*
>
> —¿Y tus **parientes**? ¿**Los** ves frecuentemente? —Sí, durante las fiestas, **los** invitamos a casa para cenar con nosotros.
> *"And your relatives? Do you see them frequently?" "Yes, during holidays we invite them to our house to have dinner with us."*

—¿Vas a visitar a las **hermanas** de Ernestito mañana? —Sí, **las** voy a ver a mediodía.

"Are you going to visit Ernestito's sisters tomorrow?" "Yes, I'm going to see them at noon."

C. **lo**, **la**, **los**, **las**: These direct object pronouns also correspond to English *you* when using formal (**usted/ustedes**) address.

lo	*you (m.)*	**los**	*you (pl.)*
la	*you (f.)*	**las**	*you (pl. f.)*

Sr. Ruiz, si **usted** viene mañana, **lo** espero a las nueve.
Mr. Ruiz, if you come tomorrow, I'll meet you at nine.

Señora Ruiz, **la** conozco muy bien; usted está muy dedicada a su trabajo.
Mrs. Ruiz, I know you very well; you are very dedicated to your work.

D. Although direct object pronouns, like all object pronouns, normally precede the verb in Spanish, they, like other object pronouns, may be attached to an infinitive or a present participle.

¿Conoces a esa **chica**? Quiero **conocerla**.
Do you know that girl? I want to meet her.

—¿Dónde están **Carla** y **Rogelio**? —No sé; yo estoy **buscándolos** también.
"Where are Carla and Rogelio?" "I don't know. I'm looking for them too."

E. Remember that the forms of indirect object pronouns are somewhat different. (See 3.5.)

—¿Vas a invitar a Amanda y Carlos a la fiesta? —Claro que voy a invitar**los**.
"Are you going to invite Amanda and Carlos to the party?" "Of course I'm going to invite them."

—¿Siempre **les** explica la lección a los estudiantes la profesora Martínez? —Sí, **les** explica la lección con mucha paciencia.
"Does Professor Martínez always explain the lesson to the students?" "Yes, she explains the lesson to them very patiently."

indirect objects		direct objects	
me	*to me*	me	*me*
te	*to you*	te	*you*
nos	*to us*	nos	*us*
le	*to him*	lo[3]	*him*
le	*to her*	la	*her*
le	*to you (m.)*	lo[3]	*you (m.)*
le	*to you (f.)*	la	*you (f.)*
les	*to them*	los[3]	*them*
les	*to them (f.)*	las	*them (f.)*
les	*to you (pl.)*	los[3]	*you (pl.)*
les	*to you (pl. f.)*	las	*you (pl. f.)*

Ejercicio 7

Complete las conversaciones con los pronombres apropiados.

MODELO: —¿Conoces a Marta Muñoz? →
     —Sí, <u>la</u> conozco.

1. —¿Conocen ustedes a los señores Ramírez?
    —Sí, _____ conocemos muy bien.
2. —¿Conoces tú a Clara?
    —Sí, _____ conozco un poco.
3. —¿Y a José Estrada?
    —Sí, _____ conozco también.
4. —¿Conoce Pilar Álvarez a José y a Clara?
    —Sí, ella _____ conoce bien.
5. —¿Conocen ustedes al señor Ruiz?
    —No, no _____ conocemos.
6. —¿Conoce usted al esposo de Margarita Ruiz?
    —No, no _____ conozco.
7. —¿Conocen ustedes a la profesora Martínez?
    —Sí, _____ conocemos muy bien; es una amiga de mi madre.
8. —¿Conocen los señores Ramírez a los señores Ruiz?
    —Sí, los señores Ramírez _____ conocen muy bien; son vecinos.
9. —¿Conoces tú a Gustavo?
    —Sí, _____ conozco muy bien; es mi primo.
10. —¿Conoce Adriana Bolini a Alicia?
    —Sí, _____ conoce muy bien; es su mejor amiga.

---

[3]Some speakers from Spain use **le** and **les** as the direct object pronoun to refer to males in these cases.

LOS TEMAS

🔲 Talking About Your Own Experiences

🔲 The Experiences of Other People

🔲 Asking Someone About His or Her Experiences

🔲 Experiences with Friends and Family

🔲 Past Events

LAS LECTURAS

- Una fiesta sorpresa: Parte 1
- Una fiesta sorpresa: Parte 2

LAS LECTURAS ADICIONALES

- Nota cultural: Los piropos
- Los amigos hispanos: Una carta de Perú
- Los amigos norteamericanos: El primer día en Madrid

LA GRAMÁTICA

6.1. Past Experiences: Preterite (Past) Tense of Regular Verbs
6.2. Verbs with Irregular Preterite (Past) Tense Forms
6.3. Verbs with Vowel Changes in the Preterite (Past) Tense
6.4. Expressing *Ago*: **hacer** + Time

In **Capítulo seis** you will begin to talk about things that happened in the past: your own experiences and those of others.

ACTIVIDADES ORALES

MIS EXPERIENCIAS

¡OJO! *Estudie Gramática 6.1–6.3.*

presente	pasado
hablo	hablé
como	comí
escribo	escribí

—Me lavé el pelo.

—Me vestí.

—Salí de mi casa.

—Tomé café con mis amigos.

—Asistí a la clase de biología.

—Volví a casa a las dos.

—Trabajé por cuatro horas.

—Cené con mi familia.

—Me acosté a las diez y media.

Actividad 1. ¿Qué hice?

Ponga estas actividades en orden cronológico.

1. Esta mañana (yo)…
   a. me lavé el pelo.
   b. desayuné.
   c. me desperté.
   d. salí para la universidad.
2. Ayer por la tarde (yo)…
   a. volví a casa.
   b. asistí a una clase.
   c. preparé la cena.
   d. fui al mercado.
3. Anoche antes de acostarme (yo)…
   a. miré la televisión.
   b. cené.
   c. me quité la ropa.
   d. preparé la comida.
4. El sábado pasado (yo)…
   a. bailé mucho.
   b. recibí una invitación.
   c. fui a una fiesta.
   d. me acosté muy tarde.
5. El miércoles pasado (yo)…
   a. escuché al profesor y tomé apuntes.
   b. cerré el libro y el cuaderno.
   c. salí de la clase.
   d. llegué a la clase de física a las cuatro.

Actividad 2. Diálogo: La excusa

Esteban llega a la clase de español y la profesora Martínez le pide la tarea.

PROFESORA: Esteban, ¿no tiene su tarea?

ESTEBAN: Perdón, profesora, no hice la tarea. No estuve en clase ayer y tuve un día terrible.

PROFESORA: ¡Qué excusa más interesante! ¿Quiere contarme sus problemas?

ESTEBAN: Pues, profesora, primero no me desperté cuando sonó el despertador, y por eso me levanté tarde, claro. No desayuné. Me duché rápidamente y salí corriendo para llegar a tiempo a clase. Llegué un poco tarde… unos minutos solamente… pero no encontré a nadie. Me senté en el salón y esperé veinte minutos.

PROFESORA: ¿No sabe que los lunes siempre vamos al laboratorio de idiomas?

ESTEBAN: ¡Ay sí, pero lo olvidé por completo! Luego vi a Carmen y ella no me dijo nada sobre la tarea.

PROFESORA: ¿Le preguntó usted, por si acaso?

ESTEBAN: Pues, no. No tuve tiempo. La vi en la clase de sociología. No pude interrumpir al profesor Smith. Usted sabe cómo es él. Habla siempre los cincuenta minutos sin parar… y después…

Supongamos que usted tampoco hizo la tarea. Invente una excusa más imaginativa que la de Esteban.

Actividad 3. La última vez

¿Cuándo fue la última vez que usted hizo estas actividades? Aquí tiene usted algunas posibilidades: **ayer, anoche, la semana pasada, ayer por la mañana (tarde, noche), el lunes (martes...) pasado, el año pasado**.

MODELO: ¿Cuándo habló usted con su mamá por teléfono? →
      Hablé con ella la semana pasada.

1. ¿Cuándo lavó usted su carro?
2. ¿Cuándo se bañó usted?
3. ¿Cuándo se cortó usted el pelo?
4. ¿Cuándo fue usted a la playa?
5. ¿Cuándo asistió usted a clase?
6. ¿Cuándo estudió usted por más de una hora?
7. ¿Cuándo miró usted la televisión?
8. ¿Cuándo limpió usted la casa?
9. ¿Cuándo fue usted de compras?
10. ¿Cuándo leyó usted el periódico?

Actividad 4. Diálogo original: El verano pasado

Usted acaba de ver a un amigo (una amiga) del último año de la escuela secundaria. Él/Ella quiere saber qué hizo usted durante el verano. La verdad es que usted no hizo nada interesante, pero como quiere impresionar a su amigo/a, tiene que inventar algo. Imagine por lo menos cinco cosas interesantes que usted hizo.

E1: Hola, _____. ¡Tanto tiempo sin verte! ¿Qué hiciste este verano?
E2: Pues, este... yo _____.

LAS EXPERIENCIAS DE LOS DEMÁS

	presente	pasado
singular	habla come sale	habló comió salió
plural	hablan comen salen	hablaron comieron salieron

Amanda se despertó temprano.

Comió rápidamente.

Salió para el colegio.

Llegó tarde.

Gustavo y Roberto desayunaron tarde.

Jugaron al tenis en el parque.

Estudiaron para su examen de biología.

Vieron un programa de televisión.

Actividad 5. Interacción: El fin de semana

Aquí tiene usted algunas de las actividades del fin de semana pasado de Gustavo, de Estela y del señor Alvar.

nombre	el viernes	el sábado	el domingo
Gustavo Rivero	fue a un baile se acostó tarde	limpió su cuarto durmió hasta las once	lavó su ropa dio un paseo
Estela Ramírez	preparó la comida planchó la ropa	almorzó con unas amigas habló con la vecina	fue a la iglesia descansó toda la tarde
el Sr. Alvar	escribió una carta miró la televisión	jugó con sus nietos se acostó temprano	tomó unas fotografías visitó a un amigo

E1: ¿Quién *preparó la comida*?
E2: Estela.

E1: ¿Cuándo *tomó fotografías el señor Alvar*?
E2: El domingo.

Actividad 6. El fin de semana de Ricardo Sícora

Actividad 7. Los amigos de José Estrada

Éstas son las actividades de los amigos de José Estrada, un joven madrileño. Use su imaginación y diga lo que cada una de estas personas hizo antes y después de la actividad descrita.

1. Héctor Alcalá cenó con sus padres en un restaurante en Quevedo, una zona elegante de Madrid.
2. Teresa Sánchez bailó en una discoteca hasta las tres de la mañana.
3. Jorge Bustamante estudió en la biblioteca toda la tarde.
4. Ana Cisneros lavó su carro nuevo, un «Ritmo» de la compañía Seat.
5. Benito Córdoba estrenó un traje en una fiesta en la casa de sus tíos.
6. Maricarmen de la Mora se quedó en casa mirando la televisión hasta las nueve de la noche.
7. Andrés López montó a caballo en la finca de su primo.

8. Felipe Meza se quedó en la cama toda la mañana a causa de un dolor de cabeza.

LOS AMIGOS HISPANOS: Una fiesta sorpresa: Parte 1

Me llamo Carla Espinosa. Anoche estuve en una fiesta sorpresa que resultó estupenda. Un amigo mío, Rogelio Varela, cumplió años y decidimos sorprenderlo. Yo lo llamé por la mañana para invitarlo al cine y decidimos encontrarnos por la noche en su casa, a las siete. El plan original era° salir con él para darles a todos nuestros amigos la oportunidad de entrar a la casa y esperarlo con la sorpresa. Cuando llegué a buscarlo, un poco temprano, él no estaba° listo. «Espérame unos quince minutos», me dijo, y se metió a la ducha. Yo aproveché° la oportunidad y llamé por teléfono a todos sus amigos, quienes esperaban° en el apartamento de David. Llegaron en seguida y fuimos directamente al baño y tocamos varias veces a la puerta. Rogelio la abrió todo mojado y envuelto° en una toalla.

    ¡Pobre Rogelio! Nunca vi a nadie tan sorprendido en mi vida: rojo como un tomate y con una expresión tan extraña en la cara, algo de miedo, un poco de vergüenza… y tal vez deseos de correr. Al principio creo que se enojó,° porque después de unos segundos cerró con fuerza la puerta del baño y no salió por un buen rato. Yo me preocupé porque la idea de la sorpresa era mía. Pero luego Rogelio salió del baño completamente vestido y listo para divertirse. ¡Y cómo nos divertimos! Mucho más tarde, cuando nos despedimos, Rogelio me dijo riendo, en tono de broma: «¡Otra sorpresa como ésta y te mato°!»

was

was

Yo… I took advantage of

were waiting

wrapped

se… he got angry

te… I'll kill you

Comprensión

Busque el orden correcto.

_____ Carla llegó temprano a casa de Rogelio.
_____ Carla llamó a Rogelio para invitarlo al cine.
_____ Rogelio entró al baño.
_____ Todos los amigos llegaron.
_____ Carla llamó a todos los amigos.
_____ Rogelio salió del baño.
_____ Todos se divirtieron en la fiesta sorpresa.
_____ Rogelio dijo, «Espérame unos quince minutos».

LOS AMIGOS HISPANOS: Una fiesta sorpresa: Parte 2

¿Tuvo usted alguna vez deseos de esconderse debajo del sofá o de la alfombra? ¿Huir° de veinte ojos que lo miran en silencio, que esperan su reacción? Yo me llamo Rogelio Varela y tuve una experiencia inolvidable hace muy poco, una experiencia que me hizo sentir de esa manera.

To flee

Ayer por la mañana, muy temprano, me llamó mi amiga Carla para invitarme al cine. Me habló de una película muy buena y decidimos encontrarnos esa noche a las siete para verla. Lo extraño era° que ella prefirió venir a mi casa. Por lo general yo la recojo en la suya.° Carla llegó un poco temprano, a las seis y media, y yo no estaba° listo. Le serví un poco de vino y puse música. «Tengo que ducharme y vestirme», le dije. Y ella se sentó a esperar.

Lo... The strange thing was

la... hers (her house)

was

Después de unos cinco minutos de estar en la ducha, alguien tocó a la puerta del baño; golpes fuertes que aumentaron° y aumentaron gradualmente. Salí de la ducha un poco asustado y todo mojado. «¿Qué pasa? ¿Qué quieres, Carla? ¿Por qué tanto ruido?», le pregunté, pero nadie me contestó... y continuaron los golpes. Por fin me cubrí con una toalla y abrí la puerta.

got stronger

¡¡¡¡¡SORPRESA!!!!!

Todos mis amigos estaban° allí enfrente del baño con regalos y tarjetas de felicitación en las manos. Todos me gritaron a la vez, «¡Feliz cumpleaños!». Y yo, ¿qué hice? ¡Nada! Me quedé como una momia,° sujetando° fuertemente la toalla y sin poder decir una palabra.

were

mummy
holding

Preguntas

1. ¿Para qué llamó Carla a Rogelio ayer en la mañana?
2. ¿A qué hora llegó Carla a casa de Rogelio?
3. ¿Qué descubrió Rogelio cuando abrió la puerta del baño?
4. ¿Cómo se sintió Rogelio en ese momento?

¿QUÉ HICISTE TÚ? ¿QUÉ HIZO USTED?

presente	pasado
(tú) hablas	hab**laste**
(tú) comes	com**iste**
(tú) sales	sal**iste**
usted habla	habl**ó**
usted come	com**ió**
usted sale	sal**ió**

1. ¿A qué hora te levantaste?
2. ¿A qué hora saliste para el trabajo?
3. ¿Llegaste a tiempo?
4. ¿Comiste en un restaurante a la hora del almuerzo?
5. ¿Miraste la televisión en la noche?

1. ¿Vio su programa favorito anoche?
2. ¿Leyó nuestras composiciones anoche?
3. ¿Charló con sus amigos ayer?
4. ¿Fue a la biblioteca después de la clase?
5. ¿Habló con el director esta mañana?
6. ¿Ya escribió a máquina los exámenes para el viernes?

Actividad 8. Entrevistas

ESTA MAÑANA

1. ¿A qué hora te levantaste?
2. ¿Te bañaste?
3. ¿Te lavaste el pelo?
4. ¿Desayunaste? ¿Qué tomaste?
5. ¿A qué hora saliste para la universidad?
6. ¿Fuiste en tu carro o en el autobús?
7. ¿A qué hora llegaste a la escuela?
8. ¿A qué clase asististe primero?
9. ¿Hiciste algo interesante después?

ANOCHE

1. ¿A qué hora saliste de tus clases?
2. ¿Adónde fuiste después?
3. ¿Estudiaste anoche?
4. ¿Trabajaste? ¿A qué hora volviste?
5. ¿Miraste la televisión?
6. ¿Hablaste con tus amigos?
7. ¿Saliste de tu casa? ¿Hiciste ejercicio?
8. ¿Visitaste a alguien?
9. ¿Leíste el periódico?
10. ¿A qué hora te acostaste?

AYER

1. ¿Asististe a clases?
2. ¿Qué clases tuviste?
3. ¿Qué almorzaste?
4. ¿Qué hiciste por la tarde?
5. ¿Qué cenaste en la noche?
6. ¿Estudiaste en la noche o saliste?
7. ¿Visitaste a tus amigos?
8. ¿Practicaste algún deporte?
9. ¿Tuviste que trabajar?
10. ¿Estudiaste en la biblioteca?

AYER: ENTREVISTA CON SU PROFESOR(A)

1. ¿Qué hizo usted por la mañana?
2. ¿Tuvo que trabajar?
3. ¿Dónde almorzó?
4. ¿Visitó a algún amigo?
5. ¿Qué hizo después?
6. ¿Cenó en casa?
7. ¿Vio la televisión?
8. ¿A qué hora se acostó?

Actividad 9. La curiosidad

1. Usted es muy curioso/a y quiere saber exactamente lo que hizo su profesor(a) de español durante el fin de semana. Pero él/ella puede contestar solamente sí o no. Hágale diez preguntas para obtener toda la información posible.

   EJEMPLO: ¿Visitó usted a algún amigo?

2. A usted también le gustaría saber lo que hizo un compañero (una compañera) de clase. Hágale diez preguntas para obtener toda la información posible.

   EJEMPLO: ¿Adónde fuiste anoche?

LAS EXPERIENCIAS CON LA FAMILIA Y LOS AMIGOS

	presente	pasado
(nosotros/as)	hablamos	habl**amos**
(nosotros/as)	comemos	com**imos**
(nosotros/as)	salimos	sal**imos**
ustedes	hablan	habl**aron**
ustedes	comen	com**ieron**
ustedes	salen	sal**ieron**

1. Viajamos a México por avión.
2. Vimos las pirámides.
3. Visitamos los museos.

1. ¿Cenaron en buenos restaurantes?
2. ¿Vieron la Torre Latinoamericana?
3. ¿Fueron a la Basílica de la Virgen de Guadalupe?

Actividad 10. El mes pasado

Piense en lo que hizo usted con sus amigos o parientes durante el mes pasado. ¿Hizo usted las siguientes actividades? ¿Con quién?

MODELO: Fuimos al cine. →
  Sí, mi amiga Julia y yo fuimos al cine la semana pasada.

1. Practicamos un deporte.
2. Esquiamos.
3. Comimos en un restaurante.
4. Tomamos una cerveza.
5. Vimos una película.
6. Bailamos.
7. Patinamos.
8. Montamos a caballo.
9. Corrimos.
10. Hicimos un viaje.

Actividad 11. El fin de semana de Eduardo

Eduardo es un estudiante guatemalteco. Asiste a la Universidad de San Carlos en la ciudad de Guatemala. Le escribe a su amigo Pepe para contarle lo que hizo con su nueva amiga, Luisa.

El viernes por la tarde merendé con Luisa, una compañera de clase. Esa noche fuimos al cine. No me gustó mucho la película, pero después Luisa y yo dimos un paseo por la Quinta Avenida y eso sí fue muy divertido. Encontramos allí a otros amigos de la universidad y decidimos ir a un café para conversar y tomar algo. Fuimos al Café Roldán y nos sentamos en una mesa del patio, para charlar al aire libre.

El sábado fuimos con unos amigos al Lago Amatitlán. Lo pasamos muy bien. Esquiamos, paseamos en lancha y merendamos en un café. Por suerte hizo muy buen tiempo.

El domingo también fue un día estupendo. Luisa y yo tomamos el tren hasta el Puerto de San José y pasamos otro día en la playa. Llevamos comida y refrescos y estuvimos todo el tiempo nadando, comiendo, charlando. Por la noche, cuando desapareció el sol, hicimos una fogata.

1. ¿Son semejantes el fin de semana de Eduardo y el fin de semana de usted?
2. ¿Qué hizo él que usted no hizo?
3. ¿Qué hizo usted que él no hizo?

Actividad 12. Interacción: El fin de semana de los vecinos

Aquí tiene usted lo que hicieron algunos de los vecinos de Ernesto y Estela durante el fin de semana.

	los Olivera	los Silva	los Ruiz
viernes	descansaron en el patio de su casa	fueron al cine y vieron «El amor secreto»	fueron de compras
sábado	salieron a cenar	conocieron a los nuevos vecinos	almorzaron en un restaurante nuevo
domingo	fueron a misa	jugaron al tenis en el club	visitaron a unos parientes

E1: ¿Qué hicieron *los Olivera el viernes*?
E2: *Descansaron en el patio de su casa.*

E1: ¿Quiénes *jugaron al tenis en el club*?
E2: *Los Silva.*

LOS HECHOS PASADOS

¡OJO! *Estudie Gramática 6.4.*

presente	pasado
lavo	lav**é**
lavas	lav**aste**
lava	lav**ó**
lavamos	lav**amos**
lavan	lav**aron**

presente	pasado
recibo	recib**í**
recibes	recib**iste**
recibe	recib**ió**
recibimos	recib**imos**
reciben	recib**ieron**

12 de octubre, 1492

Cristóbal Colón descubrió las Américas hace cinco siglos.

4 de julio, 1776

Jefferson firmó la Declaración de la Independencia hace más de 200 años.

5 de mayo, 1862

Los mexicanos ganaron la batalla de Puebla hace ciento veinte y cinco años, más o menos.

Actividad 13. Los hechos pasados

Busque la(s) actividad(es) que *no* forma(n) parte del grupo. Explique por qué no se incluyen.

1. Esta mañana me levanté muy tarde.
   a. El despertador no sonó.
   b. Llegué temprano a mi primera clase.
   c. Tuve tiempo para tomar el desayuno tranquilamente en casa.
   d. Manejé el carro muy rápido para llegar pronto a la universidad.
2. La semana pasada Ramón fue a acampar en las montañas con su familia.
   a. Su hermano se bañó en el río.
   b. Su hermana bailó toda la noche en una discoteca.
   c. Su papá subió una montaña.
   d. Su mamá preparó el desayuno.
3. Soy Amanda. Anoche fui con unas amigas a comprar el disco nuevo de Menudo.
   a. Tomamos el autobús.
   b. Pagamos siete dólares por el disco.
   c. Compramos un taco en la tienda de discos.
   d. Encontramos otro disco de José José que nos gustó.
4. El verano pasado Inés y Bernardo fueron a Europa.
   a. Visitaron el Museo del Prado en Madrid.
   b. Comieron en restaurantes franceses muy buenos.
   c. Subieron a las pirámides aztecas de Teotihuacán.
   d. Cruzaron el canal entre Inglaterra y Francia.

Actividad 14. Entrevista: Hechos memorables… una entrevista algo indiscreta

1. ¿Cuánto tiempo hace que te graduaste en la escuela secundaria?
2. ¿Cuánto tiempo hace que empezaste a estudiar español?
3. ¿Cuánto tiempo hace que se casaron tus padres?
4. ¿Cuánto hace que se te cayó el primer diente?
5. ¿Cuánto hace que saliste solo/a con un amigo (una amiga)?
6. ¿Cuánto hace que diste (recibiste) tu primer beso?
7. ¿Cuánto hace que cumpliste años?
8. ¿Cuánto hace que conociste a tu mejor amigo/a?
9. ¿Cuánto hace que te pusieron una multa por manejar con exceso de velocidad?

Actividad 15. Interacción: Los viajes de negocios

Adriana Bolini trabaja para una compañía de computadoras en Buenos Aires. Como está encargada del departamento de ventas, tiene que viajar mucho. Aquí tiene usted el itinerario de varios viajes que hizo el año pasado.

ciudad		¿cuándo?	transporte
salida de	llegada a	hace	por/en
Buenos Aires	París	un año	por avión
París	Madrid	seis meses	por tren
Madrid	Barcelona	cuatro semanas	en coche particular
Barcelona	Roma	nueve días	en barco
Roma	Buenos Aires	veinte horas	por avión

E1: ¿Cuánto tiempo hace que la Srta. Bolini fue a *Madrid*?
E2: Hace *seis meses*.

E1: ¿Cómo llegó a *Barcelona*?
E2: *En coche particular*.

Actividad 16. Diálogo original: «¿Qué pasó anoche?»

Usted está hablando con su hermano/a menor. Él/Ella sabe que usted regresó tarde anoche y quiere saber lo que hizo.

SU HERMANO/A: Te oí entrar a las tres de la madrugada.
USTED: Bueno, es que anoche fui _____.
SU HERMANO/A: Pero, ¿por qué llegaste tan tarde?
USTED: Pues… porque _____.
SU HERMANO/A: Mamá me dijo que quiere hablar contigo. ¿Qué le vas a decir?
USTED: _____.

Vocabulario

EL PRETÉRITO (TIEMPO PASADO) Preterite (past tense): Irregular verbs

dar   to give
  di/dio

decir   to tell; to say
  dije/dijo

divertirse   to have fun
  me divertí/se divirtió

dormir   to sleep
  dormí/durmió

estar   to be
  estuve/estuvo

hacer   to do; to make
  hice/hizo

ir   to go
  fui/fue

leer   to read
  leí/leyó

obtener   to obtain, get
  obtuve/obtuvo

oír   to hear
  oí/oyó

pedir   to ask for
  pedí/pidió

poder   to be able to
  pude/pudo

poner(se)   to put (on)
  (me) puse/(se) puso

preferir   to prefer
  preferí/prefirió

reírse	to laugh	**servir**	to serve
me reí/se rió		**serví/sirvió**	
sentir(se)	to feel (*sick,*	**tener**	to have
(me) sentí/(se) sintió	*ashamed, etc.*)	**tuve/tuvo**	
ser	to be	**vestirse**	to get dressed
fui/fue		**me vestí/se vistió**	

LOS VERBOS Verbs

besar	to kiss	**esconderse**	to hide (oneself)
buscar	to look for	**estrenar**	to use for the first time
caerse	to fall	**graduarse en**	to graduate from
me caigo/se cae		**merendar (ie)**	to eat a snack; to picnic
casarse	to get married	**meterse**	to get in
contar (ue)	to tell (*a story*)	**parar**	to stop
cruzar	to cross	**pasarlo bien**	to have a good time
cubrir(se)	to cover (oneself)	**preocuparse**	to worry
cumplir años	to have a birthday	**sonar (ue) (el**	to go off (*alarm clock*)
desaparecer	to disappear	**despertador)**	
desaparezco/desaparece		**tocar (a la puerta)**	to knock (on the door)
descubrir	to discover	**tratar**	to try
encontrar(se) (ue)	to find (meet)		

PALABRAS SEMEJANTES: continuar, decidir, explorar, formar, imaginar, impresionar, interrumpir, inventar, resultar

LOS SUSTANTIVOS Nouns

el agua de coco	coconut milk	**la lancha**	small boat
la arena	sand	**la llegada**	arrival
el barco	ship	**la madrugada**	early morning
la batalla	battle	**la multa**	ticket (*traffic*)
el beso	kiss	**las olas**	waves (*ocean*)
la broma	(practical) joke	**la palmera**	palm tree
el departamento de	sales department	**el principio**	beginning
ventas		**la rana**	frog
el deseo	wish, desire	**un rato**	a while
el despertador	alarm clock	**el ruido**	noise
el dolor de cabeza	headache	**la salida**	exit, departure
el exceso de velocidad	excessive speed	**el siglo**	century
la fogata	bonfire	**la sorpresa**	surprise
el golpe	knock; blow	**la tarjeta de felicitación**	greeting card
el hecho	event	**el tocino**	bacon
el huevo	egg	**la torre**	tower
el laboratorio de idiomas	language lab	**el tren**	train
el lago	lake	**la vergüenza**	shame; embarrassment

el viaje	trip	**la voz** (*pl.* **voces**)	voice
el viaje de negocios	business trip		

PALABRAS SEMEJANTES: el canal, la curiosidad, la declaración, la excusa, la expresión, el «frisbi», la imaginación, el ingrediente, el itinerario, la pirámide, la reacción, el silencio, el tomate, el tono, la virgen

LA DESCRIPCIÓN Description

asustado/a	frightened	**inolvidable**	unforgettable
completamente	completely	**madrileño/a**	from the city of Madrid
descrito/a	described	**mojado/a**	wet
divertido/a	amusing; fun	**particular**	private
encargado/a (de)	in charge (of)	**semejante**	similar, alike
estupendo/a	wonderful	**sorprendido/a**	surprised
exactamente	exactly	**tonto/a**	silly, dumb
fuerte	strong	**totalmente**	totally
fuertemente	very hard	**tranquilamente**	peacefully
con fuerza	with force, strength	**último/a**	last; latest
gradualmente	gradually	**vestido/a**	dressed

PALABRAS SEMEJANTES: curioso/a, imaginativo/a, indiscreto/a, memorable, posible, terrible

EXPRESIONES ÚTILES CON EL TIEMPO PASADO Useful expressions with the past tense

anoche	last night	**entonces**	then
el año (mes) pasado	last year (month)	**el fin de semana pasado**	last weekend
el lunes (martes...)	last Monday	**la semana pasada**	last week
pasado	(Tuesday . . .)	**la última vez**	last time
en seguida	immediately	**el verano pasado**	last summer

REPASO: ayer, después (de), luego

PALABRAS Y EXPRESIONES ÚTILES Useful words and expressions

a causa de	because of, due to	**por lo menos**	at least
¿Cuánto tiempo hace que... ?	How long ago did . . . ?	**por si acaso**	just in case
		pues... este...	well . . . ah . . .
entre	between	**¿Qué pasó?**	What happened?
¡Feliz cumpleaños!	Happy birthday!	**supongamos**	let's suppose
hacer un viaje	to take a trip	**tal vez**	maybe
hágale (preguntas)	ask him/her questions	**tampoco**	neither
mío/a(s)	mine	**¡Tanto tiempo sin verte!**	Haven't seen you in a long time! (*familiar*)
por completo	completely		
por fin	finally		

LECTURAS ADICIONALES

NOTA CULTURAL: *Los piropos*°

compliments

Los piropos (en México, «las flores») son frases de halago° que los muchachos hispanos dedican a sus enamoradas, o a las muchachas que pasan por la calle. Los jóvenes con frecuencia compiten por la atención de las muchachas, tratando de decirles el piropo (o la flor) más elocuente.

flattery, praise

Éstos son algunos de los piropos más populares: ¡Qué monumento! ¡Qué ejemplar! ¡Raquel Welch es una bruja° junto a ti! ¡Qué curvas y yo sin frenos°! ¡Si cocinas como caminas, me lo como todo°! ¡Bo Derek no te llega ni a la suela de los zapatos°!

witch / brakes
me... I won't leave leftovers
no... is lower than the soles of your shoes

Los piropos muchas veces sirven de principio para un posible cortejo.° En casos extremos pueden ir acompañados de pellizcos° o nalgadas;° el halago se convierte entonces en un acto de agresión. Si a la muchacha le interesa el chico que la piropea, sonríe o se detiene a conversar; si el piropo es de mal gusto, sigue su camino° sin voltear.° Algunas mujeres hispanas, comprometidas o influidas por los movi-

courtship
pinches / slaps on the buttocks

sigue... she goes on her way / turning

Estos jóvenes de Cali, Colombia, admiran a tres muchachas que pasan por la plaza.

© VICTOR ENGLEBERT/PHOTO RESEARCHERS

mientos feministas, critican y rechazan° por completo
los piropos; otras han invertido° la situación, siendo
ellas las que piropean a los hombres.

reject

cambiado

Preguntas

1. ¿Qué es un piropo?
2. ¿Para quiénes son los piropos?
3. ¿Por qué cree usted que las feministas rechazan la idea de los piropos?

LOS AMIGOS HISPANOS: *Una carta de Perú*

Machu-Picchu, la antigua ciudad escondida (hidden) *de los incas. Era* (It was) *refugio y ciudad de vacaciones de los reyes incaicos.*

© ALLYN BAUM/MONKMEYER

Este año Adriana Bolini está pasando sus vacaciones
en Perú. Después de su viaje a Machu-Picchu, antigua ciudad de los incas, les escribió la siguiente carta
a sus padres.

Cuzco, 15 de noviembre

Queridos padres:

Espero que estén bien. Hoy les escribo desde Perú.
Llegamos a Cuzco° por avión desde Lima.° Tomamos un taxi directamente al hotel y descansé una

antigua capital de
Perú / capital de Perú

hora. Como estamos a tanta altura° sobre el nivel del mar, uno tiene que acostumbrarse a caminar lentamente para no marearse.° Después salí a pasear por la ciudad con Hernán y Luisa, dos ecuatorianos que venían° en la misma excursión. Fuimos al mercado donde compré un suéter muy bonito de alpaca.° Los indígenas° de Cuzco son muy interesantes; son incas y hablan quechua° entre sí, pero con nosotros hablaron castellano.°

altitude

get dizzy

came along
un… *a nice alpaca sweater*
natives
lengua de los incas
español

Al día siguiente me encontré por la mañana con los otros miembros de la excursión en la estación de trenes. El tren que iba° a Machu-Picchu era° viejo y pequeño; tenía carritos° de madera. Me senté al lado de una ventana para no perderme nada del paisaje.° ¡Y qué paisaje más bello! A la salida de Cuzco el tren tiene que subir muchos metros en una distancia muy corta, así que subimos dando muchas vueltas por la misma ladera,° muy despacio.

was going / was
tenía… *it had cars*
landscape, scenery

side

El viaje a Machu-Picchu duró aproximadamente cuatro horas. Pasamos por valles muy lindos con montañas verdes y unas vistas preciosas. Llegamos a una pequeña estación dentro de un valle profundo. No vi nada más que una montaña, pero me bajé con los demás. De allí subimos en autobús a la cima° de la montaña. Allí vimos por fin las ruinas de Machu-Picchu, edificios, pasillos y una magnífica vista panorámica de los Andes. ¡Quedé tan impresionada! ¿Cómo pudieron construir aquello en un lugar tan alejado, tan inaccesible? ¿Y cómo pudieron llevar las piedras? Me gustó mucho y pensé durante un rato en la historia de los incas.

top

Comimos en el hotel que está en la cima de la montaña. Luego bajé en autobús con los demás. Ya casi de noche abordamos el tren para el viaje de regreso a Cuzco. Se hizo de noche, pero nos pusimos a discutir la política—y ustedes saben cómo somos nosotros los argentinos cuando discutimos este tema. Como pueden ver, mi viaje ha sido estupendo hasta ahora.

¡Hasta mis próximas noticias!

Abrazos,

Adriana

Comprensión

Busque el orden correcto.

____ Adriana compró un suéter.
____ En el tren Adriana se sentó cerca de la ventana para ver el paisaje.
____ Adriana salió a pasear con dos amigos ecuatorianos.
____ Adriana se encontró con otros miembros de la excursión.
____ Adriana vio las ruinas de Machu-Picchu.
____ Adriana bajó en autobús con los demás.
____ Adriana subió a la cima de la montaña en autobús.
____ Adriana llegó a Cuzco.

LOS AMIGOS NORTEAMERICANOS: El primer día en Madrid

La Plaza Mayor de Madrid.

© PETER MENZEL

Clara, una estudiante norteamericana que estudia en Madrid, le escribió la siguiente carta a su amiga mexicana, quien estudió en Madrid hace dos años.

Madrid, 10 de julio

Querida Norma:

Yo sé que te vas a sorprender. Apenas° llegué ayer y ya te estoy escribiendo. Es que estoy tan emocionada… ¡Madrid es todo lo que me dijiste y más! Son las ocho de la mañana; me levanté hace una hora —sí, a las siete— porque quiero aprovechar cada minuto.

Just barely

Ayer Pilar me buscó en el aeropuerto y me trajo al hotel. Chica, ¡apenas tuve tiempo de ducharme y cambiarme de ropa! ¡Hace un calor! Bien dices que Madrid tiene nueve meses de invierno y tres de infierno.° nueve... *nine months of winter and three of hell*

Después del almuerzo Pilar me llevó a la Academia de San Fernando y al Museo del Prado.° Yo insistí en ir allí primero. Ya sabes cuánto me gusta la pintura española. Pronto vas a ver las postales que compré para ti; son de obras de Velázquez, Goya y el Greco. ¡Encontré todas las que me pediste! Academia... *museums in Madrid*

Después merendé con Pilar y con un amigo de ella, José Estrada, en Manila (¿recuerdas esas cafeterías?). Más tarde paseamos los tres por la Gran Vía° y fuimos a Las Cuevas de Luis Candelas° a cenar. ¿Fuiste a este restaurante? Está en la Plaza Mayor.° la... *main avenue, officially called Avenida José Antonio* / Las... *famous restaurant* / la... *famous plaza*

Sin más por ahora, tu amiga de siempre,

Clara

Comprensión

Busque el orden correcto.

_____ Clara paseó por la Gran Vía.
_____ Pilar llevó a Clara al Museo del Prado.
_____ Clara llegó al hotel.
_____ Almorzaron.
_____ Conoció a José Estrada.
_____ Pilar recogió a Clara en el aeropuerto en Madrid.
_____ Clara se duchó y se cambió de ropa.
_____ Clara merendó con Pilar y otro amigo.
_____ Los tres cenaron en el restaurante «Las Cuevas de Luis Candelas».

GRAMÁTICA Y EJERCICIOS

6.1. *Past Experiences: Preterite (Past) Tense of Regular Verbs*

In Spanish the preterite (past) tense is formed by adding a set of endings to the verb stem.

Adriana viaj**ó** a Europa el verano pasado.
Adriana traveled to Europe last summer.

José jug**ó** al béisbol toda la tarde.
José played baseball all afternoon.

Mi abuela cocin**ó** por tres horas ayer.
My grandmother cooked for three hours yesterday.

Unlike English, the Spanish preterite (past) tense forms vary according to the subject of the sentence.

Yo me levant**é** a las diez esta mañana.
I got up at ten this morning.

Pero mis padres se levant**aron** a las seis.
But my parents got up at six.

Y mi abuelita se levant**ó** a las nueve.
And my grandmother got up at nine.

There are only two main patterns for regular verbs: one set for **-ar** verbs and another for **-er**/**-ir** verbs, which have the same endings in the preterite (past) tense.

	hablar	comer	vivir
(yo)	habl**é**	com**í**	viv**í**
(tú)	habl**aste**	com**iste**	viv**iste**
(usted, él/ella)	habl**ó**	com**ió**	viv**ió**
(nosotros/as)	habl**amos**	com**imos**	viv**imos**
(ustedes, ellos/as)	habl**aron**	com**ieron**	viv**ieron**

Durante mucho tiempo **viví** cerca del mar.
For a long time I lived near the sea.

—¿Qué **hicieron** ustedes en clase? —Yo **escribí** una composición de dos páginas, pero los otros estudiantes **escribieron** sólo un párrafo.
"What did you do in class?" "I wrote a two-page composition, but the other students wrote only a paragraph."

Cuando **terminó** la clase, **recogí** mis libros; la profesora **recogió** uno que **olvidé**.

When the class ended, I picked up my books; the professor picked up one that I forgot.

If the stem of the verb ends in a vowel, the **i** of the **-ió** and **-ieron** endings changes to **y**:

leer: le-: leí, leíste, leyó, leímos, leyeron
oír: o-: oí, oiste, oyó, oímos, oyeron.

Yo **leí** el libro pero Esteban no lo **leyó**.
I read the book but Esteban didn't read it.

Yo **oí** un ruido pero mis hermanos no lo **oyeron**.
I heard a sound but my brothers didn't hear it.

Ejercicio 1

¿Hizo usted estas actividades ayer? Conteste sí o no.

MODELO: trabajar → Sí, trabajé por siete horas. (No, no trabajé.)

1. comprar un disco
2. comer en un restaurante
3. mirar la televisión
4. escribir una carta
5. tomar vitaminas
6. estudiar por cuatro horas
7. visitar a un amigo (una amiga)
8. correr en la mañana
9. beber un refresco
10. lavar los platos

Ejercicio 2

Diga si estas personas hicieron estas actividades ayer.

MODELO: mi papá / correr por una hora → Mi papá no corrió por una hora.

1. mi mamá / escribir una carta
2. la Princesa Diana / cenar en un restaurante caro
3. el presidente de México y su esposa / viajar a España
4. usted y un amigo (una amiga) / jugar al tenis
5. Fidel Castro / visitar varias escuelas

Ejercicio 3

Usted es reportero y está entrevistando a una científica famosa de Chile, la doctora Ana María Gallo Cáceres, y al colega de ella, el doctor Héctor Figueroa Chacón. Usted quiere más información. Hágales preguntas usando **¿cuánto/a(s)?**, **¿dónde?**, **¿cómo?**, **¿cuándo?**, **¿por qué**, **¿qué?**, **¿con qué?** o **¿de quién?**

MODELO: Mi colega y yo leímos muchos estudios científicos. →
¿Por qué leyeron ustedes tantos estudios científicos?

1. El doctor Figueroa y yo descubrimos un proceso nuevo.
2. La doctora Gallo y yo escribimos dos artículos el mes pasado.
3. La doctora Gallo y yo trabajamos muchas horas ayer en el laboratorio.
4. El doctor Figueroa recibió dinero de una compañía de aparatos médicos.
5. La doctora Gallo experimentó con distintos elementos químicos.

6.2. Verbs with Irregular Preterite (Past) Tense Forms

A. Many irregular verbs use an irregular stem and a slightly different set of past tense endings, with stress always on the next-to-last vowel. Because of this they do not have written accents.

poner: pus- (*to put*)	
pus**e**	*I put*
pus**iste**	*you put*
pus**o**	*you, he/she put*
pus**imos**	*we put*
pus**ieron**	*you, they put*

—¿Dónde **pusiste** mi chaqueta? —La **puse** encima de la cama.
"Where did you put my jacket?" "I put it on top of the bed."

Here are some verbs with irregular stems that use these endings.

estar	**estuve**	*I was*
hacer	**hice**[1]	*I did; I made*
poder	**pude**	*I was able*
poner	**puse**	*I put*
querer	**quise**	*I wanted*
saber	**supe**	*I knew; I found out*
tener	**tuve**	*I had*
venir	**vine**	*I came*

—¿Qué **hiciste** tú para la fiesta? —Yo no **hice** nada porque mi madre lo **hizo** todo.
"What did you make for the party?" "I didn't make anything because my mother made everything."

---

[1] In the preterite (past), the spelling of the verb **hacer** changes in the third person singular, in order to preserve the **-c-** sound of the infinitive: **hice, hiciste, hizo, hicimos, hicieron**.

—¿Qué **tuviste** que hacer ayer? —**Tuve** que estudiar por cuatro horas.
"What did you have to do yesterday?" "I had to study for four hours."

—¿Dónde **estuviste** anoche? —¡**Estuve** en una fiesta divertidísima!
"Where were you last night?" "I was at a really great party!"

—¿Dónde **puso** usted la comida? —La **puse** en el refrigerador.
"Where did you put the food?" "I put it in the refrigerator."

The following verbs take the same set of endings, but they drop the **-i-** in the *they* form.

conducir	**conduj**e/condujeron	*I drove/they drove*
decir	**dij**e/dijeron	*I said/they said*
traducir	**traduj**e/tradujeron	*I translated/they translated*
traer	**traj**e/trajeron	*I brought/they brought*

—¿Qué te **dijeron?** —Me **dijeron** que tú fuiste el culpable.
"What did they tell you?" "They told me that you were the guilty one."

—¿Qué **trajeron** de comer? —**Trajimos** refrescos y sándwiches.
"What did you bring to eat?" "We brought soft drinks and sandwiches."

B. The verbs **ser** (*to be*) and **ir** (*to go*) have identical preterite (past) tense forms: **fui**, **fuiste**, **fue**, **fuimos**, **fueron**.

—¿Adónde **fuiste** anoche? —**Fui** a la casa de un amigo.
"Where did you go last night?" "I went to a friend's house."

—¿Qué **fue** ese ruido? —No **fue** nada. Te estás imaginando cosas.
"What was that noise?" "It was nothing. You're imagining things."

C. The verb **dar** (*to give*) takes the endings used with **-er/-ir** verbs: **di, diste, dio, dimos, dieron**.

—¿Qué te **dieron?** —No me **dieron** nada.
"What did they give you?" "They gave me nothing."

Ejercicio 4

Diga qué actividades hicieron estas personas.

MODELO: Clarisa y Marisa / estar ocupadas todo el día →
Clarisa y Marisa estuvieron ocupadas todo el día.

1. Roberto / hacer ejercicio
2. Ernestito / dar una fiesta
3. los compañeros de la clase de español / traer su almuerzo a clase
4. la profesora Martínez / decir varias cosas importantes
5. el presidente de México / tener que asistir a una reunión de tres horas
6. Pedro Ruiz / leer el periódico

7. la abuelita de Raúl / recibir una carta del presidente de México
8. las amigas de Amanda / traducir un poema del español al inglés
9. Ernesto Ramírez / poner el coche en el garaje
10. el médico / ir a una reunión de doctores

Ejercicio 5

Cuente lo que hicieron estas personas.

MODELO: Yo soy María. Fui al cine. → María fue al cine.

1. Soy Margarita Ruiz. Anoche salí a cenar con mi esposo y nuestros dos hijos. Llegamos al restaurante «La Copa de Oro» a las ocho. Terminamos de comer a las nueve y media. Dimos un paseo por la plaza que hay enfrente de nuestra casa y luego nos acostamos a las once.
2. Soy Ricardo Sícora. La semana pasada fui con mis hermanos Pablo y Enrique y tres amigas a una playa cerca de Ocumare a bucear. Primero fui a la casa de mi amigo Eduardo y recogí los tanques de oxígeno. Luego volví a casa a rocoger a mis hermanos y salimos para la playa. Llegamos temprano, así que descansé un rato antes de meterme en el agua. Buceamos por una hora y vimos muchísimos peces y animales marinos. Después yo hice una fogata en la playa y cocinamos un pescado que Pablo pescó. Cantamos y bailamos con la música del radio hasta las doce. Regresamos a casa contentos y satisfechos después de un día tan divertido.
3. Soy Silvia Bustamante. Anoche fui con mi novio Carlos Padilla a una fiesta. Llegamos a las nueve y cuando entré, vi a Luisa Hernández, una amiga del Instituto donde estudié inglés el año pasado. La saludé y salimos al patio a charlar de los viejos amigos del Instituto. Bailé mucho con Carlos y tomé unas copas de champán. Regresé a casa un poco mareada pero por suerte ¡no tuve que manejar!

6.3. *Verbs with Vowel Changes in the Preterite (Past) Tense*

Remember that a small number of verbs had vowel changes in the present tense: **pienso** (*I think*) versus **pensar** (*to think*). Most of these verbs do not have vowel changes in the preterite (past) tense.

present	preterite (past)
pienso	pensé
piensas	pensaste
piensa	pensó
pensamos	pensamos
piensan	pensaron

However, a few verbs also have a vowel change in the preterite (past) tense. The infinitive form of all of these verbs ends in **-ir**. This change occurs in the *he/she, you* and the *they, you (plural)* forms. There are two possible changes in the preterite (past) tense: **o → u** and **e → i**.

> Yo **dormí** bien, pero Estela **durmió** mal.
> *I slept well, but Estela slept poorly.*

> Nosotros nos **sentimos** muy bien pero Estela y Ernesto se **sintieron** enfermos.
> *We felt just fine but Ernesto and Estela felt sick.*

Compare the present and preterite (past) tenses of **dormir (ue, u)** and **sentir (ie, i)**:

present	preterite (past) tense
d**ue**rmo	dormí
d**ue**rmes	dormiste
d**ue**rme	d**u**rmió
dormimos	dormimos
d**ue**rmen	d**u**rmieron
s**ie**nto	sentí
s**ie**ntes	sentiste
s**ie**nte	s**i**ntió
sentimos	sentimos
s**ie**nten	s**i**ntieron

This vowel change also occurs in the present participle.

> —¿Van a **dormir** Clarisa y Marisa? —Ya están **durmiendo** tranquilamente.
> *"Are Clarisa and Marisa going to sleep?" "They are already sleeping peacefully."*

Other common verbs with this change are **sugerir (ie, i)** (*to suggest*), **divertirse (ie, i)** (*to have a good time*), **preferir (ie, i)** (*to prefer*), and **mentir (ie, i)** (*to lie*).

> Vimos dos películas. Estela **prefirió** la primera pero nosotros **preferimos** la segunda.
> *We saw two movies. Estela preferred the first one, but we preferred the second one.*

> —¿Te **divertiste** en la fiesta anoche? —Sí, me **divertí** mucho.
> *"Did you have fun at the party last night?" "Yes, I had a great time."*

> —¿Y tu esposo? ¿Se **divirtió** también? —No, no le gustan las fiestas.
> *"And your husband? Did he have fun too?" "No, he doesn't like parties."*

Ejercicio 6

Conteste.

1. ¿Cuántas horas durmió usted anoche?
2. ¿Se sintió usted mal anoche?
3. ¿Se divirtieron sus padres durante las vacaciones?
4. ¿Se divirtió usted el fin de semana pasado?
5. ¿Cuántas horas durmieron sus hijos anoche?
6. ¿Cómo se sintieron sus amigos la mañana después de la fiesta?
7. ¿Le mintió alguna vez a su profesor(a)?
8. ¿Dónde durmieron ustedes anoche?
9. ¿Se divirtieron usted y sus amigos durante las vacaciones?
10. ¿Cómo se sintieron ustedes después de su viaje a Argentina?

6.4. Expressing "Ago": **hacer** + Time

The word **hace**, followed by a period of time, indicates time elapsed and corresponds to *ago* in English.

—¿Cuándo salió Ricardo? —**Hace una hora**.
"When did Ricardo leave?" "An hour ago."

—Sra. Torres, ¿**cuánto tiempo hace que** usted fue a México? (¿**Hace cuánto tiempo que** usted fue a México?) —Fui **hace una semana**.
"How long ago did you go to Mexico?" "I went a week ago."

Ejercicio 7

Inés está hoy de mal humor y acusa a Julia, la criada, de no hacer nada bien. ¿Cómo puede defenderse Julia?

MODELO: INÉS: ¡Usted nunca lava los platos en esta casa!
JULIA: Pero, señora, lavé los platos hace una hora.

1. ¡Usted nunca limpia el baño!
2. ¡Usted nunca barre el patio!
3. ¡La alfombra está sucia porque usted nunca pasa la aspiradora!
4. El pobre perro, ¡usted nunca lo baña!
5. Estoy cansada de comer pollo. ¡Usted nunca cocina nada sabroso (*tasty*)!

Ejercicio 8

¿Sabe usted mucho de historia? ¿Cuánto hace que... ?

MODELO: ¿Cuántos años hace que terminó la Segunda Guerra Mundial? (1945) →
Terminó hace 40 años.

1. ¿Cuánto tiempo hace que Alejandro G. Bell inventó el teléfono? (1876)
2. ¿Cuánto tiempo hace que Gustave Eiffel construyó la Torre Eiffel? (1889)
3. ¿Cuánto tiempo hace que murió Pancho Villa?   (1923)
4. ¿Cuánto tiempo hace que Colón llegó a América?   (1492)
5. ¿Cuánto tiempo hace que murió Francisco Franco, el dictador de España?   (1975)
6. ¿Cuánto tiempo hace que Fidel Castro derrotó (*defeated*) a Batista en Cuba?   (1959)
7. ¿Cuánto tiempo hace que los sandinistas derrotaron al dictador Somoza en Nicaragua?   (1979)

CAPÍTULO SIETE
LA NIÑEZ Y LA JUVENTUD

LOS TEMAS

▣ Talking About Your Childhood

▣ The Teen Years

▣ Experiences and Memories

LAS LECTURAS

• La educación bilingüe

• El primer día de clase

• La mujer de ayer y la de hoy

LAS LECTURAS ADICIONALES

• La telenovela: La piñata
• La telenovela: Dos primos traviesos (Ernestito y Gustavo)
• Los amigos hispanos: La leyenda de La Llorona
• Nota cultural: La crianza de los niños
• Los amigos hispanos: El amuleto

LA GRAMÁTICA

7.1. Past Habitual Actions: Imperfect Tense
7.2. Imperfect Tense of "State" Verbs
7.3. Diminutives
7.4. Unplanned Occurrences: **se**

In **Capítulo siete** you will learn to use a past tense to talk about different kinds of past memories: your habitual activities and those of others, and the way you felt at a given point in the past.

ACTIVIDADES ORALES

¡OJO! *Estudie Gramática 7.1–7.2.*

imperfecto	
jugaba	salía
jugabas	salías
jugaba	salía
jugábamos	salíamos
jugaban	salían

Adela

Jugaba mucho con mis amigas
en el jardín.

Montaba a caballo.

Leía las tiras cómicas
los domingos.

Miraba la televisión.

Corría con mi perro.

Saltaba a la cuerda.

Actividad 1. La niñez de algunas personas famosas

¿Qué hacían estas personas famosas en su niñez? ¿A cuál(es) de estas
personas atribuye usted las siguientes actividades?

- Elizabeth Taylor, actriz
- Fidel Castro, primer ministro de Cuba
- Marie Curie, científica francesa
- Fernando Valenzuela, jugador de béisbol mexicano
- Cristóbal Colón, descubridor de las Américas

1. Disparaba su rifle.
2. Rompía las ventanas de sus vecinos con una pelota.
3. Pensaba mucho en la ciencia.
4. Vivía en Cuba.
5. Jugaba con muñecas.
6. Vivía en Francia.
7. Navegaba.
8. Hablaba francés.
9. Soñaba con viajar.
10. Jugaba al béisbol.
11. Trabajaba en el cine.
12. Leía mucho.
13. Estudiaba baile.
14. Quería descubrir «nuevos mundos».
15. Vivía en un pueblo mexicano.
16. Montaba a caballo.
17. Hablaba español.
18. Estudiaba los mapas.
19. Se miraba con frecuencia en el espejo.
20. Soñaba con descubrir una nueva ruta a la India.

Actividad 2. La niñez

En la clase, ¿quién hacía estas actividades cuando era niño/a?

MODELO: Jugaba a las cartas. →
Martín y Roberto jugaban a las cartas cuando eran niños.

1. Montaba a caballo.
2. Peleaba frecuentemente con sus hermanos.
3. Sacaba buenas notas en la escuela.
4. Tenía un perro y un gato.
5. Jugaba con un equipo de béisbol.
6. Nadaba mucho.
7. Saltaba a la cuerda.
8. Leía historietas.
9. Se subía a los árboles.
10. Jugaba con muñecas.

Actividad 3. Entrevistas

LA NIÑEZ

Cuando tú tenías ocho años...

1. ¿Dónde vivías?
2. ¿Qué te gustaba hacer? ¿Qué juegos te gustaban?
3. ¿Participabas en muchos deportes? ¿Cuáles?
4. ¿Te gustaba la escuela?

5. ¿Cuáles eran tus clases favoritas?
6. ¿Cómo se llamaba tu maestro favorito (maestra favorita)?
7. ¿Qué carrera querías seguir? ¿Por qué?

8. ¿En qué trabajaba tu padre? ¿tu madre?
9. ¿Qué hacías durante los veranos?

LA ESCUELA PRIMARIA

1. ¿A qué escuela asistías?
2. ¿Cómo era?
3. ¿Recuerdas cómo se llamaba tu maestro/a de primer año?
4. ¿Qué te gustaba hacer en la escuela?
5. ¿Qué no te gustaba hacer?
6. ¿Tenías que estudiar mucho en la escuela primaria?

7. ¿A qué jugabas durante la hora del recreo?
8. ¿A qué hora empezaban las clases? ¿A qué hora terminaban?
9. ¿Qué hacías después de salir de la escuela?
10. ¿Tienes buenos recuerdos de la escuela primaria?

Actividad 4. ¿Qué hacíamos?

Piense en lo que usted hacía con otras personas cuando era niño/a.

MODELO: ¿Qué hacía usted con su mamá? →
　　　　 Mi mamá y yo jugábamos en el parque.

1. su papá
2. su mamá
3. su abuelo/a

4. sus amigos/as
5. su tío/a

6. sus hermanos/as
7. su perro/gato

NOTA CULTURAL: La educación bilingüe

Muchas escuelas en los Estados Unidos tienen programas bilingües. Por ejemplo, los estados de California, Texas, Nueva York, Nuevo México, la Florida y algunos otros tienen programas con clases en inglés y en español. El propósito principal de los programas bilingües es la enseñanza del inglés, pero a la vez el niño de ascendencia° hispana tiene la oportunidad de mantener vivas su lengua y su cultura.

¿Cuáles fueron los pasos importantes en la historia de la educación bilingüe? Pues, por ejemplo, en 1968 se estableció° en el estado de California el programa federal llamado° *Title VII*, gracias al cual° se destinaron fondos° federales para todos los programas de enseñanza dirigidos° a los grupos minoritarios. Otro

background

se... was established
called / which
funds
aimed

Una clase bilingüe en Brooklyn. Nueva York, como otras ciudades grandes de los Estados Unidos, se ve obligada a ofrecer educación bilingüe a los muchos estudiantes de ascendencia hispana.

© VAN BUCHER/PHOTO RESEARCHERS

paso importante fue la decisión de la Corte Suprema° en 1974; las instituciones escolares públicas se vieron obligadas° desde ese momento a ofrecer educación especial a los niños que no hablan inglés.

    Muchas personas piensan que el éxito de los programas bilingües tiene que ver con° la motivación personal: si un niño hispano se siente orgulloso de su lengua y de su cultura, aprende con más rapidez el inglés y se incorpora° más fácilmente a la sociedad norteamericana.

Corte... *Supreme Court*

obliged

tiene... *has to do with*

se... *is assimilated*

Preguntas

1. ¿Qué ventajas tiene el programa bilingüe para el niño hispano? ¿Puede usted mencionar algunas desventajas?
2. ¿Cuáles fueron dos de los pasos importantes en la historia de la educación bilingüe?
3. ¿Puede usted nombrar algunas razones por las cuales el estudio del español facilita (*makes easy*) el aprendizaje del inglés?

LA JUVENTUD

Doña Lola era una joven muy bonita.

Bailaba con su novio en las fiestas.

Estudiaba todas las noches.

En la escuela siempre sabía la lección.

Merendaba con su familia en el campo.

Tenía muchos amigos y amigas. Iba al cine con ellos.

Jugaba al vólibol en el parque.

Actividad 5. Cuando yo tenía quince años...

¿Con qué frecuencia hacía usted estas actividades cuando tenía 15 años de edad?

● frecuentemente   ● a veces   ● casi nunca   ● nunca

1. Iba a la playa.
2. Cocinaba.
3. Leía las tiras cómicas.
4. Hablaba por teléfono.
5. Hacía viajes en avión.
6. Andaba en bicicleta.
7. Jugaba al básquetbol.
8. Miraba la televisión.
9. Escalaba montañas.
10. Comía helado.

Actividad 6. La escuela secundaria

Diga qué hacía usted en estas situaciones cuando era estudiante de la escuela secundaria.

1. Cuando no quería ir a la escuela,
   a. decía: «Ay, estoy enfermo/a».
   b. iba al cine.
   c. jugaba con mi perro.
   d. ¿———?

2. Cuando mi madre no me permitía mirar la televisión antes de hacer la tarea,
   a. lloraba.
   b. hacía la tarea rápidamente.
   c. decía: «Pero hoy no tengo tarea».
   d. ¿_____?
3. Cuando quería comprar ropa nueva y no tenía dinero,
   a. le pedía dinero a mi padre (madre, abuelo,...).
   b. ahorraba dinero.
   c. trabajaba.
   d. ¿_____?
4. Cuando quería salir con mis amigos y mi padre no me daba permiso,
   a. me escapaba cuando todos estaban dormidos.
   b. discutía con mi padre.
   c. lloraba y gritaba.
   d. ¿_____?
5. Cuando tenía hambre a medianoche,
   a. iba a la cocina y comía algo.
   b. llamaba a mi madre.
   c. comía dulces.
   d. ¿_____?

Actividad 7. Entrevistas

LA ESCUELA SECUNDARIA

1. ¿Cómo se llamaba la escuela secundaria a la que fuiste?
2. ¿Vivías lejos de la escuela? ¿Cómo llegabas a la escuela?
3. ¿Llegabas a la escuela a tiempo o tarde? ¿Por qué?
4. ¿Hablabas mucho o poco en clase? ¿Por qué?
5. ¿Te quejabas de las tareas que te daban los maestros?
6. ¿Qué materia preferías?
7. ¿Participabas en actividades deportivas? ¿Cuáles?
8. ¿Qué hacías por la tarde después de salir de clase?
9. ¿Salías mucho de noche? ¿Adónde ibas? ¿Con quién?
10. ¿Qué te gustaba hacer?

LOS VERANOS

1. ¿Dónde pasabas los veranos?
2. ¿Viajabas con tus padres?
3. ¿Visitabas a tus parientes?
4. ¿Ibas al campo o te quedabas en la ciudad?
5. ¿Trabajabas?

6. ¿Practicabas algunos deportes?
7. ¿Con quién pasabas tu tiempo libre?
8. ¿Qué hacías en las tardes? ¿en las noches?
9. ¿Pasabas mucho tiempo con tus amigos? ¿Adónde ibas?
10. ¿Cuáles eran tus actividades favoritas?

Actividad 8. Diálogos originales

1. Amanda Ruiz quiere ir con su novio a un baile y piensa volver después de las dos de la mañana. Habla con sus padres y les explica la situación. Su papá, Pedro, está escandalizado porque, según él, eso no se permitía cuando él era joven. Hagan ustedes los papeles de Amanda y el Sr. Ruiz.

SR. RUIZ: Tienes que regresar a las doce de la noche... en punto. En mis tiempos...
AMANDA: Sí, papá, pero en tus tiempos...
SR. RUIZ: Pero, Amanda, eso no es una excusa...
AMANDA: ...

2. Gustavo Rivero fue al cine con algunos amigos, sin pedirle permiso a su papá. Ahora su padre está muy enojado. Hagan ustedes los papeles de Gustavo y su papá, el Sr. Joaquín Rivero.

SR. RIVERO: ¿Quién te dio permiso para salir?
GUSTAVO: ...

LOS AMIGOS HISPANOS: El primer día de clase

Uno puede tener muchas dificultades cuando no conoce muy bien el sistema de matrícula° de algunas universidades. Yo recuerdo mi primer año en la Universidad de Texas en San Antonio, Estados Unidos, y ahora me da mucha risa.°

Perdónenme. No me presenté como debía. Soy Raúl Saucedo, de la ciudad de México. Estoy ya en el cuarto año de mis estudios pero nunca voy a olvidar el primer semestre de clases en San Antonio. El día de la matrícula me levanté muy temprano y fui a inscribirme con mucho entusiasmo. De pronto° tuve que llenar° un montón° de papeles; creo que escribí mi nombre más de cien veces. Pasaba de oficina a oficina sin saber adónde iba. A veces simplemente seguía a los otros estudiantes.

registration

me... it makes me laugh

De... Suddenly
fill out / pile

La natación es un deporte popular en la América Latina en los sitios urbanos donde hay piscinas. Donde no hay piscinas, los jóvenes nadan en los lagos y ríos (rivers). Estos muchachos se divierten en una piscina pública en Costa Rica.

© DAVID KUPERSCHMID

Descubrí entonces que en dos de las clases que yo necesitaba, ya no aceptaban a más estudiantes. Como estaba tan confundido, me inscribí en una clase de natación avanzada y en una de arte. La clase de arte estaba bien, pero la otra… ¡Yo no sabía nadar!

No recuerdo cómo encontré la piscina el primer día de clases. El verdadero° problema fue el examen de natación. Tuve que entrar en el agua, que estaba muy fría, y luego el instructor me informó que tenía que mantenerme en la superficie° por diez minutos. Ése, precisamente, era mi problema: como no sabía nadar, no podía ni° mantenerme a flote. Sentí pánico° y pensé que iba a ahogarme. De pronto mi cuerpo parecía pesar una tonelada.° Empecé a dar patadas° y en cuestión de° cinco segundos me hundí° como una piedra.° Supongo° que el salvavidas° corrió a ayudarme inmediatamente, pero a mí me pareció que tardaba siglos.° Cuando salí del agua, más muerto que vivo, me encontré con la cara asustada del instructor. Me dijo simplemente: «¿Qué hace usted en esta clase?» Y yo le contesté casi sin energía: «¿Qué hago? Pues… ¡ahogarme!»

true, real

surface

not even / Sentí… I panicked

ton / kicks
en… in a matter of / me… I sank
como… like a rock / I suppose / lifeguard
tardaba… he took forever

El segundo semestre me matriculé° en una clase de natación para principiantes.° Hoy puedo nadar bastante bien, pero todavía tengo cierto respeto por las piscinas profundas° y... los exámenes de natación.

me... I registered
beginners

deep

Comprensión

1. ¿Quién dijo lo siguiente, el instructor o Raúl?
   a. Tuve problemas cuando me inscribí en la universidad.
   b. ¡Manténganse a flote!
   c. ¡Yo no sé nadar!
   d. ¡Naden más rápido!
   e. Salgan del agua.
   f. ¿Por qué está usted en una clase avanzada?
   g. ¡Voy a ahogarme!
   h. Tiene que practicar la natación diariamente.
   i. Cuando recuerdo aquel incidente, me da mucha risa (*it makes me laugh*).

2. Narre con sus propias palabras la experiencia de Raúl Saucedo, basándose en los siguientes pasos:
   a. la matrícula
   b. el problema con las clases
   c. el examen de natación

LAS EXPERIENCIAS Y LOS RECUERDOS

¡OJO! *Estudie Gramática 7.3–7.4.*

A Esteban se le olvidó la tarea.

A Carmen se le perdió el libro de química.

A Ernestito se le cayó el reloj.

A Nora se le rompió el brazo.

Actividad 9. ¿Qué pasó?

¿Qué les pasó a estas personas? ¿Le pasó alguna vez algo semejante a usted?

1. Amanda

2. Gustavo

3. Ernesto y Estela

4. Ernestito

5. Amanda

Actividad 10. Los accidentes

¿Qué le pasó a usted alguna vez en las siguientes situaciones? Use los verbos **olvidar(se)**, **romper(se)**, **descomponer(se)**, **caer(se)**, **quedar(se)**, **perder(se)**, **escapar(se)**.

1. Una vez, en una fiesta,…
2. En una merienda…
3. En un viaje…
4. Un día, en la escuela secundaria,…
5. Un día, en casa,…

Actividad 11. Diálogos originales

1. Amanda está hablando con don Eduardo sobre la música de hoy. Don Eduardo tiene 80 años y naturalmente prefiere la música de su propia generación. Amanda tiene 16 años y prefiere la música de hoy. Termine la conversación.

   DON EDUARDO: Es que la música de antes era tan romántica. La de hoy no es más que ruido.
   AMANDA: Pero señor Alvar,…

2. Pedro Ruiz invitó a un viejo amigo de la escuela secundaria a cenar a su casa. Después de comer, se sienten un poco nostálgicos y recuerdan… Termine la conversación.

   PEDRO: Me gustaba tanto cuando íbamos al campo los veranos…
   EL AMIGO: Pasábamos días enteros bajo el sol…
   PEDRO: Sí. Y…

Actividad 12. Las clases de baile

ESCUELA DE BAILE
«EL ENCUENTRO»
Gran Vía 805
Madrid 28002, España
TEL. 7-25-53-58

Las discotecas ofrecen muchas cosas además del baile; también se puede admirar a las parejas[1] que bailan bien, observar los nuevos pasos y conocer a otra gente. ¿Pero no es más divertido saber que nos observan los otros con admiración? ¿Saber que podemos movernos con estilo al compás[2] de una canción?

No se quede sentado,[3] solamente escuchando y observando. Venga a la Escuela de baile «El Encuentro»[4] y aprenda los bailes de moda.[5] Aprenda rápido y regrese a las pistas de baile.[6] ¡Entonces le parecerán[7] fabulosas!

---

[1]*couples* [2]*al... to the beat* [3]*seated, sitting down* [4]*Rendezvous* [5]*de... in style* [6]*pistas... dance floors* [7]*le... they will seem (to you)*

1. Si uno no sabe bailar, ¿es divertido ir a una discoteca? ¿Qué se puede hacer en vez de bailar?
2. El anuncio dice que es más divertido bailar bien. ¿Está usted de acuerdo?
3. ¿Bailaba usted mucho en las fiestas de la secundaria o bailaba más cuando era más joven? ¿Iba mucho a las discotecas?
4. ¿Dónde y cómo aprendió a bailar?

Actividad 13. Drama: El esposo celoso

Este año se celebra una reunión de los estudiantes de la escuela secundaria a la que asistió Estela Ramírez. Desde que ella se graduó hace dieciocho años, casi no ve a ninguno de sus antiguos amigos. Estela llega a la reunión y se encuentra con su primer novio. Empiezan a hablar del pasado, de cómo eran las cosas en aquel entonces. El exnovio comienza diciendo,

«Siempre eras la más bonita de toda la escuela... » ¡Ernesto, el esposo de Estela, se muere de celos! Hagan ustedes los papeles de Estela, Ernesto y el exnovio y preparen un pequeño drama para presentarlo en clase.

Actividad 14. Entrevista

Pregúntele a un compañero (una compañera) de clase qué hacía a la edad de _____. Compare lo que hacía con lo que hace actualmente.

MODELO: 10 años / ir al cine →
Cuando tenías 10 años, ¿ibas mucho al cine? ¿Vas con frecuencia actualmente?

1. 14 años / ir a muchas fiestas
2. 3 años / jugar al béisbol (y practicar otros deportes) con tus amiguitos
3. 8 años / leer mucho
4. 12 años / pasar mucho tiempo con los abuelos
5. 17 años / trabajar después de asistir a las clases

Actividad 15. Entrevista

1. De niño/a, ¿jugabas con muñequitas?
2. ¿Vivías en una ciudad o en un pueblito?
3. ¿Tenías un perrito?
4. ¿Jugabas con carritos?
5. ¿Tenías muchos amiguitos/as?
6. ¿Visitabas mucho a tu abuelita?
7. ¿Pasabas mucho tiempo con tus hermanitos?
8. ¿Se te perdió alguna vez un libro favorito? ¿otra cosa importante?
9. ¿Se te olvidó el dinero para el almuerzo alguna vez? ¿Qué hiciste?
10. ¿Se te rompió alguna vez algo valioso? ¿Qué fue? ¿Cómo pasó?

NOTA CULTURAL: *La mujer de ayer y la de hoy*

La situación de la mujer en los países hispanos está cambiando. La industrialización y el desarrollo° de una sociedad de consumidores son dos factores que contribuyen al cambio. Antes, la mujer hispana prefería quedarse en casa y cuidar a los niños; sus posibilidades de realización profesional eran limitadas. Podía ocuparse del hogar, de la educación de los hijos; se relacionaba con las amistades del esposo, o salía con otras amas de casa de la vecindad o con sus parientas.

development

Esta mujer trabaja de arquitecta en México, D.F. Sus posibilidades de realización personal y profesional son grandes.

© DAVID KUPFERSCHMID

Hoy la mujer hispana tiene a su disposición muchas alternativas. Hay mujeres en puestos ejecutivos, en escuelas de medicina, ingeniería, arquitectura, derecho.... Muchas mujeres opinan que la actitud del hombre hispano es aún condescendiente y un tanto represiva. Hay hombres que piensan que la mujer no puede desenvolverse° cuando está bajo presión o tiene grandes responsabilidades. La desigualdad° del sueldo es también un problema. Pero los cambios, aunque lentos, se están viendo. La mujer hispana de hoy trabaja en las grandes empresas y tiene un lugar importante en las letras y en el arte. El ideal de quedarse en casa y ocuparse de la familia sigue teniendo vigencia,° pero junto a este papel tradicional, la mujer en el mundo hispano tiene ahora más oportunidades para realizarse profesionalmente.

manage

inequality

sigue… is still a common one

Preguntas

1. ¿Qué prefería hacer la mujer hispana hace años? ¿Qué posibilidades profesionales tenía?
2. ¿En qué profesiones puede trabajar hoy la mujer hispana?
3. ¿Cuál es todavía la actitud del algunos hombres hispanos hacia la mujer?
4. ¿Aprecia todavía la mujer hispana el papel clásico de ama de casa? ¿Cuál cree usted que es la razón?

Vocabulario

LOS VERBOS Verbs

ahogarse	to drown	**morirse (ue) (de celos)**	to die (of jealousy)
apreciar	to appreciate	**moverse (ue)**	to move
atribuir	to attribute	**ocuparse de**	to take care of
atribuyo/atribuye		**opinar**	to give one's opinion
basarse en	to base oneself on; to be based on	**pelear**	to fight
		pesar	to weigh
cambiar	to change	**quejarse**	to complain
contribuir	to contribute	**realizarse**	to fulfill oneself
contribuyo/contribuye		**relacionarse con**	to associate with
discutir	to discuss, argue	**romper**	to break
disparar	to shoot	**sacar buenas/malas notas**	to get good/bad grades
escalar	to climb		
inscribirse (en)	to enroll (in)	**saltar a la cuerda**	to jump rope
jugar (ue) a las cartas	to play cards	**soñar (ue)**	to dream
llorar	to cry		

PALABRAS SEMEJANTES: escapar, observar, participar, permitir, robar, usar

LOS ACCIDENTES Unplanned occurrences

caerse	to fall down	**olvidarse**	to forget
se me cayó/cayeron	fell (from my hands)	**se me olvidó/olvidaron**	it/they slipped my mind
se le cayó/cayeron	fell (from his/ her/your hands)	**se le olvidó/olvidaron**	it/they slipped his/her/ your mind
descomponerse	to break down	**perderse**	to get lost
se me descompuso/ descompusieron	broke down (on me)	**se me perdió/perdieron**	my . . . disappeared
se le descompuso/ descompusieron	broke down (on him/her/you)	**se le perdió/perdieron**	his/her/your . . . disappeared
escaparse	to escape, run away	**quedarse**	to stay; to be left behind
se me escapó/ escaparon	escaped (from me)	**se me quedó/quedaron**	I left . . . behind
se le escapó/ escaparon	escaped (from him/her/you)	**se le quedó/quedaron**	he/she/you left . . . behind
irse	to go away	**romperse**	to break
se me fue/fueron	went away (from me)	**se me rompió/ rompieron**	broke (on me)
se le fue/fueron	went away (from him/her/you)	**se le rompió/ rompieron**	broke (on him/her/you)

LOS SUSTANTIVOS Nouns

la actitud	attitude	**los celos**	jealousy
las amistades	friends; friendships	**el/la científico/a**	scientist
el aprendizaje	learning	**el/la consumidor(a)**	consumer, user
la ascendencia	line of ancestors, origin	**la cuerda**	jump rope
el cambio	change	**el/la descubridor(a)**	discoverer

la desventaja	disadvantage	el paso	step
la dificultad	difficulty, problem	el permiso	permission
la enseñanza	teaching, instruction	el primer ministro	prime minister
el éxito	success	el propósito	purpose
las historietas	comics, comic books	el pueblo	town
la juventud	youth	el puesto (de) ejecutivo	executive position
las letras	letters (*literature*)	la rapidez	speed
la materia	school subject	la realización	realization, fulfillment
la matrícula	registration (fee)	el recreo	recreation
la moda	fashion	el recuerdo	memory
la muñeca	doll	el respeto	respect
la natación	swimming (*sport*)	la ruta	route
la niñez	childhood	la sociedad	society
las notas	grades (*academic*)	las tiras cómicas	comic strips
buenas/malas notas	good/bad grades	la ventaja	advantage

PALABRAS SEMEJANTES: la admiración, la alternativa, la cultura, la decisión, la energía, el entusiasmo, la generación, el incidente, la industrialización, la institución, la motivación, la situación

LOS ADJETIVOS Adjectives

antiguo/a	antique; ancient; former	**escandalizado/a**	scandalized
avanzado/a	advanced	**escolar**	school-related
celoso/a	jealous	**lento/a**	slow
condescendiente	condescending	**limitado/a**	limited
deportivo/a	sports-related	**minoritario/a**	(of a) minority
dormido/a	asleep	**orgulloso/a**	proud
entero/a	whole, entire		

PALABRAS SEMEJANTES: especial, nostálgico/a, principal, profesional, represivo/a, romántico/a

LOS ADVERBIOS Adverbs

actualmente	at the present moment, time	**naturalmente**	naturally
		precisamente	precisely
diariamente	daily	**profesionalmente**	professionally
fácilmente	easily		

REPASO: simplemente

EXPRESIONES ÚTILES Useful expressions

a su disposición	at his/her/your disposal	**perdóne(n)me**	pardon me
bajo el sol	under the sun	**pregúnte(n)(le)**	ask (him/her)
bajo presión	under pressure	**¿Qué le/te pasó?**	What happened to you?
en aquel entonces	in those days, back then	**la razón por la cual**	the reason why
en mis tiempos	when I was young	**se permitía**	it used to be allowed
en vez de	instead of	**sentirse (ie)**	to be proud of
hacer un papel	to play a part, role	**orgulloso/a de**	
hoy día	nowadays	**un tanto**	a bit
narre(n)	tell		

LECTURAS ADICIONALES

LA TELENOVELA: La piñata

Estela Ramírez siempre compra una piñata para celebrar el día del santo de sus hijos. El santo de Ernestito fue el domingo pasado. Esta vez Estela le compró una en forma de estrella,° amarilla y muy grande. Dentro de la piñata había espacio para poner dulces, fruta y hasta premios pequeños. Algunos de los amiguitos de Ernestito miraban con mucha atención cuando Estela colgó° la estrella en el patio.

star

hung

La piñata tiene sus orígenes en México, pero ahora la costumbre es popular en toda la América Latina. Las piñatas vienen en muchas formas—animales, estrellas, flores—y están llenas de dulces y juguetes. Estos niños de Colombia tratan de romper (are trying to break) una piñata durante una fiesta familiar.

© VICTOR ENGLEBERT/PHOTO RESEARCHERS

Había una cuerda gruesa que iba desde un árbol hasta el techo de la casa. En el techo estaba Ernesto, el padre de Ernestito. Él tenía la otra punta° de la cuerda en la mano. La piñata quedó colgada en el aire y se deslizaba° por la cuerda. Ernestito quiso ser el primero porque él era el festejado.° Todos estuvieron de acuerdo. Estela le cubrió los ojos con una bufanda de seda.° Luego lo hizo dar varias vueltas.° Finalmente le dio un palo° largo y lo acercó a la piñata. Todos gritaban y cantaban: «¡Dale, dale, dale, no pierdas el tino°!».

end

se... slid
birthday boy

*bufanda... silk scarf /
lo... she spun him
around*
stick
*¡Dale... Hit it! Don't
miss the target!*

En el techo el padre movía la cuerda y quitaba la piñata cada vez que Ernestito intentaba golpearla. Después de tres intentos, otro niño tomó su lugar. Varios niños trataron así de romper la piñata sin éxito. Por fin la rompió Gustavo, el primo de Ernestito. De la piñata cayeron muchos dulces, chicles, fruta y juguetes pequeños. Los niños corrieron a recogerlos entre gritos, risas y empujones.° *shoving*

Preguntas

1. ¿Para qué compra Estela las piñatas?
2. ¿Qué tienen las piñatas adentro?
3. ¿Por qué no podía Ernestito romper la piñata?
4. ¿Quién la rompió por fin?

LA TELENOVELA: *Dos primos traviesos (Ernestito y Gustavo)*

El verano es la estación del año que más me gusta porque no hay clases y puedo pasar el día en la casa de mi primo, Gustavo. Con nadie me divierto tanto como con Gustavo. Me gustaba oírlo hablar de sus novias, de sus clases y de las cosas que les hacía a sus maestros, como ponerles tachuelas° en el asiento y pegarles rabos° en la ropa. Yo una vez quise hacerle cosas así a mi maestra y me fue muy mal. Ahora ya no lo escucho cuando me cuenta sus hazañas,° porque me dan ganas de hacer las mismas cosas y luego tengo problemas muy grandes.

thumbtacks
tails

feats

El verano pasado íbamos mucho al cine; siempre entrábamos a escondidas a las películas prohibidas para menores. Andábamos en bicicleta todas las mañanas. Por las tardes, antes de la cena, nadábamos en la piscina del gimnasio, y por la noche, antes de dormirnos, leíamos unas historietas° buenísimas que Gustavo traía del colegio. Mi preferida era la del Hombre Araña.°

comic books

Hombre... *Spider Man*

Cuando nos aburríamos, llamábamos por teléfono a nuestros amigos; también llamábamos a gente desconocida. Una vez Gustavo llamó al carnicero y le preguntó si tenía patas de cerdo° y lengua de vaca. El hombre dijo que sí, que claro, y Gustavo entonces le dijo: «¡Pero usted sí que es un tipo raro,° con patas de cerdo y lengua de vaca!»

patas... *pig's feet*

¡Pero... *Boy, are you strange!*

Siempre aprendo cosas nuevas con mi primo Gustavo. Algún día quiero ser como él.

Preguntas

1. ¿Qué travesuras hacía Gustavo en su colegio?
2. ¿Por qué ya no quiere Ernestito oír las aventuras de su primo?
3. ¿Qué hacían Ernestito y Gustavo el verano pasado?
4. ¿Qué le preguntó Gustavo al carnicero? ¿Fue chistoso (*funny*)? ¿Por qué?

LOS AMIGOS HISPANOS: La leyenda de La Llorona

Raúl Saucedo está de visita en casa de su abuela, María, en Arenal. La abuela le habla de una leyenda mexicana sobre una mujer que llamaban «La Llorona».

—Yo recuerdo muchas historias que me contaban mis abuelos cuando era niña. Me contaban de cosas extrañas que pasaban en los llanos,° cosas que me asustaban y me daban pesadillas.°

plains
nightmares

—¿Recuerda alguna en especial, abuela?

—Sí. Recuerdo muchas. Lo que le ocurrió al Tío Pascual, por ejemplo. Pobrecito.

—¿Qué le pasó, abuela?

—En el rancho donde vivían mis tíos, estaban siempre preocupados con las luces. Todo el mundo veía luces en la noche.

—Probablemente eran coches, abuela.

—¡Coches! ¿En aquellos días? No, muchacho. Gracias a Dios que existían los caballos, porque si no…

—Entonces, tal vez eran animales luminosos, luciérnagas° o insectos enormes.

fireflies

—¡Qué incrédulo eres, niño! Escucha si quieres oír el cuento.

—Sí, sí, abuela. Perdone.

—Las luces casi siempre salían de un nopal° grande que había en medio del llano. Una noche mi tío Pascual, que en paz descanse,° decidió ir a ver qué producía aquel resplandor° en la oscuridad de la noche. Cuando llegó al nopal, la luz se apagó. Entonces vio a una mujer que caminaba hacia él; iba vestida toda de blanco y de su ropa salía aquella luz. La mujer lloraba. El Tío Pascual después nos contaba que los gritos de la mujer le lastimaban° tanto los oídos, que le causaban un dolor muy grande. La mujer lloraba y decía: «¡Mis hijos! ¡Mis hijos!» Él empezó a correr

cactus

que… may he rest in peace
brightness

hurt

horrorizado y sintió que la tierra se movía; era como un terremoto.° No podía ver muy bien por donde caminaba porque el resplandor de la mujer era muy fuerte. Llegó a la casa dando gritos, sudando, temblando, pidiendo agua y gritando: «¡Es La Llorona! ¡La Llorona! ¡La pobre Llorona!»   *earthquake*

—¿Qué le pasó después a su tío?

—Muchos años después, cuando yo ya estaba para casarme, mi pobre tío desapareció.

—¿Nunca lo encontraron?

—Nunca.

—¿Y quién era esa mujer, La Llorona?

—Una pobre mujer que lloraba por sus hijos perdidos...

Preguntas

1. ¿Qué responde Raúl cuando su abuela habla de «las luces en la noche»?
2. Cuente en sus propias palabras lo que hizo el Tío Pascual una noche.
3. Describa a la mujer que el Tío Pascual vio esa noche.
4. ¿En qué condiciones se encontraba el Tío Pascual cuando llegó a la casa?
5. ¿Qué le pasó finalmente al Tío?

NOTA CULTURAL: La crianza° de los niños   *upbringing*

Los niños son el centro de la atención en el hogar hispano. Son mimados° por toda la familia. Desde muy temprano, aprenden a participar en las actividades propias de su sexo: si es varón,° juega a los soldados, a los carritos, se sube a los árboles; si es hembra,° sus juegos se orientan hacia lo doméstico, la casita, las muñecas, las actividades de menor esfuerzo físico. Los padres enseñan a sus hijos a ser obedientes desde muy pequeños. Los hijos deben respetar en todo momento las decisiones de sus padres. En muchos casos los hijos tratan a sus padres de «usted», indicando así respeto.   *pampered*   *male*   *female*

En el mundo hispano los hijos viven mucho tiempo con sus padres. La independencia no es una meta inmediata. Más que estimular una actitud de individualismo, los padres enseñan a sus hijos el concepto de «cooperación». Pero si los hijos trabajan y se

Este padre panameño ayuda a su hija, que aprende a andar en bicicleta.

© DAVID KUPFERSCHMID

mantienen, se les considera° responsables de sus actos y sus decisiones. Los padres pueden dar entonces su opinión y su consejo, pero los hijos tienen la última palabra.

se... they are considered

Comprensión

Diga cuáles de estas definiciones son para la familia hispana y cuáles para la familia norteamericana o para ambas.

1. Los padres les enseñan a los hijos el concepto de la cooperación.
2. Los hijos viven mucho tiempo con los padres.
3. Los hijos son muy independientes.
4. Los hijos respetan las decisiones de sus padres.
5. Los hijos son el centro del hogar.

LOS AMIGOS HISPANOS: *El amuleto°*

good luck charm

Raúl está con su abuela, María, en la sala de su casa en Arenal. Están escuchando discos antiguos y platicando.

—Abuela, se casó muy joven, ¿verdad?
—No. En comparación con mis amigas, no. Yo me casé a los 22. Mi mejor amiga se casó a los 15. A los 16 ya tenía un hijo.
—¿Por qué se casaban tan jóvenes? ¿No iban a la universidad?

—Hijo, estamos hablando de los años veinte.° Ésa era la costumbre. Eran pocas las mujeres que continuaban estudiando después del sexto año.

—Entonces, ¿se casaban porque no tenían otra cosa que hacer?

—No, por Dios. Eran años difíciles económicamente, pero por suerte había muchas diversiones. Teníamos veladas,° tardeadas,° bailes... El cine sonoro° era la sensación del momento.

—¿El cine sonoro? ¿Quiere decir que ya no veían el cine mudo° de Charlie Chaplin?

—No, en mis tiempos estaban de moda otros artistas.

—¿Y qué hacían en las tardeadas?

—Pues bailábamos y platicábamos con los muchachos.

—¿Tenían que llevar chaperona?

—¡Claro!

—¿No le molestaba eso?

—No, hijo. A mí me acompañaba una tía más o menos joven. Era como una amiga. De regreso a casa comentábamos todo.

—¿Y las veladas eran diferentes?

—Sí, bastante. Las veladas eran más... artísticas. Cantábamos, tocábamos el piano, declamábamos... °

—¿Qué le gustaba más de todo?

—Pues cuando era muy joven me encantaban los bailes de gala.° Llevábamos vestidos largos muy hermosos. Pasábamos semanas soñando con «el día». Eran semanas increíbles. Preparábamos el vestido, escogíamos el peinado,° etcétera, etcétera. Nunca voy a olvidar el baile de Blanco y Negro del 29.° Mi prima Lolita me dijo que para que no me quedara sin bailar debía llevar un amuleto. Me explicó cómo hacerlo y todo.

—¿Y lo hizo, abuela? ¡No lo puedo creer! Usted era supersticiosa...

—Ay, eso no es superstición. Son cosas de jóvenes. Lolita me contó que todas sus amigas llevaban uno y me mostró el suyo.°

—¿Y?

—Pues nada, que me conseguí todo lo necesario: un diente de ajo,° un imán° pequeñito, un pedazo de seda roja y... el casquillo de oro de la muela de tu bisabuelo.° Hice mi bolsita de seda. Me quedó muy bien. Me la puse dentro de la blusa.

---

los... *the twenties*

parties / get-togethers / El... "talkies"

cine... *silent movies*

we recited poetry

de... *formal*

hair styles

el... *the "Black and White Ball" of 1929*

el... *hers*

diente... *clove of garlic / magnet*

el... *great-grandfather's gold crown (filling)*

—¿Y le sirvió?

—Mmm… Al principio, sí…

—¿Y después?

—Tocaron «Silverio», un pasodoble° que me fasci- *traditional dance*
naba. El muchacho más guapo del salón me sacó° a *me… asked me*
bailar. Estaba feliz bailando cuando sentí que algo se
me deslizaba° por el cuerpo y de pronto vi mi amuleto *se… was slipping*
en el suelo. ¡Me moría de vergüenza!

—¿Y él no se dio cuenta?

—No. Poco a poco y sin perder el ritmo fui
empujando el amuleto con el pie hasta que quedó
debajo de un sofá. Se terminó la pieza y él me llevó a
mi sitio y ahí terminó todo.

—¡Cómo! ¿No la volvió a sacar a bailar?

—No, ni él ni nadie.

—¿Porque perdió el amuleto?

—No sé. Tal vez. ¿Qué crees tú… ?

Preguntas

1. ¿Por qué se casaban jóvenes las mujeres en los tiempos de la abuela?
2. ¿Qué hacían en aquellos días para divertirse?
3. ¿Por qué llevó la abuela un amuleto al baile?
4. ¿Qué pasó con el amuleto?
5. ¿Cómo terminó el baile para la abuela?

*Madrid. En los tiempos
pasados los jóvenes
asistían a funciones de la
iglesia o salían con la
familia. Hoy día van con
frecuencia al cine o a
clubes y no van siempre
acompañados de un
miembro de la familia.*

© STUART COHEN

GRAMÁTICA Y EJERCICIOS

7.1. Past Habitual Actions: Imperfect Tense

A. The imperfect is used to describe actions that occurred repeatedly or habitually in the past. To express the same idea, English often uses the phrases *used to* or *would*, or just the simple past.

—¿A qué hora te **levantabas** aquel verano? —Siempre me **levantaba** a las nueve.

"What time $\begin{Bmatrix} did\ you \\ did\ you\ used\ to \\ would\ you \end{Bmatrix}$ get up that summer?"

"I always $\begin{Bmatrix} used\ to\ get\ up \\ got\ up \\ would\ get\ up \end{Bmatrix}$ at nine."

B. There are two patterns of endings for the imperfect: for **-ar** verbs, the **-aba** endings, and for **-er/-ir** verbs, the **-ía** endings.

manejar	comer	vivir
manej**aba**	com**ía**	viv**ía**
manej**abas**	com**ías**	viv**ías**
manej**aba**	com**ía**	viv**ía**
manej**ábamos**	com**íamos**	viv**íamos**
manej**aban**	com**ían**	viv**ían**

Mis hermanos **comían** mucho cuando **visitábamos** a nuestros abuelos.
My brothers used to eat a lot when we visited (would visit) our grandparents.

—¿Qué **hacía** Raúl los domingos cuando **estaba** en la secundaria? —Siempre **lavaba** el carro de sus padres.
"What did Raúl used to do on Sundays when he was in high school?" "He always used to wash his parents' car."

C. Only three verbs are irregular in the imperfect: **ver** (**veía**), **ser** (**era**), and **ir** (**iba**).

Cuando asistía a la universidad, no **veía** a mis padres con frecuencia.
When I attended the university, I didn't see my parents frequently.

Cuando vivía en Puerto Rico, mis amigos y yo **íbamos** a la playa todos los domingos.
When I lived in Puerto Rico, my friends and I would go (used to go) (went) to the beach every Sunday.

Ejercicio 1

De niños, ¿qué hacían estas personas?

MODELO: jugar mucho al tenis / mi hermano →
Mi hermano jugaba mucho al tenis.

1. andar mucho en bicicleta / Gustavo
2. jugar con muñecas / mi hermana y yo
3. leer historietas / yo
4. nadar en el mar / Adriana y Alicia
5. comer muchos dulces / Ernesto
6. limpiar su recámara / Estela
7. bañarse en el mar / toda la familia
8. escuchar música / Pedro
9. ver la televisión / los hijos de don Eduardo
10. cuidar el jardín / el abuelo

7.2. *Imperfect Tense of "State" Verbs*

A. Some verbs describe actions (*run, jump, put, eat*) and others describe states (*want, know, have, be, can*). Verbs that describe states are most often used in the imperfect.

—¿**Sabías** la respuesta?—**Sabía** una parte, pero no toda.
"Did you know the answer?" "I knew a part, but not all."

Yo **conocía** a su hermano pero no a su hermana.
I knew his brother but not his sister.

Ricardo **tenía** tres tíos que vivían con él.
Ricardo had three uncles who lived with him.

B. In the past tense, some "state" verbs have a special meaning.

imperfect		preterite (past)	
sabía	*I knew*	supe	*I found out*
conocía	*I knew*	conocí	*I met*
estaba	*I was*	estuve	*I got there, was*
tenía	*I had, possessed*	tuve	*I had; I received*
quería	*I wanted*	quise	*I tried*
no quería	*I didn't want*	no quise	*I refused*
podía	*I was able*	pude	*I could (and did)*
no podía	*I wasn't able*	no pude	*I (tried and) couldn't*

Nunca **supe** si ellos se casaron.
I never found out if they got married.

¿**Conociste** a Mario cuando estabas en México?
Did you meet Mario when you were in Mexico?

Mi hermana no **pudo** completar el curso.
My sister couldn't (and didn't) finish the course.

C. Four sets of Spanish forms correspond to the English past tense verbs *was/were*. As with all "state" verbs, their imperfect forms are most often used.

	IMPERFECT	PRETERITE	
ser	era	fui/fue	*was, were*
estar	estaba	estuve/estuvo	*was, were*

—¿Dónde **estaban** tus padres anoche? —**Estaban** con los abuelos.
"Where were your parents last night?" "They were with my grand-parents."

—¿Cómo **eras** de niño? —Yo **era** muy tímido.
"What were you like as a child?" "I was very shy."

Preterite tense forms are often used if the time period referred to is limited or explicitly bounded.

—¿Cuánto tiempo **estuvieron** en España? —**Estuvimos** allí todo el año.
"How long were you in Spain?" "We were there all year."

Fui estudiante por cuatro años.
I was a student for four years.

Ejercicio 2

Use la forma apropiada del imperfecto: **tener**, **querer**, **estar**, **ser**, **conocer**, **saber**, **poder**.

1. Gustavo _____ sólo diez años cuando viajó a Colombia.
2. _____ las 10:00 de la noche cuando yo llegué a casa.
3. Mis compañeros no _____ que la capital de México era tan grande.
4. Einstein _____ un joven muy inteligente.
5. Yo no _____ a tu hermano. ¡Qué guapo es!
6. (Nosotras) _____ comprar un carro nuevo pero no _____ dinero. Ahora, por fin, tenemos suficiente dinero.
7. ¿Dónde _____ (tú) a las 8:00 esta mañana?
8. (Yo) no pude ir con Nora y Mónica porque no _____ tiempo.

9. ¿Dónde _____ Clarisa y Marisa a las cinco de la tarde?
10. ¿_____ (tú) leer cuando _____ sólo cinco años?

7.3. Diminutives

The diminutive form of a noun usually denotes small size and/or a positive attitude and affection.

> A mi **hermanito** le gustaba jugar a las canicas.
> *My little brother used to like to play marbles.*

The most common diminutive endings are -**ito** and -**cito**.

mesa   mes**ita**
papel   papel**ito**
avión   avion**cito**
carro   carr**ito**
mamá   mama**cita**, mam**ita**

Diminutive forms vary widely in different parts of the Hispanic world.

Ejercicio 3

Los parientes de Ernestito le regalaron muchas cosas en Navidad. Diga qué regalos recibió Ernestito.

MODELO: Su papá le regaló un carrito. → Ernestito recibió un carro.

1. Su abuela le dio zapatitos.
2. Sus hermanas le dieron un avioncito.
3. La Tía Sara le dio pantaloncitos.
4. Sus padres le dieron un perrito.
5. Su primo Gustavo le dio un sombrerito.

Ejercicio 4

Los mexicanos son famosos por su uso de los diminutivos. Complete la conversación de Estela con Viviana, una vecina.

ESTELA: Pasa, Viviana. Te invito a tomar un _____ (*café*).
VIVIANA: Gracias. Sólo puedo quedarme un _____ (*rato*).
ESTELA: ¿Por qué tan _____ (*poco*) tiempo?
VIVIANA: Tengo al nene _____ (*enfermo*) y no me gusta dejarlo _____ (*solo*).
ESTELA: ¡Claro que no! ¡_____ (*pobre*)! Tal vez le gustarían algunos juguetes, este _____ (*carro*) y este _____ (*avión*).
VIVIANA: Gracias. Voy a decirle que son _____ (*regalos*) de su amigo Ernestito.

7.4. *Unplanned Occurrences:* **se**

Use the pronoun **se** + verb to describe unplanned occurrences such as forgetting, dropping, leaving behind, and breaking, with or without the thing forgotten, dropped, left behind, or broken.

> —¿Qué pasó con el coche? —**Se** descompuso.
> *"What happened to the car?" "It broke down."*

> —¿Qué pasó con el vaso? —**Se** cayó y **se** rompió.
> *"What happened to the glass?" "It fell and broke."*

Often the person involved is indicated with an indirect object pronoun: **me**, **te**, **le**, **nos**, **les**.

Se me olvidó el libro.	*I forgot the book.*
A Ernestito **se le** perdió la pelota.	*Ernestito lost the ball.*

If the object involved is plural, then the verb must also be plural.

Se me **quedaron los libros** en casa.	*I left my books at home.*

Ejercicio 5

Cambie estas oraciones, enfatizando que ocurrieron accidentalmente.

MODELO: A Alberto se le descompuso la bicicleta. →
La bicicleta de Alberto se descompuso.

1. A Esteban se le rompieron los discos.
2. A Luis se le perdió el disco.
3. A Nora se le descompuso el carro.
4. A Carmen se le cayó la pelota.
5. La grabadora se me quedó en casa.

EL MUNDO HISPANO

CAPÍTULO OCHO
LA COMIDA

In **Capítulo ocho** you will learn to talk about food and situations related to food: ordering meals in restaurants, shopping for food, following recipes in Spanish, and so on.

ACTIVIDADES ORALES

▦ LA COMIDA Y LAS BEBIDAS

¡OJO! *Estudie Gramática 8.1.*

lo ⎫
la ⎭ *it*

los ⎫
las ⎭ *them*

El desayuno

los huevos   el tocino   el pan tostado con mantequilla   la leche

el jamón   el jugo de naranja   el café

—¿El pan tostado? Generalmente lo como con mantequilla.
—¿La leche? Sí, me la tomé esta mañana.

El almuerzo

el sándwich de queso   las papas fritas   la leche   las galletitas

—¿Las papas fritas? A veces las como para el almuerzo.

La cena

la ensalada de lechuga y tomate   el arroz   el bistec   el vino   el pan

los guisantes   la fruta

—¿Los guisantes? No, no quiero comerlos esta noche.
—¿El vino? Voy a comprarlo hoy.

Actividad 1. Las comidas del día

¿Con qué frecuencia come usted estos alimentos?

• frecuentemente   • a veces   • casi nunca   • nunca

MODELO: Para el desayuno... ¿El pan dulce? →
        ¿El pan dulce? Casi nunca lo como para el desayuno.

1. Para el desayuno...
   a. ¿Los huevos?
   b. ¿El café con crema?
   c. ¿El tocino?
   d. ¿El cereal?
   e. ¿Los frijoles?
   f. ¿Los panqueques?
   g. ¿La piña?
2. Para el almuerzo...
   a. ¿Un sándwich?
   b. ¿Los espaguetis?
   c. ¿Las salchichas?
   d. ¿Las papas fritas?
   e. ¿El pescado?
   f. ¿La sopa?
   g. ¿El pollo frito?

3. Para la cena...
   a. ¿La ensalada?
   b. ¿Las papas fritas?
   c. ¿La coliflor?
   d. ¿Los espárragos?
   e. ¿El bistec?
   f. ¿La sopa?
   g. ¿Las chuletas de cerdo?

Actividad 2. Mis bebidas favoritas

Escoja su bebida favorita según la ocasión. Aquí tiene usted algunas: refrescos, café, té caliente, té helado, cerveza, vino, agua mineral, leche, limonada, chocolate, batidos de leche, jugos naturales (de tomate, de naranja, de pera, de toronja, etcétera).

MODELO: al levantarme en la mañana →
        Al levantarme en la mañana me gusta tomar una taza de café con leche.

1. para el desayuno
2. para el almuerzo
3. antes de acostarme
4. en una fiesta
5. para celebrar la boda de un amigo
6. después de hacer ejercicio
7. para dormir
8. cuando no quiero dormir
9. cuando hace frío
10. cuando hace calor

Actividad 3. Busque el error

En cada grupo de palabras hay una que no pertenece a la lista. Búsquela y explique por qué no pertenece a la lista.

MODELO: la sandía, la pera, el pescado, la uva →
«El pescado» no cabe porque no es una fruta.

1. el apio, el pepino, el trago, la mazorca de maíz
2. el durazno, las cerezas, el aceite, la piña
3. el flan, el helado, los huevos, el pastel
4. la salchicha, la hamburguesa, el asado, la calabaza
5. la miel, la mazorca de maíz, la mermelada, la jalea
6. la chuleta, las almejas, los camarones, la langosta
7. las nueces, la sandía, las almendras, el maní
8. la leche, la cerveza, el refresco, las aceitunas
9. los hongos, las habichuelas, la toronja, la calabacita
10. el ron, el batido de leche, los guisantes, la cerveza

Actividad 4. Una dieta para mejorar la salud

Imagine que usted necesita comer mejor para mejorar su salud. Aquí tiene usted algunas sugerencias para una dieta buena. Escoja los alimentos que usted va a comer mañana. ¡No coma demasiado!

DESAYUNO

1. jugo o porción de fruta: media toronja o una naranja entera, una porción de piña, ciruelas, uvas o manzanas
2. Escoja uno: (a) cereal frío o caliente, (b) huevos revueltos o cocidos
3. un panecillo con un poco de margarina (no use mantequilla)
4. una taza de café, té o leche

ALMUERZO

1. Seleccione uno de los grupos siguientes:
   a. una ensalada de lechuga y tomate y una taza de sopa de legumbres
   b. una ensalada de lechuga con trozos de queso o pollo y vinagre y muy poco aceite
   c. una ensalada de fruta fresca sin azúcar
   d. un śandwich de atún o una porción de pescado
2. jugo de tomate, agua mineral, un refresco sin azúcar

CENA

1. un vaso de jugo de tomate o una ensalada pequeña
2. pollo horneado o pescado a la parrilla
3. una papa horneada o arroz
4. legumbres: bróculi, coliflor o habichuelas
5. té frío sin azúcar o café sin azúcar
6. una porción de fruta fresca o una porción de queso

Actividad 5. ¿Quién en la clase... ?

1. no come muchas hamburguesas
2. nunca come en restaurantes japoneses
3. come fruta casi todos los días
4. casi siempre prepara la cena en casa
5. casi nunca desayuna
6. desayuna huevos con tocino
7. come mucho pollo frito
8. come en restaurantes por lo menos cinco veces por semana
9. usa mucha pimienta en la comida
10. trajo un sándwich para el almuerzo hoy

Actividad 6. Entrevistas

LA COMIDA EN CASA

1. ¿Qué desayunas normalmente? ¿Qué almuerzas?
2. ¿Te gusta comer mucho a la hora de la cena?
3. ¿Siempre comes postre?
4. ¿Tomas mucho café durante el día?
5. ¿Comes entre las comidas?
6. Si tienes hambre a medianoche, ¿qué comes?
7. ¿Comes inmediatamente antes de acostarte?
8. ¿Qué comiste esta mañana antes de salir para la universidad?
9. ¿Qué vas a almorzar?
10. ¿Piensas comer mucho esta noche en casa? ¿Por qué sí (no)?

MIS COMIDAS FAVORITAS

1. De niño, ¿qué comías con gusto?
2. ¿Qué no comías nunca?
3. ¿Qué tenías que comer si querías comer postre?
4. ¿Qué hacías cuando tu madre te servía una comida que no te gustaba?
5. ¿Comías en restaurantes con frecuencia?
6. ¿Cuál era tu restaurante favorito? ¿Por qué?
7. ¿Qué comías allí? ¿Qué bebías? ¿Pedías tú la comida o la pedían tus padres?

Actividad 7. Situaciones

1. Es medianoche. Usted está estudiando para un examen de química. Tiene sueño y siente que no tiene energía, pero no quiere beber más café. ¿Qué va a comer?
2. Usted quiere bajar rápidamente de peso. Quisiera bajar seis kilos en tres semanas. ¿Qué dieta piensa seguir?

NOTA CULTURAL: *Algunos platillos hispanos*

La paella es el plato más conocido de España.

La cocina° hispana es muy variada. Aun° dentro de un mismo país, los platos y la manera de prepararlos varían de región en región. El arroz con pollo se come especialmente en el Caribe; es un plato de arroz con trozos de pollo y tomate, aceitunas y otros condimentos. La paella valenciana es un plato de arroz que puede llevar carne, pescado y mariscos. La tortilla española es un tipo de *omelet* hecho de huevos, papas y cebolla. Las empanadas,° muy populares en Sudamérica, son pasteles rellenos de diferentes tipos de carnes. El cebiche, un plato de pescado en escabeche,° es típico de Perú. En Argentina se preparan las parrilladas: cerdo, cordero, ternera, salchichas—todas estas carnes preparadas a la parrilla.

cooking / Even

filled pastries

marinade of oil, vinegar, and spices

Comprensión

¿Qué ingredientes se usan en estos platillos hispanos? (¡Ojo! Puede usar algunos ingredientes en más de un platillo.)

1. el arroz con pollo
2. la paella
3. la tortilla española
4. las empanadas
5. el cebiche
6. la parrillada

a. las aceitunas
b. los mariscos
c. los huevos
d. la cebolla
e. las papas
f. la carne de cerdo
g. el pescado
h. la ternera
i. las salchichas

▉ LOS RESTAURANTES

¡OJO! *Estudie Gramática 8.2.*

presente		pasado	
pido	sirvo	pedí	serví
pides	sirves	pediste	serviste
pide	sirve	pidió	sirvió
pedimos	servimos	pedimos	servimos
piden	sirven	pidieron	sirvieron

1. Bernardo e Inés pidieron una ensalada, carne asada, papas al horno y bróculi.
2. El cocinero les preparó un platillo especial.
3. El mesero les sirvió la comida.
4. Tomaron vino tinto.
5. Comieron con gusto.
6. Dejaron propina.
7. Pagaron la cuenta.

Actividad 8. Mis platillos favoritos

Diga lo que usted pide cuando come en...

1. un restaurante mexicano
2. la cafetería de la universidad
3. un restaurante de «servicio rápido»
4. un restaurante italiano
5. un puesto de comida en la calle

Actividad 9. Ernesto y Estela salieron a comer

Actividad 10. Restaurante «Mi Casita» (*pág. 315*)

Usted y unos amigos van al Restaurante «Mi Casita» para cenar. Lean el menú y escojan las comidas y bebidas que van a pedir. Digan por qué van a pedir esos platillos.

MODELO: Voy a pedir… porque… →

Voy a pedir enchiladas porque son baratas (me gustan, estoy a dieta, no quiero comer carne, etcétera).

∂◦ Restaurante Mi Casita ◦∂

comida casera • precios módicos

Desayuno (incluye pan o tortillas)

Huevos rancheros......$340.00	leche $100.00
Cereal frío...............$170.00	jugos $110.00
Avena $200.00	fruta $140.00

Antojitos

(se sirven para el almuerzo y la cena)
Sopa del día y pan o tortillas con cada uno

Enchiladas.....(3).....verdes o rojas..............	$510.00
Tostadas........(2).....de res o de pollo...........	$420.00
Tacos..............(4).....de res o de pollo...........	$550.00
Burritos..........(2).....de res y/o frijoles..........	$340.00
Chiles rellenos....(2).....de carne o queso....	$510.00
Tamales de cerdo (2).........................	$385.00
Tamales dulces (3)...........................	$300.00

Bebidas

Cerveza Dos Equis......$170.00	refrescos........$75.00
" Tecate.........$180.00	limonada...$60.00
" Superior......$200.00	té helado......$70.00
vino tinto.....$200.00/copa	café.............$80.00
vino blanco.......$210.00/copa	té................$70.00

Actividad 11. Entrevista: Los restaurantes

1. ¿Qué clase de restaurante te gusta más?
2. ¿Te gusta la comida japonesa? ¿la comida china?
3. ¿Cuál es el restaurante más elegante cerca de tu casa?
4. ¿Comes allí con frecuencia? ¿Te gusta la comida? ¿el ambiente? ¿Te gustan los precios?
5. ¿Consideras muy importante el servicio?
6. ¿Cuánto consideras que se debe pagar por una comida excelente en un restaurante bueno?
7. ¿Cuántas veces por semana comes fuera de casa?
8. ¿Hay algún lugar en donde comes frecuentemente?
9. ¿Vas mucho a los restaurantes de «servicio rápido»?
10. ¿Cuál de ellos es tu favorito? ¿Por qué?

Actividad 12. El buffet del Hotel Internacional

HOTEL INTERNACIONAL

BUFFET DEL DOMINGO

DEFINITIVAMENTE EL MEJOR Y EL MÁS COMPLETO

CHAMPAÑA GRATIS
$6.00 ADULTOS
$3.00 NIÑOS ACOMPAÑADOS

DESDE LAS 9 HASTA LAS 2 TODOS LOS DOMINGOS

¡TENEMOS UN MENÚ COMPLETO!

FRUTA: fresas, naranjas, peras, bananas, papaya, piña
ENSALADAS: de gelatina, legumbres, lechuga,
tomates, pepino, cebolla
CARNES: bistec, chuletas de cerdo, cordero
PESCADO Y MARISCOS
POSTRES: torta, flan, budín, pastel, helado
HUEVOS: revueltos, cocidos, fritos

**¡VENGA AL HOTEL INTERNACIONAL Y DISFRUTE
DE SU BUFFET DEL DOMINGO!**

---

1. ¿Cuánto cuesta la champaña?
2. ¿Por qué es más caro el buffet para adultos?
3. De las ensaladas, ¿cuál es su favorita?
4. ¿Cuál de los platillos es el más caro, generalmente?
5. ¿Qué quisiera usted de postre? ¿Por qué?
6. ¿Cuándo fue la última vez que usted comió en un «buffet»? ¿Le gustó? ¿Qué comió?

Actividad 13. Situaciones: ¿Qué dice usted?

1. Usted se sienta a una mesa en un restaurante. Tiene hambre pero necesita ver primero el menú. Viene el mesero y usted le dice…
2. Usted y sus amigos acaban de comer. Tienen prisa y necesitan la cuenta. Llaman al mesero y le dicen…

3. Usted está comiendo solo/a. El restaurante está lleno; no hay mesas vacías. De pronto llega una persona a quien usted no conoce y se sienta a su mesa. Usted le dice…

4. Usted entra en un restaurante. Tiene mucha prisa. Llama a la señorita que atiende a los clientes. Le dice…

5. Usted está cenando en un restaurante con sus padres. Descubre que hay un insecto en su sopa. Usted llama al mesero y le dice…

6. Usted pidió un bistec bien asado y el mesero le sirvió uno casi quemado. Usted le dice…

LA COMPRA Y LA PREPARACIÓN DE LA COMIDA

¡OJO! *Estudie Gramática 8.3–8.4.*

algo	nada	*something*	*nothing*
alguien	nadie	*somebody*	*nobody*
siempre	nunca	*always*	*never*
alguno/a	ninguno/a	*some*	*none*
también	tampoco	*also, too*	*neither*

—¿Hay alguna papaya madura?
—No, no tenemos ninguna madura.

—A mí no me gustan los camarones.
—A mí tampoco.

—¿Comes siempre carne de cerdo?
—¿Quién? ¿Yo? No, nunca la como.

la carne de res

los cangrejos

la langosta

los camarones

el pescado

el pollo

las ostras

Las carnes · y · los mariscos

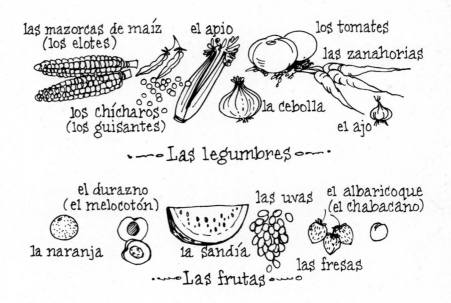

Actividad 14. El supermercado «Diamante» (*pág. 319*)

Usted va a ir al Supermercado «Diamante» en Puerto Rico para hacer la compra. Vea las tres listas y calcule el precio total de cada lista. ¡Cuidado con las cantidades!

LISTA 1

  1 paquete de tocino
  2 latas de sopa de legumbres
  2 aguacates
  3 libras de carne molida
  2 libras de limones
14 onzas de avena

LISTA 2

1 libra de carne molida
1 lata de 16 onzas de mayonesa
3 libras de cebollas amarillas
1 paquete de zanahorias
2 libras de manzanas

LISTA 3

2 libras de camarones
1 sandía de 8 libras
3 libras de chuletas de cerdo
1 melón de 4 libras
3 libras de tomates
1 botella de aderezo

abierto
lunes a sábado
8:00–7:30

EL MERCADO DIAMANTE

con precios
a su alcance

Calle Montoya
esquina Montoya
y Real

ZANAHORIAS
paquete
0.25

mayonesa
16 onzas
.89

sopas de
legumbres
lata de 10 onzas
.89

aderezo
botella 8 onzas
.79

Avena
tres minutos
14 onzas
1.29

aguacates
2x **.39**

jugos
concentrados
16 onzas
2 por **1.49**

tocino
pqte. 12 onzas
$1.29

MELONES
.39 *libra*

chuletas
de cerdo
1.45 *lb.*

CAMARONES
frescos
4.49 *libra*

LIMONES
.15 *lb.*

TOMATES
2 lbs x **.59**

manzanas
0.15 *lb.*

carne molida
1.99 *libra*

sandía
.09 *lb.*

cebollas
amarillas
.19 *lb.*

Actividad 15. Las recetas de doña Rosita: Polvorones° mexicanos

Teacakes

INGREDIENTES

2 tazas de harina
3/4 de taza de manteca vegetal
3/4 de taza de azúcar
2 yemas° de huevo
una pizca° de sal
1/4 de cucharadita de bicarbonato°

yokes
pinch
baking powder

Se hace una mezcla cremosa° con la manteca y el azúcar; se agregan las dos yemas de huevo y se revuelven bien. Se agrega la harina cernida° con el bicarbonato y la sal. Se bate la mezcla hasta formar una pasta suave y seca. Se hacen 50 ó 60 bolitas° y se aplanan° con dos dedos. Se ponen en una lámina de hornear° sin engrasar.° Se hornean a 350° por 8 ó 10 minutos o hasta que estén dorados. Se sacan, se ponen en un plato grande o en una bandeja.° Se enfrían y luego se revuelcan° en azúcar pulverizada° con nuez moscada.°

Se... Cream

sifted

small balls
se... flatten
lámina... baking sheet /
   sin... ungreased
tray
roll / powdered
nuez... nutmeg

Describa los ingredientes de un platillo especial que a usted le guste mucho. Diga los pasos que hay que seguir en su preparación.

Actividad 16. Los ingredientes

Nombre un ingrediente esencial que tienen en común estas comidas.

1. los panqueques, el pan dulce, los panecillos
2. las «donas», las galletitas, el pastel
3. el café, el té, la limonada, la cerveza
4. el helado, la mantequilla, el queso
5. las enchiladas, las tostadas, los tacos

Actividad 17. Definiciones

1. legumbre anaranjada que contiene vitamina A
2. legumbre que contiene proteínas
3. fruta tropical
4. «salsa» para la ensalada
5. es blanca como el azúcar pero no es dulce
6. uvas secas
7. líquido dorado, muy espeso y muy dulce

a. la sal
b. las sardinas
c. la paella
d. el aderezo
e. la miel
f. el mango
g. las pasas

8. son un producto del mar, pero se pueden comprar en lata con aceite

9. comida española hecha de arroz, mariscos y otros ingredientes

10. postre hecho de huevos, leche y azúcar, muy popular en los países hispanos

h. la zanahoria
i. el frijol
j. el flan

Actividad 18. Situación: Una comida rápida

Son las 11:00 de la noche. Usted está estudiando con un compañero (una compañera). De repente los dos tienen mucha hambre. ¿Qué pueden preparar en casa, rápidamente?

NOTA CULTURAL: *La comida mexicana*

La comida mexicana es muy variada. En esta foto se ven tacos y tortillas, frijoles, salsa y enchiladas.

© BARBARA ALPER/STOCK, BOSTON

Gran parte de los platillos mexicanos proviene° de las culturas precolombinas;° por ejemplo, el guacamole: una salsa de aguacate, cebolla, jitomate° y chile. La base de muchos platos mexicanos es la tortilla, que puede ser de maíz o de harina. Los tacos, las tostadas y las enchiladas se hacen con tortillas de maíz. Los tacos se hacen con una tortilla frita que después se rellena con carne molida, lechuga, tomate y queso. Las tostadas se hacen con tortillas fritas, sin doblar, y llevan la carne y otros ingredientes encima. Las enchiladas también se hacen con tortillas, pero se

originate
pre-Columbian (before Columbus)
tomato (Mex.)

rellenan primero y después se cocinan. Por lo general, se preparan las enchiladas con carne de res, con queso o con pollo.

Hay otros platillos mexicanos que no se hacen con tortillas, como el tamal yucateco,° un relleno° de carne envuelto° en una masa de maíz y cubierto° de hojas de mazorca o de plátano. El mole poblano° es una salsa que lleva veintitantos° ingredientes, incluso chocolate, y se sirve con pollo o pavo. Y, para el desayuno, el plato favorito de muchos mexicanos son los huevos rancheros, que son huevos fritos cubiertos de una salsa picante, que se sirven sobre tortillas fritas y con frijoles al lado.

from the Yucatan Peninsula / filling wrapped / covered mole... sauce for meat or poultry twenty some

Preguntas

1. ¿Cuáles de estos platillos mexicanos son muy populares en los Estados Unidos?
2. ¿Se usan tortillas para preparar los tamales?
3. ¿Qué contiene el guacamole?
4. ¿Con qué se sirven los huevos rancheros?
5. ¿Le gusta a Ud. la comida mexicana? ¿Por qué? ¿La come con frecuencia?

Vocabulario

EL DESAYUNO Breakfast

la avena	oatmeal
los huevos	eggs
cocidos	hard-boiled
fritos	fried
revueltos	scrambled
tibios	soft-boiled

el pan tostado	toast
el panecillo	roll, bun
los panqueques	pancakes

REPASO: el cereal, el pan, el tocino

EL ALMUERZO Lunch

la ensalada	salad
la gelatina	gelatin, jello
las papas fritas	french fries
el queso	cheese

la salchicha	sausage; frankfurter, hot dog
la sopa	soup
la torta	large sandwich (*Mex.*)

PALABRAS SEMEJANTES: el sándwich

REPASO: la hamburguesa

EN EL RESTAURANTE At the restaurant

el ambiente	atmosphere, ambiance	**gratis**	free, at no cost
la caja	cash register	**el mantel**	tablecloth
la carta	menu	**el postre**	dessert
los cubiertos	silverware, place settings	**la propina**	tip
la cuchara	spoon	**la servilleta**	napkin
el cuchillo	knife	**el tenedor**	fork
la cuenta	bill, check		

PALABRAS SEMEJANTES: el menú, rápido/a, la reservación, el servicio

REPASO: atender (ie), la cena, cenar, la comida, el/la mesero/a, pagar, pedir (i), servir (i)

LA CARNE Meat

el asado	roast	**el cordero**	lamb
la carne asada	roast (broiled) meat	**las chuletas (de cerdo)**	(pork) chops
la carne de cerdo	pork	**el jamón**	ham
la carne de res	beef	**el pollo**	chicken
la carne molida	ground meat (*beef*)	**la ternera**	veal

REPASO: el bistec, el pavo

EL PESCADO Y LOS MARISCOS Fish and shellfish

las almejas	clams	**la langosta**	lobster
el atún	tuna	**las ostras**	oysters
los camarones	shrimp	**las sardinas**	sardines

LAS LEGUMBRES Vegetables

el aguacate	avocado	**los guisantes**	peas
el apio	celery	**las habichuelas**	green beans
el arroz	rice	**los hongos**	mushrooms
el bróculi	broccoli	**la lechuga**	lettuce
la calabacita	squash, zucchini	**el maíz**	corn
la calabaza	pumpkin	**la mazorca**	ear of corn
la cebolla	onion	**la papa**	potato
la coliflor	cauliflower	**el pepino**	cucumber
los espárragos	asparagus	**el tomate**	tomato
los frijoles	beans	**la zanahoria**	carrot

PALABRAS DE CIERTOS PAÍSES: los champiñones (*España*, mushrooms), los chícharos (*Méx., Caribe*, peas), el choclo (*Sudamérica*, ear of corn), los ejotes (*Méx.*, green beans), el elote (*Méx.*, ear of corn), las judías verdes (*España*, green beans), las patatas (*España*, potatoes)

LAS FRUTAS Fruit

el albaricoque	apricot	la naranja	orange
las almendras	almonds	la nuez (*pl.* las nueces)	nut
las cerezas	cherries	las pasas	raisins
la ciruela	plum	la piña	pineapple
el durazno	peach	la sandía	watermelon
las fresas	strawberries	la toronja	grapefruit
el maní	peanuts	las uvas	grapes
la manzana	apple		

PALABRAS SEMEJANTES: la banana, el limón, el mango, el melón, la papaya, la pera

PALABRAS DE CIERTOS PAÍSES: los cacahuates (*Méx.,* peanuts), el chabacano (*Méx.,* apricot), el melocotón (*España,* peach), el plátano (*Méx.,* banana)

LOS POSTRES Desserts

el budín	pudding	el helado	ice cream
las «donas»	donuts	el pastel	cake
las galletitas	cookies	la torta	cake

REPASO: el flan

LAS BEBIDAS Drinks

el batido (de leche)	(milk)shake	el trago	(alcoholic) drink
la champaña	champagne	el vino	wine
el jugo	juice	blanco	white
la leche	milk	rosado	rosé
el ron	rum	tinto	red
el té helado	iced tea		

PALABRAS SEMEJANTES: el agua mineral, la crema, la limonada, el líquido

REPASO: el café, la cerveza, el refresco

LOS CONDIMENTOS Y LAS ESPECIAS Condiments and spices

el aceite	oil	la mayonesa	mayonnaise
las aceitunas	olives	la mermelada	marmalade
el aderezo	salad dressing	la miel	honey; syrup
el ajo	garlic	la mostaza	mustard
el azúcar	sugar	la pimienta	pepper
la harina	flour	la sal	salt
la jalea	jelly	la salsa	sauce; gravy; dressing
la manteca	shortening; lard	el vinagre	vinegar
la mantequilla	butter		

LAS MEDIDAS Y LOS RECIPIENTES Measurements and containers

la botella	bottle	la cucharadita	(*measuring*) teaspoon
la cantidad	quantity	el kilo	kilo (*2.2 pounds*)
la copa	(wine)glass	la lata	can
la cucharada	(*measuring*) tablespoon	la libra	pound

la onza	ounce	**el plato**	dish; plate
el paquete	package	**la porción**	serving
el pedazo	piece	**el trozo**	slice; piece
el platillo	(food specialty) dish		

REPASO: la taza, el vaso

LOS VERBOS Verbs

agregar	to add	**escoger**	to choose
batir	to beat	escojo/escoge	
caber	to fit	**estar a dieta**	to be on a diet
quepo/cabe		**hervir (ie)**	to boil
calcular	to calculate	**medir (i)**	to measure
cortar en rebanadas	to slice	**mejorar**	to get, make better;
dejar	to let, allow;		to improve
	to leave behind	**pertenecer**	to belong to
disfrutar (de)	to enjoy	pertenezco/pertenece	
doblar	to fold	**revolver (ue)**	to stir
enfriar(se)	to cool (down)	**seguir (i) una dieta**	to go on a diet
		seleccionar	to select

LA DESCRIPCIÓN DE LA COMIDA Describing food

a la parrilla	grilled, charbroiled	**maduro/a**	ripe
acompañado/a por	accompanied by	**picante**	hot, spicy
al punto	medium (*meat*)	**poco asado/a**	rare (*meat*)
bien asado/a	well-done (*meat*)	**quemado/a**	burned
casero/a	homemade	**(re)lleno/a**	full (stuffed)
cocido/a	cooked	**revuelto/a**	scrambled
crudo/a	raw	**rico/a**	delicious
dorado/a	golden brown	**salado/a**	salty
dulce	sweet	**seco/a**	dry
enlatado/a	canned	**servido/a**	served
espeso/a	thick (*liquid*)	**suave**	soft, smooth
frito/a	fried	**vacío/a**	empty
hecho/a de	made of	**variado/a**	varied
hervido/a	boiled	**vegetal**	vegetable
horneado/a	baked		

PALABRAS SEMEJANTES: completo/a, esencial

LOS SUSTANTIVOS Nouns

el adulto	adult	**el puesto**	(food) stand, stall
el antojito	snack; hors d'œuvre (*Mex.*)	**la receta**	recipe
la boda	wedding	**la región**	region
el diamante	diamond	**la salud**	health
las hojas	leaves	**la sugerencia**	suggestion
la mezcla	mixture	**el tipo**	type
los pasos	steps		

PALABRAS SEMEJANTES: la base, la dieta, los espaguetis, el ingrediente, el insecto, la pasta, la preparación, el producto, la proteína

REPASO: los alimentos, las vitaminas

LA NEGACIÓN Negation

alguien   someone (*person*)
alguno   someone (*person or things*)

nadie   no one
ninguno   none (*persons or things*)

REPASO: algo, nada, nunca, siempre, también, tampoco

PRONOMBRES IMPERSONALES DE COMPLEMENTO DIRECTO Impersonal direct object pronouns

lo, la   it

los, las   them

PALABRAS Y EXPRESIONES ÚTILES Useful words and expressions

a su alcance   at your reach
al horno   baked
al lado   side order
bajar de peso   to lose weight
¡Cuidado!   Be careful!

de pronto   suddenly
de repente   suddenly
definitivamente   definitely
incluso   including

COMIDA MEXICANA: el burrito, los chiles rellenos, las enchiladas, los frijoles refritos, los huevos rancheros, los tacos, el tamal, las tortillas, las tostadas

COMIDA DE OTROS PAÍSES: el arroz con pollo (*Caribe*), el cebiche (*Perú*), los frijoles negros (*Cuba*), la paella valenciana (*España*), la parrillada (*Argentina*), la tortilla española (*España*)

LECTURAS ADICIONALES

LOS AMIGOS NORTEAMERICANOS: *Apuntes de los viajes en el Caribe*

Carmen, Esteban y Luis son estudiantes norte-americanos que están de vacaciones en el Caribe. La última semana de sus vacaciones la están pasando en la República Dominicana. Carmen ha descrito en un cuaderno sus experiencias más divertidas y algunas de las diferencias que ha notado.

LA SOBREMESA°   *after-dinner chat*

Una de las costumbres latinoamericanas que más me fascina es la de la sobremesa. Ésta es la mejor parte de la comida, después del postre, cuando todos beben café y algunos encienden un cigarrillo. Es el momento de charlar y compartir impresiones, ideas, gustos, intereses. Muchas veces la sobremesa dura mucho más que la comida misma. ¡Voy a extrañar° mucho esta costumbre cuando regresemos a los Estados Unidos!   *miss*

La República Dominicana, lugar de mucho turismo, es conocida por sus magníficas playas. Este muchacho vende collares (necklaces) *en la playa de Boca Chica, cerca de Santo Domingo.*

© ELÍAS MIGUEL MUÑOZ

CAFÉ CON LECHE

No fue difícil acostumbrarnos a la comida caribeña. ¡Qué deliciosos son los plátanos maduros fritos, tan dulces, y los tostones° y la yuca° frita! El arroz con pollo es definitivamente el plato caribeño por excelencia. Lo que nos gustó menos, al comienzo, fue el café. Recuerdo la primera vez que lo probamos. Fue el día que salimos para Puerto Plata.° Desayunamos bien antes de salir: pan con mantequilla, huevos fritos, salchichas y, claro, muchísimo café.

slices of green plantain, boiled and fried / cassava root

Puerto… port in the Dominican Republic

—¡Este café es como tinta°! —gritó Esteban cuando lo probó.

ink

—¿Quién puede tragarse° esto? —dijo Luis.

swallow

Un muchacho dominicano sentado en otra mesa escuchó los comentarios y respondió inmediatamente.

—El café nuestro no se toma solo, como el americano. Hay que ponerle leche y azúcar.

Se acercó para demostrarnos.

—Así. —Mezcló media taza de café con media taza de leche. Luego le agregó dos cucharadas de azúcar. —Pruébelo ahora, —le dijo a Esteban.

—Está mejor —respondió Esteban.

—Sí —dijo Luis —pero todavía está muy fuerte.

—Ya se acostumbrarán° —dijo por fin el muchacho. Esteban y Luis me miraron.

Ya… You'll get used to it

—Bueno. ¿Y tú no lo vas a probar, Carmen? ¿Qué esperas? —me preguntó Luis.

Yo también mezclé media taza de leche con café. Le puse dos cucharaditas de azúcar. Y lo probé.

—Mmmmm. Delicioso. ¡Para revivir a un muerto°!

¡Para… (Good enough) To raise the dead!

Preguntas

1. ¿En qué consiste la sobremesa?
2. ¿Qué platillos caribeños les gustaron a Carmen, a Esteban y a Luis?
3. ¿Por qué no les gustó el café?
4. ¿Qué hay que agregarle al café que se sirve en el Caribe?

LA TELENOVELA: El cumpleaños de Estela

«Estas son las mañanitas°
que cantaba el rey David,
a las muchachas bonitas
se las cantamos así... »

morning songs

Estela escuchó la canción conocida. «¿Estoy soñando?», se preguntó. La música venía de la calle. ¿Una serenata? ¿Para ella?

«Despierta, mi bien, despierta.
Mira que ya amaneció.°
Ya los pajarillos cantan.
La luna ya se metió.°»

it's daybreak

se... went down

—¡Ernesto! ¡Alguien me está dando una serenata! ¡Ernesto!

Se dio cuenta entonces de que su esposo no estaba a su lado. Se levantó y miró el reloj: las cinco de la mañana. Se acercó a la ventana, la abrió y, en la calle

Un conjunto de Mariachis. La música de los Mariachis es muy popular en México. Tocan violines, guitarras, trompetas y a veces marimbas.

© PORTERFIELD-CHICKERING/PHOTO RESEARCHERS

vio a Ernesto, vestido de charro° y con una guitarra en la mano.

Mexican cowboy in traditional costume

—¡Feliz cumpleaños, Estela! —le gritó su esposo. Luego le cantó otra canción y entró a la casa para darle un abrazo.

—¡Qué sorpresa! No lo puedo creer, —comentó Estela. —Hace quince años que me cantaron «Las mañanitas» por primera vez.

—¿Ah, sí? —preguntó Ernesto, sonriendo. —¿Y quién te las cantó?

—Un novio tonto que tuve. Creo que se llamaba Ernesto.

Tres horas más tarde, a la hora del desayuno, Ernesto y Estela conversan mientras desayunan con sus hijos Ernestito, Paula y Andrea.

—Estela, ya sé que en una ocasión como ésta siempre invitamos a toda la familia, mis padres, tus padres, todos nuestros tíos y primos... Pero, ¿sabes? Hoy no quiero que te pases el día cocinando...

—¡Vamos al parque a merendar! —propuso Ernestito.

—No, mi hijo, ya invitamos a toda la familia para festejar...

—Yo los llamo a todos —dijo Ernesto, —y les digo que hemos cambiado de idea, que nos vamos de viaje o cualquier cosa.

—Está bien pero se van a enfadar. ¡Qué caray!° Sería° bonito pasar el día en el parque, nosotros cinco solos.

—¡¡Qué bueno!! —gritaron Ernestito y las niñas.

Pasaron la mañana haciendo los preparativos para una merienda. Prepararon muchas tortas° de jamón, de pollo, de lomo.° Y al mediodía se fueron al parque Chapultepec.° Después de merendar, Ernesto jugó con los niños y Estela dio un paseo. Al anochecer,° Ernesto propuso° ir a cenar en un buen restaurante.

—Como tú eres la festejada, Estela, tú decides adónde vamos a cenar. ¿Qué prefieres? ¿comida francesa? ¿italiana?

—Pues mira, no lo vas a creer, pero tengo deseos de comer un buen platillo mexicano: carne asada, arroz, frijoles, con unas buenas tortillas calientitas.°

—¿Qué? —reaccionó Ernesto, sorprendido. —¿No quieres langosta? Te gusta mucho.

—No. Hoy vamos a La Fonda. Comida mexicana para todos. Ya lo decidí.

Esa noche, en el restaurante...

—¿Ya han decidido qué van a cenar? —les preguntó el mesero.

---

marginal glosses:

¡Qué... *Gosh!*
It would be

Mexican sandwiches
pork roast
parque... *park in Mexico City*
nightfall
sugirió

calientes

A mucha gente mexicana le gusta salir a cenar en restaurantes elegantes como éste, que se llama el Restaurante del Lago y que está en el Parque Chapultepec, en el centro de la capital.

© PETER MENZEL

—Sí, —respondió Estela, —tráigame una carne asada, mucha salsa picante, arroz, tortillas, unos frijoles y...

—¿Quiere las tortillas de harina o de maíz?

—De harina, por favor.

—¿Y para beber?

—Una «Dos Equis».°

—Muy bien. ¿Y el señor? —le preguntó a Ernesto.

—Quiero caldo de frijoles, arroz, chiles rellenos y tortillas de maíz.

—¿Usted también quiere cerveza?

—Sí, pero yo prefiero una «Superior».°

—Muy bien. ¿Y qué van a pedir para los niños?

—¡¿Qué?! —protestó Ernestito, —Yo pido mi propia comida, señor.

—Muy bien, joven. ¿Qué va a comer?

—Tres tostadas, sin lechuga porque no me gusta.

—¿Va a tomar leche? —preguntó finalmente el mesero.

—¡¿Leche?! Quiero una Coca-Cola.

—Muy bien. ¿Y para las niñas?

—Tacos de pollo, —dijo Estela, —arroz y, para tomar, leche.

—Les traigo la comida en seguida.

Dos... *brand of Mexican beer (XX)*

brand of Mexican beer

Comieron y regresaron a casa temprano. Al llegar, Ernesto encendió la luz y fue directamente a la cocina. Ernestito y las niñas lo siguieron. Estela subió a su recámara. Después de unos diez minutos, como no había subido nadie,° ella fue a buscarlos. Cuando abrió la puerta de la cocina, estalló la música de los Mariachis y todos la abrazaron—sus parientes, sus amigos y los vecinos—mientras cantaban acompañados de guitarras y violines...

no... *no one else had come up*

«Que los cumplas feliz... °
Que los cumplas feliz...
Feliz cumpleaños, Estela...
Que los cumplas feliz... »

Que... *Happy Birthday to You*

Preguntas

1. ¿Dónde estaba Ernesto cuando se levantó Estela? ¿Por qué? ¿Qué pasó?
2. ¿Qué planes tenían originalmente Ernesto y Estela? ¿Qué decidieron hacer para celebrar el cumpleaños de Estela?
3. ¿Qué prepararon? ¿Adónde fueron? ¿Qué hicieron allí?
4. ¿Adónde fueron a cenar? ¿Por qué?
5. ¿Qué pasó cuando regresaron a casa?

NOTA CULTURAL: *Las horas de comida*

Los latinoamericanos desayunan generalmente entre las 7:00 y las 8:00 de la mañana; el almuerzo lo toman entre la 1:00 y las 4:00 de la tarde y, en algunos

Muchos españoles van a los bares o «tascas» entre las seis y las ocho de la tarde para tomarse unas copas y comer tapas. Las tapas son «hors d'œuvres» como aceitunas, pescado frito, cacahuates, patatas fritas, trozos de tortilla de patatas, fiambres...

© STUART COHEN

En esta familia argentina comen todos juntos. Después de la comida, los adultos se quedan a la mesa para la «sobre-mesa»: conversación y café. La sobremesa puede durar hasta dos horas y el hispano la considera una parte muy importante de la comida.

© DAVID KUPFERSCHMID

lugares, la cena o comida se sirve después de las 9:00 de la noche. El desayuno es ligero:° chocolate o café con leche y pan con mantequilla, o pan dulce en México. La comida más importante es la de la tarde y muchas veces va seguida de una siesta. La cena no es tan fuerte como el almuerzo. Entre el almuerzo y la cena algunas personas comen una merienda.°

En España se desayuna muy poco en las primeras horas del día: un café con leche tal vez, o un cortado.° A media mañana (entre las 10:00 y las 11:00) se come un bocadillo° de jamón, de queso, de chorizo o de otras carnes en fiambre.° A las dos de la tarde se hace la segunda comida del día, la más grande, que incluye normalmente un plato de sopa o ensalada, carne, arroz, legumbres, postre y café. Algunos platillos preferidos por muchos españoles son la paella valenciana, la tortilla de patatas,° el cochinillo asado° y el caldo gallego.° A las nueve de la noche, aproximadamente, se prepara la cena, la cual se come a las diez o diez y media y suele ir acompañada de vino o cerveza.

light

snack

very strong coffee with milk

sandwich

carnes... cold cuts

tortilla... omelet with potatoes and ham / cochinillo... roast suckling pig
caldo... dish made with garbanzo beans, potatoes, and bacon

Preguntas

1. Describa el desayuno latinoamericano.
2. ¿Qué comen los españoles a media mañana?
3. ¿Cuáles son algunos platillos típicos de España?
4. ¿A qué hora se sirve la cena en las casas españolas?

GRAMÁTICA Y EJERCICIOS

8.1. Impersonal Direct Object Pronouns: *lo, la, los, las*

A. The pronouns **lo** and **la** correspond to the object pronoun *it* in English; **lo** substitutes for masculine words and **la** substitutes for feminine words. Both **los** and **las** correspond to *them* in English: **los** for masculine words and **las** for feminine words.

—¿Quién compró **el pastel**? —**Lo** compró Raúl.
"Who bought the cake?" "Raúl bought it."

—¿Quién trajo **la fruta**? —**La** trajo Nora.
"Who brought the fruit?" "Nora brought it."

—Luis, ¿preparaste **los tacos**? —Sí, **los** preparé esta mañana.
"Luis, did you prepare the tacos?" "Yes, I prepared them this morning."

—Carmen, ¿dónde pusiste **las servilletas**? —**Las** puse en la mesa.
"Carmen, where did you put the napkins?" "I put them on the table."

B. Remember that **lo, la, los, las** also serve as personal direct object pronouns. (See 5.5.)

—¿Viste a **Alberto** ayer? —No, no **lo** vi.
"Did you see Alberto yesterday?" "No, I didn't see him."

Señora Martínez, **la** vi ayer en el mercado, pero usted no me vio.
Mrs. Martínez, I saw you yesterday at the market, but you didn't see me.

Thus **lo, la, los, las** may substitute for words referring to people *or* to things. **Lo** may be equivalent to *you* (*male*), *him*, or *it* (substituting for a masculine noun) while **la** may be equivalent to *you* (*female*), *her*, or *it* (substituting for a feminine noun). **Los** and **las** are the plurals for **lo** and **la**, respectively, and correspond to *you* (*plural*) and *them*.

—¿Llamaste a **Mónica**? —Sí, **la** llamé ayer.
"Did you call Mónica?" "Yes, I called her yesterday."

—Luis, ¿encontraste la **salsa**? —Sí, **la** encontré en el refrigerador.
"Luis, did you find the sauce?" "Yes, I found it in the refrigerator."

Ejercicio 1

Esteban y sus amigos de la clase de español están en su casa preparando una comida. Carmen hace muchas preguntas. Conteste las preguntas de Carmen usando un pronombre.

MODELO: ¿Dónde pusiste la leche? → La puse en la cocina.

1. ¿Cuándo preparaste el postre?
2. ¿Dónde dejaste la carne?
3. ¿Dónde compraste las legumbres?
4. ¿Cuándo trajiste el hielo?
5. ¿Dónde pusiste la mayonesa?
6. ¿Cuándo preparaste las bebidas?
7. ¿Dónde pusiste los vasos?
8. ¿Dónde compraste el pan?

Ejercicio 2

Complete estos diálogos con un pronombre.

1. —¿Viste a Mónica y a Nora en la fiesta?
   —Sí, _____ vi. Las dos llevaban vestidos nuevos.
2. —Raúl, ¿conoces a la señora Venegas?
   —No, no _____ conozco. ¿Quién es?
3. —¿Visitaron ustedes a sus parientes durante las vacaciones?
   —Sí, _____ visitamos por tres semanas.
4. —Alberto, ¿conociste al nuevo profesor en la reunión ayer?
   —Sí, _____ conocí. Me parece una persona muy simpática.
5. —Carmen, ¿es esa señora que está allí la madre de Luis?
   —No sé; no _____ conozco.

8.2. Vowel Changes in Verbs Like *pedir* and *servir*

A. The vowel in the stem of the verbs **pedir** and **servir** alternates between **e** and **i**.

Clara **pidió** una Coca-Cola, pero yo voy a **pedir** una limonada.
Clara ordered a Coke, but I'm going to order a lemonade.

En este restaurante **sirven** muy buena comida, pero la que **sirvieron** ayer no estaba muy buena.
In this restaurant they serve good food, but what they served yesterday wasn't very good.

In the present tense the **e** of the stem changes to **i** in all forms except the *we* form.

pido	sirvo
pides	sirves
pide	sirve
pedimos	servimos
piden	sirven

In the past tense the **e** of the stem changes to **i** only in the *he/she* and *they* forms.

pedí	serví
pediste	serviste
pidió	sirvió
pedimos	servimos
pidieron	sirvieron

In the imperfect there is no vowel change in the stem.

pedía	servía
pedías	servías
pedía	servía
pedíamos	servíamos
pedían	servían

—Pilar, ¿qué platillo **pediste** en el restaurante «Mi Casita»? —**Pedí** unas enchiladas de pollo. Siempre **pido** lo mismo allí.
"Pilar, what dish did you order at Mi Casita restaurant?" "I ordered chicken enchiladas. I always order the same thing there."

B. The present participle form has **i** in the stem (**pidiendo**, **sirviendo**), as do the command forms (**pida**, **sirva**).

Mesero, **sirva** esta sopa primero y después **sirva** los camarones.
Waiter, serve this soup first and then serve the shrimp.

Cuando vamos de compras, mis niños pasan todo el día **pidiendo** dulces.
When we go shopping, my children spend the whole day asking for candy.

C. The verbs **vestir** (*to dress*) and **seguir** (*to follow*) also conform to this pattern. **Reír** (*to laugh*), **sonreír** (*to smile*), and **freír** (*to fry*) also follow this rule except that in the third person forms of the past tense one of the **i**'s is dropped: **sonreí, sonreíste, sonrió** (**sonri-** + **-ió**), **sonreímos, sonrieron** (**sonri-** + **-ieron**).

José se **vistió** muy rápido anoche.
José dressed very quickly last night.

Estela no **siguió** la receta y el pastel no resultó.
Estela didn't follow the recipe and the cake didn't turn out.

Doña Rosita **está friendo** las tortillas.
Doña Rosita is frying the tortillas.

Ejercicio 3

Use las formas apropiadas de **servir** o **pedir**.

1. Ayer yo _____ una Coca-Cola, pero mi amigo José Estrada _____ un vaso de leche. Después los dos _____ sándwiches de jamón y queso. ¡Pero el mesero nos _____ sándwiches de pollo!

2. PILAR: ¿Qué vas a _____ ahora?
   CLARA: Creo que voy a _____ pollo asado.
   PILAR: Aquí _____ muy buenos mariscos.
   CLARA: Entonces yo voy a _____ camarones fritos.

3. JOSÉ: ¿Qué _____ tú en un restaurante mexicano?
   PILAR: Eso depende. Si _____ mariscos, _____ un coctel de mariscos.
   JOSÉ: ¿Y si no hay mariscos?
   PILAR: Entonces prefiero _____ un chile relleno.

4. PILAR: Ayer mi novio y yo fuimos a un restaurante francés muy elegante.
   CLARA: ¿Qué _____ ustedes?
   PILAR: _____ sopa de mariscos, ensalada y carne de res en salsa de vino.
   CLARA: Mmm. ¿Y les _____ postre también?
   PILAR: Oh sí, yo _____ flan y mi novio _____ pastel de chocolate.

8.3. Negation

algo	nada	*something/nothing*
alguien	nadie	*somebody/nobody*
algún	ningún	*some/none, no one*
alguno/a/os/as	ninguno/a	
siempre	nunca (jamás)	*always/never*
también	tampoco	*also/neither*

A. Spanish often requires the use of multiple negatives in the same sentence.

—¿Tienes algo en el horno?—**No, no** tengo **nada**.
"Do you have something in the oven?" "No, I don't have anything."

—¿Hay alguien en la puerta? —**No, no** hay **nadie**.
"Is there someone at the door?" "No, there is no one."

—Señora Silva, ¿va usted siempre al mercado los martes? —**No, no** voy **nunca** los martes.
"Mrs. Silva, do you always go to the market on Tuesdays?" "No, I don't ever (I never) go on Tuesdays."

B. **Alguno** and **ninguno** shorten to **algún** and **ningún** before masculine singular nouns. (Recall **uno/un**, **bueno/buen**, **primero/primer**, and **tercero/tercer**, which follow the same rule.)

—¿Hay **algunos** postres sin azúcar? —No, señor, no tenemos **ningún** postre sin azúcar.

"Are there any desserts without sugar?" "No, sir, we don't have any desserts without sugar."

Note that **ninguno** is rarely used in the plural form.

C. **No** is not used when the negative word precedes the verb.

Nunca como entre comidas.
I never eat between meals.

Nadie va al mercado a esa hora.
Nobody goes to the market at that hour.

D. Express *"I (you, we, etc.) don't either"* with a subject pronoun + **tampoco**.[1]

—Yo no quiero comer helado. —**Yo tampoco.**
"I don't want to eat ice cream." "I don't either. (Me neither.)"

Yo no quiero más arroz. **Tú tampoco**, ¿verdad?
I don't want more rice. You don't either, do you?

Ejercicio 4

Usted está de mal humor hoy. Conteste todas estas preguntas negativamente. Conteste siempre con **ninguno** o **ninguna**.

MODELO: ¿Quieres la manzana verde o la amarilla? →
　　　　　No quiero ninguna (de las dos).

1. ¿Quieres un batido de chocolate o uno de vainilla?
2. ¿A quién viste? ¿a Luis o a Esteban?
3. ¿Llamaste a Carmen, a Nora o a Mónica?
4. ¿Comiste un taco o un tamal?
5. ¿Encontraste los tomates y la lechuga?

Ejercicio 5

Usted está de mal humor. Su amigo/a le hace estas preguntas. Conteste todas estas preguntas negativamente. Use **nada**, **nadie**, **nunca** o **ninguno/a**.

MODELO: ¿Hay algo de comer en el refrigerador? → No, no hay nada.

1. ¿Fue alguien al supermercado ayer?
2. ¿Comiste algo esta mañana?

---

[1]When using **tampoco** with verbs like **gustar**, remember to use the prepositional pronoun.

No me gusta el cebiche. ¿Y a ti? —**A mí** tampoco **me** gusta.

*"I don't like **cebiche**. And you? (What about you?)" "I don't like it either."*

3. ¿Siempre comes en restaurantes chinos?
4. ¿Invitaste a alguien a cenar esta noche?
5. ¿Hay algunas bebidas en el refrigerador?

8.4. *The Impersonal* **se**

In addition to its function as a reflexive marker, the pronoun **se** is also used in "impersonal" constructions. In English this structure is expressed with the impersonal *you* (*You need good film to take good pictures*), the pronoun *one* (*One should always think before acting*), the pronoun *they* (*They sell beer by the glass*), or the simple passive (*Beer is sold only by the glass here*).

—¿Cómo **se dice** *tablecloth* en español? —**Se dice** «mantel».
*"How do you say 'tablecloth' in Spanish?" "You say **mantel**."*

Aquí **se habla** español.
Spanish is spoken here. (They speak Spanish here.)

Primero **se agrega** la sal y después **se mezcla** todo.
First you add the salt and then you mix up everything.

No **se debe** dormir inmediatamente después de comer.
One shouldn't sleep immediately after eating.

If the topic in question is plural, then the verb is also usually plural.

—¿**Se sirven mariscos** frescos aquí? —Sí, **se preparan camarones** deliciosos y el precio es muy módico.
"Are fresh shellfish served here?" "Yes, they prepare delicious shrimp for a very moderate price."

Ejercicio 6

Escoja el verbo más lógico. No olvide usar el **se** «impersonal»: **freír (i)**, **servir (i)**, **poner**, **cortar**, **deber**, **lavar**, **agregar**.

1. Para preparar un sándwich de jamón y queso, _____ el jamón y el queso en rebanadas.
2. Para alimentarse (*eat*) bien _____ comer de los cuatro grupos esenciales de alimentos.
3. Primero _____ el bróculi y luego _____ el agua a hervir.
4. En este restaurante _____ mariscos frescos y deliciosos.
5. Para hacer un taco, primero _____ la tortilla. Después _____ el queso y la carne.

CAPÍTULO NUEVE
LOS VIAJES

LOS TEMAS

⊞ Talking about Geography and Geographical Features

⊞ Modes of Transportation (Parts 1 and 2)

⊞ Your Experiences on Trips

LAS LECTURAS

- El transporte
- SEAT: La asistencia en la carretera

LAS LECTURAS ADICIONALES

- Los amigos hispanos: La leyenda de Popocatépetl e Iztaccíhuatl
- Los amigos norteamericanos: ¿Qué calle, qué número?

LA GRAMÁTICA

9.1. The Present Perfect: *Have you ever . . . ?*
9.2. Exclamations with **qué, cuánto/a**
9.3. **Por** and **para** (Part 2)
9.4. Describing Actions: Adverbs
9.5. Indirect Object Verbs
9.6. **Hace** + Time: *How long have you . . . ?*

In **Capítulo nueve** you will talk about many kinds of travel experiences, in particular the places you have been to, and you will learn about some aspects of travel within the Hispanic world.

ACTIVIDADES ORALES

¡OJO! *Estudie Gramática 9.1.*

el tiempo perfecto	
he	viajado
has	vivido
ha	subido
hemos	vuelto
han	visto

¡OJO! *Estudie Gramática 9.2.*

¡Qué valle más profundo!
¡Qué río tan ancho!
¡Qué montañas tan altas!

las montañas

el bosque

el llano

el lago   el cañón

el golfo

la selva

el río

la península   las colinas

el valle

la isla   la bahía
la playa

la arena   el desierto   la costa

el océano   el arrecife   el mar

Actividad 1. Definiciones: La geografía

1. la selva
2. el río
3. la montaña
4. el lago
5. la playa
6. el desierto
7. la península
8. el mar
9. la isla
10. el valle
11. el llano
12. la sierra
13. la bahía

a. porción de tierra rodeada completamente de agua
b. espacio entre dos montañas
c. parte de arena a la orilla del mar
d. lugar árido, a veces con mucha arena
e. porción de tierra rodeada de agua pero unida a tierra firme por un lado
f. entrada del mar en la costa, más pequeña que un golfo
g. extensión de agua rodeada de tierra
h. lugar donde llueve mucho y hay mucha vegetación
i. extensión plana de tierra
j. elevación considerable del terreno
k. grupo de montañas
l. gran extensión de agua salada
m. corriente de agua que generalmente corre hacia el mar

Actividad 2. Entrevista: ¿Adónde has viajado?

1. ¿Has pasado algún tiempo en las montañas? ¿Dónde? ¿Qué hiciste allí? ¿Te gustó?
2. ¿Vives cerca del mar? ¿Cuántas veces has ido al mar/a la playa durante los últimos seis meses? ¿Cómo estaba el agua? ¿muy fría?
3. ¿Conoces algún lago cerca de donde tú vives? ¿Cómo se llama? ¿Qué puedes hacer allí? ¿Vas con frecuencia? ¿Por qué?
4. ¿Has ido alguna vez al desierto? ¿Dónde? ¿Cuándo? ¿Qué hiciste allí?
5. ¿Has visto una selva? ¿Dónde? ¿Qué animales hay allí?
6. ¿Viste algunos ríos en tu último viaje? ¿Cómo se llama el río más grande que has visto? ¿Qué te gusta hacer en un río?

En esta foto se ven unas nubes negras y bajas sobre las colinas de España. El noroeste atlántico del país recibe mucha lluvia todos los años (de 1000 a 1500 milímetros). La costa mediterránea tiene un clima cálido en el verano; los inviernos son templados (temperate). En el centro del país el clima es muy seco, con temperaturas extremas.

© PETER MENZEL

LOS MEDIOS DE TRANSPORTE (PARTE 1)

¡OJO! *Estudie Gramática 9.3–9.4.*

Se puede viajar cómodamente
por avión.

Salimos ahora para España.

Los trenes en Suiza
salen y llegan
puntualmente.

En la autopista los coches
corren rápidamente.

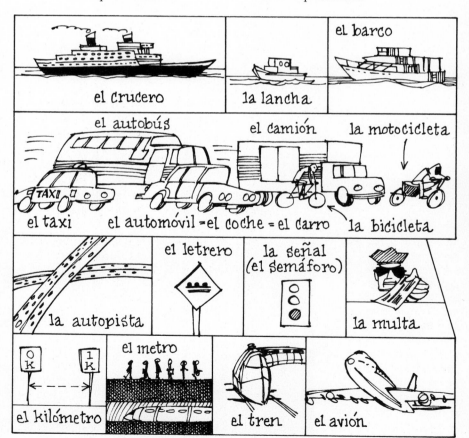

el crucero

la lancha

el barco

el autobús

el camión

la motocicleta

el taxi

el automóvil = el coche = el carro

la bicicleta

la autopista

el letrero

la señal
(el semáforo)

la multa

el kilómetro

el metro

el tren

el avión

Actividad 3. Definiciones: El transporte

1. el avión
2. el autobús
3. el barco
4. la bicicleta
5. el automóvil
6. el tren

a. vehículo aéreo
b. medio de transporte que tiene vagones y una locomotora
c. vehículo de dos ruedas que no usa gasolina
d. vehículo para el transporte personal o familiar
e. vehículo de ocho ruedas que puede transportar de 30 a 80 personas
f. medio de transporte que flota en el agua

Actividad 4. Anuncio: El verano en Europa

Verano en Europa por tren
La forma más económica para conocerla

Por solo US$**210** y US $**260**

en 15 y 21 días respectivamente, viajando en lujosos trenes de primera clase, usted puede recorrer toda Europa, visitando 16 PAISES Y MAS DE 80 CIUDADES Y VILLAS.

Para más informacion llame a

dimargo TOURS

●SANTO DOMINGO: Lope de Vega 12 Tels. 567-1608/ 567-2834/565-7525. Sabana Larga 48-A, Tel. 594-0908 ●SANTIAGO: Restauración 104, Tels. 582-3296/582-3874 y 582-8280. ●SAN FRANCISCO DE MACORIS: Mella 31, Tels. 588-2725/588-2594.

1. ¿Por qué cree usted que hay dos precios?
2. El anuncio dice que el tren es más económico. ¿Es verdad?
3. ¿A usted le gusta viajar más por avión, por tren o por autobús?
4. ¿Cuáles son las ventajas y desventajas de viajar por avión (por tren, por autobús)?
5. ¿Conoce usted Europa? ¿Ha viajado por tren? ¿Ha ido a España? ¿Ha viajado en trenes españoles? ¿Le gustaron? ¿Por qué?

Actividad 5. Discusión: El transporte

1. ¿Usa usted mucho el autobús? ¿Por qué?
2. ¿Ha viajado usted en tren? ¿Adónde fue? ¿Le gusta viajar en tren? ¿Por qué?
3. ¿Ha viajado usted en avión? ¿Adónde fue? ¿Le gusta viajar en avión? ¿Por qué?
4. ¿Cree usted que es peligroso viajar en avión?
5. ¿Sabe usted qué es un tranvía? ¿Ha visto uno? ¿Dónde?

6. ¿Ha estado usted en un trolebús? ¿Dónde?
7. ¿Ha viajado usted en barco? ¿Adónde fue? ¿Le gustó el viaje? ¿Era grande o pequeño el barco?

Actividad 6. Anuncio: Iberia

© STUART COHEN

IBERIA
VOLAMOS POR EL MUNDO
ADONDE TODO EL MUNDO QUIERE VOLAR.

IBERIA PRESENTA SERVICIO «CABINA ANCHA» A MADRID 5 DÍAS A LA SEMANA.

Bienvenido abordo del nuevo 747 SP de Iberia. El avión de «cabina ancha» más avanzado tecnológicamente ahora está volando sin escala 5 días a la semana a las 6:10 P.M. de San Juan a Madrid.

El 747 SP vuela suave y silenciosamente. La «cabina ancha» le ofrece más espacio para usted y su equipaje de mano. Y como siempre, usted disfruta del servicio y hospitalidad que son tradicionales de Iberia... tanto en la lujosa primera clase como en la acogedora económica. Cuando usted quiera viajar a Madrid, o a cualquier ciudad de España, llame a su agente de viajes para que le reserve un asiento en el fabuloso 747 SP de Iberia.

¿Son ciertas o falsas estas afirmaciones? Busque la información en el anuncio de Iberia. Si son falsas, diga por qué.

1. La cabina del avión 747 SP es estrecha.
2. Los vuelos a Madrid salen todos los días a las 6:10 de la tarde.
3. El 747 SP es ruidoso pero muy rápido.

4. Usted no puede llevar equipaje de mano abordo.
5. Abordo del avión usted disfruta del servicio y la hospitalidad tradicionales de esta compañía.
6. La clase económica es lujosa.

NOTA CULTURAL: *El transporte*

Gran parte de los hispanos depende del transporte público para ir al trabajo y para hacer las compras diarias. En todas las grandes ciudades hispanas los autobuses pasan con frecuencia; son eficientes, transportan un número relativamente grande de pasajeros y son mucho más económicos que los automóviles particulares. Los taxis, o coches públicos, abundan y no son muy caros. El metro (abreviatura de «transporte metropolitano») es otro medio de transporte muy usado; los metros de las ciudades de México, Buenos Aires y Madrid transportan a miles de personas diariamente. Los hispanos también caminan mucho; acostumbran completar un recorrido° en autobús o en metro con una caminata° de varias cuadras para llegar al trabajo o a la casa.

°*trip* / *walk*

Los medios de transporte reciben nombres diferentes de acuerdo con° el país. En Argentina al metro se le llama el «subte», es decir, el subterráneo. El autobús es el «camión» en México, la «guagua» en el Caribe, el «colectivo» en la Argentina, la «camioneta» en Guatemala y el «bus» en España. Y un automóvil puede ser también un «auto», «carro» o «coche» o, sencillamente,° la «máquina», según el país.

de... *according to*

simply

El metro de Caracas. En las grandes ciudades hispanas como México, Caracas, Buenos Aires, Madrid y Barcelona, hay modernos sistemas de transporte como éste. Durante las horas de mayor tránsito los vagones están muy atestados (crowded).

© STUART COHEN

Al hacerse más asequible° la compra de un auto- *within reach*
móvil, han surgido° en las capitales hispanas terribles *come about*
embotellamientos. Las viejas ciudades como Lima,
México y Bogotá tienen muchas calles angostas y no
están preparadas para el tráfico de tantos vehículos.
En algunas ciudades hay cuatro períodos de mucho
tráfico durante el día. Muchas tiendas y negocios
cierran al mediodía y los trabajadores vuelven a sus
casas para el almuerzo, que puede durar desde las
doce hasta las tres de la tarde. Por esta razón hay
embotellamientos en la mañana, a mediodía, temprano en la tarde y, en la noche, a la salida del trabajo.

Preguntas

1. ¿Cuáles son los medios de transporte que más usan los hispanos?
2. ¿Qué otras palabras se usan en español para «automóvil»?
3. ¿Por qué hay cuatro períodos de mucho tráfico diariamente en algunas ciudades hispanas?

LOS MEDIOS DE TRANSPORTE (PARTE 2)

Actividad 7. Definiciones: Las partes del coche

1. los frenos
2. el limpiaparabrisas
3. el radio
4. el volante
5. la bocina
6. la placa
7. los asientos
8. el aceite
9. el acumulador
10. las puertas
11. la antena
12. el parabrisas
13. la gasolina
14. el radiador
15. el tanque

a. Se convierte en energía para el coche.
b. Se usan para sentarse en ellos.
c. Protegen a los pasajeros contra el viento.
d. Sirve para limpiar la ventana de enfrente.
e. Se usa para manejar el coche.
f. Se toca para conseguir la atención de los peatones y otros choferes.
g. Se abren y se cierran para permitir entrar o salir del coche.
h. Lubrica el motor.
i. Tiene los números para identificar el coche.
j. Se enciende para escuchar música y las noticias.
k. Recibe la señal del radio.
l. Da energía para las luces y el arranque.
m. Se usa para guardar la gasolina.
n. Guarda agua para enfriar el motor.
o. Se usan para parar el coche.

Actividad 8. Cómo mantener su auto en buenas condiciones

Diga si está de acuerdo con las siguientes sugerencias y explique por qué.

1. Mantenga la presión de las llantas a un nivel alto.
2. Lave su auto cada vez que lo usa.
3. Revise el líquido de la transmisión cada vez que maneje el coche.
4. Revise el aceite del motor cada vez que compre gasolina.
5. Revise el filtro del carburador dos veces al año y cámbielo si está sucio.
6. Agregue líquido a los frenos una vez por semana.
7. Mantenga el líquido de la transmisión a un nivel bajo.
8. Revise el acumulador: una vez al mes en tiempo frío, una vez a la semana en verano.
9. Vea todos los días si los cables del acumulador están sucios.
10. Inspeccione las luces y las señales cada vez que use el coche.

Actividad 9. Anuncios comerciales: Un coche usado

1. ¿Cuál es el coche más exótico que está de venta?
2. ¿Cuál es el coche más viejo? ¿el más nuevo?
3. ¿Cuál de los dos Honda es el más nuevo?
4. ¿Qué coches tienen aire acondicionado? ¿radio? ¿cassette?
5. Si a usted le interesa el Peugeot, ¿cuál es el número de teléfono al que puede llamar durante las horas de trabajo?

6. ¿Cuántos kilómetros por galón hace el Peugeot?
7. ¿Dónde puede usted ver el Toyota?
8. De todos estos coches, ¿cuál prefiere usted? ¿Por qué?

COCHES USADOS

SUBARU 76. Se vende. Magníficas condiciones. Véalo en el Centro Galaxia, Ave. Núñez de Cáceres casi esquina 27 de Febrero.

HONDA CIVIC 75. Se vende con aire acondicionado, radio, 4 puertas, motor en buenas condiciones. Informes al tel. 53-04-76. Calle 5, No. 12, Urbanización Real.

SE VENDE COCHE SCIROCCO. Modelo 1978. Muy poco usado, aire acondicionado de fábrica, radio, cassette. Inf. Calle Desiderio Arias No. 6, tel. 46-53-45.

PEUGEOT 78. 38,000 kms, aire acondicionado, 35 kilómetros por galón, muy bien conservado. Llamar al tel. 53-67-90, horas de trabajo; 53-47-59, en la noche.

SE VENDE COCHE. Plymouth, 4 cilindros, 4 puertas, aire acondicionado, modelo 73. Informes al tel. 68-45-89 y 53-49-68.

TOYOTA CELICA SUPRA 1980 se vende. Puede verse en el garaje estacionamiento El Colonial, Calle Conde No. 160.

MERCEDES BENZ 1970. Óptimas condiciones, 4 puertas, 6 cilindros, radio AM/FM, cassette, automático, aire acondicionado. Para informes tel. 59-45-86 de 8 a 12 A.M. y de 3 a 5 P.M.

VENDO HONDA CIVIC. En buenas condiciones. Modelo 76, automático, radio, cassette, cinturones de seguridad. Inf. tel. 56-93-47.

Actividad 10. Entrevista: El automóvil

1. ¿Tienes coche propio? ¿Cómo es tu coche? ¿grande? ¿pequeño?
2. ¿Qué marca de coche te gustaría tener? ¿Por qué?
3. ¿Por qué compraste el coche que tienes?
4. ¿Cuáles son los coches más prácticos?
5. ¿Cuáles son los coches mejor fabricados?
6. ¿Te gusta manejar? ¿Por qué?

En toda ciudad grande del mundo hispano hay mucha circulación (traffic). Mucha gente prefiere usar el transporte público en vez de (instead of) manejar.

© ROGERS/MONKMEYER

Actividad 11. Los letreros de la carretera

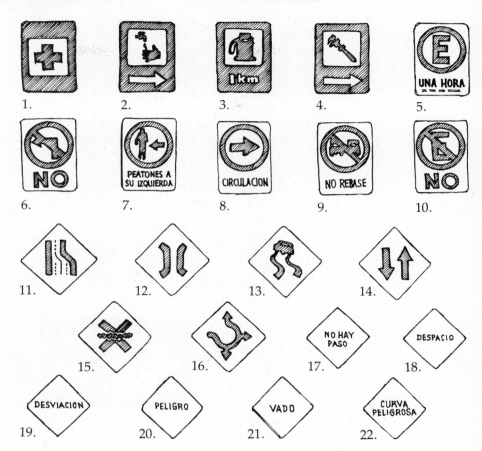

a. Puente angosto
b. No doble a la izquierda.
c. Hospital
d. Tránsito de un solo sentido (una vía)
e. Baños
f. ¡Cuidado! Puede haber personas a su izquierda.
g. Gasolinera
h. Glorieta
i. Mecánico
j. Estacionamiento por una hora

k. Tránsito de doble sentido (vía)
l. No se estacione.
m. Tren
n. Camino angosto
o. Superficie resbalosa
p. Prohibido adelantar
q. Prohibido el tráfico
r. Disminuya la velocidad porque hay una curva.
s. Tiene que ir por otro camino.
t. Disminuya la velocidad.
u. Tenga mucho cuidado.
v. ¡Cuidado! Se baja y luego se sube.

Actividad 12. Discusión: «El autostop»

Cuando una persona no tiene coche, usa con frecuencia el transporte público: el metro, los autobuses y los taxis. Pero algunas personas prefieren pedirle a cualquier automovilista que las lleve adonde necesitan ir para ahorrarse así el dinero del pasaje. En casi todos los países de Europa, la expresión que se usa es hacer «autostop». En los países de las Américas se prefieren otras expresiones. En los Estados Unidos y Canadá, por ejemplo, se dice *hitch-hike*. En México la expresión que se usa es un «aventón»: «¿Me da un aventón, por favor?» En Puerto Rico, se pide una «bola».

A algunas personas les gusta viajar así porque no cuesta nada y porque a veces se conocen personas interesantes. Otras no lo hacen porque creen que es peligroso.

¿Piensa usted que es recomendable hacer «autostop»? ¿Lo ha hecho alguna vez? ¿Lo hace usted con frecuencia? Cuente algunas de sus experiencias.

NOTA CULTURAL: SEAT: *La asistencia en la carretera*

Si piensa hacer un viaje—corto o largo—no necesita preocuparse por su coche. Uno de los 250 talleres-rodantes[1] de SEAT puede resolverle cualquier problema. Circulan diariamente, y sobre todo durante las vacaciones veraniegas,[2] domingos y días festivos.[3]

Los talleres-rodantes pasan por todas las carreteras de España y reparan cualquier coche. Usted no necesita tener un SEAT para obtener nuestro servicio. La mano de obra[4] es gratis...

¡Así sus vacaciones van sobre ruedas!

---

[1]*auto shops on wheels* [2]de verano [3]de fiesta, feriados [4]mano... *labor*

Preguntas

1. ¿Por qué no tiene que preocuparse por encontrar un taller en las carreteras de España?
2. ¿Qué es un taller-rodante?
3. ¿Hay talleres-rodantes durante el verano? ¿y durante los días de fiesta?
4. ¿Cuánto cuesta el servicio de SEAT? ¿Reparan coches de la marca SEAT solamente?
5. ¿Hay talleres-rodantes en los Estados Unidos? ¿Qué le parece a usted esta idea? ¿Por qué?

LAS EXPERIENCIAS EN LOS VIAJES

¡OJO! *Estudie Gramática 9.5–9.6.*

me	encanta…
te	fascina…
le	importa…
nos	llama la atención…
les	parece…

—Me encanta esquiar.

—Estoy cansada. ¿Te importa si no vemos el resto del museo ahora?

—Nos llamaron mucho la atención las pirámides de México.

—¡Me fascina la comida española!

—¿Qué les parece una merienda en el campo?

Actividad 13. ¡Viajar es tan fácil como decir 1, 2, 3… !

Ordene lógicamente estas actividades.

_____ comprar los pasajes
_____ abordar el avión
_____ comprar ropa y otras cosas
_____ planear el viaje
_____ ir al aeropuerto
_____ conseguir el pasaporte y la visa
_____ hacer las maletas
_____ comprar cheques de viajero
_____ ahorrar el dinero necesario
_____ hacer las reservaciones

Actividad 14. ¿Quién en la clase…

1. nunca ha visitado México?
2. ha viajado a Australia?
3. ha visto el Museo del Prado en Madrid?

4. ha comido comida mexicana?
5. nunca ha viajado por tren?
6. nunca ha comido en un restaurante japonés?
7. ha escalado una montaña?
8. ha visitado una pirámide?
9. nunca ha conocido un cubano?
10. nunca ha viajado fuera de su país?

Actividad 15. Entrevista: Los viajes

1. ¿Has hecho alguna vez un viaje largo?
2. ¿Cuándo fue?
3. ¿Cómo viajaste? ¿por avión? ¿por tren?
4. ¿Qué lugares visitaste?
5. ¿Qué hiciste?
6. ¿Has visitado muchos estados de los Estados Unidos? ¿Cuáles conoces? ¿Cómo los conociste? ¿Qué viste allí?
7. ¿Viajaste con amigos o con parientes?

Actividad 16. El agente de viajes

Usted es agente de viajes. Tiene varios clientes que han viajado mucho y
que quieren planear unas vacaciones exóticas para el verano próximo. Lea
lo que estos clientes ya han hecho y prepáreles un plan de viaje atractivo.

LOS SEÑORES RUIZ

Él es un escritor mexicano muy famoso y ella es presidenta de Mariola, una
compañía de juguetes. Conocen muy bien México; tienen amigos en
Argentina y también conocen ese país muy bien; han esquiado en Bari-
loche, han ido de vacaciones a Mar del Plata. Han viajado a Europa más de
diez veces, pero nunca han visto los países nórdicos: Dinamarca, Suecia y
Noruega. Han visto las pirámides de Egipto y las de México, pero nunca
han visto las ruinas de la civilización griega en Atenas. Han hecho cruceros
muchas veces por el Caribe y no tienen ganas de hacer otro viaje allí. El
verano pasado viajaron a la Antártida durante tres semanas y ya han hecho
un viaje a Alaska. El Señor Ruiz habla inglés muy bien porque vivió en
Nueva York mientras estudiaba en la Universidad de Nueva York. La
señora Ruiz habla italiano, francés y ruso y tiene muchas ganas de ver
Moscú.

Prepare un itinerario de un mes de vacaciones para los Ruiz: «Ustedes van a
salir de México el día 5 de julio y van a llegar a... »

LA SEÑORITA BOLINI

Es empleada de una compañía de computadoras en Buenos Aires; ha hecho
viajes de negocios representando a su compañía por todo el mundo. Conoce muy bien la América del Sur pero nunca ha viajado a México y le

fascina la arqueología. Ha hecho muchos viajes a Europa, sobre todo a España, Francia e Inglaterra, pero nunca ha viajado a Italia, donde viven algunos de sus parientes. La señorita Bolini es una joven muy independiente y para sus vacaciones prefiere viajar a lugares tranquilos; no le interesan mucho los lugares turísticos. Tiene suficiente dinero para viajar a cualquier lugar del mundo pero quiere una experiencia inolvidable e interesante.

Ahora prepare un itinerario de dos semanas para la señorita Bolini: «Usted va a salir de Buenos Aires el día 20 de agosto y va a llegar a… »

Vocabulario

LA GEOGRAFÍA Geography

el arrecife	reef	**el lago**	lake
la bahía	bay	**el llano**	plain
el bosque	forest	**la orilla**	bank, shore
el campo	field; countryside	**el paisaje**	countryside
la colina	hill	**la selva**	jungle
la corriente	current	**la tierra**	land; earth
la isla	island	**el valle**	valley

PALABRAS SEMEJANTES: el cañón, el desierto, la extensión, el golfo, el océano, la península, la sierra, la vegetación

REPASO: la costa, la geografía, el mar, la montaña, la playa, el río, la vista

LOS MEDIOS DE TRANSPORTE Means of transportation

el camión	truck; bus (Mex.)	**el trolebús**	trolleybus
la locomotora	locomotive	**el vagón**	(train) car
el tranvía	streetcar	**el vehículo**	vehicle

REPASO: el auto, el autobús, el automóvil, el avión, el barco, la bicicleta, la lancha, el metro, la motocicleta, el taxi, el transporte, el tren

EL AUTOMÓVIL The car

el acumulador (la batería)	battery	**los cambios**	gears
el aire acondicionado	air conditioning	**el capó (bonete)**	hood
arrancar	to start (a motor)	**el cinturón de seguridad**	safety belt
el arranque	starter	**chocar**	to crash
el asiento	seat	**doblar**	to turn (left, right, etc.)
la autopista	freeway	**frenar**	to brake
la bocina	horn	**los frenos**	brakes
tocar la bocina	to honk the horn	**el guardafango**	fender

el limpiaparabrisas	windshield wiper	**la presión**	pressure
lubricar	to lubricate	**rebasar**	to pass (*a vehicle*)
la llanta	tire	**la rueda**	wheel
la llanta desinflada (pinchada)	flat tire	**el sentido (la vía)**	direction, way
		de un sentido (una vía)	one-way
el parabrisas	windshield	**de doble sentido (vía)**	two-way
el parachoques	bumper	**la señal (el semáforo)**	traffic signal
la placa	license plate	**el volante**	steering wheel

PALABRAS SEMEJANTES: la antena, el cable, el carburador, el cilindro, el filtro, la gasolina, el motor, el radiador, el tanque, la transmisión

REPASO: la carretera, el chofer, el estacionamiento, estacionar, el exceso de velocidad, la multa, el/la policía, la puerta, el radio, la ventana

VIAJAR POR AVIÓN Traveling by plane

abordar	to board (*the plane*)	**hacer escala**	to make a stop (*on a flight*)
abordo (de)	on board		
abrocharse el cinturón	to fasten one's safety belt	**sin escala**	nonstop
el aeropuerto	airport	**hacer la maleta**	to pack a suitcase
la agencia de viajes	travel agency	**el mostrador**	counter
el/la agente de viajes	travel agent	**el/la pasajero/a**	passenger
el altoparlante	loudspeaker	**la puerta (de salida)**	(departure) gate
el asiento	seat	**la sala de espera**	waiting room
aterrizar	to land	**la salida**	departure
despegar	to take off	**la sección de (no) fumar**	(no) smoking section
el destino	destination	**la tarjeta de abordaje**	boarding pass
empacar	to pack	**la visa (el visado)**	visa
entregar el equipaje	to check baggage	**el vuelo**	flight
la etiqueta	tag, baggage claim		

PALABRAS SEMEJANTES: la cabina

REPASO: el avión, bajar del avión, el boleto, el itinerario, las reservaciones, el viaje

LOS VERBOS Verbs

acostumbrar(se)	to become accustomed to	**encantar**	to like very much
		fascinar	to fascinate
adelantar	to get ahead	**guardar**	to put away
ahorrar	to save (*money*)	**importar**	to matter
ajustar	to adjust	**llamar la atención**	to call attention to; to interest
apurarse	to hurry		
cobrar	to charge	**mostrar (ue)**	to show
conseguir (i)	to obtain	**planear**	to plan
consigo/consigue		**preocuparse por**	to worry about
contar (ue)	to count; to tell	**proteger**	to protect
convertirse (ie) en	to turn into	**protejo/protege**	
detenerse (ie)	to stop	**recorrer**	to travel through
me detengo/se detiene		**reservar**	to reserve
disminuir	to lessen	**resolver (ue)**	to (re)solve
disminuyo/disminuye		**volar (ue)**	to fly (*in a plane*)

PALABRAS SEMEJANTES: circular, completar, flotar, identificar, inspeccionar, representar, transportar

LOS ADJETIVOS Adjectives

acogedor(a)	cozy, inviting	**peligroso/a**	dangerous
ancho/a	broad	**plano/a**	flat
angosto/a (estrecho/a)	narrow	**prendido/a**	turned on
bienvenido/a	welcome	**prohibido/a**	prohibited
fabricado/a	manufactured	**resbaloso/a**	slippery
familiar	familiar; familial	**rodeado/a**	surrounded
griego/a	Greek	**ruidoso/a**	noisy
inolvidable	unforgettable	**sucio/a**	dirty
lujoso/a	luxurious	**unido/a**	united

PALABRAS SEMEJANTES: árido/a, considerable, económico/a, eficiente, exótico/a, fabuloso/a, firme, magnífico/a, nórdico/a, personal, práctico/a, preparado/a, público/a, recomendable, suficiente, tranquilo/a

LOS ADVERBIOS Adverbs

adelante	forward	**lógicamente**	logically
cómodamente	comfortably	**puntualmente**	punctually
diariamente	daily	**relativamente**	relatively
fuera de	outside of; except for	**silenciosamente**	silently
junto a	next to	**tecnológicamente**	technologically

LOS SUSTANTIVOS Nouns

la abreviatura	abbreviation	**la glorieta**	traffic circle (*Mex.*)
la afirmación	assertion	**el informe**	report, information
la bolsa	bag	**el juguete**	toy
el crucero	cruise	**la lástima**	pity
la cuadra	block	¡Qué lástima!	What a pity!
la culpa	blame	**el letrero**	sign
los cheques de viajero	traveler's checks	**el pasaje**	fare
el daño	damage	**el peatón (la peatona)**	pedestrian
la desviación	detour	**el puente**	bridge
la discusión	discussion, argument	**el seguro**	insurance
el embotellamiento	traffic jam	**la superficie**	surface
el/la empleado/a	employee	**el tránsito (el tráfico)**	traffic
el espacio	space	**el vado**	dip (*in a road*)
el estacionamiento	parking (lot, place)	**el/la viajero/a**	traveler
la gira	tour; trip, outing		

PALABRAS SEMEJANTES: la arqueología, la civilización, la condición, la curva, el galón, la hospitalidad, el kilómetro, el período, el resto, las ruinas

PALABRAS Y EXPRESIONES ÚTILES Useful words and expressions

contra	against	**depende de**	it depends on
cualquier(a)	any, whichever	**hacia**	towards
de venta	for sale	**sobre todo**	above all

LECTURAS ADICIONALES

LOS AMIGOS HISPANOS: *La leyenda de Popocatépetl e Iztaccíhuatl*

Los volcanes Popocatépetl e Iztaccíhuatl. Se puede ver estos dos volcanes desde la capital de México.

Raúl Saucedo y su amigo Esteban Brown pasaron unos días en la ciudad de México con los padres de Raúl antes de salir para Arenal, Jalisco, a pasar las vacaciones de Navidad con doña María, la abuela de Raúl. En la capital, Esteban quedó muy impresionado con los volcanes Popocatépetl e Iztaccíhuatl. Raúl comentó que su abuela conocía una leyenda acerca de ellos. Al llegar a Arenal, Esteban le pidió a la abuela que le contara esta leyenda.

—Hace varios siglos… —comenzó a contar doña María, —antes de la llegada de los españoles, el emperador° azteca tenía una hija hermosísima que se llamaba Iztaccíhuatl. Esta doncella° estaba enamorada de Popocatépetl, un joven guerrero.° El emperador, como todos los padres, quería lo mejor para su hija. Para permitir el matrimonio entre los dos jóvenes, puso como condición que Popocatépetl encabezara° el ejército° del imperio° porque él ya no podía guiarlo por ser muy viejo. Le pidió también que derrotara° a sus enemigos. Popocatépetl amaba tanto a la princesa que aceptó inmediatamente y partió° para la guerra.

emperor
maiden
warrior

would head / army / empire
he defeat
left

Después de crueles batallas, el ejército del imperio venció° y empezó la marcha de regreso. Popo° iba feliz. Por el camino recogió plumas de colores brillantes para regalárselas° a su amada.°

Mientras tanto, otro guerrero que también amaba a la princesa se separó del ejército, y se apresuró° a llegar, sin parar ni de día ni de noche. Al llegar, sucio y cansado, se dirigió° inmediatamente al palacio. Mintiendo,° declaró que Popocatépetl había muerto y él había llevado el ejército a la victoria. La corte lo felicitó.° El emperador ofreció darle una recompensa.° Él, naturalmente, pidió la mano de la princesa y el emperador se vio obligado a concedérsela. Las fiestas empezaron en seguida. La princesa obedeció pálida y llorosa,° pero cuando su nuevo prometido° quiso tomarle la mano ella solamente pronunció el nombre de Popocatépetl y cayó muerta ante la sorpresa de todos.

Al día siguiente llegó el ejército con Popocatépetl triunfante a la cabeza. Cuando éste entró al palacio, en vez de los cantos de las ceremonias nupciales escuchó lamentos fúnebres.° Corrió hacia el salón y encontró a su amada tendida entre flores y rodeada de mujeres llorosas. Se acercó y tomándola en sus brazos, le prometió estar siempre a su lado.

Se alejó entonces con ella. Caminó lentamente hasta llegar a la Sierra Nevada...

—Esteban, ¿sabes que el Popocatépetl está sólo a sesenta kilómetros del D.F.?

—Shhh, Raúl. Quiero oír el final.

—Hombre, si no hay más, —dijo Raúl, —Popocatépetl llegó a la sierra, depositó el cadáver de Iztaccíhuatl en una colina y luego se sentó a llorar a su lado. ¿Verdad, abuela?

—Bueno, sí... pero luego los dioses° premiaron° la fidelidad de ese amor. Los convirtieron a ambos en volcanes.

—¿El Iztaccíhuatl es un volcán también? —preguntó Esteban.

—Sí, aunque ya no está activo, —contestó Raúl.

—Claro, no puede estar activo, —dijo la abuela—, porque la doncella estaba muerta. En cambio el Popo hace erupción de vez en cuando porque todavía llora al ver a su amada que duerme el sueño de la muerte...

tuvo la victoria / Popocatépetl

to give them / loved one

se... fue muy rápido

se... fue
Lying

lo... *congratulated him*
reward

crying
fiancé

lamentos... *cries of mourning*

gods / rewarded

—Por cierto, Esteban, —interrumpió Raúl—, ¿no te fijaste° en la forma de los dos volcanes? El Iztac-

¿no... didn't you notice

cíhuatl tiene la forma de una mujer acostada boca arriba.

Comprensión

Ordene las siguientes oraciones cronológicamente.

_____ El emperador puso una condición para permitir el matrimonio.
_____ El ejército del imperio, encabezado por Popocatépetl, venció.
_____ La princesa cayó muerta.
_____ Popocatépetl e Iztaccíhuatl fueron convertidos en volcanes.
_____ Otro guerrero dijo que Popocatépetl había muerto.
_____ Popocatépetl recogió plumas para regalárselas a Iztaccíhuatl.
_____ La princesa Iztaccíhuatl estaba enamorada de Popocatépetl.
_____ Popocatépetl salió para la guerra.
_____ El emperador le concedió la mano de la princesa al otro guerrero.
_____ Popocatépetl se llevó a su amada muerta a la sierra.

LOS AMIGOS NORTEAMERICANOS: *¿Qué calle, qué número?*

Esta noche, Esteban, Carmen y Luis piensan visitar a Rubén, un maestro de inglés que conocieron a comienzos de su estancia en Santo Domingo. Desde que se conocieron un día en la playa, Rubén les ha mostrado lugares interesantes de la ciudad y se ha hecho muy buen amigo de ellos. Como los tres estudiantes regresan pronto a su país, Rubén ha ofrecido darles una pequeña despedida, con música y todo, en su casa.

En este momento Esteban habla por teléfono con Rubén para pedirle instrucciones de cómo llegar a su casa.

—No tienes que venir a recogernos, Rubén; simplemente danos la dirección.
—Bueno, está bien, —asiente Rubén. —Tomen un autobús en el Parque Independencia, que está cerca del hotel. Bájense en la Avenida Winston Churchill y sigan por esa avenida hasta un mercado que se llama La Estrella. Llámenme cuando lleguen allí y yo paso a recogerlos.
—Pero, Rubén, —dice Esteban un tanto preocupado —dime por lo menos el número de la casa o

Muchas de las calles de la América Latina son viejas y angostas. Apenas (Barely) caben los autos estacionados y los peatones, y la circulación se dificulta. Esta calle está en la vieja zona de San Juan, Puerto Rico.

© PETER MENZEL

del apartamento, por si acaso° nos perdemos o por si no encontramos ese mercado...   *por... in case*

—No, hombre, no, —interrumpe Rubén, —no te preocupes. Es más fácil encontrar ese mercado que encontrar mi casa. Yo voy a buscarlos.° Llámenme.   *look for you*

—¿Y la calle? —insiste Esteban. —¿En qué calle vives?

—Avenida Anaconda. El tercer edificio de apartamentos a mano derecha viniendo del mercado La Estrella. Es el único apartamento de la planta baja que tiene afuera estacionado un carro forrado° con lona° de color amarillo.   *covered / canvas cover*

—¿Un carro forrado de qué? —pregunta Esteban confundido.

—Es mi carro. Siempre lo cubro con una lona amarilla para protegerlo del sol y del calor.

—Ah, ya entiendo. ¿Y está muy lejos tu casa del mercado?

—Para ir a pie, sí. Tienen que seguir derecho por la Calle Contreras y doblar a la derecha en Resurrección. A mediados de Resurrección hay un callejón° sin nombre; es más fácil si voltean° por ahí. El callejón da° con Anaconda. Allí hay que doblar a la derecha y luego seguir por Anaconda.   *alley / you turn*   *intersects*

—Espera, espera. No me des más instrucciones, por favor. Tengo la cabeza hecha un lío.° Mejor te llamamos desde el mercado y pasas por nosotros.   *hecha... all confused*

—Te lo dije, Esteban. Así es más fácil.

* * * * * *

Los tres amigos tomaron un autobús. Se bajaron en la Avenida Winston Churchill y llegaron por fin al mercado La Estrella. Desde allí Esteban llamó por teléfono a Rubén.

—¡No lo puedo creer! —dice Esteban un poco molesto° —¡La línea está ocupada!

—Bueno —dice Carmen, —sigamos caminando y lo llamamos otra vez más adelante.

Caminan hasta la esquina de Contreras y Resurrección. Llaman otra vez.

—¡Ocupada! ¡Caramba!

—¿Pero no sabía que lo íbamos a llamar? —pregunta Luis enojado.

—Claro que lo sabía. ¡Y lleva media hora hablando por teléfono! No queda otra alternativa que esperar y llamar más tarde. Tratemos de encontrar ese callejón sin nombre.

—En este momento la ciudad entera me parece un callejón sin nombre —agrega Carmen, también molesta.

Caminaron largo rato por Resurrección pero no encontraron el callejón. Preguntaron a varias personas dónde estaba la Avenida Anaconda. Unos les decían que por aquí, otros que por allá, otros que al fondo,° que a la derecha, que a la izquierda. Finalmente encontraron la Avenida Anaconda.

—¡Por fin! —exclama Esteban. —Ahora será fácil encontrar la casa.

—¿Tienes el número? —pregunta Luis.

—No. No lo tengo. Sólo sé que afuera hay un carro cubierto con una lona de color amarillo.

—¡Pues vamos! —dice Luis con tono sarcástico, —¡Busquemos° la lona!

—Lo mejor, yo creo... —dice Carmen —... es tomar un taxi y regresar al hotel.

—Buena idea —repite Luis. —Vámonos. Rubén obviamente no quiere recibirnos.

—No, ya estamos aquí. Tratemos de encontrar el famoso carro con la lona amarilla...

* * * * * *

Recorrieron varias cuadras de Anaconda sin encontrar el carro. Decidieron entonces probar una

upset

al... at the end

Let's look for

vez más y llamar a Rubén. El teléfono público que encontraron no funcionaba. Ya impacientes y con deseos de regresar al hotel, tocaron a una puerta. Salió la sirvienta.

—Sí, ¿qué se les ofrece?° *¿qué... may I help you?*

—Estamos perdidos. ¿Nos permite por favor usar su teléfono?

—Claro que sí —contesta la muchacha amablemente. —Pasen, por favor.

La sirvienta lleva a Esteban hasta una mesita donde está el teléfono.

—¡Dios mío! —grita la mujer. —¡El teléfono está descolgado°! Con razón había tanto silencio en esta casa. ¡Y Rubén esperando una llamada toda la noche! *off the hook*

—¡¿Rubén?! —gritan Esteban, Carmen y Luis a la vez.

—¿Usted dijo «Rubén»? —pregunta Esteban sin creer la coincidencia.

—Sí, señor. Es el joven de la casa. Perdone usted. Use el teléfono.

—¿Ésta es la casa de Rubén Castellán?

—Sí —responde la sirvienta, extrañada.° *con sorpresa*

—¡Por fin! —dice Esteban con alivio. —Nosotros somos los amigos que él está esperando.

—¡Ave María Purísima! No es posible. Pero siéntense ustedes. Rubén vuelve en seguida. Él no podía comprender por qué ustedes no llamaban. ¡Y el teléfono descolgado toda la noche!

—¿Y dónde está? —pregunta Luis.

—Salió al mercado para comprar unos refrescos.

—Y, claro, se fue en el carro —comenta Carmen.

—Sí, señorita.

—Ésa es la razón...

—¿La razón de qué, señorita?

—La razón por la que no podíamos encontrar la «famosa» lona.

Salieron al portal° y vieron allí, tirada en el suelo, en un rincón, una lona de color amarillo. *porch*

Preguntas

1. ¿Qué problemas tuvieron Esteban, Carmen y Luis para seguir las instrucciones de su amigo Rubén?
2. ¿Por qué no podían encontrar la casa de Rubén? ¿Qué detalle faltaba?
3. ¿Por qué no respondía Rubén al teléfono?

GRAMÁTICA Y EJERCICIOS

9.1. The Present Perfect: Have you ever . . . ?

A. The Spanish present perfect tense is formed with the present tense of the auxiliary verb **haber** (*to have*) followed by the participle of any verb.

> —Bernardo, ¿**has recogido** las maletas? —No, no **han llegado** todavía.
> *"Bernardo, have you picked up the suitcases?" "No, they haven't arrived yet."*

> —¿**Han visitado** ustedes Europa? —Sí, **hemos visitado** España dos veces.
> *"Have you visited Europe?" "Yes, we've visited Spain twice."*

B. The present tense forms of **haber** are irregular.

he	*I have*
has	*you have*
ha	*you have, he/she has*
hemos	*we have*
han	*you (pl.), they have*

C. The participle is formed by adding **-ado** to the stem of **-ar** verbs and **-ido** to the stem of **-er** and **-ir** verbs.

-ar	-ado		-er, -ir	-ido
hablar	hablado		comer	comido
jugar	jugado		vivir	vivido
preparar	preparado		dormir	dormido
			salir	salido

> —Inés, ¿**has terminado**? —No, el agente de la aduana no **ha inspeccionado** mi equipaje todavía.
> *"Inés, have you finished?" "No, the customs agent hasn't inspected my baggage yet."*

> —¿Ya **han comprado** los señores Torres los boletos? —No, no **han tenido** tiempo todavía.
> *"Have the Torres' already bought the tickets?" "No, they haven't had time yet."*

D. A few verbs have irregular participles.

abrir	abierto	*to open / opened*
cubrir	cubierto	*to cover / covered*
decir	dicho	*to say / said*
describir	descrito	*to describe / described*
escribir	escrito	*to write / written*
hacer	hecho	*to do / done*
morir	muerto	*to die / died; dead*
poner	puesto	*to put / put*
resolver	resuelto	*to resolve / resolved*
romper	roto	*to break / broken*
ver	visto	*to see / seen*
volver	vuelto	*to return / returned*

The participles of verbs derived from these verbs are also irregular.

devolver	devuelto	*to return / returned*
inscribir	inscrito	*to enroll / enrolled*
reponer	repuesto	*to put back / put back*
suponer	supuesto	*to suppose / supposed*

Inés, ¿dónde **has puesto** mis pantalones nuevos?
Inés, where have you put my new pants?

Ya te **he dicho** que están encima de la cama.
I have already told you that they're on top of the bed.

Bernardo fue a la agencia de viajes hace dos horas y todavía no **ha vuelto**.
Bernardo went to the travel agency two hours ago and hasn't come back yet.

Todavía no **hemos visto** las pirámides de México.
We still haven't seen the pyramids of Mexico.

Ejercicio 1

Complete estos diálogos con la forma correcta de **haber** (**he, has, ha, hemos, han**).

1. —¿_____ ido ustedes muchas veces a México?
   —No, _____ ido solamente dos veces.
2. —¿_____ visto (tú) las pirámides de Teotihuacán en México?
   —No, pero _____ visto las pirámides de Tikal en Guatemala.
3. —¿_____ viajado mucho Julia?
   —No, la verdad es que nunca _____ viajado.

Ejercicio 2

Éstas son algunas de las cosas que han hecho los amigos y parientes de Gustavo. Complete lógicamente con los participios correctos de estos verbos: **comer, escribir, ver, viajar, comprar.**

MODELO: Mis primos han <u>ido</u> mucho a Hawai porque les gusta bucear.

1. Amanda ha _____ esa película cuatro veces.
2. Ramón le ha _____ una carta a su novia.
3. Yo he _____ tres veces a Miami.
4. Los señores Ramírez han _____ una casa nueva.
5. Ernestito, ¿has _____ en un restaurante chino?

Ejercicio 3

¿Cuántas veces ha hecho usted estas actividades?

MODELO: bucear en el mar →
　　　　　He buceado en el mar dos veces. (Nunca he buceado en el mar.)

1. viajar a México o a Puerto Rico
2. esquiar en un lago
3. subir a las pirámides de Egipto, de Guatemala o de México
4. acampar en el desierto o en las montañas
5. hacer un viaje a España o a otro país de Europa

9.2. Exclamations with qué, cuánto/a

A. Form exclamations with **qué** using ¡**Qué** + *adjective*... !

　¡Qué bonita es la playa!　　　*How pretty the beach is!*

　¡Qué interesante fue ese viaje!　*What an interesting trip that was!*

Note the accent on interrogatives used in exclamations.

B. Use the pattern ¡**Qué** + *noun* + **tan/más** + *adjective*! to express *What a . . . !*

　¡Qué país tan grande!　　　*What a large country!*

　¡Qué viaje más divertido!　　*What an enjoyable trip!*

C. Use **cuánto** to express surprise about quantity.

　¡**Cuánto** dinero tiene ese hombre!
　That man has a lot of money!

　¡No te imaginas **cuántas** horas tuvimos que esperar!
　You can't imagine how many hours we had to wait!

Ejercicio 4

Usted está mirando las diapositivas (*slides*) de Inés Torres y su esposo Bernardo. Acaban de regresar de un viaje a España y a la América Latina. Exprese su sorpresa al ver estas fotos.

MODELO: las pirámides de Teotihuacán: pirámides / alto →
Las pirámides de Teotihuacán... ¡Qué pirámides tan (más) altas!

1. Bolivia: país / interesante
2. un vuelo de Bogotá a Madrid: vuelo / largo
3. los Andes / montañas: alto
4. una selva tropical en Venezuela: selva / verde
5. una playa en el Caribe: arena / blanco

Ejercicio 5

Usted hizo un viaje a Sudamérica y vio muchos lugares interesantes. Haga comentarios.

MODELO: azul / el agua de las playas del Caribe →
¡Qué azul es el agua del Caribe!

1. impresionante / las ruinas de Machu Picchu
2. grande / el lago Titicaca
3. cosmopolita / Buenos Aires
4. húmedo / la selva de Ecuador
5. seco / el desierto Atacama de Chile

9.3. *Por* and *para* (Part 2)[1]

A. Use **para** to indicate movement *toward* a destination in space.

> Mamá, **salgo** ahora **para** la escuela.
> *Mom, I'm leaving for school now.*

Compare this use of **para** with the use of **por** to indicate motion *through* or *by* a place.

> **Pasamos por** varios pueblos antes de llegar.
> *We went through various small towns before arriving.*

> **Caminábamos por** la orilla del lago de noche.
> *We used to walk along the lake shore at night.*

B. Use **por** to indicate the general location of something or someone in space or in time.

---

[1]See Part 1, 5.3.

Estoy seguro que hay una gasolinera **por aquí**.
I'm sure that there is a gas station somewhere around here.

Aquí reparan los carros **por la noche**.
Here they repair cars at (during the) night.

C. Use **por** to express *in exchange for*.

Gustavo, ¿cuánto pagaste **por** el suéter?
Gustavo, how much did you pay for the sweater?

D. Note the following uses of **por** and **para**.

Trabajé **por** ti.
I worked for you (in your place).

Trabajé **para** ti.
I worked for you (for your benefit, to please you).

El señor Ramírez trabaja **para** una agencia de seguros.
Mr. Ramírez works for (in the employ of) an insurance company.

E. Use **por** to indicate mode of transportation.

Mis hermanos quieren viajar **por tren** pero yo quiero ir **por avión**.
My brothers want to travel by train, but I want to go by plane.

Ejercicio 6

Seleccione **por** o **para**.

1. Me gusta pasear _____ la playa.
2. Salgo _____ el aeropuerto a las 6:30.
3. Creo que las oficinas de la compañía de aviación Aeroméxico están _____ aquí, cerca de la estación de autobuses.
4. Salgo _____ la universidad dentro de cinco minutos.
5. ¿Prefieren ustedes viajar _____ tren o _____ autobús?
6. Vamos a ir _____ la costa _____ diez kilómetros; después el camino sigue al interior.
7. Salimos _____ la terminal a las 4:30 de la madrugada.
8. Viajando _____ tren, uno conoce mejor el país y su gente.
9. Estoy seguro de que la agencia de viajes está _____ aquí.
10. Me gusta pasear _____ las montañas y respirar el aire puro.

9.4. *Describing Actions: Adverbs*

Many words that describe actions (adverbs) are formed in Spanish by adding **-mente** to the feminine form of the adjective: **rápida** (*fast*) → **rápidamente** (*quickly*); **libre** (*free*) → **libremente** (*freely*).

Necesito trabajar **tranquilamente**.   *I need to work peacefully.*

—Amanda, ¿vas al cine **frecuentemente**? —No, voy una vez al mes.
"Amanda, do you go to the movies frequently?" "No, I go once a month."

En este país puedes hablar **abiertamente**.
In this country you can talk openly.

Ejercicio 7

Describa estas acciones.

MODELO: (usual) → <u>Usualmente</u> tomo el autobús número 73 para ir a la universidad.

DESCRIPCIONES: puntual, inmediata, constante, cómoda, rápida

1. ¡Los trenes del metro en Japón transitan a 250 kilómetros por hora! Los pasajeros llegan _____ a su destino.
2. Me gusta viajar por tren. Me siento _____ en el vagón y miro el paisaje por la ventana.
3. En Suiza los trenes y los autobuses llegan y salen _____.
4. ¡Yo nunca he visto tantos autobuses! En la estación de autobuses en Guadalajara, los autobuses llegan y salen _____.
5. Vamos a tener que correr; el próximo autobús sale _____.

9.5. *Indirect Object Verbs*

A. Recall the following indirect object pronouns used with **gustar** (*to be pleasing to.*)

me	*to me*		
te	*to you (informal)*	le	*to you (formal), to him/her*
nos	*to us*	les	*to you (pl.), to them*

B. Other verbs like **gustar** also use indirect object pronouns.

encantar	*to like a lot*
fascinar	*to be fascinating to; to love*
importar	*to be important to*
interesar	*to be interesting to*
llamar la atención	*to call attention to*
parecer	*to seem like (to)*

Note that the English equivalents to these verbs vary according to context.

A Bernardo no le gusta levantarse muy temprano por la mañana.
Bernardo doesn't like to get up early in the morning.

—¿Qué **te interesa**? —**Me interesa** la geografía porque **me fascina** viajar.

"What interests you?" "I'm interested in geography because I love to travel."

El paisaje es tan lindo que no **nos importa** si llueve.

The countryside is so pretty that it doesn't matter to us if it rains.

—Inés, ¿qué **te parece** un viaje a Perú y Bolivia? —**Me parece** una idea fantástica.

"Inés, what do you think about a trip to Peru and Bolivia?" "It seems like a great idea to me."

The person whose opinion is described (the indirect object) is usually mentioned first; the actual subject of the Spanish sentence usually follows the verb. If the subject is plural then the verb must also be plural.

Me gusta**n las maletas** que usted compró; **me** parece**n** muy prácticas.

I like the new suitcases you bought; they seem very practical to me.

No **me** interesa**n los detalles**, pero sí quiero ir.

I'm not interested in the details, but I do want to go.

Ejercicio 8

Complete lógicamente con **importar, parecer, interesar, gustar, encantar**.

MODELO: —¿A usted le <u>importa</u> si salimos tarde?
—Conmigo no hay problema.

1. —¿A usted le _____ los viajes largos?
   —No, porque me cansan mucho.
2. —¿Le _____ viajar a China?
   —Sí, porque es un país muy desconocido.
3. —¿Les _____ si regresamos temprano?
   —No, no tenemos inconveniente.
4. —¿Qué les parece el clima de la isla?
   —Fabuloso, nos _____.
5. —¿Qué le _____ un viaje a España este verano?
   —Fantástico.

9.6. *Hace* + Time: How long have you . . . ?

The Spanish pattern to express the duration of an action or state from the past to the present is **hace** followed by the length of time followed by a present tense verb form. To express the same idea, English uses the present perfect.

Hace diez años que **vivimos** aquí.
We've been living here for ten years.

—¿**Cuánto (tiempo) hace** que usted **estudia** español? —**Hace** más de **dos años**.
"How long have you studied Spanish?" "It's been (It makes) more than two years."

—¿**Cuánto hace** que no **ves** a Ricardo? —**Hace un mes**, porque está en Puerto Rico ahora.
"How long has it been since you've seen Ricardo?" "It's been a month, because he's in Puerto Rico now."

Remember that **hace** preceded or followed by a verb in the past tense expresses *ago* in English.

Fui a Puerto Rico **hace un año**.
I went to Puerto Rico a year ago.

Ejercicio 9. ¿Cuánto tiempo hace que usted... ?

Conteste, inventando información si es necesario.

MODELO: ¿Cuánto tiempo hace que usted juega al tenis? →
Hace cinco años (que juego al tenis).

1. ¿Cuánto tiempo hace que usted sabe esquiar?
2. ¿Cuánto tiempo hace que usted tiene el mismo trabajo?
3. ¿Cuánto tiempo hace que usted estudia en esta universidad?
4. ¿Cuánto tiempo hace que usted tiene un animal doméstico en casa?
5. ¿Cuánto tiempo hace que usted sabe andar en bicicleta?

CAPÍTULO DIEZ

VIAJANDO POR EL MUNDO HISPÁNICO

LOS TEMAS

- Making Travel Plans
- Finding Places, Following Directions, and Reading Maps
- Traveling in Hispanic Countries

LAS LECTURAS

- Número 56 Norte
- De visita en México

LAS LECTURAS ADICIONALES

- Los amigos hispanos: Impresiones de Sevilla
- Nota cultural: Las ruinas de Tikal
- Los amigos hispanos: La vida nocturna en Madrid
- Los amigos hispanos: Primera noche de carnaval

LA GRAMÁTICA

10.1. Making Suggestions: *Let's*
10.2. **Vosotros**: Pronouns and Verb Forms
10.3. Formal Commands
10.4. Present Subjunctive Following **querer**
10.5. Present Subjunctive Following **cuando**

In **Capítulo diez** you will continue to talk about travel and travel-related experiences: getting around in unfamiliar places, following directions, reading maps, and so on. You will also learn about more places to visit in the Hispanic world.

ACTIVIDADES ORALES

LOS PLANES DE VIAJE

¡OJO! *Estudie Gramática 10.1.*

¡VAMOS A + INFINITIVO!

Vamos a comprar un boleto de ida y vuelta.
Vamos a llevar el pasaporte.

¡OJO! *Estudie Gramática 10.2.*

VOSOTROS: LOS VERBOS

PRESENT:	habl**áis**	com**éis**	viv**ís**
PAST:	habl**asteis**	com**isteis**	viv**isteis**
IMPERFECT:	habl**abais**	com**íais**	viv**íais**
PERFECT:	hab**éis** hablado	hab**éis** comido	hab**éis** vivido

VOSOTROS: LOS PRONOMBRES Y LOS ADJETIVOS POSESIVOS

SUBJECT:	vosotros/as
OBJECT:	os
PREPOSITIONAL:	vosotros/as
POSSESSIVE:	vuestro/a/os/as

la agencia de viajes

¿ 8 mayo

¿ 28 mayo

el agente de viajes

el billete (boleto)
el pasaporte
las reservaciones

—¿Quieren un billete
(boleto) de ida y
vuelta?

—¿Se necesitan
vacunas?

los cheques de viajero

el Consulado de México

la visa (el visado)

el aeropuerto

el equipaje (las maletas)

el mostrador

—¡Noventa y ocho kilos! Les voy a tener que cobrar por exceso de equipaje.

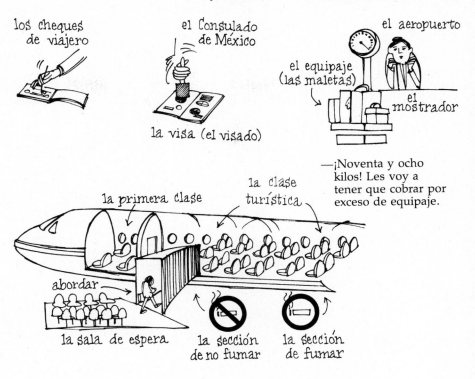

la primera clase

la clase turística

abordar

la sala de espera

la sección de no fumar

la sección de fumar

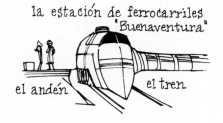

la estación de ferrocarriles "Buenaventura"

el andén

el tren

Actividad 1. Vamos a...

Supongamos que usted está en los siguientes lugares con sus amigos. ¿Qué actividades puede usted sugerirles a sus amigos?

MODELO: Vamos a (tomar fotos, comer...).

1. Están subiendo a la famosa Pirámide del Sol en Teotihuacán, México.
2. Están en un tren, camino a la playa, en la costa del sur de España.
3. Están en un avión en un vuelo de doce horas de Los Ángeles a Buenos Aires.
4. Están en un hotel en la ciudad de San José, Costa Rica, a las siete de la noche después de un vuelo desde Miami.
5. Están en una playa magnífica de Isla Mujeres, México.

Actividad 2. Interacción: Agencia de viajes «Salinas»

AGENCIA DE VIAJES SALINAS
TEL. 850-8921
Los Ángeles, California

No haga sus reservaciones a última hora. Hágalas ahora y pase los próximos días feriados en su país natal, junto a su familia. Nosotros tenemos los precios que usted busca. Disponemos de un moderno sistema de computadoras «SABRÉ» para hacer sus reservaciones inmediatamente. ¡Llame ahora mismo al 850-8921 y disfrute de sus próximas vacaciones!

AGENCIA DE VIAJES SALINAS
¡Nombre de excelencia desde 1969!

TARIFAS DE IDA Y VUELTA DESDE
LOS ÁNGELES
(sujetas a cambios y ciertas restricciones)

ARGENTINA (Buenos Aires) $1,366
BOLIVIA (La Paz/Cochabamba) $987
COLOMBIA (Bogotá) $699
COSTA RICA (San José) $500
CHILE (Santiago) $1,001
ECUADOR (Quito) $834
EL SALVADOR (San Salvador) $495
GUATEMALA (Guatemala) $460
HONDURAS (Tegucigalpa) $484
NICARAGUA (Managua) $485
PANAMÁ (Panamá) $579
PERÚ (Lima) $954
VENEZUELA (Caracas) $810

E1: ¿Cuánto cuesta el pasaje a *Costa Rica* desde Los Ángeles?
E2: Cuesta *$500.00.*

Actividad 3. Diálogos originales: Problemas en los viajes

EL EXCESO DE EQUIPAJE

Ernesto Ramírez y su esposa Estela van a hacer un viaje de vacaciones a Sudamérica. Tienen sus reservaciones ya confirmadas y llegan al aeropuerto antes de la salida del vuelo. Llegan al mostrador y el empleado (la empleada) les asigna dos asientos magníficos. Al pesar su equipaje, el empleado (la empleada) encuentra que tienen diez kilos de exceso. Ernesto no quiere pagar más. Hagan ustedes los papeles de Ernesto, Estela y el empleado (la empleada).

EMPLEADO/A: Lo siento, señores, pero les voy a tener que cobrar exceso de equipaje.
ERNESTO: No, espere un momento. Querida, vamos a sacar...
ESTELA: ¡Ay, no! Es imposible sacarlo, porque... ¿Por qué no sacamos... ?
ERNESTO: ...

YA NO HAY ESPACIO

En Buenos Aires, durante un viaje de negocios, Margarita Ruiz recibe una llamada telefónica de México informándole de que su esposo se ha enfermado y de que está en el hospital. Ella llama inmediatamente a Aerolíneas Argentinas para obtener información sobre los vuelos a México, pero hay un problema: casi todos los vuelos están llenos. Hagan ustedes los papeles del empleado (de la empleada) y de Margarita Ruiz.

EMPLEADO/A: Buen día, Aerolíneas Argentinas a sus órdenes.
MARGARITA: Oiga, señor(ita), necesito...

EMPLEADO/A: Lo siento, pero eso no va a ser posible porque...

  MARGARITA: Entonces...

NECESITO IR A MADRID

Ricardo Sícora, joven venezolano que estudia derecho en España, está hoy con unos amigos en Barcelona. Necesita encontrarse en Madrid al día siguiente antes del mediodía, para comenzar sus clases. Ricardo habla con un empleado (una empleada) de la compañía de ferrocarriles. Pide el horario de los trenes, le pregunta si hay expresos, cuánto cuestan los pasajes, la diferencia entre primera y segunda clase y otros detalles necesarios. Hagan ustedes los papeles de Ricardo y el empleado (la empleada).

EMPLEADO/A: Buenos días, ¿en qué puedo servirle?

  RICARDO: Buenos días, señor(ita). ¿A qué hora... ?

EMPLEADO/A: Hay... a las...

  RICARDO: ...

Actividad 4. Viaje con Viasa

Busque esta información en el anuncio.

1. ¿A qué capitales sudamericanas puede usted volar con Viasa?
2. ¿Qué días salen los vuelos de Viasa de Santo Domingo a Caracas?
3. ¿A qué hora salen los aviones de aerolíneas Viasa de Santo Domingo a Caracas?
4. ¿Hay vuelos a Bolivia? ¿a la Argentina? ¿a Paraguay?

VUELA 4 VECES A LA SEMANA
DESDE SANTO DOMINGO A CURAZAO Y CARACAS
Y
DESDE ALLÍ
USTED PUEDE INICIAR SU RECORRIDO POR SUDAMÉRICA

CONOCER PAÍSES ES VIVIR
¡VIVA EL MUNDO DE VIASA!

Viasa vuela de Santo Domingo con destino a Curazao y Caracas los lunes, miércoles y domingos a las 7:25 de la noche y desde allí tenemos conexiones diarias a: Bogotá, Río de Janeiro, Buenos Aires, Lima, Santiago de Chile, Quito y Guayaquil.

Pase momentos inolvidables en estas bellas ciudades y goce del servicio y del encanto de viajar con Viasa.

CONSULTE A SU AGENTE DE VIASA
PRESTIGIO DE VENEZUELA EN TODO EL MUNDO

BUSCANDO SITIOS Y USANDO MAPAS

¡OJO! *Estudie Gramática 10.3.*

hábleme	no me hable
cómalo	no lo coma
ábrala	no la abra
siga adelante	no siga adelante

DEL MUSEO DE ARTE POPULAR AL MERCADO DE FLORES

Doble a la derecha en la Avenida Juárez y otra vez **a la derecha** en la calle Marroquí. **Pase** la Avenida de la Independencia. **Siga adelante** tres cuadras más. Al llegar a la Plaza Buentano, **doble a la derecha** en Ayuntamiento. Inmediatamente **doble a la izquierda** en la primera calle, Luis Moya. **Baje** una cuadra y el Mercado de las Flores está enfrente, en la Calle Pugibet.

Actividad 5. Mapa: Los metros de Madrid

Dé instrucciones para ir de una estación del metro a otra. No olvide hacer los transbordos donde debe.

MODELO: **De Atocha a El Carmen** →

Suba a un tren de la Línea 1 en Atocha y baje en la Estación del Sol. Allí suba a un tren de la Línea 2 y baje en la Estación Ventas. En Ventas, suba a un tren de la Línea 5 y siga hasta la primera estación. Bájese allí: es El Carmen.

1. de Tetuán a Sevilla
2. de Vallecas a Río Rosas
3. de Aluche a Puerta de Toledo
4. de Oporto a Portazgo
5. de Esperanza a Quintana

Actividad 6. Mapa: La ciudad de México

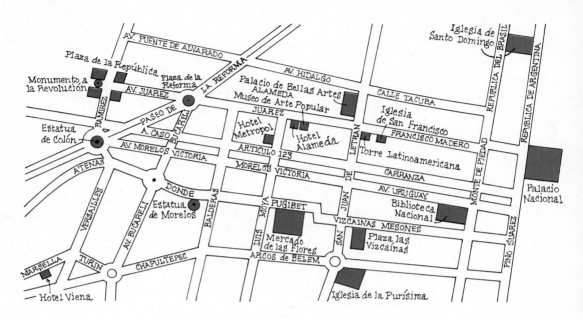

Explique cómo se va de una parte de la ciudad a otra.

MODELO: del Hotel Metropol hasta el Monumento de la Revolución →
Después de salir del hotel, tome Luis Moya a la izquierda y siga
hasta la Avenida Juárez. Doble a la izquierda en Juárez y siga
derecho hasta el Monumento a la Revolución.

1. de la Biblioteca Nacional al Museo de Arte Popular
2. del Mercado de las Flores a la Estatua de Colón
3. del Hotel Viena a la Torre Latinoamericana
4. del Palacio Nacional a la Estatua de Morelos
5. de la Iglesia de la Purísima al Monumento a la Revolución
6. de la Alameda al Hotel Viena
7. de la Plaza las Vizcaínas a la Plaza de la República
8. de la Iglesia de Santo Domingo al Palacio de Bellas Artes

Actividad 7. Diálogo original: ¿Dónde hay una gasolinera?

Usted está saliendo de su casa cuando para un automóvil lleno de turistas.
Ellos le explican que están buscando una gasolinera.

LOS TURISTAS: Perdón, señor(ita). ¿Hay una gasolinera por aquí?
USTED: Sí, hay una aquí a la vuelta. Sigan ustedes por esta calle
hasta…

LA TELENOVELA: *Número 56 Norte*

Ernesto Ramírez, gerente de una compañía de seguros,° está preparándose para salir a trabajar. Como
siempre, está un poco atrasado.

—Si no me doy prisa, —se dice a sí mismo,° —voy
a llegar tarde al trabajo. Y sería° la segunda vez esta
semana.

Cada mañana hago lo mismo. Apago el despertador a las seis y luego me quedo durmiendo unos
minutos más... ¡unos minutos demasiado largos! Por
suerte no ha sonado el teléfono. Ese maldito aparato
se las arregla para° sonar cuando uno menos lo
necesita.

A ver,° ¿lo tengo todo? El portafolio,° el dinero para
el autobús... ¡Listo! —Ernesto sale de la casa. —Me
quedan° veinte minutos; cinco para llegar a la parada
y tomar el autobús, diez para el viaje y luego cinco
para caminar hasta la oficina. Si no me encuentro con
nadie, entro al trabajo a las ocho en punto.

—¡Oiga, por favor! —me habla un señor con cara
de turista.

—Mire, por favor, estoy un poco perdido; no conozco muy bien la ciudad. Estoy tratando de
encontrar la Terminal Central de Autobuses.

—¿La Terminal... ? Sí, yo sé dónde está. A ver,
cómo le explico... (En realidad lo que debo decirle es
que yo tampoco conozco la ciudad, que no puedo
ayudarlo.)

—¡Qué bueno que por fin alguien puede ex-
plicármelo! Yo no entiendo muy bien estos mapas
turísticos.

—Es muy fácil... (¡El autobús llegará en cualquier
momento! Pobre hombre... de verdad que tiene
cara de perdido.) Tome el autobús 56 y bájese en el
Paseo de la Reforma, esquina Hidalgo, y allí trans-
borde al número 21. Bájese en la Plaza de Río de
Janeiro, que es donde está la Terminal, en la Avenida Durango.

—¿En la Avenida qué?... pero... el autobús 21,
luego el 56, el Paseo de Río...

—No, primero el 56, tome el 56. (Pero este hombre
no entiende, ¡no entiende nada!)

—El 56... Pero...

insurance

a... to himself
it would be

Ese... That darned
machine manages to

A... Let's see / briefcase

Me... I still have

—Sí, señor, el... (¡Qué suerte la mía! El 56 Norte es el mismo autobús que tomo yo para ir a trabajar todos los días.) Mire, sígame, yo también tengo que tomar ese autobús.

El turista sonríe, aliviado,° y me sigue a la parada. Y yo... llegaré° un poco tarde al trabajo.

relieved
I'll arrive

Preguntas

1. ¿Por qué no quiere el Sr. Ramírez ayudar al turista?
2. ¿Por qué no puede encontrar el turista los lugares que busca?
3. ¿Por qué piensa el Sr. Ramírez que va a llegar tarde al trabajo?

EL TURISTA EN LOS PAÍSES HISPANOS

¡OJO! *Estudie Gramática 10.4–10.5.*

EL PRESENTE DEL SUBJUNTIVO

viajar	esconder	recibir	salir
viaje	esconda	reciba	salga
viajes	escondas	recibas	salgas
viaje	esconda	reciba	salga
viajemos	escondamos	recibamos	salgamos
viajéis	escondáis	recibáis	salgáis
viajen	escondan	reciban	salgan

··La inmigración··
el pasaporte el visado (la visa)
←la cola→
hacer cola

··La aduana··
el contrabando
revisar el equipaje
los impuestos (los derechos de aduana)

·· En el banco ··

Cambio US $100 = MN 350

el cajero

los billetes

—Quisiera cambiar cheques
de viajero.
—¿Tiene usted su pasaporte?

la habitación

la cama matrimonial

el baño

la mesita
de noche

el tocador

·En el hotel··

el gerente

la camarera

la recepción

la escalera

el botones

el ascensor (el elevador)

Actividad 8. Diálogo original: En la aduana

Adriana Bolini y su amiga Alicia están haciendo sus maletas en el hotel.
Regresan mañana a Argentina después de un largo viaje por España.
Llevan muchos regalos para sus parientes y amigos. Como llevan algunos
anillos y otros regalos bastante costosos, van a tener que pagar derechos al
llegar a la aduana en Buenos Aires. Alicia piensa que deben esconder los
objetos más caros, sobre todo los pequeños. Según ella, todo el mundo lo
hace. Hagan ustedes los papeles de Adriana y Alicia.

ADRIANA: Pero, Alicia, yo no quiero tener líos en la aduana.
ALICIA: ¡Qué lío va a haber! Lo que quiero que hagamos es…
ADRIANA: Pero, yo creo que…
ALICIA: El problema es que tú…

Actividad 9. Banco Hispano Americano

**COMPRE Y PAGUE
CÓMODAMENTE**

En el Banco Hispano Americano, le facilitamos los medios para que usted pueda comprar y pagar cómodamente en cualquier momento y lugar.

Nuestras tarjetas de crédito, cajeros automáticos, cheques de viajero y cheques garantizados le ofrecen además servicios complementarios de mucha utilidad.

BANCO HISPANO AMERICANO

1. Describa lo que hay en el dibujo. Explique la función de cada cosa mencionada en el anuncio.
2. ¿Cuáles son los servicios que ofrece el Banco Hispano Americano? Explique cada uno.
3. ¿Usa usted tarjetas de crédito? ¿Por qué?
4. ¿Utiliza cheques de viajero cuando viaja? ¿Por qué?

Actividad 10. Entrevistas

LA INMIGRACIÓN Y LA ADUANA

1. ¿Has visitado otro país?
2. ¿Tuviste que conseguir un pasaporte? ¿Fue fácil?
3. ¿Tuviste que pasar por la inmigración? ¿por la aduana?
4. ¿Tuviste que mostrar el pasaporte a los inspectores de inmigración? ¿Te llevó mucho tiempo?
5. ¿Tuviste que abrir todas las maletas? ¿Qué crees que buscaban los inspectores de la aduana?
6. ¿Tomó mucho tiempo el pasar por la aduana?

EL CAMBIO

1. ¿Has visitado otros países donde era necesario cambiar dólares a la moneda nacional?

2. ¿Cuál era el tipo de cambio?
3. ¿Cambiaste dinero en un banco?
4. ¿Cambiaste mucho o poco dinero? ¿Por qué?
5. ¿Te fue difícil acostumbrarte a usar la moneda del país? ¿Por qué?

Actividad 11. Diálogo original: Cambiando dinero

Usted trabaja en la sección de cambio de un banco. Llega un(a) turista de Argentina con cheques de viajero en dólares; quiere cambiarlos a pesos mexicanos. El problema es que el/la turista dejó su pasaporte en el hotel y no tiene identificación.

USTED: ¿En qué puedo servirle, señor(ita)?
TURISTA: Quisiera cambiar unos cheques de viajero.
USTED: Muy bien. Su pasaporte, por favor.
TURISTA: No tengo mi pasaporte. Lo dejé…
USTED: Lo siento…

Actividad 12. Los paradores españoles

UN DESCANSO EN SU CAMINO

PAREN EN PARADORES[1]

Un Parador Nacional no es un hotel común y corriente[1]… Puede ser un castillo legendario o un convento misterioso o un palacio suntuoso[2] o ¡claro! también puede ser un moderno complejo[3] turístico.

Los Paradores Nacionales se encuentran tanto en lugares de incomparable belleza natural como en sitios históricos. Abren sus puertas para ofrecerle la cocina[4] tradicional de la zona y le permiten pasar noches inolvidables en habitaciones legendarias, misteriosas,… o simplemente modernas y cómodas.

¡Pare en un Parador Nacional! Tanto los monumentos históricos (castillos, conventos, palacios) como los edificios de reciente construcción disponen de[5] confortables y completas instalaciones y de servicio impecable.[6] Y… lo mejor… ¡los precios lo van a sorprender agradablemente!

¡Pare una vez y ya siempre irá[7] de parador en parador!

---

[1]común… *like any other* [2]*sumptuous* [3]*complex* [4]comida [5]disponen… tienen [6]perfecto
[7]va a ir

---

[1]En España se han convertido (*have been converted*) algunos castillos, conventos y palacios en «hoteles» donde los viajeros pueden hospedarse (*find lodging*). Son muy populares entre los turistas tanto por su comodidad (*comfort*) como por su interés histórico.

Actividad 13. Entrevista: El alojamiento

1. ¿Has buscado alojamiento en otro país? ¿Dónde? ¿Fue fácil encontrarlo?
2. ¿Con quiénes viajaste? ¿Buscaste un hotel o un albergue de la juventud?
3. ¿Cuáles son las ventajas de un hotel? ¿de un albergue de la juventud?
4. ¿Te has quedado alguna vez en un hotel de lujo? ¿Dónde? ¿Por qué? ¿Te gustó?
5. ¿Te has quedado alguna vez en un hotel muy malo? ¿Dónde? ¿Por qué? ¿Qué pasó?

Actividad 14. Diálogo original: ¿Puedo ver la habitación?

Usted acaba de llegar a Monterrey, México, por carretera desde Laredo, Texas. Está cansadísimo/a y necesita una habitación para una sola noche, ya que piensa seguir hacia la capital al día siguiente. Usted llega al Motel Camino Real y le pide al empleado (a la empleada) que le muestre la habitación y que le dé toda la información necesaria. Decida si quiere el cuarto.

EMPLEADO/A: Buenas noches señor(ita), ¿una habitación para una persona?
USTED: Sí, señor(ita), pero primero quisiera ver...
EMPLEADO/A: Por supuesto. Sígame...
USTED: ...

Actividad 15. El Mayagüez Hilton

Supongamos que usted pasó una noche en el Mayagüez Hilton. Llene este cuestionario.

Estamos encantados[1] de tenerlo con nosotros y es nuestro deseo que le agraden[2] todos los servicios que le ofrecemos.

Es nuestro propósito[3] mantener el ambiente de cortesía[4] y amistad[5] que caracteriza a nuestra cadena hotelera.[6] Por lo tanto[7] le pedimos que nos ayude a mantener el nombre del Hilton como sinónimo de hospitalidad.

Tenga la bondad[8] de llenar este cuestionario y dejarlo en la recepción o en manos de cualquier empleado del hotel. Le agradecemos mucho sus comentarios y sugerencias.

---

[1]*delighted* [2]*please* [3]*purpose* [4]*courtesy* [5]*friendship* [6]*cadena... hotel chain* [7]*Por... Therefore* [8]*Tenga... Please*

CUESTIONARIO

RESERVACIONES

¿Cómo hizo usted la reservación?

	SÍ	NO
¿Directamente, con el personal del hotel?	☐	☐
¿Con un agente de viajes?	☐	☐
¿Con una línea aérea?	☐	☐

LLEGADA

¿Cómo lo trataron a su llegada?

¿Con prontitud?	☐	☐
¿Con cortesía?	☐	☐
¿Con eficiencia?	☐	☐

ÁREAS PÚBLICAS

¿Encontró atractivo el vestíbulo?	☐	☐
¿Fue rápido el servicio de los ascensores?	☐	☐
¿Estaban limpios los baños públicos?	☐	☐

HABITACIÓN

¿Limpia? ¿Cómoda? ¿Agradable?	☐	☐
¿Tenía todo lo necesario?	☐	☐

RESTAURANTES Y BARES

¿Fue cortés y eficiente el servicio?	☐	☐
¿Fue satisfactoria la calidad?	☐	☐
¿Le pareció atractivo el bar?	☐	☐
¿Y el restaurante?	☐	☐

SERVICIO A LOS HUÉSPEDES

El servicio recibido por parte del personal fue	EXCELENTE	REGULAR	MEDIOCRE
Recepcionistas	☐	☐	☐
Botones	☐	☐	☐
Telefonistas	☐	☐	☐
Camareras	☐	☐	☐
Mesero/a del restaurante	☐	☐	☐

PARTIDA

¿Por qué escogió usted este hotel?

Estadía anterior satisfactoria	☐
Estadía en otros Hoteles Hilton	☐
Recomendaciones	☐
Agentes de viajes	☐
Publicidad	☐

El motivo de mi viaje fue

Por negocios	☐
Por placer	☐
Ambos	☐

GRACIAS POR SU COOPERACIÓN

Actividad 16. Sugerencias para un viaje

Usted tiene veinte años y va a viajar por primera vez a México con dos compañeros. Su papá le hace algunas recomendaciones. Diga si usted está de acuerdo con él.

MODELO: Quiero que nos llames si tienes algún problema. →
Sí, de acuerdo, voy a llamarlos si tengo problemas.

1. No quiero que salgas solo/a de noche.
2. Quiero que comas sólo en restaurantes buenos.
3. Quiero que te diviertas mucho.
4. Quiero que te cuides.
5. Quiero que me escribas una carta todos los días.

Actividad 17. ¿Cuándo?

Usted está haciendo planes para un viaje a Hispanoamérica. Diga cuándo va a hacer lo siguiente.

MODELO: Voy a empezar a empacar las maletas cuando... →
tenga mi ropa nueva.

1. Voy a comprar los pasajes (del avión) cuando...
2. Voy a hacer las reservaciones cuando...
3. Voy a ir al aeropuerto cuando...
4. Voy a estar contento cuando...
5. Voy a escribir tarjetas postales cuando...

NOTA CULTURAL: De visita en México

La capital más grande del mundo hispano es la ciudad de México, ubicada° en el Distrito Federal. Las otras ciudades grandes del país son Guadalajara, Monterrey y Tijuana. Hay muchas ciudades hermosas en el país de los aztecas; por ejemplo, Ve-

located

racruz, un puerto en el golfo de México, y Mérida, situada en la península de Yucatán, centro de la cultura maya. Acapulco y Puerto Vallarta, ambas en la costa del Pacífico, son dos sitios turísticos con clima tropical el año entero. Hay muchas otras ciudades que conservan la arquitectura y el ambiente colonial como Taxco, Jalapa, Celaya, San Miguel de Allende y Guanajuato.

El itinerario de un viaje por la capital tiene que incluir, sin duda, una visita al Parque Chapultepec, cerca de la Avenida de la Reforma. En este parque se encuentran el mundialmente° famoso Museo de Antropología, un castillo que data de° los tiempos coloniales, dos parques zoológicos y muchas sendas frondosas° por donde caminar. Los domingos por la tarde hay conciertos gratis al aire libre.

El centro y corazón de la ciudad es el Zócalo, o plaza mayor.° En este centro está la catedral, que data también de los tiempos coloniales, y el Palacio Nacional. En el Palacio se pueden apreciar los murales impresionantes de Diego Rivera.° Para disfrutar de la vida cultural de la ciudad hay que ir al Palacio de Bellas Artes, un edificio de mármol° blanco que se encuentra en la Avenida Juárez. En el Palacio de Bellas Artes se presentan conciertos, óperas, dramas de los más famosos dramaturgos° del mundo, bailes y conferencias.° Y a cincuenta kilómetros de la capital, al nordeste, están las pirámides de San Juan de Teotihuacán, muestra° importante de la cultura indígena.° ¡Con razón° se dice que México es uno de los centros turísticos más variados del mundo!

worldwide

data... dates from

sendas... shaded paths

plaza... main plaza

Mexican muralist

marble

playwrights
lectures

example
indigenous, native /
¡Con... Quite rightly

Preguntas

1. ¿Cuáles son las ciudades más grandes de México? ¿Dónde se encuentran?
2. ¿Qué se puede hacer en el Parque Chapultepec?
3. ¿Cómo se llama el centro de la ciudad? ¿Qué se encuentra allí?
4. ¿Adónde hay que ir para disfrutar de la vida cultural de la ciudad?
5. ¿Qué hay al nordeste de la capital?

Vocabulario

LOS VIAJES Trips

la aduana	customs	el expreso	express (*train, bus*)
el albergue de la juventud	youth hostel	ida y vuelta	round trip
el alojamiento	lodging	el mercado negro	black market
el andén	platform (*at a train station*)	el mercado paralelo	parallel market (*two exchange rates*)
el billete	bill (*currency*)	la moneda	coin; currency
el cajero automático	automatic teller machine	el país natal	native country
el cambio	change	el parque zoológico	zoo
el castillo	castle	el puerto	port
el consulado	consulate	la tarifa	rate
el contrabando	contraband	la tarjeta de crédito	credit card
los derechos de aduana	customs duty	la tarjeta postal	post card
la estación del ferrocarril	railroad station	el tipo de cambio	exchange rate
la estatua	statue	el transbordo	transfer
		la vacuna	shot, vaccination

PALABRAS SEMEJANTES: la catedral, el convento, la inmigración, el monumento, el palacio

REPASO: el banco, los cheques de viajero, el exceso de equipaje, gratis, el pasaje, el pasaporte, las reservaciones, la visa (el visado)

LOS MANDATOS Directions

baje(n)	go down	siga(n)	continue
báje(n)se de	get off (*a bus, train, etc.*)	síga(n)me	follow me
dé (den) una vuelta	turn	suba(n)	go up
doble(n)	turn	súba(n)se a	get in/on (*a bus, train, etc.*)
pare(n)	stop	tome(n)	take
pase(n)	pass		

EL HOTEL The hotel

el botones	bellboy	el/la huésped	guest
la camarera	maid; room attendant	la recepción	front desk
cómodo/a	comfortable	el vestíbulo	lobby
el/la gerente	manager		

REPASO: el ascensor (elevador), el bar, la cama matrimonial, la habitación

LOS ADJETIVOS Adjectives

ambos/as	both	costoso/a	expensive
anterior	previous, anterior	garantizado/a	guaranteed
cansadísimo/a	extremely tired	perdido/a	lost
cortés	courteous		

sudamericano/a   South American

sujeto/a a   subject to

PALABRAS SEMEJANTES: colonial, complementario/a, confirmado/a, confortable, histórico/a, impresionante, incomparable, legendario/a, mediocre, mencionado/a, misterioso/a, nacional, natural, reciente, satisfactorio/a, situado/a, tropical

LOS VERBOS Verbs

agradecer	to be grateful for	**iniciar**	to initiate
agradezco/agradece		**pasar por**	to pass through, by
asignar	to assign	**pesar**	to weigh
cuidarse	to take care of oneself	**revisar**	to check (over), examine
darse prisa	to hurry	**sonreír (i)**	to smile
enfermarse	to get sick	**sugerir (ie)**	to suggest
esconder	to hide	**transbordar**	to transfer
firmar	to sign	**tratar a (alguien)**	to treat, deal with
gozar de	to enjoy		someone

PALABRAS SEMEJANTES: caracterizar, confirmar, conservar, facilitar

LOS SUSTANTIVOS Nouns

el anillo	ring	**el lujo**	luxury
la belleza	beauty	**la llave**	key
la calidad	quality	**el placer**	pleasure
la cortesía	courtesy	**la prontitud**	promptness
el descanso	rest	**el puerto**	port
el detalle	detail	**el recibo**	receipt
el dibujo	drawing	**el recorrido**	distance traveled; trip
el encanto	charm, enchantment	**el sinónimo**	synonym
la estadía	(length of) stay	**el sitio**	place, site
la línea (del metro)	(subway) line		

PALABRAS SEMEJANTES: la conexión, la cooperación, el crédito, el cuestionario, la eficiencia, la excelencia, la función, la identificación, el/la inspector(a), la instalación, el motivo, el mural, la ópera, la recomendación, la restricción, la utilidad

PALABRAS Y EXPRESIONES ÚTILES Useful words and expressions

a la vuelta	around the corner	**por fin**	finally
a última hora	at the last minute	**por supuesto**	of course
agradablemente	pleasantly	**sin duda**	without a doubt, surely
camino a	on the way to	**tener líos**	to have problems
en realidad	in reality, really	**vamos a**	let's
hacer cola	to wait in line	**vosotros/as**	you (*pl., Spain*)
lo mejor	the best part	**vuestro/a/os/as**	your
lo siento	I'm sorry	**os**	to/for you
¡oiga!	listen! hey! excuse me!		

LECTURAS ADICIONALES

LOS AMIGOS HISPANOS: Impresiones de Sevilla

Una calle estrecha del antiguo barrio de Santa Cruz en Sevilla (España).

Clara Martin y su amiga Olivia Thompson acaban de regresar de una excursión que hicieron con otros estudiantes norteamericanos a la ciudad de Sevilla. Ahora están conversando con Pilar, su amiga madrileña, sobre sus impresiones de Sevilla.

PILAR: ¿Y qué os pareció la gente de Sevilla?

CLARA: Es muy alegre, muy amistosa. No es difícil hacer amigos en Sevilla.

PILAR: ¿Tuvisteis un buen viaje?

OLIVIA: ¡Fue excelente!

PILAR: ¿Qué hicisteis el primer día?

OLIVIA: Después de desayunar fuimos a ver la Catedral; es muy hermosa.

CLARA: De ahí nos fuimos a caminar un rato por la ciudad; cruzamos el río Guadalquivir° por un puente muy bonito.

PILAR: ¿Dónde almorzasteis?

OLIVIA: En un restaurante cerca de la Plaza de España.°

river in southern Spain

Plaza... plaza in Seville

CLARA: A mí me impresionó un edificio árabe que hay en esa plaza.

PILAR: Sí, en el sur de España hay muchas huellas° de la cultura árabe. Pero, me da la impresión que vosotras no habéis parado a descansar ni un solo segundo.   *traces*

OLIVIA: Es que había tanto que ver. Sólo descansamos un rato en el parque de María Luisa.°   *parque... park in Seville*

PILAR: ¿Es bonito?

OLIVIA: Tanto o más que el Retiro° de Madrid.   *large park*

PILAR: ¿Y cómo terminasteis el día?

CLARA: Paseando por el barrio Santa Cruz. Me fascinaron sus casas blancas y sus balcones con tantas flores.

OLIVIA: Ésa fue la zona de la ciudad que a mí me gustó más.

Preguntas

1. ¿Qué impresión tienen Olivia y Clara de la gente sevillana?
2. ¿Adónde fueron Clara y Olivia el primer día en Sevilla? ¿Qué hicieron?
3. ¿Por qué no quisieron descansar mucho tiempo?
4. ¿Cómo terminaron el día?

NOTA CULTURAL: *Las ruinas de Tikal*

PARTE 1: VIAJANDO A TIKAL

Uno de los lugares más fascinantes de Guatemala es Tikal, conjunto° de ruinas mayas que fueron descubiertas en medio de la selva, en el enorme departamento guatemalteco de El Petén. Viajando desde la capital el avión pasa por una zona montañosa primero y después por una selva espesa que se extiende en todas direcciones. Al cabo° de una hora de vuelo, aproximadamente, aparece el gran lago Petén Itzá, con lagunas más pequeñas al este. La isla-ciudad de Flores se encuentra en el sur de este lago. Aquí fue donde los mayas de esta región fueron finalmente derrotados por los españoles en 1697.   *grupo*   *Al... Después*

El avión vuela a baja altura sobre los grandes templos de Tikal. Tras° quince minutos de vuelo al norte del lago, el avión aterriza en un campo que cubre aproximadamente 2,000 metros, a unos 200 metros sobre el nivel del mar. Hay vehículos que esperan el   *After*

Vista del templo del Gran Jaguar en las ruinas mayas de Tikal en Guatemala.

avión para transportar a los visitantes a la Posada de la Selva, un pequeño hotel rústico donde los visitantes descansan antes de comenzar su visita a las ruinas mayas.

Preguntas

1. ¿Qué es Tikal?
2. ¿Qué formaciones geográficas puede ver el pasajero que viaja a Tikal?
3. ¿Cuándo fueron derrotados los mayas?
4. ¿Qué es la Posada de la Selva?

PARTE 2: UNA VISITA A LAS RUINAS

Adela Martínez, profesora norteamericana, habla con su amigo, el profesor Alejandro López, sobre su viaje a Centroamérica.

ALEJANDRO: Cuéntame, Adela, ¿pudiste visitar las ruinas de Tikal en Guatemala?

ADELA: Claro que sí. ¿Sabías que los mayas abandonaron esa ciudad mucho antes de la llegada de los españoles?

ALEJANDRO: No, no lo sabía. ¿Y por qué la abandonaron?

ADELA: No se sabe por cierto. Algunos arqueólogos dicen que fue por una epidemia, o quizás por cambios bruscos en el clima.

ALEJANDRO: ¿Es difícil llegar a las ruinas?

ADELA: Un poco. Hay que viajar en avión y aterrizar en medio de la selva.

ALEJANDRO: Me imagino que no hay viviendas ni hoteles en Tikal.

ADELA: Sólo un hotel y restaurante pequeño que llaman la Posada de la Selva.

ALEJANDRO: Parece que es un viaje un poco incómodo.

ADELA: Sí, pero vale la pena, Alejandro. Las ruinas son impresionantes. Hay como 3,000 construcciones distintas.

ALEJANDRO: ¿Qué tipos de construcciones?

ADELA: Templos, palacios, plataformas ceremoniales, una estructura que se usaba para baños de vapor en las ceremonias y muchas residencias de tamaño mediano.

ALEJANDRO: ¿Te llamó la atención algún edificio especialmente?

ADELA: Sí, el palacio ceremonial de la ciudad. Allí puedes ver más de 200 monumentos de piedra, altares, figuras, estelas° y muchísimas «chultunes», que son cámaras subterráneas cavadas en la roca. *carved stone markers*

ALEJANDRO: ¿Estaban los mayas tan avanzados como los aztecas?

ADELA: Bueno, los mayas eran un poco diferentes. Tenían una cerámica muy avanzada y practicaban el mercadeo.° También tenían un calendario muy preciso y un sistema de escritura que todavía no se ha podido interpretar. *commerce*

ALEJANDRO: Debe ser una experiencia inolvidable visitar esas ruinas.

ADELA: Sí, Alejandro, tienes que ir a Tikal algún día.

Preguntas

1. ¿Cuándo abandonaron los mayas la ciudad de Tikal? ¿Por qué se supone que la abandonaron?
2. ¿Cómo es el viaje a Tikal?
3. ¿Qué tipos de construcciones encuentra el visitante en Tikal?

LOS AMIGOS HISPANOS: La vida nocturna en Madrid

Ricardo Sícora, un estudiante venezolano, acaba de pasar un año de estudios en Madrid. De regreso en Caracas, se reúne con su amigo Rafael para contarle sus experiencias en la capital española.

RAFAEL: ¿Y qué hace la gente joven para divertirse en Madrid?

RICARDO: ¡Qué *no* hace! Hay tantos lugares que visitar en Madrid que un año entero no me bastó° para verlo todo.

RAFAEL: ¿Qué tal es la vida nocturna?

RICARDO: Ya sabía que te interesaba sólo una parte de mi viaje…

RAFAEL: Hombre, el Prado° y el Escorial° se los dejo a los turistas. Yo, si voy a Madrid, ¡es para divertirme!

RICARDO: Y puedes hacerlo hasta cansarte. En la Plaza Mayor se encuentra buen ambiente a todas horas. En esta plaza hay muchísimos cafés y restaurantes que siempre están llenos de gente…

RAFAEL: Llenos de chicas, quieres decir…

RICARDO: ¡Claro! También hay muchas discotecas. Solamente en la Gran Vía,° hay como diez; en todas ponen buena música y es fácil conseguir pareja.°

RAFAEL: Y, ¿dónde te hospedaste°?

no… *wasn't enough for me*

museum in Madrid / famous monastery built in the 16th century

Gran… *main downtown street*

partner

te… *did you stay*

Estos estudiantes madrileños se reúnen en un bar de la Plaza Mayor en Madrid (España).

© STUART COHEN

RICARDO: En una pensión, en el barrio de la Moncloa, donde están todos los estudiantes. Allí siempre hay alguna fiesta.

RAFAEL: ¿Cómo son las fiestas?

RICARDO: Bueno, generalmente empiezan en casa de algún amigo. Luego te vas a un bar o a una cafetería y cuando te cansas del sitio, te vas a otro. Después, se puede ir a un mesón° *tavern* a cenar raciones° variadas o bocadillos,° y *snacks / hors d'œuvres* luego... se puede ir a una discoteca hasta las cuatro o las cinco de la mañana. Y cuando te hartas° de bailar vas a desayunar chocolate *te... you're tired* con churros[2] a alguna chocolatería° del cen- *café that serves hot* tro. Es allí donde acaban los juerguistas° *chocolate* pues abren a las seis de la madrugada. *revelers*

RAFAEL: ¿Y después del desayuno?

RICARDO: A dormir, o a dar un paseo por el Retiro. Temprano en la mañana este parque está muy tranquilo, y es realmente bonito.

RAFAEL: Bueno, cuéntame ahora un poco de las chicas madrileñas...

RICARDO: No. Esa parte de la historia, mejor la descubres tú mismo.

Preguntas

1. Según Ricardo, ¿qué pueden hacer los jóvenes para divertirse en Madrid?
2. ¿Cómo eran las fiestas?
3. ¿Cómo terminaba Ricardo sus noches de fiesta?

LOS AMIGOS HISPANOS: *Primera noche de carnaval°*

carnival

Panamá, lunes 21 de marzo

Hola amigos. Les habla Julio Martínez Delgado de SIB, con mi breve comentario de cada mañana.

El sábado por la noche, tuve el agrado° de pre- *placer* senciar° la primera gran noche de carnaval en la ciu- *witness* dad de Panamá. Como ocurre cada año, los pa- nameños olvidaron sus problemas y se divirtieron

---

[2]Doughnutlike pastry, deep-fried and sprinkled with sugar; eaten with coffee or thick hot chocolate.

El baile de las «Polleras» en un desfile del Carnaval de Panamá.

© DAVID KUPFERSCHMID

muchísimo. Había mucha gente que cantaba, bailaba y bebía ron en las calles. Los altoparlantes,° en los techos y en todos los establecimientos, llenaban de música las calles. Y de pronto aparecieron las lindas carrozas.° Venían llenas de luces, palmas, flores y de mujeres y hombres que bailaban al ritmo de las maracas.° Música de mambo, de guaracha, de chachachá.° Puestos pequeños de comidas esparcidos° por todos lados. Ruido y sudor.° Maracas. Trompetas. Congas.° Confeti. Serpentinas.° Y los gritos de la gente: «¡Qué bueno está el carnaval!».

    Todo el mundo se saludaba. Hasta los desconocidos se tomaban de la mano y bailaban. Por todas partes caminaban personas disfrazadas,° saludando y pellizcando° a los que pasaban por su lado. Los disfrazados llevaban pelucas,° collares,° trajes de colores brillantes, caretas,° bigotes, barbas. Algunos representaban a personajes° históricos, como María Antonieta, el rey Luis XVI y muchas otras personas famosas. El desfile° más impresionante fue el de las «Polleras»,° mujeres que pasaron con sus trajes hermosos, bordados° en detalle, y con sus adornos en el cabello, sus «templeques».°

    El aspecto más destacado° del carnaval es que la gente sale a la calle con un solo propósito:° divertirse. El Carnaval es de verdad la fiesta más alegre del año.

loudspeakers

floats

rhythmical shakers / mambo... Caribbean dances
spread out
sweat / Danza popular de origen africano
Paper streamers.

in costume
pinching
wigs / necklaces
masks
characters

parade
Skirts
embroidered
elaborate hairpieces
outstanding
purpose

Preguntas

1. Describa con sus propias palabras la primera noche de carnaval en Panamá.
2. ¿Qué hacían las personas disfrazadas?
3. Según el reportero, ¿cuál es el desfile más impresionante? Descríbalo.
4. ¿Cuál es el mejor aspecto del carnaval? ¿Por qué es esto importante?

GRAMÁTICA Y EJERCICIOS

10.1. Making Suggestions: "Let's"

To make a suggestion in Spanish, use **vamos a** followed by an infinitive.

Este hotel es muy caro. **¡Vamos a buscar** uno más económico!
This hotel is quite expensive. Let's look for a cheaper one!

Estoy cansado de esperar el autobús. **¡Vamos a tomar** un taxi!
I'm tired of waiting for the bus. Let's take a taxi!

Let's go! is expressed by **¡Vamos!** The infinitive **ir** is not needed.

—¿Adónde quieres ir? —**¡Vamos** a la playa!
"Where do you want to go?" "Let's go to the beach!"

¡Vamos con ellos! No quiero quedarme aquí.
Let's go with them! I don't want to stay here.

¡Vámonos!
Let's go! (Let's get going!)

Note that the use of **nos** makes the **¡vamos!** command more emphatic. When **nos** is added, the **-s** of **vamos** is dropped.

Ejercicio 1

Usted está en las montañas con algunos amigos. De pronto empieza a nevar. Haga algunas sugerencias.

MODELO: tomar un café → ¡Vamos a tomar un café!

1. esquiar
2. hacer un muñeco de nieve
3. regresar al hotel
4. preparar chocolate caliente
5. sentarse al lado de la chimenea

10.2. *Vosotros*: Pronouns and Verb Forms

A. In northern and central Spain, many speakers differentiate between a formal *you* plural (**ustedes**) and an informal *you* plural (**vosotros/as**). In southern Spain and in Latin America, the pronoun **ustedes** is used for *you* plural on all occasions.

SPAIN: Pienso ir al cine esta noche. ¿Y **vosotros**?
L.A.: Pienso ir al cine esta noche. ¿Y **ustedes**?
I plan on going to the movies tonight. And you (pl.)?

B. Here are the verb endings for the **vosotros** forms of the verb tenses you have learned. Starting in this chapter, the **vosotros** forms for all new verbs will be given.

	hablar	**comer**	**recibir**
Present	habl**áis**	com**éis**	recib**ís**
Past	habl**asteis**	com**isteis**	recib**isteis**
Imperfect	habl**abais**	com**íais**	recib**íais**
Pres. Perfect	hab**éis** hablado	hab**éis** comido	hab**éis** recibido
Pres. Prog.	est**áis** hablando	est**áis** comiendo	est**áis** recibiendo

¿Qué **queréis** hacer después de llegar?
What do you (pl.) want to do after arriving?

Vosotros **podéis** viajar todo el verano, pero nosotros no tenemos tiempo.
You (pl.) can travel all summer, but we don't have time.

¿A qué hora **cenáis** en casa?
What time do you (pl.) have dinner at home?

De niños, ¿qué **hacíais** después de las clases?
As children, what did you (pl.) used to do after school?

¿**Disfrutasteis** de las vacaciones?
Did you (pl.) enjoy your vacation?

¿**Habéis** hecho las maletas?
Have you (pl.) packed your bags?

C. These are the pronouns that correspond to the familiar plural.

SUBJECT:	vosotros/as
OBJECT:	os
PREPOSITIONAL:	vosotros/as
POSSESSIVE:	vuestro/a/os/as

SUBJECT

Soy de España. ¿De dónde sois **vosotros**?
I'm from Spain. Where are you from?

DIRECT OBJECT

No **os** vi ayer. ¿Adónde fuisteis?
I didn't see you yesterday. Where did you go?

INDIRECT OBJECT

Os voy a contar una historia interesante de este castillo.
I'm going to tell you an interesting story about this castle.

REFLEXIVE

¿En qué hoteles **os** quedasteis?
In what hotels did you stay?

PREPOSITIONAL

Estos billetes son para **vosotros**.
These tickets are for you.

POSSESSIVE

¿Cómo es el clima en **vuestra** ciudad en el invierno?
What is the climate like in your city in the winter?

Ejercicio 2

Esta conversación entre tres estudiantes tuvo lugar en Santiago de Chile, pero vamos a suponer que estamos en Madrid. Lea en voz alta el diálogo con un compañero (una compañera), haciendo todos los cambios que son necesarios cuando se usa **vosotros** en vez de **ustedes**.

VÍCTOR: ¿Qué *piensan* hacer esta noche?

DORA: No sé. ¿Qué *quieren* hacer *ustedes*?

GASTÓN: ¿Qué *les* parece el cine? Hay una nueva película francesa.

DORA: A *ustedes* tal vez *les* gustan las películas francesas, pero a Lilia y a mí, no. ¿No *les* gustaría salir a bailar?

VÍCTOR: Mejor, no. *Ustedes saben* que yo soy el peor bailador de Santiago. ¿Qué tal la idea de hacer una fiesta en casa?

GASTÓN: ¡Excelente! *Ustedes invitan* a *sus* amigos y yo invito a los míos. ¿A qué hora empezamos?

DORA: ¿Qué *les* parece si empezamos a las diez?

VÍCTOR: Perfecto. Nos vemos a las diez en tu casa, Dora.

DORA: ¿En mi casa? ¡Pero si la idea fue de *ustedes*!

10.3. Formal Commands

A. For formal (**usted**) commands, the ending of -**ar** verbs changes to -**e**; -**er** and -**ir** endings change to -**a**.

Llev**e** el paquete.	*Take the package.*
Com**a** cereal en la mañana.	*Eat cereal in the morning.*
Abr**a** la ventana, por favor.	*Open the window, please.*

B. To give commands to more than one person (**ustedes**), add -**n**.

No bailen más de dos horas.   *Don't dance more than two hours.*

C. If a verb stem is irregular in the *I* form of the present tense, it often has the same irregularity in the command form: **yo pongo** (*I put*) → **ponga** (*put*).

Venga temprano, por favor. *Come early, please.*

Salga inmediatamente. *Leave immediately.*

These are some common irregular commands based on the *I* form.

diga	(decir)	*say*
haga	(hacer)	*do; make*
oiga	(oír)	*hear*
ponga	(poner)	*put*
tenga	(tener)	*have*
traiga	(traer)	*bring*
vea	(ver)	*see*
venga	(venir)	*come*

Tengan cuidado en la autopista; es la hora de mucho tráfico (la hora punta).
Be careful on the freeway; it's rush hour.

Traiga sus documentos mañana a la oficina de la aduana.
Bring your documents tomorrow to the customs office.

D. For other irregular verbs, the command forms do not match the first person singular.

dé (den)	(dar)	*give*
esté	(estar)	*be*
sea	(ser)	*be*
sepa	(saber)	*know*
vaya	(ir)	*go*

Sepa muy bien lo que va a decir antes de hablar.
Know well what you want to say before speaking.

Si quiere reservar un asiento para diciembre, **vaya** ahora mismo a la agencia de viajes.
If you want to reserve a seat for December, go to the travel agency right away.

E. Verbs with vowel changes in the stem show the same changes in the formal command.

piense	pensar (ie)	*think*
duerma	dormir (ue)	*sleep*
sirva	servir (i)	*serve*

Duerma por lo menos ocho horas.
Sleep at least eight hours.

F. Object pronouns are attached to affirmative commands and precede negative ones.

Tráigale[3] café, por favor; **no le traiga** té.
Bring her coffee, please; don't bring her tea.

Dígame la verdad; **no me diga** que usted no la sabe.
Tell me the truth; don't tell me that you don't know.

Espere, **no lo haga** ahora; **hágalo** más tarde.
Wait, don't do it now; do it later.

Ejercicio 3

Sus primos dicen que deben hacer las siguientes cosas. Déles mandatos directos. ¡Ojo! Si es necesario, use un complemento directo (**lo, la, los, las**).

MODELO: Debemos llamar a Jorge. → ¡Llámenlo!

1. Debemos preparar el itinerario ahora.
2. Debemos salir inmediatamente.
3. Debemos hacer las maletas esta noche.
4. Debemos dormir antes de salir.
5. Debemos traer los pasaportes.
6. Debemos volver antes del verano.

10.4. Present Subjunctive Following *querer*

A. At times, rather than giving a direct command, we wish to give commands preceded by a "softening" expression such as *I want*, *it's necessary that*, *I suggest*, *I prefer*, and so on. These expressions may be used to give indirect commands to others. The most frequent of these "softened" commands is *want*.

Quiero que usted vuelva pronto.
I want you to return soon.

—¿Qué quiere tu papá? —**Quiere** que yo siga estudiando.
"What does your father want?" "He wants me to continue studying."

The verb in the clause that follows expressions like **quiero que** (*I want that*) has the form of a command. Since these "softened" commands or suggestions can be addressed to anyone, the verbs take person-number endings. The command form with person-number endings is called the present subjunctive *mood*. You will learn more about the meaning of the term *subjunctive* in Chapter 13.

---

[3]Note that although the spoken stress remains on the same syllable in formal commands, the addition of a pronoun makes that syllable third from the last; therefore it must have a written accent.

Here are the forms of the present subjunctive mood.

-ar	-er	-ir
hable[4]	coma[4]	escriba[4]
hables	comas	escribas
hable	coma	escriba
hablemos	comamos	escribamos
habléis	comáis	escribáis
hablen	coman	escriban

Mi papá quiere que **estudiemos** en Madrid este año.
My father wants us to study in Madrid this year.

Mis amigos quieren que yo **viaje** a España con ellos.
My friends want me to travel to Spain with them.

B. Verbs that are irregular in the *I* form of the present tense (like **pongo**, **tengo**, **vengo**, and so on) maintain that irregularity in the commands and the present subjunctive mood. (See Section 10.3 for other irregular forms.)

Queremos que **traigas** la ropa nueva que compraste.
We want you to bring the new clothes that you bought.

Juan quiere que **vengas** temprano mañana.
Juan wants you to come early tomorrow.

¿A qué hora quieres que **vayamos** a tu casa?
What time do you want us to go to your house?

C. Verbs with vowel changes **e → ie** and **o → ue** maintain these changes in the present subjunctive.

volver	pensar
vuelva	piense
vuelvas	pienses
vuelva	piense
volvamos	pensemos
volváis	penséis
vuelvan	piensen

Verbs with the vowel change **e → i** have this change in all of the present subjunctive forms.

---

[4]The *I* forms are identical to the *he/she* forms.

pedir	servir
pida	sirva
pidas	sirvas
pida	sirva
pidamos	sirvamos
pidáis	sirváis
pidan	sirvan

A few verbs change both **e → ie** and **e → i** or **o → ue** and **o → u**: **sentir (ie, i)** (*to feel*) and **dormir (ue, u)** (*to sleep*).

sentir	dormir
sienta	duerma
sientas	duermas
sienta	duerma
sintamos	durmamos
sintáis	durmáis
sientan	duerman

D. Although pronouns are attached to direct affirmative commands, they precede present subjunctive forms, affirmative as well as negative.

MANDATO: **Hágalo** después; **no lo haga** ahora.
Do it afterwards; don't do it now.

SUBJUNTIVO: No, señor, quiero que usted **lo haga** ahora mismo.
No, sir, I want you to do it right now.

MANDATO: **Llévele** a Juan las fotos para los pasaportes.
Take the photos for the passports to Juan.

SUBJUNTIVO: Quiero que usted **le lleve** las fotos a Juan.
I want you to take the photos to Juan.

Ejercicio 4

Éstas son las recomendaciones de su agente de viajes.

1. Compren sus billetes pronto.
2. Hagan una lista de lo que van a necesitar.
3. No dejen comida en el refrigerador.
4. No lleven demasiada ropa.
5. Pongan sus documentos en un lugar seguro.

Repita esta información a un amigo: Nuestro agente de viajes quiere que (nosotros)…

Ejercicio 5

Usted va a ir de excursión a México con un grupo de estudiantes de la clase de español. Éstas son las recomendaciones del profesor.

1. Hagan las maletas dos días antes de la salida.
2. Recojan sus billetes una semana antes del vuelo.
3. No olviden sus diccionarios.
4. Lean la información que yo les di.
5. Duerman ocho horas la noche antes de la salida.

Ahora sus padres quieren saber qué es lo que el profesor le recomienda a usted. Repita la información: Mi profesor quiere que yo...

10.5. Present Subjunctive Following *cuando*

When the action or state described in a clause that begins with **cuando** refers to the future, the present subjunctive form of the verb is used.

> Vamos a facturar el equipaje **cuando revisen** el boleto.
> *We are going to check the bags in when they check the ticket.*

> Bernardo va a pagar el boleto **cuando** se lo **traigan**.
> *Bernardo is going to pay for the ticket when they bring it to him.*

> **Cuando lleguemos** a Madrid, quiero ver el Museo del Prado.
> *When we get to Madrid, I want to see the Prado Museum.*

However, if the action or state described in the clause with **cuando** refers to a habitual action, the present indicative tense is used.

> Mis primos **siempre** van a la costa **cuando viajan**.
> *My cousins always go to the coast when they travel.*

Ejercicio 6

Inés Torres va a hacer un viaje a Cartagena, Colombia. Complete el párrafo. Los verbos son **llegar**, **cansar**, **tener**, **poner**, **terminar**.

El mes que viene cuando _____ dinero, voy a hacer un viaje a Cartagena. Cuando _____ a Cartagena, voy a ir directamente a la casa de mis primos. Supongo que primero vamos a almorzar, pero cuando _____ de almorzar, voy a ir corriendo a la playa. Cuando me _____ de bañarme, voy a caminar por la playa. Y cuando se _____ el sol, voy a volver a casa. ¡Qué buenas van a ser mis vacaciones en Cartagena!

CAPÍTULO ONCE

LA SALUD Y LAS EMERGENCIAS

LOS TEMAS

- The Parts of the Body
- Talking about Health and Illnesses and Their Treatment
- Visits to the Doctor, Pharmacy, and Hospital
- Accidents and Emergencies

LAS LECTURAS

- El enfermo en casa
- Cuatro sobrevivientes en tragedia aérea

LAS LECTURAS ADICIONALES

- La telenovela: El pobre enfermo
- Nota cultural: Los otros médicos
- Nota cultural: La medicina en Hispanoamérica

LA GRAMÁTICA

11.1. Expressing Existence: **haber**
11.2. Expressing Changes in States: *Become, get*
11.3. Indirect Object Pronouns with Commands and Present Subjunctive
11.4. Using Verbs of Reporting with Indirect Object Pronouns
11.5. Describing What Was Going on: Imperfect Progressive
11.6. Describing Activities in Progress in the Past: The Imperfect
11.7. Summary of Tenses to Describe Past Experiences

In **Capítulo once** you will talk about health-related situations and problems: illnesses and accidents as well as staying healthy and in shape. You will continue to talk about past experiences.

ACTIVIDADES ORALES

▣ LAS PARTES DEL CUERPO

¡OJO! *Estudie Gramática 11.1.*

hay	*there is/are*	ha habido	*there has/have been*
había, hubo	*there was/were*	haya	*there be (subjunctive)*
va a haber	*there will be*		

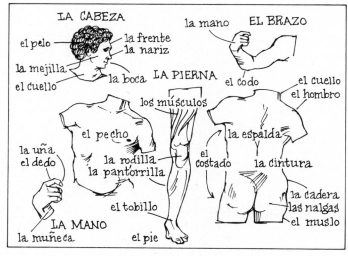

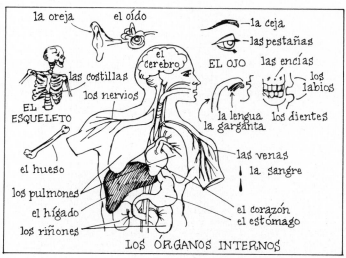

Actividad 1. Las funciones de las partes del cuerpo

¿Para qué usamos estas partes del cuerpo?

MODELO: la boca → Con la boca comemos y hablamos.

1. las manos	a. caminar
2. las piernas	b. agarrar
3. los ojos	c. tocar
4. los brazos	d. abrazar
5. los dientes	e. besar
6. los labios	f. oír
7. la nariz	g. respirar
8. los oídos	h. ver
9. los dedos	i. masticar
10. los pulmones	j. oler
	k. escribir
	l. correr
	m. ¿——?

Actividad 2. Definiciones: Las partes del cuerpo

1. los pulmones	a. Órganos internos que se usan para respirar.
2. el cerebro	b. Parte interior del cuello.
3. el corazón	c. Huesos a los dos lados del pecho.
4. la garganta	d. Órgano que se usa para hablar y comer.
5. los riñones	e. Órganos internos que limpian la sangre.
6. los músculos	f. Lo que usamos para percibir los sonidos.
7. la sangre	g. Órgano del pensamiento que forma parte del sistema nervioso.
8. los oídos	h. Órgano principal de la circulación de la sangre.
9. las costillas	i. Sus contracciones permiten los movimientos del cuerpo.
10. la lengua	j. Líquido rojo que circula por las venas y las arterias.

© QUINO

LOS ESTADOS DE SALUD; LAS ENFERMEDADES Y SU TRATAMIENTO

¡OJO! *Estudie Gramática 11.2.*

Se hizo rico.	He became rich.
Se volvió loco.	He went crazy.
Se puso triste.	He became sad.

Actividad 3. Cuando me siento mal...

Escoja: • siempre   • generalmente   • a veces   • nunca
Explique su selección en cada caso.

1. Cuando tengo fiebre,
   a. me quedo en la cama.
   b. tomo aspirinas.
   c. consulto con el médico.
   d. tomo mucho líquido.
   e. me baño con agua fría.

2. Cuando tengo tos,
   a. tomo jarabe.
   b. tomo té caliente.
   c. corro.
   d. voy a mi trabajo.
   e. fumo cigarrillos.

3. Cuando estoy mareado/a,
   a. ando en bicicleta.
   b. juego al tenis.
   c. me acuesto.
   d. manejo el carro.
   e. leo una revista.

4. Cuando tengo dolor de cabeza,
   a. me acuesto y descanso.
   b. escucho música clásica.
   c. tomo aspirinas.
   d. canto y bailo mucho.
   e. me pongo algo frío en la frente.

5. Cuando tengo gripe,
   a. tomo aspirinas y me acuesto.
   b. bebo mucho líquido.
   c. tomo el sol en la playa.
   d. leo y descanso.
   e. consulto con el médico.

Actividad 4. Anuncio comercial: El Gimnasio Macías

¡PÓNGASE EN FORMA Y BAJE DE PESO ESTE VERANO!

Venga al Gimnasio Macías y aproveche nuestra última oferta especial: un curso de seis meses por sólo tres mil pesos mensuales. Con este plan de seis meses usted tiene derecho a los siguientes servicios. En todos va a recibir la atención y la supervisión profesional que nos caracteriza.

- SAUNA
- VISITAS ILIMITADAS
- SISTEMA DE EJERCICIOS AERÓBICOS

Ocúpese de su salud. Abrimos de lunes a sábado desde las 10:00 de la mañana hasta las 9:00 de la noche. Domingos de 9:00 a 3:00. Aceptamos tarjetas de crédito.

GIMNASIO MACÍAS
Avenida Juárez #163
México, Distrito Federal
TEL. 64-66-13

Actividad 5. Los remedios

¿Qué hace usted cuando tiene lo siguiente?

MODELO: Si le duele el tobillo… →
          Si me duele el tobillo, lo pongo en agua caliente.

1. Si tiene un resfriado…
2. Si tiene tos…
3. Si le duele la cabeza…
4. Si se corta un dedo…
5. Si tiene dolor de garganta…
6. Si tiene el tobillo hinchado…

a. tomo vitamina C.
b. me pongo una curita.
c. tomo jarabe para la tos.
d. hago gárgaras de agua con sal.
e. tomo dos aspirinas.
f. me pongo un vendaje.
g. ¿———?

Actividad 6. Los estados de ánimo

¿Es usted irritable? ¿tranquilo/a? Conteste estas preguntas.

1. Me pongo muy nervioso/a cuando tengo un examen.	sí	no	a veces
2. Me vuelvo loco/a con las presiones de la vida moderna.	sí	no	a veces
3. Me pongo molesto/a cuando mi familia quiere que yo haga algo que no quiero hacer.	sí	no	a veces
4. Me enojo si pierdo algo valioso.	sí	no	a veces
5. Me pongo de mal humor cuando hay mucho tránsito y no puedo llegar a tiempo a una cita.	sí	no	a veces

VALOR DE SU RESPUESTA: Sí = 2 puntos. A veces = 1 punto. No = 0 puntos.
De 8 a 10 puntos = Usted es una persona muy irritable. ¡Contrólese un poco!
De 5 a 8 puntos = Usted es una persona de un estado de ánimo normal.
De 0 a 5 puntos = Usted es una persona muy calmada.

Actividad 7. Discusión: La salud y la comida

1. ¿Qué comidas son buenas para la salud? ¿malas?
2. ¿Come usted siempre alimentos saludables? ¿Por qué?
3. ¿Qué son los aditivos y preservativos? ¿Son sustancias artificiales o naturales? ¿Para qué se usan? ¿Los considera usted necesarios? ¿peligrosos?
4. Si uno está gordo/a, ¿qué se puede hacer para adelgazar? Y si está demasiado delgado/a, ¿qué se puede hacer para engordar?
5. ¿Es importante el desayuno? ¿Por qué?
6. ¿Es indispensable tomar vitaminas o es suficiente con comer comidas nutritivas?

Actividad 8. Entrevista: Los estados físicos y mentales

1. ¿Te sientes cansado/a frecuentemente? ¿Qué actividades te cansan mucho?
2. ¿Cuándo estás más contento/a?
3. ¿Estás feliz cuando estás solo/a? ¿Por qué?
4. ¿Cuáles son las cosas que te deprimen?
5. ¿Te enojas con frecuencia? ¿Qué te hace enojar?
6. ¿Qué cosas te entristecen? ¿Te entristeces fácilmente?

Actividad 9. Los estados de ánimo

¿Qué le pasa a usted si... ?

MODELO: usted tiene un examen de matemáticas →
   Si tengo un examen de matemáticas, me pongo nervioso/a.

1. usted pierde $50 en la calle
2. usted descubre que le han robado el coche
3. su mejor amigo/a se enoja con usted
4. usted gana $500 en un concurso
5. usted tiene un accidente con su coche

Actividad 10. Diálogo original: Tengo dolor de cabeza

Usted tenía planes de salir a bailar con unos amigos esta noche. Su amigo Pepe iba a pasar por su casa a recogerlo/la en una hora. Pero en este momento usted tiene un dolor de cabeza. De repente suena el teléfono; es Pepe.

PEPE: Hola. ¿Estás listo/a?
USTED: Hola, Pepe. ¿Cómo estás?
PEPE: Bien, ¿y tú?
USTED: Bueno, la verdad es que...
PEPE: ...

Actividad 11. Opiniones: ¿Es bueno para la salud?

Diga si estas actividades son beneficiosas para mantenerse en buena salud y en buenas condiciones físicas. Explique por qué.

¿Es beneficioso...

1. comer carne con frecuencia?
2. tomar el sol por tres horas o más diariamente?
3. hacer ejercicio cada día?
4. trabajar diez horas al día?
5. tomar vino con la cena?
6. dormir siete horas o más cada noche?

7. fumar una cajetilla de cigarrillos al día?
8. tomar café todas las mañanas?
9. lavarse los dientes una vez al día?
10. consultar con el médico una vez por semana?

Actividad 12. Las enfermedades

Escoja la(s) actividad(es) que no pertenece(n) al grupo. Explique por qué no caben.

1. Ayer mi hija estuvo enferma.
   a. Fue a consultar con el médico.
   b. Jugó en el parque.
   c. Tomó unas pastillas.
   d. Se acostó temprano.
2. El año pasado tuve mucha tos.
   a. Me puse gotas en la nariz.
   b. Hice gárgaras.
   c. Tomé miel con limón.
   d. Tomé jarabe.
3. Si usted tiene una lesión en la mano derecha,
   a. se pone una curita o un vendaje.
   b. no ve a nadie porque es contagiosa.
   c. saluda con la mano izquierda.
   d. la mantiene limpia para evitar una infección.
4. Mi hermanito tiene varicela y por eso
   a. no puede asistir a la escuela.
   b. sus amigos juegan con él en su cuarto.
   c. llamamos al médico anoche.
   d. está tomando varias medicinas.
5. Creo que tengo paperas.
   a. Tengo la cara hinchada.
   b. Tengo fiebre.
   c. Me siento muy bien.
   d. Me duele la cabeza.

LAS VISITAS AL MÉDICO, A LA FARMACIA Y AL HOSPITAL

¡OJO! *Estudie Gramática 11.3–11.4.*

Muéstre**me** dónde le duele.
Quiero que **me** muestre dónde le duele.

Siga un régimen estricto.
Le recomiendo que siga un régimen estricto.

Voy a… decir**le** que estoy bien.
contar**le** lo que pasó.
explicar**le** la verdad del caso.
preguntar**le** dónde está el hospital.

La enfermera atiende
a los pacientes.

El dentista le
examina los dientes.

La farmacéutica surte
las recetas médicas.

El médico examina
al enfermo.

La psiquiatra (psicóloga) cuida
la salud mental de sus pacientes.

El cirujano opera
a los pacientes.

El veterinario cuida
a los animales.

Actividad 13. Las profesiones médicas

¿Cuáles son las actividades de estos profesionales?

1. el/la doctor(a)
2. el/la farmacéutico/a
3. el/la enfermero/a
4. el/la psiquiatra
5. el/la cirujano/a
6. el/la dentista

a. Cuida a los enfermos y ayuda al médico.
b. Opera a los enfermos.
c. Cuida a los enfermos y receta medicinas.
d. Ayuda a las personas que tienen problemas psicológicos.
e. Surte las recetas y vende medicinas.
f. Empasta las caries.

Actividad 14. Interacción

Usted es el médico y su compañero/a es el/la paciente. ¿Qué le recomienda usted?

MODELO: Tengo fiebre. → Le recomiendo que se bañe en agua tibia.

LOS SÍNTOMAS	LAS RECOMENDACIONES
1. Tengo dolor de cabeza.	Le recomiendo que…
2. Me duele la garganta.	Le aconsejo que…
3. Tengo náuseas.	Le recomiendo que…
4. Estoy mareado/a.	Le aconsejo que…
5. Tengo mucha tos.	Le recomiendo que…
6. Me duele la rodilla.	Le voy a poner…

Actividad 15. Entrevista: El hospital

1. ¿Has estado internado/a alguna vez en un hospital?
2. ¿Qué tenías? ¿Cuánto tiempo estuviste allí?
3. ¿Te hicieron un análisis de sangre?
4. ¿Tuviste que quedarte mucho tiempo en cama después de regresar a casa?
5. ¿Faltaste a muchas clases? ¿al trabajo?
6. ¿Fue muy doloroso/a? ¿Qué medicinas tomaste?
7. ¿Tenías seguro médico o tuviste que pagarlo tú mismo/a?

Actividad 16. Diálogos originales: Problemas de salud

1. Usted está en una farmacia y quiere comprar algún remedio para la gripe. Desafortunadamente no puede recordar la palabra «gripe» en español y lo único que puede hacer es explicarle los síntomas al farmacéutico.

   EL FARMACÉUTICO: A sus órdenes.
   USTED: Bueno, tengo…

2. Usted se siente muy mal. Necesita consultar con su médico pero no tiene cita. Usted llama al consultorio pero la recepcionista le dice que no es posible porque el doctor tiene todas las horas del día llenas. Usted insiste.

   USTED: ¿Puedo ver al doctor esta tarde, señor(it)a?
   LA RECEPCIONISTA: Lo siento mucho, señor(a), pero…
   USTED: Señor(it)a, por favor, …

NOTA CULTURAL: *El enfermo en casa*

En el mundo hispano toda la familia se ocupa de cuidar al enfermo. Los hermanos piden algún tiempo libre en el trabajo para ayudar con el cuidado del enfermo, o para ofrecer su apoyo° moral. Los parientes, los vecinos y amigos, todos visitan la casa y el enfermo y su familia esperan esta atención por parte de sus seres queridos.°

support

seres... *loved ones*

Si la familia del enfermo necesita hacer algún mandado,° comprar comida o medicinas, los vecinos y amigos se ofrecen para hacerlo. Las amas de casa de la vecindad ayudan a cocinar y a preparar los remedios caseros. Si en la familia hay niños pequeños que necesitan cuidado y atención, no falta quién se ocupe de ellos.° Muchas veces las vecinas que tienen hijos de la misma edad se llevan a los niños del enfermo a su casa y allí los tienen hasta que todo vuelve a la normalidad. Los médicos hacen visitas a domicilio° y agotan° todas las posibilidades antes de mandar al enfermo al hospital. El hispano, sin lugar a dudas,° prefiere curarse en casa.

errand

no... *there is always someone to take care of them*

casa / *exhaust*

sin... *without a doubt*

Comprensión

¿En qué manera pueden ayudar las siguientes personas cuando hay alguien enfermo en la familia hispana?

1. los hermanos
2. los parientes
3. los vecinos y amigos
4. las amas de casa de la vecindad
5. los médicos

Aunque mucha gente todavía prefiere curarse en casa, el mundo hispano tiene modernos recursos médicos y doctores muy bien preparados. Esta foto es de un moderno hospital de niños en Costa Rica.

© PETER MENZEL

LOS ACCIDENTES Y LAS EMERGENCIAS

¡OJO! *Estudie Gramática 11.5–11.7.*

estaba llamando
estabas poniendo
estaba llegando

estábamos atendiendo
estabais cruzando
estaban mandando

Actividad 17. Diálogo original: El testigo

Anoche mientras usted caminaba por la calle enfrente de su casa, vio un choque entre dos coches. Como usted fue el único testigo del incidente, la policía le pide ahora una descripción de lo que pasó.

EL/LA POLICÍA: Cuénteme exactamente lo que usted vio, por favor.

USTED: Iba por la Avenida Central a eso de las seis…

Actividad 18. Anuncio comercial: El Licenciado Joaquín Benítez

---

LICENCIADO JOAQUÍN BENÍTEZ
tel. 76-38-59
SU PRIMERA CONSULTA ES GRATIS

- Accidentes de auto y autobús
- Quemaduras
- Accidentes de trabajo

- Drogadicción y alcoholismo
- Accidentes aéreos
- Accidentes de motocicleta

Lea el anuncio y conteste estas preguntas.

1. ¿Cuánto cuesta la primera consulta?
2. ¿En qué casos de emergencia puede ayudarle el licenciado Benítez?
3. ¿Ha necesitado usted los servicios de un abogado alguna vez? ¿Para qué?
4. ¿Ha tenido usted alguno de los accidentes mencionados en el anuncio? Describa cómo pasó.

Actividad 19. ¿Qué estaba pasando?

1.

2.

3.

4.

5.

6.

7.    8.

EN EL PERIÓDICO: *Cuatro sobrevivientes en tragedia aérea*

En muchas zonas de los Andes donde hay pocos caminos transitables (passable), el medio de transporte más práctico es el avión.

© CLIFF MOORE/TAURUS PHOTOS

El Sol de Lima
7 de julio de 1983

Entrevista exclusiva con Ana Román y Jorge Rocha, dos de los sobrevivientes del accidente aéreo que ocurrió en los Andes[1] el mes pasado.

REPORTERO: Quisiera agradecerles[2] a ustedes esta entrevista. Sé que es desagradable hablar de esta tragedia, pero todos queremos saber cómo lograron[3] salvarse.[4] ¿Cómo ocurrió el accidente?

SRTA. ROMÁN: No sabemos, realmente. Salimos del aeropuerto de Cuzco con solamente ocho pasajeros. Como usted sabe, la compañía para la cual trabajo tiene aviones pequeños con cupo[5] para quince pasajeros. Pues, todo iba bien cuando de repente hubo una explosión en el motor del ala[6] derecha.

REPORTERO: ¿Se estrelló el avión inmediatamente?

SRTA. ROMÁN: No, el piloto pudo controlar el avión por un rato, aunque íbamos descendiendo rápidamente. Por suerte, encontró un campo abierto e intentó[7] aterrizar. Hasta el último momento íbamos más o menos bien, pero el ángulo de impacto fue demasiado grande.

REPORTERO: Parece que aunque[8] el piloto haya fallecido,[9] gracias a los esfuerzos[10] suyos,[11] sí hubo sobrevivientes.

SR. ROCHA: Sí, sobrevivimos tres de los pasajeros y la señorita Román, la asistente de vuelo. Los otros dos sobrevivientes, Rafael Martínez y Tomás Romero, no pudieron venir por compromisos[12] anteriores. Los dos salieron ilesos.[13]

REPORTERO: Eso es una buena noticia. ¿Pueden describir cómo pudieron escaparse del avión?

SR. ROCHA: Bueno, los señores Martínez y Romero salieron por la puerta de emergencia y saltaron los dos a la tierra.

REPORTERO: ¿Y usted no salió con ellos?

SR. ROCHA: No, me había[14] quedado atrapado entre dos asientos. La señorita Román vio que estaba yo todavía vivo y llamó a Rafael y Tomás y ellos le ayudaron a sacarme. Estaba ya casi inconsciente.

REPORTERO: Srta. Román, entonces usted es la verdadera heroína de esta tragedia.

SRTA. ROMÁN: Bueno, yo solamente cumplí[15] con mi deber de asistente de vuelo. Aunque quería salir tan rápidamente como posible, tenía la obligación de averiguar[16] si había alguien todavía vivo entre los pasajeros.

REPORTERO: Y después de salir del avión, ¿qué hicieron?

---

[1]*mountain range in South America*   [2]*thank you for*   [3]*you were able*   [4]*to survive*   [5]*space*   [6]*wing*   [7]*he tried*   [8]*although*   [9]*died*   [10]*efforts*   [11]*his*   [12]*commitments*   [13]*uninjured*   [14]*I had*   [15]*I did, fulfilled*   [16]*find out*

SR. ROCHA: La señorita Román sabía dónde estaban los comestibles, las frazadas[17] y el botiquín[18]... Ella y Tomás volvieron al avión y buscaron lo necesario. Luego milagrosamente[19] el radio todavía funcionaba y lo usaron para comunicarse con el aeropuerto. Fuimos rescatados[20] el mismo día por un helicóptero del ejército peruano.

REPORTERO: Bueno, me alegro de poder verlos de nuevo entre nosotros y gracias por compartir su experiencia con nuestros lectores.[21]

---

[17]*blankets* [18]*emergency kit* [19]*miraculously* [20]*rescued* [21]*readers*

Comprensión

Ordene cronológicamente estos hechos.

_____ Sacaron al señor Rocha de entre los asientos.
_____ Fueron rescatados.
_____ Encontraron el radio.
_____ Buscaron alimentos.
_____ Se estrelló el avión.
_____ Pudieron llamar al aeropuerto.
_____ Hubo una explosión en el motor.
_____ Despegaron del aeropuerto en Cuzco.
_____ Llamaron al aeropuerto.

Vocabulario

LAS PARTES DEL CUERPO Parts of the body

las arterias	arteries	**la muñeca**	wrist
la cadera	hip	**los músculos**	muscles
las cejas	eyebrows	**los muslos**	thighs
el cerebro	brain	**las nalgas**	buttocks
la cintura	waist	**los nervios**	nerves
el codo	elbow	**los nudillos**	knuckles
el costado	side	**el oído**	(inner) ear; sense of hearing
las costillas	ribs	**el órgano**	organ
el cuello	neck	**las pantorrillas**	calves
el dedo	finger	**el pecho**	chest
los dedos de los pies	toes	**las pestañas**	eyelashes
las encías	gums	**la piel**	skin
el esqueleto	skeleton	**los pulmones**	lungs
la frente	forehead	**los riñones**	kidneys
la garganta	throat	**las rodillas**	knees
el hígado	liver	**la sangre**	blood
los huesos	bones	**los tobillos**	ankles
los labios	lips	**las venas**	veins
las mejillas	cheeks		

REPASO: la boca, el brazo, la cabeza, el corazón, los dientes, la espalda, el estómago, los hombros, la lengua, la mano, la nariz, los ojos, las orejas, el pelo, las piernas, los pies, las uñas

LAS ENFERMEDADES Illnesses

las caries	cavities	**las paperas**	mumps
el catarro	cold	**la quemadura**	burn
la fiebre	fever	**el resfriado**	cold
la gripe	flu	**el sarampión**	measles
la herida	wound	**la tos**	cough
el infarto	heart attack; stroke	**la varicela**	chicken pox

PALABRAS SEMEJANTES: el alcoholismo, el cáncer, la drogadicción

ESTADOS FÍSICOS Y MENTALES Physical and mental states

estar...	to be . . .	**contento, triste,**	happy, sad, furious, etc.
adolorido/a	sore	**furioso, etc.**	
congestionado/a	congested	**de buen (mal)**	in a good (bad) mood
débil	weak	**humor**	
herido/a	wounded	**ser alérgico/a**	to be allergic
hinchado/a	swollen	**tener...**	to have, be . . .
internado/a	in a hospital	**alergia**	an allergy
mareado/a	dizzy	**una infección**	an infection
molesto/a	upset	**una lesión**	a wound
hacerse...	to become . . .	**la nariz tapada**	a stuffed-up nose
religioso/a	religious	**náuseas**	nauseated
rico/a	rich	**un resfriado**	a cold
ponerse...	to become, get . . .	**volverse (ue) loco/a**	to go crazy

REPASO: muerto/a, sentirse (ie) cansado/a, triste, muy mal, etc.

LAS MEDICINAS Y LOS REMEDIOS Medicines and remedies

la curita	bandage	**la pastilla**	tablet
las gárgaras	gargling solutions	**la píldora**	pill
las gotas (para la nariz)	(nose)drops	**la receta médica**	prescription
el jarabe (para la tos)	(cough) syrup	**el vendaje**	cloth bandage

PALABRAS SEMEJANTES: los antibióticos, la aspirina, la inyección, la operación, los rayos "x"

LAS PROFESIONES MÉDICAS Medical professions

el/la cirujano/a	surgeon	**el/la psicólogo/a**	psychologist
el/la farmacéutico/a	pharmacist	**el/la psiquiatra**	psychiatrist

REPASO: el/la dentista, el/la doctor(a), el/la enfermero/a, el médico, el/la veterinario/a

LOS MANDATOS DEL MÉDICO   Doctor's orders

desvístase	undress	**respire**	breathe
extienda	extend	**respire profundo**	breathe deeply
muerda	bite	**tosa**	cough
póngase boca abajo	lie face down	**trague**	swallow
póngase boca arriba	lie on your back		

REPASO: abra, acuéstese, descanse, diga, duerma, mire, muéstreme, oiga, pase, quítese, siéntese, tome, toque

LOS ACCIDENTES Y LAS EMERGENCIAS   Accidents and emergencies

atropellar	to run over (*with a vehicle*)	**la heroína**	heroine
¡Auxilio!	Help!	**el/la licenciado/a**	lawyer
la camilla	stretcher	**las muletas**	crutches
la cicatriz (*pl.*	scar	**¿Qué le pasa?**	What's the matter (with you)?
las cicatrices)		**la quemadura**	burn
la Cruz Roja	Red Cross	**el/la sobreviviente**	survivor
el choque	collision, crash	**sobrevivir**	to survive
el/la enfermo/a	sick person	**¡Socorro!**	Help!
enyesado/a	in a cast	**el terremoto**	earthquake
estrellarse	to crash	**el/la testigo**	witness
el/la herido	wounded person		

PALABRAS SEMEJANTES: la ambulancia, la clínica, fracturado/a, el hospital, el/la paciente

LOS VERBOS   Verbs

abrazar	to embrace, hug	**enojarse**	to become angry
aconsejar	to advise	**entristecerse**	to become sad
adelgazar	to lose weight	**estornudar**	to sneeze
agarrar	to grab	**evitar**	to avoid
alegrarse	to become happy	**golpear**	to hit, strike
aprovechar	to take advantage	**masticar**	to chew
atravesar (ie)	to cross (in front of)	**ocuparse de**	to occupy oneself with;
cansar	to tire		to take care of
me cansa mucho	it tires me a lot	**ocurrir**	to occur, happen
compartir	to share	**oler (ue)**	to smell
comunicar	to communicate	**huelo/huele/olemos**	
consultar con el médico	to see the doctor	**huele bien/mal**	it smells good/bad
controlar(se)	to control (oneself)	**operar**	to operate
deprimir	to depress (*someone*)	**percibir**	to perceive
desmayarse	to faint	**rascar(se)**	to scratch
doler (ue)	to hurt	**respirar**	to breathe
me duele	it hurts me	**surtir una receta**	to fill a prescription
empastar caries	to fill cavities	**toser**	to cough
engordar	to gain weight		

PALABRAS SEMEJANTES: descender, funcionar, insistir, ordenar, recomendar, robar

REPASO: curarse, recetar medicinas

LOS ADJETIVOS Adjectives

doloroso/a	painful	**saludable**	healthful
físico/a	physical	**tibio/a**	tepid, warm
ilimitado/a	unlimited	**torcido/a**	twisted
interno/a	internal	**único/a**	unique, single, only
médico/a	medical	**verdadero/a**	true
profundo/a	deep		

PALABRAS SEMEJANTES: artificial, atrapado/a, beneficioso/a, calmado/a, contagioso/a, estricto/a, exclusivo/a, inconsciente, indispensable, interior, irritable, mental, moral, nutritivo/a, psicológico/a

LOS SUSTANTIVOS Nouns

la alegría	joy, happiness	**el dolor**	pain
la alergia	allergy	**el ejército**	army
el ánimo	mood	**el estado de ánimo**	mood
la cajetilla	small box, package	**el movimiento**	movement
el caso	case	**la muerte**	death
el cigarrillo	cigarette	**el pensamiento**	thought
la cita	date; appointment	**el régimen**	diet, regime
los comestibles	foodstuff	**la respuesta**	answer
el concurso	contest	**el sonido**	sound
la consulta	visit; consultation	**la sustancia**	substance
el consultorio	doctor's office	**el tratamiento**	treatment
el cuidado	care	**el valor**	value
el curso	course		

PALABRAS SEMEJANTES: los aditivos, el análisis, el ángulo, la circulación, la contracción, el ejercicio aeróbico, la explosión, la forma, el helicóptero, el impacto, la normalidad, la oferta, el pulso, el punto, la sauna, la selección, los síntomas, la supervisión, la tragedia, la visita

PALABRAS Y EXPRESIONES ÚTILES Useful words and expressions

a sus órdenes	at your service	**faltar a**	to miss
alguna vez	sometime; once	**faltar al trabajo**	to miss work
¿Cómo se siente usted?	How do you feel?	**lo único**	the only thing
cronológicamente	chronologically	**ponerse en forma**	to get into shape
de nuevo	again	**realmente**	really
desafortunadamente	unfortunately		

LECTURAS ADICIONALES

LA TELENOVELA: *El pobre enfermo*

Doña Rosita Silva está hablando por teléfono con su amiga Estela Ramírez. Doña Rosita se queja de las enfermedades imaginarias de su esposo, don Ramiro.

—¡Ay!, Estela, Ramiro no cambia. Siempre está quejándose de algún dolor o de alguna enfermedad. Ya ha ido a consultar con el médico tres veces este mes. La primera vez fue porque tenía un resfriado: estornudos, tos, dolor en el cuerpo. Ramiro creía que estaba muy grave. «¡Esto es una pulmonía°!» le decía a todo el mundo. La segunda vez se dio un golpe ligero° en la frente con la puerta y estuvo quejándose del dolor una semana.

    pneumonia

    golpe… light blow

La última vez Ramiro fue a ver al médico porque estaba convencido de que tenía una enfermedad incurable y fatal. ¿Los síntomas? Mareo,° cansancio,° somnolencia,° dolor muscular. ¿Los consejos del médico? Simples: no trabaje tanto, descanse, tome vacaciones con más frecuencia. Lo interesante de todas las enfermedades de Ramiro es que nunca pierde el apetito; al contrario,° cuando peor se siente, más come. Pienso que el problema de mi esposo es que quiere llamar siempre la atención de todo el mundo. El peligro que corre es que un día va a enfermarse seriamente y entonces nadie le va a creer.

    Dizziness / fatigue
    sleepiness, drowsiness

    al… on the contrary

Preguntas

1. ¿Qué síntomas tenía don Ramiro cuando fue a ver al doctor la primera vez?
2. ¿Qué le dijo el doctor la última vez?
3. Según su esposa, ¿cuál es el verdadero problema de don Ramiro? ¿Cuál es el peligro?

NOTA CULTURAL: Los otros médicos

Granada, España. En los pueblos pequeños de España e Hispano-américa, muchas personas intentan curarse cualquier enfermedad con remedios naturales que les recetan los curanderos o que pasan de padres a hijos.

© ARTHUR GLAUBERMAN/PHOTO RESEARCHERS

En muchos países hispanos, en México y Guatemala, por ejemplo, es un requisito° que los estudiantes de medicina pasen un año trabajando en zonas rurales como parte de su entrenamiento° y de su servicio social. Pero aunque° estos servicios médicos se les ofrecen a los campesinos, muchos prefieren todavía las hierbas,° los remedios caseros y la ayuda de los otros «médicos» para curarse.

Estos otros «médicos» son las parteras° y los curanderos.° Muchas de las parteras no han tenido ninguna preparación médica sino que° han aprendido su oficio con la práctica. El curandero apela° a las creencias religiosas de sus enfermos; les ofrece hierbas, oraciones,° consejos y brebajes° «mágicos».

requirement

training
although

herbs

midwives
faith healers
sino... but rather
appeals

prayers / potions

Preguntas

1. ¿Cuáles son los otros «médicos» que se mencionan aquí? ¿Qué servicios ofrece cada uno?
2. ¿Por qué cree usted que la gente del campo se vale de estas personas en vez de consultar con un médico?

NOTA CULTURAL: La medicina en Hispanoamérica

El Dr. Gabriel Martínez Ochoa es médico general en la ciudad de Montevideo, Uruguay. El Dr. Martínez cursó° la especialidad de Pediatría en Alemania y después trabajó por un tiempo atendiendo a la comunidad hispana de Miami. Éstos son algunos de sus comentarios respecto al tema de la medicina en Latinoamérica.

hizo

«Nuestros médicos están bien preparados. Tenemos buenas escuelas de medicina en Venezuela, Colombia, Argentina y México. Y muchos médicos latinoamericanos se especializan en las mejores escuelas de los Estados Unidos, Canadá y Europa. Pero todavía siguen existiendo los curanderos° y otros tipos de «médicos» tradicionales, especialmente en las zonas rurales. Yo no creo que debamos erradicar° este tipo de medicina basada en la fe° religiosa y en las hierbas y remedios caseros, pero sí opino que el campesino y el ciudadano sin grandes recursos° económicos deben tener mayor acceso° a los tratamientos médicos profesionales. Los gobiernos de nuestros países deben esforzarse° en mejorar las condiciones sanitarias de sus ciudadanos.

faith healers

get rid of / faith

resources / access

make an effort

Una cosa que ningún profesional de la medicina debe olvidar es tratar con afecto a sus pacientes. La

En Hispanoamérica hay médicos jóvenes que atienden a las personas pobres—especialmente a los indios—que viven en las montañas y en lugares alejados de las grandes ciudades. En muchos países latino-americanos, los médicos hacen uno o dos años de servicio social en el campo y en los pueblos pequeños. Este médico trabaja en un pueblo de Guatemala.

© BUDD GRAY/JEROBOAM

relación entre el médico y el enfermo es muy importante a la hora de diagnosticar° y tratar una en-   *diagnosis*
fermedad.»

Preguntas

1. Según el Dr. Martínez, ¿debe eliminarse la medicina tradicional?
2. ¿Cómo debe ser la relación entre el médico y el paciente?

GRAMÁTICA Y EJERCICIOS

11.1. Expressing Existence: *haber*

The verb that signals existence in Spanish is **haber**. It has only singular forms when used in this manner.

hay	*there is/are*
hubo, había	*there was/were*
va a haber	*there is/are going to be*
debe haber	*there should/must be*
puede haber	*there could be*
tiene que haber	*there has/have to be*
ha habido	*there has/have been*
cuando haya	*whenever there is/are*

Hay ciento dieciocho pacientes en el hospital.
There are one hundred and eighteen patients in the hospital.

Ayer **hubo** un accidente en la Calle Octava.
Yesterday there was an accident on Eighth Street.

¿**Había** mucha gente allí cuando llegaste?
Were there many people there when you arrived?

¿**Va a haber** mucha gente en la oficina?
Are there going to be many people at the office?

Debe haber ochenta y seis.
There must be eighty-six.

Puede haber muchos problemas con el tránsito a estas horas del día.
There can be a lot of problems with traffic at this time of day.

Tiene que haber varios médicos, no uno solo.
There have to be various doctors, not just one.

Siempre **ha habido** muchos accidentes en esa esquina.
There have always been many accidents on that corner.

Avíseme cuando **haya** una enfermera disponible.
Let me know when there is an available nurse.

Ejercicio 1. La cita con el médico

Seleccione: **hay, puede haber, tiene que haber, había, haya**.

Ayer me sentía mal y llamé al médico. Yo pensaba: «_____ una buena medicina para mis dolores.» La recepcionista me dijo que _____ una hora libre de una a dos de la tarde. «¿_____ muchos pacientes esperando?» le pregunté. «No», me contestó, «pero _____ más en media hora.» «Bueno», le dije, «llámeme, por favor, cuando no _____ nadie allí esperando. Vivo muy cerca y puedo estar allí en cinco minutos.»

11.2. *Expressing Changes in States: "Become," "get"*

A. **Volverse**, **ponerse**, and **hacerse** (*to become, get*) describe changes in states when followed by adjectives.

Use **volverse** with   **loco/a**

Use **ponerse** with   most adjectives, such as **triste**, **furioso/a**, **nervio-so/a**, **contento/a**, **serio/a**, **de mal (buen) humor**, and so on

Use **hacerse** with   **rico/a**, **bueno/a**, **malo/a**; all professions (**abogado**, and so on), religions and political affiliations (**cató-lico/a**, and so on)

El pobre de Alberto va a **volverse loco** con todo el trabajo que tiene.
Poor Alberto is going to go crazy with all the work that he has.

Me puse muy contenta cuando leí tu carta.
I became very happy when I read your letter.

Adela estudió mucho y **se hizo profesora** en tres años.
Adela studied a lot and became a professor in three years.

B. Some adjectives have corresponding verb forms that express *become* + the adjective.

triste	entristecerse
alegre	alegrarse
enojado/a	enojarse
delgado/a	adelgazar
gordo/a	engordar

Cuando Estela leyó la noticia de la muerte de su primo, **se entristeció**.
When Estela read the news of the death of her cousin, she became sad.

Ernesto **se enojó** mucho cuando le contaron la historia del accidente.
Ernesto got very angry when they told him the story of the accident.

Roberto **engordó** mucho el verano pasado.
Roberto became very fat last summer.

Ejercicio 2

Use el pretérito o el imperfecto de **volverse**, **ponerse** o **hacerse** según el significado de la oración.

MODELO: Mi hermana siempre <u>se ponía</u> de mal humor cuando tenía que hacer la tarea.

1. Después del accidente en que murió su esposa, don Eduardo casi _____ loco.
2. Los padres de Amanda _____ molestos cuando supieron que ella tuvo un accidente con el nuevo coche.
3. Mi abuela siempre _____ triste cuando oía la canción «Te voy a querer hasta la muerte».
4. ¡Imagínate! Mi abuelo _____ abogado a los 60 años de edad.
5. (Nosotros) Siempre _____ de buen humor cuando hacía buen tiempo.

11.3. *Indirect Object Pronouns with Commands and Present Subjunctive*

A. Remember the following correspondences for indirect object pronouns in English and Spanish (see Sections 1.1 and 3.5).

me	*to me*	os	*to you (informal, pl.)*
te	*to you (informal)*	le	*to you, to him/her*
nos	*to us*	les	*to you, to them*

B. As you know, object pronouns follow and are attached to affirmative commands, but precede negative ones (see Section 10.3).

Muéstreme dónde le duele.
Show me where it hurts (you).

No nos llame hasta el miércoles.
Don't call us until Wednesday.

Tráiganos la medicina lo más pronto posible.
Bring us the medicine as soon as possible.

Dígale su nombre, por favor.
Tell him/her your name, please.

No le lleve el periódico todavía.
Don't take him/her the newspaper yet.

C. Unlike English, Spanish requires an indirect object pronoun even when the person involved is specifically mentioned.

Déle la medicina **al paciente**.
Give the medicine to the patient.

No **le** lleve los papeles **al médico** todavía.
Don't take the papers to the doctor yet.

D. Indirect object pronouns often accompany the following verbs of "softened" command. They precede or follow, as appropriate.

aconsejar	to advise (someone to do something)
decir	to tell (someone to do something)
recomendar (ie)	to recommend (that someone do something)
pedir (i)	to ask (that someone do something)

Los médicos siempre **les recomiendan** a los niños que no coman muchos dulces.

Doctors always recommend to children that they not eat a lot of candy.

Voy a **pedirles** que estén aquí mañana a las cuatro.

I am going to ask them to be here tomorrow at four.

Mi papá siempre **me dice** que tenga mucho cuidado en la autopista.

My dad always tells me to be very careful on the freeway.

El psiquiatra **le aconseja** a María que tome unas vacaciones.

The psychiatrist advises María to take a vacation.

Ejercicio 3

Usted no está de acuerdo. Haga negativos estos mandatos afirmativos.

MODELO: Hágale las preguntas al médico. →
No le haga las preguntas al médico.

1. Muéstrele su pierna a la enfermera.
2. Dígame si le duele mucho.
3. Llévele estos papeles a la recepcionista.
4. Tráigale la comida al paciente.
5. Déle la receta al farmacéutico.

Ejercicio 4

Al doctor Sánchez le gusta hacer recomendaciones. ¿Qué les recomienda a estas personas?

MODELO: Al paciente: Explíqueme sus síntomas. →
El doctor Sánchez le recomienda al paciente que le explique sus síntomas.

1. A la enfermera: Póngale la inyección a la paciente del cuarto número 408.
2. Al paciente: Llámeme mañana para preguntar por los resultados del análisis de sangre.
3. A la enfermera: Explíquele los síntomas de la gripe a la señora López.
4. A la recepcionista: Lléveles a los señores Gómez estos papeles del seguro médico.
5. Al paciente: Cuéntele a la enfermera cómo ocurrió el accidente.

11.4. *Using Verbs of Reporting with Indirect Object Pronouns*

A. Verbs of reporting such as *say*, *tell*, *ask*, or *answer* are usually accompanied by an indirect object pronoun in Spanish since they usually involve saying something to someone (see Sections 3.5 and 11.3). Use an indirect object pronoun (**me, te, nos, os, le, les**) even when you specifically mention the person you are reporting the information to.

The following are common verbs of reporting:

contar (ue)	to tell, narrate
contestar	to answer
decir (i)	to say; to tell
escribir	to write
explicar	to explain
hablar	to speak
informar	to inform; to report
preguntar	to ask

—¿Qué **le dijiste al médico**? —**Le dije** que soy alérgico a la aspirina.
"What did you say to the doctor?" "I told him/her that I'm allergic to aspirin."

Pregúntele a la recepcionista cuánto cuesta.
Ask the receptionist how much it costs.

Es mejor **contestarles a los médicos** con la verdad.
It's better to answer doctors with the truth.

¿**Te explicaron** cómo tomar la medicina?
Did they explain to you how to take the medicine?

B. Note the difference between reporting information (present tense) and giving a "softened" command (present subjunctive) with **decir**.

Estela le **dice** al médico que Ernestito **toma** la medicina.
Estela tells the doctor that Ernestito takes the medicine.

Estela le **dice** a Ernestito que **tome** la medicina.
Estela tells Ernestito to take the medicine.

Ejercicio 5. Mi niñez

Rellene los espacios con los pronombres y verbos correctos. Use el pretérito (pasado) o el imperfecto según el significado. Aquí tiene usted los verbos: **hacer, contar, decir, explicar, escribir, contestar**.

MODELO: Mi abuelo siempre <u>nos contaba</u> historias muy interesantes a mi hermana y a mí cuando éramos niños.

1. Cuando no entendía algo en la escuela primaria, _____ _____ preguntas a la maestra y ella siempre _____ _____ todo.
2. Mis tíos siempre _____ _____ una carta a mi madre cada tres meses.
3. El médico nos _____ que la operación no era muy seria.
4. ¿Qué _____ _____ a tu padre cuando volviste a las tres de la madrugada?
5. ¿No _____ _____ (tú) a Jaime lo que te pasó cuando tenías siete años? Fue impresionante.

11.5. Describing What Was Going On: Imperfect Progressive

To describe what was going on at some past moment, use the imperfect of the verb **estar** (*to be*) followed by a present participle.

> ¿A las cuatro? Creo que **estaba viendo** la televisión.
> *At four? I think I was watching television.*

Remember the imperfect forms of **estar**:

estaba	*I was*	estábamos	*we were*
estabas	*you (informal) were*	estabais	*you (informal, pl.) were*
estaba	*you were, he/she/it was*	estaban	*you (pl.), they were*

Note the difference between the present progressive and the imperfect progressive.

> —Inés, ¿qué **estás haciendo** ahora? —Estoy planeando un viaje a Madrid.
> *"Inés, what are you doing now?" "I'm planning a trip to Madrid."*

> —¿Qué **estabas haciendo** ayer a las tres? —Estaba trabajando en mi oficina.
> *"What were you doing yesterday at three?" "I was working in my office."*

Ejercicio 6

Ayer, en el barrio donde viven los Ramírez, cada persona estaba haciendo una cosa distinta. Escoja el verbo más lógico: **ver, limpiar, hablar, leer, reparar.**

MODELO: Ayer a las once de la mañana <u>estábamos</u> <u>hablando</u> con el médico.

Ayer a las cuatro de la tarde...

1. Estela _____ _____ un periódico.
2. Ernesto _____ _____ el carro.
3. Margarita y Pedro Ruiz _____ _____ el garaje.
4. Mi padre y yo _____ _____ la televisión.
5. Amanda _____ _____ por teléfono.

11.6. Describing Activities in Progress in the Past: The Imperfect

The imperfect may be used to describe several activities in progress at the same time in the past.

Mientras Estela **hablaba** (**estaba hablando**) con Margarita, su esposo **trabajaba** (**estaba trabajando**) en el patio.
While Estela talked (was talking) with Margarita, her husband worked (was working) on the patio.

Caminábamos y **cantábamos** (**Estábamos caminando y cantando**) a la vez.
We walked and sang (were walking and singing) at the same time.

The imperfect may also be used to describe an activity that is in progress when another action interrupts it. The interrupting activity is expressed by the preterite (past) tense.

Yo te **miraba** (**estaba mirando**) cuando te caíste.
I was watching you when you fell.

Cuando Estela entró en el cuarto, Ernesto **leía** (**estaba leyendo**) el periódico.
When Estela came into the room, Ernesto was reading the newspaper.

Ejercicio 7

Éstas son algunas de las cosas que pasaron ayer en la telenovela «Hospital General de Cuernavaca». Complete las oraciones lógicamente con estos verbos: **dormir**, **preparar**, **entrar**, **hablar**, **leer**.

MODELO: Cuando el médico entró por la puerta, el paciente <u>hacía</u> (<u>estaba haciendo</u>) gárgaras con agua de sal.

1. Cuando la enfermera entró en la habitación 450, la señora de Galves ＿＿＿ el periódico.
2. Pablo ＿＿＿ al hospital cuando oyó el choque de los dos carros.
3. El cocinero ＿＿＿ la comida cuando se cortó el dedo con el cuchillo.
4. Las enfermeras ＿＿＿ cuando el cirujano entró en la sala.
5. Los pacientes ＿＿＿ cuando la enfermera entró en la habitación con la cena.

11.7. Summary of Tenses to Describe Past Experiences

A. An action completed in the past = PRETERITE (PAST TENSE)

Anoche **fui** al cine con mis amigos. **Vimos** una película muy aburrida, pero después **comimos** pizza en un restaurante italiano. Estaba deliciosa.

B. An action done habitually in the past = IMPERFECT

De niño yo **iba** con mi hermano a la biblioteca todos los sábados por la mañana. Después **tomábamos** un autobús para ir a la playa donde **pasábamos** la tarde entera. **Nos bañábamos** en el mar y **jugábamos** en la arena.

C. A state in the past = IMPERFECT

De niño tú **eras** muy curioso y nunca **tenías** miedo de nada.

D. An action in progress in the past = IMPERFECT PROGRESSIVE / IMPERFECT

Esta mañana sonó el teléfono cuando **me estaba bañando** (**me bañaba**).

E. To describe something you have (not) done = PRESENT PERFECT

Nunca **he montado** a caballo pero me gustaría. Tampoco **he escalado** una montaña, pero no me parece interesante.

Ejercicio 8. Las vacaciones de Amanda

Escoja entre el imperfecto y el pasado. Lea toda la historia primero y luego escoja los verbos correctos según el significado.

Cuando *era/fui*[1] niña, todos los años mi familia y yo *íbamos/fuimos*[2] a las islas Baleares. Siempre *alquilábamos/alquilamos*[3] una casa con vistas al mar. De día *buceábamos/buceamos*[4] y nos *bañábamos/bañamos*.[5] De noche *salíamos/salimos*[6] a cenar a algún restaurante elegante y luego *caminábamos/caminamos*[7] por la plaza.

Una tarde de verano, cuando mi hermano menor, Guillermo, sólo *tenía/tuvo*[8] ocho años, él y yo *íbamos/fuimos*[9] solos a la playa. Nuestros padres *estaban durmiendo/durmieron*[10] todavía. Mi hermanito *jugaba/jugó*[11] en el agua y yo *hablaba/hablé*[12] con unos chicos que ya *conocía/conocí*[13] de otros veranos. Después de unos minutos *miraba/miré*[14] hacia donde *estaba jugando/jugó*[15] mi hermanito y no lo *veía/vi*.[16] Mis amigos y yo nos *levantábamos/levantamos*[17] y *corríamos/corrimos*[18] al agua para buscarlo. No lo *encontrábamos/encontramos*.[19] Lo *buscábamos/buscamos*[20] por toda la playa y no lo *podíamos/pudimos*[21] encontrar. *Estaba/Estuve*[22] desesperada. Por fin *regresábamos/regresamos*[23] a donde *teníamos/tuvimos*[24] las toallas... allí *estaba/estuvo*[25] sentado mi hermanito, comiendo un sándwich. «¿Adónde *ibas/fuiste?*»[26] le *gritaba/grité*?[27] Él me *contestaba/contestó*[28] que había tenido sueño y que había decidido tomar una siesta debajo de un barco de pesca. Yo *estaba/estuve*[29] tan contenta de verlo que no me *enojaba/enojé*[30] con él.

CAPÍTULO DOCE
DE COMPRAS

LOS TEMAS

▣ Talking About Manufactured Products, Materials, and Their Uses

▣ Shopping and Bargaining

▣ More About Clothing

LAS LECTURAS

• El Rastro

• La moda en el mundo hispano

LAS LECTURAS ADICIONALES
• La telenovela: La propaganda comercial
• La ficción: Ladrón de pacotilla

LA GRAMÁTICA

12.1. Adjectives Used As Nouns
12.2. Exchanging Items: Indirect Object Pronouns
12.3. More Verbs Used with Indirect Object Pronouns: **faltar, quedar**
12.4. Using Indirect and Direct Object Pronouns Together

In **Capítulo doce** you will talk about manufactured goods of all kinds and about experiences related to buying and selling goods. You will learn about clothing fashions in the Hispanic world, as well as about other aspects of commerce.

ACTIVIDADES ORALES

◧ LOS PRODUCTOS, LOS MATERIALES Y SUS USOS

¡OJO! *Estudie Gramática 12.1.*

el grande
la pequeña

los viejos
las nuevas

Las tijeras son
de acero.

el algodón

el papel
de aluminio

el barro

el carbón

La caja es
de cartón.

El edificio es
de cemento.

Las botas son
de cuero.

El anillo
tiene un
diamante.

Las botas están
hechas de goma.

El (La) sartén es
de hierro.

Las herramientas
son de metal.

el martillo

La chimenea es
de ladrillos.

El suéter es
de lana.

La silla
mecedora es
de madera.

El abrelatas
está hecho
de plástico.

Las joyas son
de oro y plata.

El cubo y la pala
están hechos de
plástico.

El vaso es
de vidrio.

la piedra

Actividad 1. Los materiales

¿De qué están hechos estos objetos? Use **puede(n) estar hecho/a(s) de, puede(n) ser de** o **se hace(n) de**.

MODELO: los lentes →
   Los lentes pueden estar hechos de vidrio con plástico o metal.

1. la mesa
2. las tijeras
3. el suéter
4. el martillo
5. las llantas

6. el anillo
7. el vestido
8. la casa
9. el vaso
10. los zapatos

Actividad 2. Los usos de los materiales

¿En qué (o para qué) se usan los siguientes materiales, metales y sustancias?

MODELO: la plata →
   La plata se usa en anillos.
   La plata se usa para empastar las caries.

1. el acero
2. el petróleo
3. la madera
4. los diamantes
5. el plástico

6. el algodón
7. el cemento
8. la lana
9. el vidrio
10. la goma

Actividad 3. Interacción: Mis preferencias

Usted necesita comprar varios regalos. El/La dependiente le ha mostrado varios productos de diferentes colores y estilos. Diga cuál prefiere usted y por qué. Con otro/a estudiante, tomen los papeles de las dos personas.

MODELO: —¿Prefiere usted el suéter de lana o el de algodón?
   —Prefiero el de lana porque es más caliente.

—¿Prefiere usted...

1. el anillo de oro o el de plata?
2. las tijeras de acero o las de plástico?
3. la tetera de cerámica o la de cobre?
4. la calculadora pequeña o la grande?
5. la mesa de madera o la de vidrio?
6. el abrelatas eléctrico o el manual?
7. el televisor en colores o el en blanco y negro?

Actividad 4. ¿Cuánto cuestan?

¿Cuánto cuestan los siguientes aparatos para la casa? Haga una lista empezando con el artículo más caro y terminando con el más barato. Luego decida cuáles considera usted más útiles y necesarios.

GRUPO A
1. un televisor en colores
2. un abrelatas eléctrico
3. una calculadora de bolsillo
4. un horno de microondas
5. un refrigerador

GRUPO B
1. un radio-reloj despertador
2. una licuadora
3. un sartén eléctrico
4. un tocacintas portátil
5. una grabadora de video

Actividad 5. Discusión: Los aparatos domésticos

1. ¿Qué aparatos eléctricos hay en su casa?
2. ¿Cuáles considera usted más útiles?
3. De los aparatos que no tiene ahora, ¿cuáles le gustaría comprar?
4. Imagine que es posible tener sólo un aparato eléctrico en su casa. ¿Cuál prefiere? ¿Por qué?
5. Su amigo/a le pide que le preste su estéreo para una fiesta grande en su casa. ¿Se lo va a prestar? ¿Por qué sí o por qué no?
6. ¿Presta usted sus cosas con frecuencia? ¿Tiene algunas cosas que nunca le presta a nadie? ¿Por qué?

Actividad 6. ¿Para qué se usa?

Escoja las cosas que usan estas personas. ¿Para qué las usan?

MODELO: el piloto, un compás → El piloto usa un compás para navegar.

1. el cocinero
2. el ama de casa
3. el carpintero
4. la contadora
5. los abuelos
6. los novios
7. el mecánico
8. el jardinero
9. la fotógrafa

a. un sartén
b. un martillo
c. una calculadora
d. una licuadora
e. una silla mecedora
f. herramientas
g. un anillo
h. un rollo de película
i. una pala
j. ¿———?

Actividad 7. ¿Qué se necesita para... ?

Escoja las cosas que se necesitan para hacer estas actividades. ¿Puede usted nombrar otras cosas más?

MODELO: para esquiar, los esquíes →
Para esquiar se necesitan los esquíes.

1. para cortar tela
2. para abrir un refresco
3. para reparar un coche
4. para quitar la nieve
5. para dormir en el campo

a. una tienda de campaña
b. herramientas
c. una pala
d. las tijeras
e. un abrelatas
f. ¿———?

LAS COMPRAS Y EL REGATEO

¡OJO! *Estudie Gramática 12.2–12.4*

me lo	me la	me los	me las
te lo	te la	te los	te las
nos lo	nos la	nos los	nos las
se lo	se la	se los	se las

—¿Cuánto valen esas camisetas?
—Pido sólo cuarenta por cada una.
—¡Qué ganga!

—¿Cuánto cuesta ése?
—Se lo dejo en 10,000 pesos.
 Es de muy buena calidad.
—Es demasiado. Le doy 8,000.
—Lléveselo en 8,500.

la carnicería   la heladería   la panadería   la zapatería

la papelería

Actividad 8. Interacción: Almacén Mendoza

E1: ¿Cuánto cuesta *el champú «Esplendor»*?
E2: Cuesta *$2.50*.

E1: ¿Cuánto se ahorra si uno compra *el jabón «Tulipán»*?
E2: Se ahorran *21 centavos*.

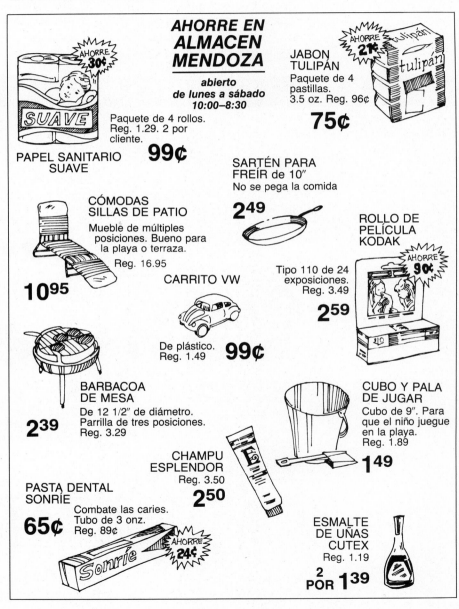

Actividad 9. Los regalos de Navidad

Usted quiere comprar algunos regalos de Navidad para estos amigos. ¿Qué les va a regalar? ¿Por qué?

1. Luis Alberto Sánchez, un señor de sesenta años de edad, aficionado a la música
2. Doña María Galván, ama de casa a quien le gusta cocinar
3. Carlos Gutiérrez, joven a quien le gusta reparar cosas
4. Mario Hinostoza, señor a quien le gusta viajar
5. Julio Espinosa, joven aficionado a los deportes
6. Elena Quiroga, señora a quien le gusta esquiar
7. Juan y Miriam Laredo, pareja de recién casados
8. Pedro y Matilde Rodríguez, dueños de una casa nueva

Actividad 10. Mi cumpleaños

Para su cumpleaños usted recibió varios cheques. Su madre le dio uno por $35, su padre otro por $40 y sus tíos le enviaron uno por $50. Usted quisiera comprar todos los artículos de esta lista. Desgraciadamente el dinero no le alcanza. Escoja lo que va a comprar pero recuerde que no debe gastar más de lo que le han regalado sus parientes.

una chaqueta deportiva	$65.00
unos zapatos de tenis	$24.95
una raqueta de tenis	$35.49
unas pelotas de tenis	$2.89
un diccionario español-inglés	$4.95
un cinturón	$11.99
un radio despertador	$36.79
un disco de Julio Iglesias	$6.99
un rollo de película Kodak	$4.35
una calculadora	$6.95

Actividad 11. Entrevistas

DE COMPRAS EN EL EXTRANJERO

1. ¿Has ido de compras estando en otro país? ¿Qué compraste? ¿Dónde? ¿Cuándo? ¿Cuánto te costó?
2. ¿Pudiste regatear o era una tienda de precios fijos?
3. ¿Qué diferencia hay entre comprar una cosa en los Estados Unidos y comprar en el extranjero?
4. ¿Te gusta ir de compras en una ciudad que no conoces bien? ¿Por qué?
5. ¿Te gusta ir de compras por la noche? ¿los sábados?

Actividad 12. Situación: El cuadro de terciopelo

Hace varios años que usted no visita a su tía Julia, quien vive en Guadalajara. Ella nunca ha venido a visitarlo/la a usted. El año pasado ella le mandó un regalo de Navidad: un cuadro pintado sobre terciopelo. A usted no le gustó y lo vendió hace algunos meses. Ahora usted acaba de recibir una carta de su tía Julia, anunciándole que llega el sábado próximo para pasar cinco días con usted. ¿Qué va a hacer?

LOS AMIGOS HISPANOS: El Rastro°

mercado en Madrid

Madrid, 24 de agosto

Querida Norma:

Perdona que no te haya° escrito antes. A veces prefiero esperar unos días para así tener muchas cosas que contarte.° Hoy fue un día fantástico. Fui de compras con un grupo de estudiantes al Rastro. Nos sirvió de guía José, un amigo que estudia ciencias computacionales.

    El Rastro de Madrid es un mercado al aire libre que está en un barrio muy típico de la capital. Los sábados y los domingos por la mañana varias calles de esta zona se cierran al tráfico y se llenan de infinidad° de puestos. Se puede comprar desde pájaros o cuadros hasta ropa, zapatos, radios, libros.... Al mediodía ya° no se puede dar un paso° sin tropezar° con algo o con alguien.

    Inmediatamente después de llegar, vi varias cosas que me gustaron y quise comprar algunas. —¡Espera! —me dijo José. Y luego nos advirtió° a todos: —Para comprar en el Rastro hay que saber regatear. Es como un juego y hay que saber jugarlo. Miradme° a mí y tomad nota de cómo lo hago yo. La regla más importante es ser firme y no dejarse° convencer. Fijaos bien.°

    José se acercó° entonces a un puesto de ropa para hombres.

    —Oiga, señor, ¿cuánto cuesta esta chaqueta? —le preguntó al vendedor.

    —5,000 pesetas.

    —¿5,000 pesetas? Es demasiado cara.

    —Muy bien, joven, ¿qué considera usted un buen precio por esta chaqueta?

no... I haven't

tell you

lots

already / dar... *take a step* / *tripping*

warned

mirad = ***vosotros*** *command*

let yourselves
Fijaos... Prestad atención.
se... caminó

José la tocó, la miró, la inspeccionó con cuidado y luego le dijo al vendedor:

—3,000 pesetas.

—Imposible, joven. Se la dejo en 4,500.

—Bueno, voy a pensarlo.

Dimos sólo unos pasos para irnos° y en seguida escuchamos la voz del vendedor.

Dimos... Empezamos a salir

—No se vaya, joven, no se vaya. Pues... 4,000. ¿Qué le parece?

José no compró la chaqueta. Cuando nos alejamos° de aquel puesto nos dijo sonriendo:

nos... salimos

—¿Ves? Es todo un juego muy divertido, pero... hay que saber jugarlo. Probablemente encontraremos° una chaqueta igual por un precio todavía más bajo.

vamos a encontrar

¿Te imaginas, Norma, pedir 5,000 pesetas por un artículo que sólo vale la mitad°? Cualquier extranjero como nosotros hubiera pagado° el primer precio.

half

hubiera... would have paid

En esa misma calle, un poco más abajo, encontramos otro puesto de ropa para hombres y en ese puesto José sí compró° la chaqueta. ¿A que no adivinas° por cuánto? ¡Por 2,500 pesetas!

sí... did indeed buy

¿A... I bet you can't guess

Todos pensamos regresar al Rastro el próximo domingo, porque hoy no nos atrevimos° a comprar nada. Escríbeme. ¿Tienes alguna clase muy interesante este trimestre? ¿Vas a poder venir de vacaciones a Madrid en diciembre?

no... we didn't dare

Besos y abrazos,

Comprensión

¿Quién diría (*would say*) lo siguiente? ¿Clara, José, el vendedor o ninguno de ellos?

1. Cuesta demasiado.
2. Es una chaqueta de muy buena calidad.
3. Me gusta, pero es muy barata. Le ofrezco 100 pesetas más.
4. ¿Se la envuelvo?
5. Voy a pensarlo un poco.
6. Se la dejo en 4,500 pesetas.
7. Debes de comprarla; me parece muy bajo el precio.
8. Sí, señor, me gusta; se la compro ahora.

COMPRANDO ROPA

¡**OJO!** *Estudie Gramática 12.2–12.4*

$$
\left.\begin{array}{l} \text{me} \\ \text{te} \\ \text{le} \\ \text{nos} \\ \text{os} \\ \text{les} \end{array}\right\} \quad + \quad \left\{\begin{array}{l} \text{falta(n)} \\ \text{queda(n)} \end{array}\right.
$$

Actividad 13. Interacción: Una venta

E1: ¿Cuánto cuestan *las blusas importadas*?
E2: Cuestan *$14.99*.

E1: ¿Cuánto costaban *los sacos*?
E2: Costaban *$85*.

GRAN LOTE REBAJADO
Blusas, *pantalones cortos*
de 16.50, 13.50 y 10.50 a **3.99**

CAMISAS con y sin mangas,
gran surtido de 16.50 y 14.50 a **4.99**

BLUSAS INDIAS de algodón
manga larga de 18.50 a **6.99**

BLUSAS IMPORTADAS
manga larga,
gran surtido de 26.50 y 24.50 a **14.99**

¡NUEVO SURTIDO!
¡ULTIMA MODA!

PANTALONES DE ALGODON
con bolsillos, en novedosos
colores,
tamaños 6 al 14 . . . . **13.49**

PANTALONES DE ALGODON
"Jeans" en modernos colores,
tamaños 27 al 32 . . . . **13.49**

SACOS
en hilo y algodón de 85.00 a **59.99**

PANTALONES ESTILO FRANCES
100% algodón con y sin pinzas a **18.49**

PANTALONES DE DACRON
de 15.00 a **11.49**

PANTALONES DE DACRON Y RAYON
de 18.50 y 20.00 ahora **14.99**

PANTALONES DACRON Y LANA
lisos y de rayas de 25.00 a **18.49**

CAMISETA
estilo Europeo
de 20.00 a **9.99**

GRAN SURTIDO
vestidos de mujer
en estilos y colores
de verano a **12.00**

TRAJES DE BAÑO
de 15.00 a **9.99**
de 12.50 a **8.00**
de 10.00 a **5.99**

Actividad 14. Un regalo especial

Piense en una prenda de vestir muy especial que usted quisiera comprar para las siguientes personas. Explique por qué quiere regalarles lo que ha escogido.

1. su padre
2. su profesor(a) de español
3. su hermano/a
4. su abuelo/a
5. su mejor amigo/a

Actividad 15. Definiciones: La ropa

1. la bufanda
2. la pijama
3. los calcetines
4. el cinturón
5. los guantes

a. Se ponen en los pies.
b. Se usa para dormir.
c. Se usa para sujetar (*hold up*) los pantalones.
d. Se ponen en las manos cuando hace frío.
e. Se pone en el cuello cuando hace frío.
f. ¿————?

NOTA CULTURAL: La moda en el mundo hispano

El hispano, cuando quiere vestirse a la última moda, sigue en general la moda europea o adopta elementos de la moda estadounidense. Así los pantalones vaqueros° siempre están de moda. Son populares porque pueden llevarse en casi todas las ocasiones. Se usan tanto con camisas como con suéteres y los llevan tanto las mujeres como los hombres. Para trabajar o para salir a una fiesta, los pantalones vaqueros son una prenda adecuada.

pantalones... *blue jeans*

La manera de vestir depende, claro, del clima y de la región. En ciudades donde hace mucho frío durante el invierno, como Madrid, se lleva con frecuencia ropa de colores oscuros: café, azul marino° y negro. Y nunca faltan los abrigos gruesos y los impermeables.

azul... *navy blue*

En las regiones cálidas° de la costa son muy populares las guayaberas,° que son camisas bordadas,° de varios bolsillos, muy amplias y frescas. Las guayaberas se usan mucho en México y en los países del Caribe, como Puerto Rico y Cuba.

donde hace mucho calor
Caribbean-style man's shirt / embroidered

Al hispano le gusta vestir bien. Un aspecto importante de su atuendo (dress) son los zapatos. En Madrid hay una gran cantidad de zapaterías donde se venden zapatos en los estilos más contemporáneos. Los zapatos que se venden en las calles de los barrios elegantes son siempre de cuero y están hechos a mano.

© RENATE HILLER/MONKMEYER

Las ocasiones especiales requieren° ropa especial. Las fiestas, las noches de cine o teatro, las visitas a los amigos, el paseo por la plaza o la avenida central, son todas ocasiones en las que el hispano trata de llevar sus mejores atuendos.°

Una frase° que se oye en algunos países es «vestir de caché», que significa vestir con elegancia. «¡Qué caché!» dicen los amigos o familiares cuando una persona se pone su mejor traje.

necesitan

ropa
phrase

Preguntas

1. ¿Qué países influyen más en la moda latinoamericana?
2. ¿Cómo son las guayaberas? ¿En qué lugares son muy populares? ¿Por qué?
3. ¿En qué ocasiones es apropiado llevar pantalones vaqueros?
4. ¿Qué colores se usan más durante las estaciones frías?

Vocabulario

LOS MATERIALES Materials

el acero	steel	el ladrillo	brick
el algodón	cotton	la lana	wool
el barro	clay; mud	la madera	wood
el carbón	coal; carbon	el oro	gold
el cartón	cardboard	la piedra	rock, stone
el cobre	copper	la plata	silver
el cuero	leather	la seda	silk
la goma	rubber	el terciopelo	velvet
el hierro	iron	el vidrio	glass

PALABRAS SEMEJANTES: el aluminio, el cemento, la cerámica, el metal, el petróleo

REPASO: el diamante, el plástico

LAS COMPRAS Y EL REGATEO Shopping and bargaining

dejar	to let	la ganga	bargain
se lo(s)/la(s) dejo en...	I'll let you have it (them) for . . .	¡Qué ganga!	What a bargain!
		gastar	to spend
devolver (ue)	to return (something)	llevarse	to take away; to buy
envolver (ue)	to wrap	me lo(s)/la(s) llevo	I'll take, buy it (them)
se lo(s)/la(s) envuelvo	I'll wrap it (them) for you	la peseta	Spanish currency
		el precio fijo	fixed price
escoger	to choose	rebajar	to lower (*a price*)
escojo/escoge		rebajado/a	reduced (*price*)

regatear	to bargain	**¿Cuánto vale?**	How much is it worth/does it cost?
la subasta	auction		
el surtido	stock, supply	**el/la vendedor(a)**	salesperson
valer	to be worth	**la venta**	sale

REPASO: ahorrar, cobrar, combatir, comprar, costar (ue), dar, ofrecer, pedir (i), vender

LAS PRENDAS DE VESTIR Clothing

la bata	bathrobe	**la manga corta/larga**	short/long sleeve
el bolsillo	pocket	**las medias**	stockings
la bufanda	scarf	**las pantuflas**	slippers
los calcetines	socks	**el paraguas**	umbrella
los calzoncillos	men's undershorts	**la pijama**	pajamas
la cartera	wallet	**la ropa interior**	underwear
el cinturón	belt	**el sostén**	bra
la combinación	slip	**la talla**	size (*clothing*)
los guantes	gloves	**el tamaño**	size
el impermeable	raincoat	**las zapatillas**	slippers; ballet shoes
la manga	sleeve		

LOS VERBOS Verbs

alcanzar	to reach; to be enough	**pegarse**	to stick
anunciar	to announce	**prestar**	to lend
convencer	to convince	**probarse la ropa**	to try on clothes
convenzo/convence		**quedarle bien (mal)**	to look nice (bad) on (*clothing*)
enviar	to send		
envío/envía		**quedarle grande (pequeño)**	to be too big (small) (*clothing*)
imaginarse	to imagine		
influir	to influence	**regalar**	to make a gift
influyo/influye		**señalar**	to point out/to

PALABRAS SEMEJANTES: adoptar

LOS ADJETIVOS Adjectives

ajustado/a	tight (*clothing*)	**grueso/a**	thick
apretado/a	tight, squeezed (*clothing*)	**igual**	equal, same
cuadrado/a	checked	**liso/a**	smooth
de rayas	striped	**oscuro/a**	dark
deportivo/a	sport(y), relating to sports	**pintado/a**	painted
fijo/a	fixed, unchanging	**portátil**	portable

PALABRAS SEMEJANTES: adecuado/a, central, doméstico/a, importado/a, manual

LOS SUSTANTIVOS Nouns

el abrazo	hug, embrace	**el/la aficionado/a**	fan
el abrelatas	can opener	**el almacén**	warehouse; department store

la calculadora	calculator	la pareja	couple
la carnicería	meat market	la pasta dental	toothpaste
el/la contador(a)	accountant	la pulgada	inch
el cubo	bucket, pail	los recién casados	newlyweds
el esmalte de uñas	fingernail polish	la regla	rule
el/la fotógrafo/a	photographer	el rollo de película	roll of film
la grabadora de video	video recorder	la (el) sartén	frying pan
la heladería	ice cream parlor	la silla mecedora	rocking chair
las herramientas	tools	el tapiz (*pl.* **tapices**)	tapestry; rug
las joyas	jewels	la tela	cloth
la licuadora	blender	la tienda de campaña	tent
el martillo	hammer	las tijeras	scissors
la moda	style, fashion	el tocacintas	tape player
la pala	shovel	la voz (*pl.* **voces**)	voice
el papel sanitario	toilet paper	la zapatería	shoe store
la papelería	stationery store		

PALABRAS SEMEJANTES: el artículo, el compás, el champú, la diferencia, el elemento, los esquíes, el estilo, el objeto, la ocasión, el trimestre, el tubo, el uso, el video

PALABRAS Y EXPRESIONES ÚTILES Useful words and expressions

desgraciadamente	unfortunately
en el extranjero	abroad
estar de/a la moda	to be in style

LECTURAS ADICIONALES

LA TELENOVELA: *La propaganda comercial*

Pedro Ruiz es un escritor mexicano que vive en el Distrito Federal con su esposa Margarita y sus dos hijos. Últimamente Pedro ha estado muy preocupado con la nueva moda de los juegos electrónicos que ha invadido a México. Cada vez que van a las tiendas, los niños se quedan fascinados delante de las máquinas de video. La semana pasada, su hijo Guillermo le dijo: —Papá, por favor, cómprame un juego de Pac-Man. Ándale,° papá, mira qué lindo es y qué divertido.— Y su hijo trató de mostrarle cómo se juega. —Mira, papá, ¡es como el que anuncian por la televisión! Todos mis amigos tienen uno, papá.

Pedro, por supuesto, no se lo compró; y además, le dio al chico una buena regañada.° Ese mismo día Pedro empezó a escribir un artículo sobre la influencia de la propaganda comercial en los niños.

* * * * * *

Pocos días después Pedro y Margarita invitaron a cenar a Ernesto y Estela, sus vecinos.

—¿Qué has escrito últimamente? —le preguntó Ernesto a Pedro durante la cena.

—Acabo de empezar un artículo sobre los trucos° de la propaganda comercial, el modo en que influye en nosotros para hacernos comprar y comprar y comprar...

—Pedro está enojado con Memo,° —dijo Margarita— porque quería que le comprara un juego electrónico.

—¡Pero si son divertidísimos! —interrumpió Estela. —Nosotros compramos uno para nuestros hijos; a veces nos sentamos todos a jugar y lo pasamos muy entretenidos.°

—Claro —dijo Pedro, muy serio. —Y seguramente compraron uno que anuncian por la televisión cada cinco minutos.

—Estás exagerando, como siempre, Pedro —dijo Ernesto, riendo.

—¡Exagerando! Contéstame una pregunta, Er-

Come on

reprimand

tricks

«Guillermo»

lo... nos divertimos

Como en los Estados Unidos, los juegos electrónicos atraen cada día a mayor número de hispanos de todas las edades. Los lugares como éste en Lima (Perú) no están vacíos nunca, pues poca gente puede tener estos juegos en su casa.

© STUART COHEN

nesto. ¿Cuántas veces crees tú que compramos lo que de verdad necesitamos? Si hacemos una lista de las cosas indispensables, probablemente bastarían° los   *would be enough* dedos de una mano para contarlas: casa, comida y ropa. Todo lo demás es innecesario; todo lo demás es un truco de la propaganda comercial para hacernos comprar, consumir…

—Yo creo que la gente hoy ya no es tan ingenua,°   *naive* —dijo Margarita.

—Claro, —dijo Pedro, con tono sarcástico. —Siempre podemos elegir: no ver la televisión, no escuchar el radio, no leer el periódico, no vestir a la moda… ¡Es imposible! Estoy seguro de que ustedes compraron ese juego electrónico porque sus hijos insistieron en que están de moda.

—Tal vez tengas razón —terminó diciendo Ernesto. —¿Por qué no hacemos un trato,° para ver qué   *deal, agreement* pasa?

—¿Un trato? ¿Qué tipo de trato? —preguntó Estela.

—De ahora en adelante, durante todo un mes, ninguno de nosotros va a ver la televisión, ni a escuchar el radio, para evitar la influencia de la propaganda comercial.

—¿El trato va en serio? —preguntó Pedro.

—¡Claro que va en serio! —respondió Ernesto.

—Entonces... trato hecho°... —y se dieron la mano.° trato... *it's a deal*
se... *they shook hands*

Preguntas

1. Según Pedro, ¿quién tiene la culpa de la nueva moda de los juegos electrónicos?
2. ¿De qué se trata el último artículo de Pedro Ruiz?
3. ¿Qué opinan Estela y Ernesto sobre los juegos electrónicos?
4. Según Pedro, ¿cuáles son las cosas verdaderamente necesarias para vivir?
5. ¿Qué trato hicieron los cuatro amigos?

LA FICCIÓN: *Ladrón de pacotilla°*

Ladrón... *Petty Thief*

Josefina Gutiérrez llegó al taller de mecánica° donde trabajaba su hijo Rodolfo. taller... *mechanic's shop*

—Sí, mamá, ¿qué pasa? —le preguntó Rodolfo, sorprendido de verla allí.

—¡Tu padre está preso°! ¡Ay, hijo, qué desgracia! *in jail*

Rodolfo trató de mantenerse sereno para no empeorar° el estado de nervios de su madre. *worsen*

—Cálmate, mamá, cálmate y dime cómo sucedió.

—Ya sabes lo que dice tu padre, que en casa se debe comer carne todos los días, aunque él tenga que robarla.

—Sí, mamá, yo mismo le dije hace unos días: «Papá, usted no puede seguir haciendo eso, porque tarde o temprano lo van a pescar».

—Traigo el dinero para la fianza.° Todos nuestros ahorros... —dijo casi llorando la madre. *bail*

Al llegar a la estación de policía la madre y el hijo se acercaron al amplio mostrador y se identificaron. El policía se dirigió° entonces a la mujer. se... *habló*

—Señora Gutiérrez, su esposo fue aprehendido en el mercado La Canasta cuando trataba de llevarse unas carnes debajo de la camisa... —Josefina apenas° le oía. —Si tiene usted el dinero para la fianza, su esposo puede salir en seguida, pero va a tener que presentarse dentro de una semana ante el juez. ¿Está usted dispuesta a° pagar la fianza ahora? casi no
¿Está... ¿Quiere

—Oh sí, sí, perdón. Aquí está el dinero. Cuéntelo usted, señor. Cuéntelo, por favor.

—Es la cantidad exacta. Muy bien. Firme aquí.

La mujer firmó un papel amarillo y se sentó a esperar, temblorosa, la aparición de Mario.

* * * * * *

Aquella semana Mario Gutiérrez hizo mil planes. No quería dejar cabos sueltos.° Habló con los amigos íntimos de la familia. Sus amigos sabían muy poco de asuntos legales y no tenían idea de cuál sería la sentencia. Mario imaginó lo peor, años tal vez. Se sentía avergonzado.° Y lo que más le dolía era involucrar° a su familia en todo aquel enredo.°

Esa semana de espera a Mario le pareció un siglo. No durmió una sola noche. Preparó un largo discurso para el día del juicio y caminaba solo por la ciudad, ensayándolo.° Cada vez que lo practicaba cambiaba de parecer.° A veces se sentía dispuesto° a admitir su culpa, su gran falta: «Señor Juez, yo soy un hombre pobre…. Yo sé que la pobreza no justifica lo que he hecho, pero… » A veces pensaba que entraría° en el salón del juicio y que se defendería° sin pedirle perdón a nadie por lo que había hecho: «Aquí en este país todos roban, señor Juez, sobre todo la policía, y roban mucho, muchísimo más que unos paquetes de carne…. »

Por fin el día del juicio llegó. Rodolfo acompañó a su padre. El edificio de la Justicia les pareció enorme. Se detuvieron unos segundos antes en entrar. —Rodolfo, —dijo el padre, —yo no sé lo que va a pasar. Sólo te pido una cosa: si tengo que ausentarme° por mucho tiempo, por favor cuida bien a Josefina y por favor, hijo, perdóname. —Rodolfo sólo apretó con fuerza la mano callosa° de su padre.

La sala estaba bien iluminada, pero eso no le quitaba el aspecto austero y frío. Había unas cincuenta personas en la sala. Se juzgaron varios casos antes de que llegara el turno de Mario. Finalmente el juez abrió el expediente° del acusado Gutiérrez y tras° leer una breve descripción del caso, le preguntó:

—¿Se declara usted culpable,° señor Gutiérrez?

—Señor Juez, soy responsable de mis actos y por mis faltas debo pagar. Me pongo en manos de su Excelencia y que la imparcial justicia de nuestro país se aplique a mi bajo comportamiento°…

cabos… *loose ends*

ashamed
meter / lío

practicándolo
cambiaba… *changed his mind / willing*

he would enter
se… *he would defend himself*

estar ausente

calloused

el… los documentos / después de
guilty

behavior

—¡Señor Gutiérrez! —el juez lo interrumpió, —¿Se declara usted culpable o no? Simplemente diga sí o no.

—Sí, señor.

—Muy bien. Le pongo una multa de 30,000 pesos. Usted queda en libertad provisional. Pero si vuelve a ocurrir un incidente semejante, sufrirá° una sentencia de cinco años. Puede retirarse.°

you will receive
Puede... You may go.

Afuera, en el pasillo, Mario se encontró con Rodolfo.

—Terminó por fin esta pesadilla° —dijo Mario, mientras abrazaba a su hijo.

nightmare

Al salir de aquel edificio, Mario se alegró de poder estar otra vez con su familia. Sentía que de alguna manera empezaba una nueva etapa° en su vida.

phase, stage

Preguntas

1. ¿Por qué fue detenido Mario?
2. ¿Qué tiene que hacer la familia para sacarlo de la cárcel?
3. ¿Qué hizo Mario durante la semana de espera?
4. ¿Qué teme Mario que le pase el día del juicio?
5. ¿Qué ocurre al final?

GRAMÁTICA Y EJERCICIOS

12.1. Adjectives Used As Nouns

A. In English and Spanish, adjectives can be used as nouns (nominalized). In English the word *one* follows the adjective when it is nominalized. In Spanish, a nominalized adjective is preceded by a definite or an indefinite article.

> —¿Te gusta esta **blusa**? —Sí, pero prefiero **la roja**.
> *"Do you like this blouse?" "Yes, but I prefer the red one."*

> —¿Quieres una **cerveza** grande o **una pequeña**? —**Una grande**, por favor.
> *"Do you want a large beer or a small one?" "A large one, please."*

> —¿Tienes un **coche** viejo o **uno nuevo**? —Tengo **uno muy viejo**.
> *"Do you have an old car or a new one?" "I have a very old one."*

B. Demonstratives may also be nominalized, but no article is used. (When demonstratives function as nouns they require a written accent.)

> —¿Quieres este **reloj** o **ése**? —Quiero **éste**.
> *"Do you want this watch or that one?" "I want this one."*

C. Possessive adjectives can also function as nouns. When nominalized, possessives are accompanied by an article (**el**, **la**, **los**, **las**) and have a somewhat different form.

WITH NOUN FOLLOWING		WITHOUT NOUN (NOMINALIZED)	
mi(s)	*my*	article + mío/a/os/as	*mine*
tu(s)	*your*	tuyo/a/os/as	*yours*
su(s)	*your* *his* *her*	suyo/a/os/as	*yours* *his* *hers*
nuestro/a/os/as	*our*	article + nuestro/a/os/as	*ours*
vuestro/a/os/as	*your*	vuestro/a/os/as	*yours*
su(s)	*their*	suyo/a/os/as	*theirs*

> ¿Los **coches**? **El mío** está aquí, pero no veo **el tuyo**.
> *The cars? Mine is here, but I don't see yours.*

—¿Nuestro **avión** es el grande que está allí? —No, **el nuestro** está al otro lado.

"Is our plane the big one there?" "No, ours is on the other side."

Mis **tijeras** están en mi cuarto. ¿Dónde están **las tuyas**?

My scissors are in my room. Where are yours?

D. The nominalization of adjectives is also possible in sentences that contain **de** phrases.

Me gustan más los muebles de madera que **los de plástico**.

I like wood furniture more than plastic (furniture).

Carmen se compró una blusa de seda pero yo me compré **una de algodón**.

Carmen bought herself a silk blouse, but I bought myself a cotton one.

E. The combination of **lo** + *adjective* expresses an abstract idea.

lo moderno	*the modern (thing)*
lo difícil	*the difficult (part)*
lo interesante	*the interesting (part)*

Lo malo es que él nunca comprendió lo que hizo.

The bad part (thing) is that he never understood what (that which) he did.

¡Qué mercado más lleno de gente! **Lo bueno** es que pudimos regatear y comprar varias cosas a precios bajos.

What a crowded market! The good thing is that we were able to bargain and to buy some things at low prices.

F. **Lo que** corresponds to *that which* in English.

Él no sabe **lo que** quiere.

He doesn't know what (that which) he wants.

Lo bueno es que él nunca supo **lo que** pasó.

The good thing is that he never found out what (that which) happened.

Ejercicio 1

Los amigos y vecinos de Estela no pueden decidir lo que van a comprar. Dígales lo que deben de comprar.

MODELO: Pedro Ruiz / un carro rojo o uno azul →
       Pedro, te aconsejo que compres *uno rojo.*

1. Margarita Ruiz / la licuadora verde o la amarilla
2. Lola Batini / un abrelatas eléctrico o uno manual
3. Gustavo / una calculadora pequeña o una grande
4. Guillermo / una raqueta grande o una mediana
5. Amanda / una grabadora grande o una portátil.

Ejercicio 2

Los estudiantes de la clase de español van a una fiesta pero nadie puede decidir lo que va a llevar. Dígales lo que prefiere usted.

MODELO: Carmen / las botas largas o las cortas →
Carmen, yo prefiero las largas.

1. Nora / el vestido largo o el corto
2. Alberto / el abrigo de cuero o el de lana
3. Mónica / el suéter ligero (*lightweight*) o el grueso
4. Carmen / la falda azul o la blanca
5. Esteban / la camisa de seda o la de algodón

Ejercicio 3

Usted no está de acuerdo con nadie hoy. Cambie el demostrativo **éste/a/os/as** a **ése/a/os/as** o viceversa.

MODELO: Me gusta esta blusa pero prefiero <u>ésa</u>.

1. Yo pensaba comprar ese carro pero ahora prefiero _____ que está aquí.
2. No he visto esa película pero creo que prefiero ver _____.
3. No me gustan estos muebles, pero sí me gustan _____ de la otra tienda.
4. A Guillermo le gustan estas camas de agua pero yo prefiero dormir en _____ que vimos ayer.
5. No me gusta este cuadro. Quiero comprar _____ que está allí en el rincón.
6. Me gusta esta bata, pero voy a comprar _____ que está allá, la rosada.
7. No me gustan esos guantes; quiero comprar _____ que están aquí.
8. Estas tijeras no funcionan muy bien; voy a comprar _____ que cuestan más.
9. No me dé ese martillo; es demasiado pequeño. Déme _____ que está aquí.
10. Esa pijama es cara. Prefiero comprar _____ aquí que tiene un precio rebajado.

Ejercicio 4

Ernesto Ramírez estaba limpiando el garaje y encontró varias cosas. Ahora quiere saber de quién son. Estela contesta sus preguntas. Dé las respuestas de Estela, según el modelo.

MODELO: ¿De quién son estas herramientas? ¿Son de Jaime y Rodrigo? →
Sí, son suyas. (No, no son suyas. Son de _____.)

1. ¿De quién es este abrigo? ¿Es tuyo?
2. ¿De quién son estas tijeras? ¿Son de Paula y Andrea?
3. ¿De quién es este aceite? ¿Es mío?

4. ¿De quién es esta calculadora? ¿Es de Ernestito?
5. ¿De quién es este televisor? ¿Es de tus padres?

12.2. Exchanging Items: Indirect Object Pronouns

Certain verbs describe the exchange of items between persons: **dar** (*to give* [*something to someone*]), **traer** (*to bring* [*something to someone*]), **llevar** (*to carry, take* [*something to someone*]), **prestar** (*to lend* [*something to someone*]), **devolver** (*to take* [*something*] *back* [*to someone*]), **regalar** (*to give a gift* [*to someone*]), and so forth.

Amanda me va a **traer** el disco que le **presté**.
Amanda is going to bring me the record that I lent her.

Gustavo me **devolvió** el dinero que me debía.
Gustavo returned (to me) the money that he owed me.

Normally these verbs are accompanied by indirect object pronouns (**me, te, le, nos, os, les**) even when the person involved is specifically mentioned.

Le di el dinero **a mi hermano Guillermo**.
I gave the money to my brother Guillermo.

Daniel, ¿**le** llevaste **a tu novia** las flores que le prometiste?
Daniel, did you take your girl friend the flowers you promised her?

Amanda, ¿qué **le** vas a regalar **a tu novio** para Navidad?
Amanda, what are you going to give (to) your boyfriend for Christmas?

Ejercicio 5

Estas oraciones son parte de una conversación que se oyó en la casa de los Saucedo el día de Navidad. Llene los espacios con el pronombre apropiado según el contexto.

1. —Raúl, ¿qué _____ regalaste a tu papá?
   —_____ regalé una bata nueva.
2. Miren todos lo que _____ trajo la tía Clara a mamá: una licuadora.
3. —Marisa, ¿qué _____ llevaste a tu abuelita ayer?
   —_____ llevé un perfume que papá _____ trajo de Francia a Clarisa y a mí.
4. Papá, mira lo que _____ dio mami a nosotras: un juego de ajedrez (*chess*).
5. Raúl, creo que vas a tener que devolver _____ esta camisa a tu abuelo, porque te queda muy pequeña.

12.3. More Verbs Used with Indirect Object Pronouns: *faltar, quedar*

The verbs **faltar** (*to lack*) and **quedar** (*to remain*) are often used with indirect object pronouns in talking about quantities. Note that if the item in question is plural, the verb must be plural.

El abrelatas cuesta solamente $15.75, pero **me faltan tres dólares**.
The can opener costs only $15.75, but I need three more dollars.

—¿**Te falta mucho** para terminar? —**Me falta leer** solamente nueve páginas.
"Do you have much left to finish?" "I have only nine pages left to read."

Gasté mucho dinero hoy. **Me quedan** solamente **cinco pesos**.
I spent a lot of money today. I have only five pesos left.

Ejercicio 6

Los amigos y vecinos de Amanda tienen que hacer algunas cosas antes del fin de semana. Diga cuánto (o qué) les queda o les falta hacer.

MODELO: Tengo $50. Y gasté $35. → *Me quedan $15.*
Roberto quiere leer 50 páginas. Ya leyó 20. → *Le falta leer 30.*

1. Ernesto tenía 100 libros. Ya vendió 85.
2. Pedro tenía tres carros. Ya vendió uno.
3. Gustavo tenía que leer 500 páginas. Ya leyó 400.
4. Ramón quería correr cinco kilómetros. Ya corrió tres.
5. Estela quiere comprar cinco regalos para sus hijos. Ya compró tres.
6. Doña Rosita tiene que comprar calcetines, calzoncillos y camisetas para sus nietos. Ya compró los calcetines y los calzoncillos.
7. Amanda quiere comprar un disco de Julio Iglesias, pero cuesta 1,200 pesos y ella sólo tiene 1,000.

12.4. *Using Indirect and Direct Object Pronouns Together*

A. Sometimes there is more than one object pronoun in a sentence. This can happen if you want to *do something for someone, take something to someone, fix something for someone, buy something for someone*, and so forth. The indirect object (**me, te, le, nos, os, les**) is usually the person *for whom* you are doing something and the direct object (**lo, la, los, las**) is the thing involved.

—¿Quiere usted el **postre** ahora? —Sí, tráiga**melo**[1] por favor.
"Do you want the dessert now?" "Yes, bring it to me, please."

—¿Me devolviste las **llaves** ayer? —Sí, **te las** devolví en la tarde.
"Did you return the keys to me yesterday?" "Yes, I returned them to you in the afternoon."

---

[1]Remember that when object pronouns follow a verb form they are written together as one word and have an accent mark on the stressed syllable.

B. Note the following combinations:

me lo(s) }
me la(s) }   *it (them) to me*

te lo(s) }
te la(s) }   *it (them) to you*

nos lo(s) }
nos la(s) }   *it (them) to us*

Si te falta dinero, puedo prestár**telo**.
If you need money, I can lend it to you.

—¿Me trajiste las llaves? —Sí, **te las** traje; aquí están.
"Did you bring me the keys?" "Yes, I brought them to you; here they are."

—¿Les preparo la cena ahora? —No, por favor, prepáre**nosla** más tarde.
"Should I prepare dinner for you now?" "No, please prepare it for us later."

C. **Le** or **les** cannot be combined with **lo**, **la**, **los**, or **las**; **le** and **les** change to **se** when used together with these direct object pronouns.

se lo	*it (m.) to you, him, her, them*
se la	*it (f.) to you, him, her, them*
se los	*them (m.) to you, him, her, them*
se las	*them (f.) to you, him, her, them*

While all these combinations may be confusing in abstract sentences, in the context of real conversations you will generally know to whom and what the pronouns refer.

—Guillermo, ¿le llevaste a papá sus zapatillas? —Sí, ya **se las** llevé.
"Guillermo, did you take Dad his slippers?" "Yes, I already took them to him."

—Mamá, ¿le compraste a papá la camisa que vimos en la tienda ayer? —Sí, **se la** compré hoy.
"Mom, did you buy Dad the shirt that we saw at the shop yesterday?" "Yes, I bought it for him today."

—Ernestito, ¿les diste los discos a tus hermanas? —Sí, **se los** di esta mañana.
"Ernestito, did you give the records to your sisters?" "Yes, I gave them to them this morning."

—Sr. Ramírez, ¿le entregó usted las llaves al gerente? —Sí, **se las** entregué ayer.
"Mr. Ramírez, did you hand in the keys to the manager?" "Yes, I handed them in to him yesterday."

D. Remember that all object pronouns can be attached to infinitives and present participles.

> —Srta. López, este informe para la presidente Ruiz, ¿va usted a **entregárselo** ahora? —No, ya **se lo entregué** esta mañana.
> *"Miss López, this report for President Ruiz, are you going to hand it in to her now?" "No, I already turned it in to her this morning."*

> —Adriana, necesito las listas de los clientes. ¿Vas a **preparármelas** esta tarde? —No, estoy **preparándotelas** ahora.
> *"Adriana, I need the lists of clients. Are you going to get them ready for me this afternoon?" "No, I'm getting them ready for you now."*

Ejercicio 7

Hace varios días que Gustavo y su primo Ernestito no se ven. Por eso Ernestito le hace muchas preguntas hoy. Dé las respuestas de Gustavo, según el modelo.

MODELO: ERNESTITO: ¿Ya le diste el libro a tu mamá? →
GUSTAVO: Sí, se lo di ayer.

1. ¿Ya le entregaste la grabadora a tu profesor?
2. ¿Ya le vendiste los discos a Ramón?
3. ¿Ya le diste el cuadro a Roberto?
4. ¿Ya les diste la calculadora a tus padres?
5. ¿Ya les diste los materiales a tus hermanas?
6. ¿Ya me trajiste la cartera?
7. ¿Ya me trajiste las herramientas para reparar tu bicicleta?
8. ¿Ya me devolviste ese suéter que te presté la semana pasada?
9. ¿Ya te devolví el dinero?
10. ¿Ya te di el disco que me prestaste?

Ejercicio 8

La mamá de Roberto quiere hacerle algunas preguntas sobre lo que él va a hacer mañana. Conteste por él, diciéndole a ella que va a hacerlo todo ahora mismo. Use dos pronombres.

MODELO: —Roberto, ¿me vas a mostrar tu nuevo radio portátil?
—Sí, mamá, voy a mostrártelo (te lo voy a mostrar) ahora mismo.

1. ¿Le vas a regalar el anillo a Amanda?
2. ¿Le vas a pedir dinero a tu papá?
3. ¿Le vas a devolver el martillo a nuestro vecino Ernesto?
4. ¿Me vas a prestar tus tijeras?
5. ¿Me vas a traer las fotos que te pedí?

Ejercicio 9

Un amigo (Una amiga) le está haciendo a usted estas preguntas. Contéstele que usted está haciendo estas actividades en este momento.

MODELO: —¿Puedes limpiarme el baño esta tarde?→
—Te lo estoy limpiando en este momento. (Estoy limpiándotelo en este momento.)

1. ¿Puedes calentarme la sopa más tarde? Tengo un poco de hambre.
2. ¿Puedes prepararme un buen desayuno? No tengo tiempo de cocinar.
3. ¿Vas a hacerme una camisa (blusa) nueva para mi cumpleaños? Todas las mías son muy viejas.
4. ¿Vas a grabarme el video pronto? Tengo muchas ganas de verlo.
5. ¿Piensas repararme esa calculadora esta semana? Necesito usarla urgentemente.

Ejercicio 10

El padre de Graciela le está haciendo varias preguntas sobre lo que van a hacer sus amigos y vecinos. Conteste por Graciela, diciéndole a papá que se están haciendo estas actividades en este momento.

MODELO: EL PADRE: ¿Te va a reparar Mario el tocacintas la próxima semana?
GRACIELA: No, ya me lo está reparando ahora mismo. (No, ya está reparándomelo ahora.)

1. ¿Te va a coser tu abuela una blusa nueva para tu cumpleaños?
2. ¿Nos va a preparar tu mamá la cena mañana por la noche?
3. ¿Te va a reparar Gustavo la bicicleta el próximo domingo?
4. ¿Te va a comprar Amanda un regalo la semana próxima para tu fiesta de cumpleaños?
5. ¿Nos va a ayudar Roberto a pintar tu cuarto este fin de semana?

LOS TEMAS

 Giving Instructions and Commands

 Giving and Following Advice

 Talking About Invitations and Dates

LAS LECTURAS ADICIONALES

- Un editorial: Aprendamos otras lenguas
- Los amigos hispanos: El talento culinario

LA GRAMÁTICA

13.1. Direct Commands: Formal and Informal
13.2. The Subjunctive Mood
13.3. Making Suggestions: *Let's* (Subjunctive)

LAS LECTURAS

- Los dichos populares
- La telenovela

In **Capítulo trece** you will learn how to persuade others to do things by giving commands, making suggestions, offering advice, extending invitations, and so on.

ACTIVIDADES ORALES

▣ LAS INSTRUCCIONES Y LOS MANDATOS

¡OJO! *Estudie Gramática 13.1.*

infinitivo	usted	ustedes	tú (−)	tú (+)
tomar	(no) tome	(no) tomen	no tomes	toma
beber	(no) beba	(no) beban	no bebas	bebe
dormir	(no) duerma	(no) duerman	no duermas	duerme
salir	(no) salga	(no) salgan	no salgas	sal

—Cómete toda la comida;
no hables mientras comes.

—Arregla tu cuarto y
después acuéstate.

—Revíselo y llámeme
a la oficina.

—Sí, tráigame un café,
por favor.

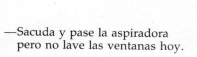

—Sacuda y pase la aspiradora
pero no lave las ventanas hoy.

Actividad 1. Los mandatos

¿Qué mandatos se les puede dar a... ?

MANDATOS

1. la señora que limpia la casa
2. un asistente de vuelo
3. una dependiente en una tienda de ropa
4. un mesero en un restaurante
5. un mecánico
6. una estudiante en una clase universitaria

a. Tráigame primero la sopa, por favor.
b. Tráigame una almohada, por favor.
c. Sacuda los muebles y después pase la aspiradora, por favor.
d. Entregue su tarea mañana, por favor.
e. Revíselo y dígame si necesita reparaciones, por favor.
f. Muéstreme uno un poco más grande, por favor.

Actividad 2. Mandatos para Ernestito

Piense un poco en su niñez y va a recordar que los niños pasan la mayor parte del tiempo escuchando órdenes. Imagine que usted es Ernestito y que tiene ocho años. Son las siete de la mañana y su mamá entra en su cuarto. De los siguientes mandatos, ¿cuáles cree usted que le da Estela a Ernestito? ¿Por qué?

1. Haz la tarea antes de acostarte.
2. Levántate pronto o vas a llegar tarde a la escuela.
3. Báñate y lávate los dientes.
4. Ven a desayunar ya o se te va a enfriar la comida.
5. Saca la basura antes de cenar.
6. Péinate con cuidado.
7. Juega en tu recámara porque hace mucho frío afuera.

Actividad 3. Mandatos para Ernestito en la escuela

Ernestito ha obedecido todas las órdenes de su mamá y ahora está en el salón de clase. Su maestra, la señorita Marta Moreno, se pasa la mañana dándole órdenes. Indique los mandatos apropiados. Explique por qué son —o no son—apropiados.

1. Guarda tus juguetes en el armario del garaje.
2. Lee la Lección 2 con mucho cuidado.
3. Cómete todo el almuerzo.
4. Lávate las manos antes de estudiar la lección.
5. Escribe las respuestas en la pizarra.
6. Ponte los pantalones verdes hoy.
7. Borra la pizarra, por favor.

Actividad 4. Más mandatos

El pobre de Ernestito va a pasar la otra mitad del tiempo escuchando la palabra «no». ¿Quién le da los siguientes mandatos: la madre, la maestra o las dos? Explique su respuesta.

1. No juegues en la sala.
2. No hables en clase.
3. No escribas en tu pupitre.
4. No comas dulces ahora, que ya vamos a cenar.
5. No grites; estoy hablando por teléfono.
6. No pongas tus juguetes encima de la cama.
7. No tires la pelota dentro del salón de clase.

LOS CONSEJOS

¡OJO! *Estudie Gramática 13.2.*

Quiero que…
Espero que…
Prefiero que…
Le (Te) aconsejo que…
Le (Te) recomiendo que…   **+ subjuntivo**
Le (Te) ruego que…
Es necesario que…
Es preferible que…
Es mejor que…

—Es necesario que completemos este trabajo hoy.

—Les prohíbo que se casen tan jóvenes.

—Te recomiendo que no compres un coche deportivo.

—Prefiero que no fume en clase.

—Les pido que no hagan
tanto ruido.

—Espero que recibas buenas
notas este año.

Actividad 5. Mandatos para una vida feliz

¿Qué importancia tienen estos mandatos para tener una vida feliz?
Explique sus opiniones.

Para vivir feliz,   es indispensable que uno...
                    es importante que uno...
                    no importa que uno...

1. tenga paciencia.
2. gaste su dinero con cuidado.
3. cuide su salud.
4. visite a la familia y a los amigos con frecuencia.
5. trabaje por el gusto de trabajar y no solamente para ganar dinero.
6. duerma ocho horas diariamente.
7. no fume.
8. conserve el sentido del humor.
9. no use drogas.
10. disfrute cada día.
11. consiga una buena educación.
12. se case con una persona físicamente atractiva.
13. tenga hijos.
14. asista a la universidad.
15. viaje a otros países.

Actividad 6. Entrevista: Después de la graduación

1. ¿Qué quieres hacer después de graduarte en la universidad?
2. ¿Qué quieren tus padres que hagas?
3. ¿Qué es más importante, seguir los deseos de uno mismo o los de los padres?
4. ¿Quieres casarte?
5. ¿Quieren tus padres que te cases?
6. ¿Quieres tener hijos? ¿Cuántos?
7. ¿Quieren tus padres que tengas hijos? ¿Cuántos?
8. ¿Quieres seguir viviendo con tus padres por un tiempo? ¿Por qué?
9. ¿Quieren tus padres que sigas viviendo con ellos? ¿Por qué?

Actividad 7. Situación: El dinero escondido

Usted y su hermano trabajan en la misma compañía. Usted es supervisor(a) de uno de los departamentos y su hermano trabaja en el departamento de contabilidad. Hace unos días su hermano le confesó que durante el último año ha estado cambiando algunas cifras y que se ha quedado con cierta cantidad de dinero. Él dice que tiene demasiados gastos, que su esposa está embarazada otra vez y que el sueldo no le alcanza para pagar todas las deudas. ¿Qué va a hacer usted? ¿Qué va a aconsejarle? ¿Qué quiere usted que él haga? ¿Le va a ayudar? ¿Cree usted que debe delatarlo (*report him*)?

Actividad 8. Influyendo sobre las acciones de otros

En algunos casos usted cree que sabe lo que otras personas deben hacer, pero prefiere no decírselo directamente. Use las siguientes frases para sugerirles algo importante a estas personas.

MODELO: Sr. Gobernador, es recomendable que... →
        Sr. Gobernador, es recomendable que usted nos dé más dinero para los servicios sociales.

1. Sr. Presidente, le aconsejo que...
2. _____ (su jefe), espero que...
3. Sr. Rector, es necesario que...
4. Sr. Senador, es preferible que...
5. Sr(a). Profesor(a), es mejor que...

Ahora, déles consejos a algunos de sus compañeros de clase.

MODELO: Te ruego... → Mike, te ruego que no fumes en clase.

1. Prefiero que...
2. Espero que...
3. Te aconsejo que...
4. Es importante que...
5. Es mejor que...

Actividad 9. Diálogo original

Gustavo quiere pasar una semana acampando en las montañas con un grupo de amigos. La idea en sí no le parece mala a su padre, pero el problema es que Gustavo quiere usar el coche de la familia, porque es grande y caben muchas cosas. Trabajando con un compañero (una compañera), hagan el papel de Gustavo y de su padre.

GUSTAVO: Pero papá, soy muy buen chofer; nunca he tenido un accidente.
SR. RIVERO: Ya lo sé, hijo, pero...

Actividad 10. ¡Supongamos!

1. Esteban tiene que tomar un examen mañana a las ocho. Es muy tarde y en el apartamento de al lado hay una fiesta con música que no le permite dormir. Esteban va al apartamento y cuando les pide que bajen el volumen de la música, cierran la puerta sin contestarle. ¿Qué le recomienda usted a Esteban?

   MODELO: Le recomiendo (aconsejo) que…
   Es mejor que…

2. La novia de Luis Ventura le promete llamar a las once. Llega la hora y no llama. Al día siguiente Luis la llama y le pregunta por qué no llamó. Ella le contesta que se le olvidó. ¿Qué le recomienda que le diga Luis a su novia?

   MODELO: Le recomiendo (aconsejo) que le diga que…
   Espero que le diga que…

3. Su amigo Julio solicitó empleo de cajero en el Banco Comercial. Hoy tiene una entrevista. Llega a su casa dos horas antes de la entrevista y le pide a usted consejos sobre lo que debe hacer y decir. Usted lo mira y se da cuenta de que tiene el pelo hasta el hombro y que lleva sandalias, pantalones cortos y una camiseta sin planchar. ¿Qué le sugiere usted?

   MODELO: Mira, Julio, en un banco la apariencia es muy importante. Es preferible que…
   También te sugiero que…

Actividad 11. ¿Qué le va a aconsejar?

Usted es un(a) trabajador(a) social en el Departamento de Bienestar Público (*Welfare*). La mayor parte del tiempo trabaja de consejero/a, tratando de ayudar a las personas que lo/la visitan a solucionar sus problemas. Hoy ha llegado a su oficina el señor Rafael Gallegos pidiendo consejo. ¿Cómo va a ayudarlo usted? ¿Qué le va a aconsejar?

RAFAEL GALLEGOS, 23 AÑOS

Mi padre abandonó a mi madre cuando yo tenía doce años. Soy el mayor de cuatro hermanos y mi madre tuvo que trabajar muy duro para sostenernos y mandarnos a la escuela. Mi padre nunca regresó ni se preocupó por nosotros. Mis hermanos y yo nos criamos° sin el apoyo de un padre. Mi madre nunca tuvo suficiente tiempo para atendernos° porque tenía que trabajar mucho.

    Empecé a trabajar muy pronto y a tomar clases por la noche. Gracias a mis buenas notas, pude entrar en

nos… *were raised to take care of us*

la universidad. Mi madre siempre ha estado muy orgullosa de sus hijos, pero últimamente mis dos hermanos menores se han metido en líos, drogas y pandillas de delincuentes.° No estudian ni trabajan. Mi madre está desesperada y me ha pedido que deje° los estudios y que por favor regrese a casa para que la ayude. Ahora yo no sé qué hacer. Quiero a mi madre y deseo ayudarla, pero también quiero continuar mis estudios en la universidad. ¿Qué me aconseja usted?

pandillas… juvenile gangs
I quit

NOTA CULTURAL: *Los dichos° populares*

sayings

Los dichos populares son una parte esencial de todo idioma. Estas frases expresan la actitud del hombre hacia la vida; reflejan su cultura y también su clase social. El origen de muchas de estas expresiones se encuentra en la literatura, en el folklore y en la tradición oral. Los eufemismos y los modismos° enriquecen° el idioma y agregan° un toque° de humor al lenguaje coloquial, aunque a veces se necesita conocer el contexto para comprender su significado.

expresiones
enrich / dan / touch

Al decir que una persona «pasó a mejor vida» o que «estiró la pata»,° se quiere decir que esa persona murió. Si se dice que un hombre y una mujer están «casados detrás de la iglesia», significa que viven juntos sin casarse. Una persona que se encuentra frente a un dilema difícil de resolver está «entre la espada° y la pared». De una persona que expresa su opinión abiertamente, sin rodeos,° se dice que llama «al pan, pan y al vino, vino», o sea° que dice la verdad. Cuando alguien habla mucho pero no hace nada, se dice: «Perro que ladra° no muerde».°

"he stretched a paw"

sword
sin… without beating around the bush
o… that is

bark / bite

Aquí hay algunos consejos en forma de dichos:

- «El martes ni te cases ni te embarques».° El martes trece es un día de mala suerte, como el viernes trece lo es en los Estados Unidos.

te… embark (on a journey)

- «Más vale pájaro en mano que cien volando». No corra riesgos.° Lo más seguro es lo que se tiene, aunque sea° poco.

risks
aunque… although it may be

- «Más sabe el diablo° por viejo que por diablo». Escuche los consejos de las personas mayores, porque por haber vivido° más tienen más experiencia del mundo.

devil

haber… having lived

Comprensión

Adivine° el significado de los siguientes dichos y agregue otros que usted conozca.   *Guess*

1. Cada loco con su tema.
2. Ojos que no ven, corazón que no siente.
3. Si le viene el saco, póngaselo.
4. Dime con quién andas y te diré° quién eres.   *voy a decir*
5. En boca cerrada no entran moscas.
6. No le pidas peras al olmo.°   *elm tree*
7. Aunque° la mona° se vista de seda, mona se queda.   *Although / monkey*
8. La esposa ideal nunca se casa.
9. La mentira tiene las piernas cortas.
10. Si no puedes morder,° no enseñes los dientes.   *bite*

🔲 LAS INVITACIONES Y LAS CITAS

¡OJO! *Estudie Gramática 13.3.*

tom**emos**	corr**amos**	escrib**amos**
sig**amos**	estudi**emos**	abrac**emos**

—Tomemos un refresco.

—Sigamos trabajando.

—Corramos por la playa.

—Estudiemos juntos.

—Paseemos por la plaza.

—Tomemos fotos del monumento.

Actividad 12. Cómo criar a los niños

Aquí tiene usted algunas ideas y sugerencias que da Ernesto para la crianza de Ernestito. ¿Está usted de acuerdo con estas sugerencias? Explique.

1. Démosle toda la comida que quiera.
2. Comprémosle muchos libros.
3. Limitémosle las horas que puede ver la televisión cada día.
4. Expliquémosle con paciencia por qué no se le permite hacer algo.
5. Castiguémoslo cuando llora.
6. No dejemos que lo cuide la niñera nunca.
7. Démosle una buena educación en una escuela privada.
8. No le permitamos que hable con desconocidos.

Actividad 13. Entrevista: Las citas

1. ¿Sales mucho con tus amigos?
2. ¿Te es difícil invitar a una persona a que salga contigo? ¿Cómo invitas a una persona que conoces bien?
3. ¿Qué le dices a una persona a quien no conoces pero a quien quieres invitar a salir contigo?
4. ¿Adónde vas la primera vez que sales con una persona?
5. ¿Es recomendable salir con una persona a quien no se conoce? ¿Te gusta salir en grupo o prefieres salir solo/a?

Actividad 14. Diálogos originales

1. Graciela tiene un novio que se llama Rafael y ha estado saliendo con él por mucho tiempo. Rafael insiste en ser su único novio y no quiere que ella salga con nadie más. Pero Graciela acaba de conocer a un chico francés, Jacques, que le cae muy bien. Anoche salió a cenar con él; Rafael tuvo que trabajar. Ahora Rafael la llama por teléfono y quiere saber qué hizo anoche.

   RAFAEL: Hola, amor. ¿Qué hiciste anoche? Llamé a tu casa pero no contestó nadie.
   GRACIELA: _____.

2. Esteban quiere salir con una muchacha que se sienta a su lado en la clase de química todos los martes a las 9:30 de la mañana. Esteban la llama por teléfono:

   ESTEBAN: Bueno. ¿Está Lucía?
   LUCÍA: Sí, soy yo. ¿Quién habla?
   ESTEBAN: _____.

Actividad 15. Situación

Esteban finalmente consigue una cita con Lucía, la muchacha de su clase de química. El día de la cita Esteban está trabajando cuando llega su jefe a pedirle que trabaje hasta la una de la mañana porque se ha enfermado otro empleado. Si trabaja, tiene que cancelar la cita. Si no trabaja, el jefe puede disgustarse. ¿Qué le aconseja usted a Esteban?

MODELO: Le aconsejo (recomiendo) que...
Le voy a decir que...

NOTA CULTURAL: La telenovela

Muchos latinos, como estas colombianas, se entretienen por las tardes viendo varias telenovelas. En la mayoría de las ciudades hispanas, la televisión está reemplazando al radio como fuente (source) de diversión relativamente barata.

© STUART COHEN

Una de las fuentes° de entretenimiento° más populares en Latinoamérica es la telenovela, un tipo de
drama lleno de pasiones e intrigas que se ve en la
televisión. El público de la telenovela es por la mayor
parte femenino. El hombre hispano se jacta° de no
ver «esos programas para mujeres». Pero a veces él
también se sienta delante del televisor, junto a su
esposa, madre, hija o hermana, por aquello de
acompañarlàs,° y al cabo de un rato° termina «mor-
diendo el anzuelo°».

En los canales de televisión hispanos aparecen diariamente varias telenovelas. Los países hispanos que
más producen este tipo de programa son México,
Argentina y Venezuela. Estos tres países exportan

sources / diversión

se... está orgulloso

por... *just to go along* /
al... *after a while*
bait

sus telenovelas a todo el mundo de habla° hispana, y   lengua
también a los canales afiliados° del Spanish Inter-   asociados
national Network (SIN) en los Estados Unidos. Los
temas constantes de estas telenovelas son la
infidelidad,° la traición,° el engaño,° el adulterio° y la   infidelity / betrayal /
fuerza implacable° del destino. Es siempre popular el   deceit / adultery
conocido cuento de la pobre sirvienta que llega a ser   inexorable
una gran dama de sociedad. Los personajes° se des-   characters
tacan° por su gran bondad° o por su gran maldad.° El   se... stand out /
mundo está dividido en buenos y malos, pobres y   goodness / evil
ricos, fuertes y débiles.

Las telenovelas hispanas tienen un número determinado de episodios y un final planeado de ante-
mano.° En cambio° las *soap operas* norteamericanas   de... antes / En... On
frecuentemente no tienen un final fijo y pueden   the other hand
durar años.

¿Por qué son tan populares estos programas? Algunos opinan que la telenovela sirve de escape, que los
televidentes° olvidan su rutina diaria. Otros dicen   los que miran la TV
que al ver los grandes conflictos de los personajes,
sus propios° problemas no les parecen tan graves.   own
¿Qué opina usted?

Preguntas

1. ¿Por qué a veces terminan los hombres viendo las telenovelas, aunque dicen que son cosas de mujeres?
2. ¿Cuáles son los temas más populares de las telenovelas?
3. ¿Son los mismos temas de las *soap operas* norteamericanas?

Vocabulario

LA VOLUNTAD Volition

esperar que	to hope that	**prohibir**	to prohibit
ojalá que	I hope, wish that	**rogar (ue) que**	to beg, plead that

REPASO: aconsejar que, es importante que, es mejor que, es necesario que, es preferible que, es recomendable que, (no) importar que, insistir en que, necesitar que, pedir (i) que, preferir (ie) que, querer (ie) que, recomendar (ie) que

LOS VERBOS Verbs

aparecer	to appear	**caerle bien/mal**	to like/dislike someone
aparezco/aparece		le caigo/me cae	
arreglar	to arrange, fix	**castigar**	to punish

criar(se)	to (be) raise(d)	**querer (ie)**	to love
darse cuenta de	to realize	**reflejar**	to reflect
disgustarse	to get upset	**significar**	to mean
meterse en líos	to get into trouble	**solucionar**	to resolve, find a solution to
obedecer	to obey	**sostener**	to sustain, support financially
obedezco/obedece		**sostengo/sostiene**	
opinar	to offer an opinion	**tirar**	to throw
prometer	to promise		

PALABRAS SEMEJANTES: abandonar, cancelar, confesar (ie), exportar, limitar, producir, solicitar

LOS SUSTANTIVOS Nouns

la actitud	attitude	**los gastos**	expenses
la apariencia	appearance	**el/la gobernador(a)**	governor
el apoyo	help, support	**el idioma**	language
la cantidad	quantity	**el lenguaje**	language
la cifra	cipher, number	**la mentira**	lie
el/la consejero/a	counselor	**la mitad**	half
los consejos	advice	**la niñera**	babysitter
la contabilidad	accounting	**el/la rector(a)**	dean, rector (*of a university*)
la crianza	upbringing, raising	**el/la senador(a)**	senator
la dama	lady	**el sentido del humor**	sense of humor
los demás	the rest	**el significado**	meaning
la deuda	debt	**el/la sirviente/a**	servant
el dicho	saying	**el/la supervisor(a)**	supervisor
la frase	phrase, sentence	**el tema**	theme

PALABRAS SEMEJANTES: el conflicto, el contexto, el departamento, el dilema, el episodio, el escape, el eufemismo, el final, el folklore, la graduación, la importancia, la instrucción, la intriga, las sandalias, la solución, la tradición, la velocidad, el volumen

LOS ADJETIVOS Adjectives

desconocido/a	unknown	**escondido/a**	hidden
desesperado/a	desperate	**juntos/as**	together
embarazada	pregnant	**planeado/a**	planned

PALABRAS SEMEJANTES: coloquial, constante, determinado/a, dividido/a, femenino/a, grave, oral

PALABRAS Y EXPRESIONES ÚTILES Useful words and expressions

abiertamente	openly	**el/la pobre de...**	poor . . .
amor	honey, love, dear	**en sí**	in and of itself
bueno	hello (*on phone*) (*Mex.*)	**en voz alta/baja**	out loud / in a low voice
delante de	in front of	**últimamente**	lately
finalmente	finally		

LECTURAS ADICIONALES

UN EDITORIAL: *Aprendamos otras lenguas*

Estimados radioyentes, aquí su amigo Julio Martínez Delgado de SIB. Me gustaría hablarles hoy de la importancia de aprender otras lenguas. Todos conocemos la crítica que el resto del mundo hace no sólo a los estadounidenses sino a todos los anglohablantes:° «Son pocos los que llegan a aprender otro idioma y menos aún los que tienen interés por conocer a fondo otra cultura».

English speakers

Esta crítica se basa en el hecho de que una gran mayoría° de los anglohablantes domina° solamente el inglés, mientras que muchos europeos hablan dos idiomas y a veces tres o más. Por su parte, los asiáticos, los africanos y los latinoamericanos se esfuerzan por aprender otro idioma, generalmente el inglés o el francés.

majority / know well

Tradicionalmente, siempre se ha intentado aprender el idioma del país más poderoso del mundo. Eso pasó en la antigüedad con el latín de Roma y con el francés en la época de Napoleón. El inglés llegó a ser una lengua internacional en el siglo diecinueve, debido sobre todo a las grandes conquistas y colonizaciones de Inglaterra. Ha continuado como tal a causa del dominio norteamericano del comercio internacional y de la influencia predominante del inglés en el cine, la televisión y la música moderna. Es por tanto° difícil que los anglohablantes vean alguna ventaja en aprender otro idioma cuando alrededor del mundo todos se esfuerzan por dominar el inglés.

por... therefore

Los idiomas son muy necesarios no sólo en el mundo académico sino también en el mundo de los negocios. Del oriente son cada día más importantes el chino y el japonés. En Europa todavía es muy útil el francés, sobre todo dentro de la Comunidad Económica Europea (CEE).° El francés, además, es una de las lenguas oficiales de nuestro país vecino, Canadá.

Comunidad... European Common Market

El español es una lengua muy útil incluso dentro

© STUART COHEN

Alrededor de quince millones de hispanohablantes residen en los Estados Unidos y cada día llegan más inmigrantes de los países hispanos. Debido a esto (Because of this)*, hay letreros bilingües como éste en muchas ciudades norteamericanas, sobre todo en los estados de California, Florida y Nueva York. La enseñanza del español en las escuelas y universidades ha cobrado importancia* (has become important) *pues muchas tiendas, oficinas y dependencias* (branch offices) *del gobierno les ofrecen buenos sueldos a las personas bilingües.*

de los Estados Unidos. La mayoría de nuestros vecinos al sur hablan español. Latinoamérica es uno de los mercados más grandes del mundo y a muchas compañías que hacen negocios en esta región les conviene que sus empleados sean bilingües. En los Estados Unidos, muchos ciudadanos° en el suroeste han conservado la lengua española de sus antepasados; en California y en la Florida, por ejemplo, el español es una lengua que se escucha casi en todas partes. Y no olvidemos que todos los puertorriqueños son ciudadanos norteamericanos y que su lengua materna es también el español.

citizens

Comprensión

Considere las siguientes afirmaciones y diga si están de acuerdo con lo que se dice en el editorial.

1. Hay muchos anglohablantes que aprenden otras lenguas.
2. El país más poderoso siempre ha impuesto su propia lengua.
3. El cine, la televisión y la música moderna han contribuido a que el inglés sea una lengua internacional.
4. El español puede serle muy útil al anglohablante.
5. Los anglohablantes no necesitan aprender otras lenguas.

LOS AMIGOS HISPANOS: El talento culinario

Víctor Rivas y doña Herminia Roldán son vecinos. Él es soltero, con cierta fama de ser un don Juan; ella es una señora mayor, viuda desde hace seis años y muy encariñada° con su amigo.

Últimamente, Víctor ha estado saliendo con una mujer que conoció en el trabajo y que él considera

que le tiene cariño

extraordinaria. Hoy la ha invitado por primera vez a cenar a su apartamento. En cuanto° llega del trabajo, llama a su vecina, doña Herminia, para hablarle de su nueva amiga.

En... Cuando

—Es una mujer maravillosa, excepcional. Se llama Adriana, Adriana Bolini. ¡Es la mujer de mis sueños! Quiero que usted la conozca, doña Herminia. Sé que le va a encantar. Sólo que… tengo un pequeño problema, doña Herminia; necesito que usted me dé algunos consejos, algunas instrucciones.

—¿Instrucciones? ¿Yo? ¿Para qué?

—El problema, doña Herminia, es que Adriana cree que yo soy muy buen cocinero, que tengo gran talento culinario.

—¡Cocinero! ¿Usted? Víctor, eso es para morirse de risa°…

laughter

—Doña Herminia, ¡esto es una emergencia! Tengo que preparar una cena deliciosa esta noche.

—Y, ¿por qué no le pide a ella que lo ayude? ¿Por qué no cocinan los dos juntos?

—Es que ella me ha invitado varias veces a comer a su casa y esta vez me ofrecí yo a cocinar. Es justo, ¿no? Adriana es una mujer muy liberada. Opina que la mujer debe tener tantos derechos como el hombre, y yo estoy de acuerdo, doña Herminia. Por eso quise demostrarle que yo no soy uno de esos hombres dominantes y tradicionales que se niegan° a hacer los quehaceres domésticos.

se... refuses

—Entonces, lo que usted quiere es que yo le diga lo que puede cocinar y… cómo cocinarlo.

—¡Claro! Y también quiero que usted venga a tomar el postre con nosotros; así puede conocerla.

—Está bien, hijo. Les hago un pastel de chocolate. Pero apunte esta receta para su cena.

Víctor se prepara con cuaderno y lápiz.

—Puede cocinar algún platillo fácil, por ejemplo, un filete. Y arroz con legumbres. Puede hacer también una ensalada de lechuga y tomate. Luego pan, vino, café y el postre que voy a llevar yo.

—Sí, doña Herminia, todo eso parece muy sabroso, pero… ¿cómo lo preparo?

—Pique° muy bien una cebolla, un tomate, un diente de ajo, y fríalo todo en aceite. Después, ponga a freír dos bistecs en esa salsa a fuego lento. Eso es todo. Muy fácil. Ahora el arroz.

Corte en pedazos pequeños

—Un momentito, déjeme apuntar…

—El arroz es un poquito más complicado. Fría levemente una taza de arroz en dos cucharadas de aceite. Muévalo constantemente hasta que esté dorado. Tenga mucho cuidado de que no se queme. Entonces, cuando esté dorado, bájele el fuego. Haga lo mismo que hizo para la salsa del filete: pique una cebolla, un tomate, un diente de ajo y écheselo al arroz. Revuélvalo todo muy bien. Ahora… abra una lata de legumbres surtidas° y viértala° en el arroz.   *mixed / pour it* Agregue además dos tazas de agua. Mézclelo todo muy bien y cocínelo por treinta minutos a fuego lento. ¡Y listo! ¿Escribió todo eso?

—Sí, lo tengo todo apuntado… ¿Y el pan?

—Lo pone al horno unos minutos antes de sentarse a la mesa.

—¿Y la ensalada?

—Muy fácil. Corte dos tomates en trozos pequeños, corte una lechuga, mézclelo todo. Tenga por lo menos dos tipos de aderezo.

—Fantástico, doña Herminia. Creo que puedo hacer todo eso.

—Si tiene problemas, llámeme.

—Gracias, doña Herminia. Ahora me voy corriendo al mercado para comprar todos estos ingredientes.

—Buena suerte, hijo.

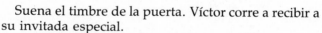

Suena el timbre de la puerta. Víctor corre a recibir a su invitada especial.

—¡Adriana! Adelante. Te ves muy hermosa…

—Gracias, Víctor.

—La cena está casi lista.

—No tenías que haberte molestado, Víctor.

—No es ninguna molestia, Adriana, al contrario.

Adriana observa la mesa, que está muy bien puesta.

—Esta mesa está preciosa, Víctor.

—Gracias, Adriana. Sentémonos ya y… ¡buen provecho!°   *¡buen… bon appetit!*

Víctor le sirve a su invitada una porción de cada platillo. Conversan mientras comen y al terminar de cenar, Víctor recuerda que debe llamar a doña Herminia.

—He invitado a una señora vecina mía a comer el postre con nosotros; espero que no te moleste.

—En absoluto.°   *En... Not at all.*

Al llegar, doña Herminia saluda a Adriana atentamente.

—¿Qué tal la cena? —pregunta la vecina.

—¡Deliciosa! —responde Adriana.

—¡Cuánto me alegro!

Mientras Víctor sirve el pastel, doña Herminia conversa con Adriana.

—Tengo entendido que se conocieron ustedes en el trabajo.

—Sí, doña Herminia, —responde Adriana, —soy gerente de ventas en la misma compañía de computadoras donde trabaja Víctor. Últimamente hemos estado colaborando los dos en un proyecto; así fue como nos conocimos.

—¿A usted le gusta cocinar, Adriana? —pregunta doña Herminia.

—Sí, me gusta mucho, aunque no tengo mucho tiempo para hacerlo.

—Es raro encontrar a una mujer joven a quien le guste cocinar, —agrega doña Herminia. —Las chicas de hoy día rechazan° todo lo que sea tradicional, «femenino»...   *reject*

—Eso me parece un error. Para entrar al mundo de los «profesionales» la mujer no tiene que colgarle° al hombre el delantal.° Eso no va a resolver nada.   *ponerle*   *apron*

—Usted tenía razón, Víctor, —dice doña Herminia, —Adriana es una mujer excepcional. No tenía por qué preocuparse tanto con lo de la cena.

—¿Estabas preocupado, Víctor?

—Un poco, Adriana.

—¿Por qué? Vos sos° muy buen cocinero...   *Vos... Tú eres (en Argentina)*

Víctor y doña Herminia se miran y se sonríen.

Preguntas

1. Describa la relación entre Víctor y doña Herminia.
2. ¿Por qué necesita Víctor los consejos de doña Herminia?
3. ¿Cómo resultó la comida que preparó Víctor?
4. ¿Qué opina Adriana de la liberación de la mujer?
5. ¿Por qué se sonrieron Víctor y doña Herminia al final?

GRAMÁTICA Y EJERCICIOS

13.1. Direct Commands: Formal and Informal

A. Formal commands are used to give a direct order or to make a suggestion to someone you address with **usted**. The forms of the formal commands were introduced in Section 10.3. The commands for **-ar** verbs have an **e** in the ending; those for **-er** and **-ir** verbs have an **a** in the ending. They are also the same as the **usted** form of the present subjunctive (see 10.4).

infinitive	present (yo/usted)	command (usted)
hablar	hablo/habla	hable
vender	vendo/vende	venda
escribir	escribo/escribe	escriba

B. Informal commands are given to people you address with **tú** rather than **usted**—for example, your classmates or close friends.

Esteban, **trae** algunas bebidas para la fiesta.
Esteban, bring some drinks for the party.

Nora, no **mandes** los libros ahora, por favor.
Nora, don't send the books now, please.

C. If the informal command is affirmative, it is identical to the *he/she* form of the present indicative.

Nora, **busca** las palabras en el diccionario y después **escribe** las definiciones.
Nora, look up the words in the dictionary and afterwards write down the definitions.

Raúl, **come** temprano porque después vamos a la discoteca.
Raúl, eat early because afterwards we're going to the discotheque.

D. If the command is negative, add **-s** to the **usted** command.

No hables con ella; habla con Esteban.
Don't talk to her; talk to Esteban.

No comas tanto, Roberto, y come más despacio.
Don't eat so much, Roberto, and eat more slowly.

E. Summary of **tú** command forms

-ar *verbs*		-er/-ir *verbs*	
(+) (-a)	(−) (-es)	(+) (-e)	(−) (-as)
habla	no hables	come	no comas
canta	no cantes	escribe	no escribas
estudia	no estudies	pide	no pidas

F. As with formal commands, pronouns follow and are attached to affirmative **tú** commands; they precede negative commands.

Dámelo ahora, por favor.　　*Give it to me now, please.*

No le lleves nada a Esteban.　　*Don't take anything to Esteban.*

G. Some verbs have a short affirmative **tú** command form. Such verbs still take the long forms in the negative.

infinitive	tú (+)	tú (−)	
hacer	haz	no hagas	*do/don't do*
poner	pon	no pongas	*put/don't put*
salir	sal	no salgas	*leave/don't leave*
venir	ven	no vengas	*come/don't come*
tener	ten	no tengas	*have/don't have*
decir	di	no digas	*say/don't say*
ser	se	no seas	*be/don't be*
ir	ve	no vayas	*go/don't go*

Ven ahora; no **vengas** mañana.
Come now; don't come tomorrow.

Ponlo en tu cuarto; no lo **pongas** en la cocina.
Put it in your room; don't put it in the kitchen.

H. Summary of **tú** and **usted/ustedes** command forms

infinitive	*present*	usted	ustedes	tú (−)	tú (+)
hablar	hablo/habla	hable	hablen	no hables	habla
comer	como/come	coma	coman	no comas	come
escribir	escribo/escribe	escriba	escriban	no escribas	escribe
decir	digo/dice	diga	digan	no digas	di
poner	pongo/pone	ponga	pongan	no pongas	pon
pensar (ie)	pienso/piensa	piense	piensen	no pienses	piensa
dormir (ue, u)	duermo/duerme	duerma	duerman	no duermas	duerme

I. Affirmative **vosotros** commands are formed by changing the **-r** of the infinitive to **-d**.

hablar → habla**d**   comer → come**d**   recibir → recib**id**

Ejercicio 1

Usted es presidente de una empresa que fabrica ropa elegante. Conteste negativamente estas preguntas de su secretaria. Use siempre dos pronombres.

MODELO: Señor(a), ¿le preparo café? → No, no me lo prepare.

1. Señor(a), ¿le escribo la lista de clientes?
2. Señor(a), ¿le muestro ahora la carta de los empleados de la fábrica?
3. Señor(a), ¿le organizo estos documentos?
4. Señor(a), ¿le limpio el escritorio?
5. Señor(a), ¿le sirvo el té?

Ejercicio 2

Usted acaba de regresar de la playa con su hermano. Como usted está muy cansado/a, no quiere hacer nada. Su hermano es muy bueno y quiere ayudarlo/la un poco. Conteste afirmativamente todas las preguntas de su hermano.

MODELO: ¿Te traigo un refresco? → Sí, tráeme una Pepsi.

1. ¿Te preparo un sándwich?
2. ¿Te lavo la toalla y el traje de baño?
3. ¿Te pongo música?
4. ¿Te lavo el carro?
5. ¿Te traigo algo de tomar?

13.2. The Subjunctive Mood

A. As you know, we often give commands indirectly or simply give advice or make suggestions to others (see 10.4 and 11.3), using phrases like the following:

querer (ie) que	to want that
preferir (ie) que	to prefer that
sugerir (ie) que	to suggest that
necesitar que	to need that
esperar que	to hope that
aconsejar que	to advise that
es necesario que	it's necessary that
es preferible que	it's preferable that
es (muy) importante que	it's (very) important that
es mejor que	it's better that

In Spanish these "softened" commands require the use of subjunctive mood forms in the clause that follows.

Quiero que usted **se quede** con nosotros.
I want you to stay with us.

Los Ramírez prefieren que sus hijos **estudien** biología.
The Ramírezes prefer that their sons study biology.

Es muy importante que **vengan** temprano.
It's very important that you (all) come early.

Remember that the forms of the present subjunctive are the same as the **usted** command forms with the usual person-number endings attached.

preparar	vender	escribir
prepare	venda	escriba
prepares	vendas	escribas
prepare	venda	escriba
preparemos	vendamos	escribamos
preparéis	vendáis	escribáis
preparen	vendan	escriban

If a verb is irregular in the first person singular of the present tense, the irregularity is usually found in the present subjunctive forms as well (see 10.4). For example:

traer	venir	hacer
traiga	venga	haga
traigas	vengas	hagas
traiga	venga	haga
traigamos	vengamos	hagamos
traigáis	vengáis	hagáis
traigan	vengan	hagan

B. Just as in single-clause sentences, the pronouns precede the conjugated verb in the dependent clause.

Necesito que usted **me lo traiga** inmediatamente.
I need for you to bring it to me immediately.

C. In some cases an indirect object pronoun is used with the first verb to identify the subject of the following clause.

Le aconsejo **a usted** que no lo **haga**.
I advise you not to do it.

D. Often the initial word or phrase (independent clause) is omitted. The form is then called an *indirect command*.

> **Quiero que manejen** con cuidado. → **¡Que manejen** con cuidado!
> *I want them to drive carefully.*   *Have them drive carefully!*

> —**Quiero que lo termine** Carmen. —No, **¡que lo termine** Esteban!
> *"I want Carmen to finish it." "No, have Esteban finish it!"*

E. The word **ojalá** (*I wish*), invariable in form, is followed by the present subjunctive to express a wish.

> **Ojalá que terminemos** pronto.   *I hope we finish quickly.*

Ejercicio 3

Gustavo se siente muy perezoso (*lazy*) y no quiere hacer nada. ¿Qué dice Gustavo? Use frases como **prefiero que**, **quiero que**, **es mejor que**, etcétera.

MODELO: traer los refrescos (Amanda) →
  Amanda, prefiero que tú traigas los refrescos.

1. barrer el patio   (Ernestito)
2. ir de compras   (mamá)
3. darles comida a los gatos
   (Andrea y Paula)
4. abrir las ventanas   (papá)
5. apagar las luces   (abuela)

Ejercicio 4. Sugerencias y preferencias

Haga oraciones.

MODELO: Margarita: Guillermo / limpiar su cuarto (sugerir) →
  Margarita sugiere que Guillermo limpie su cuarto.

1. mis padres: yo / no / fumar   (preferir)
2. nosotros: ustedes / acompañarnos en este viaje   (esperar)
3. Graciela y Cristina: yo / ir con ellas al cine   (sugerir)
4. nuestro profesor: nosotros / entregar la tarea a tiempo   (querer)
5. el médico: mi mamá / quedarse en cama por una semana   (aconsejarle)

Ejercicio 5

Estela está muy cansada y no quiere hacer las siguientes cosas. Por eso sugiere que las hagan otras personas. ¿Qué dice Estela?

MODELO: preparar las hamburguesas / Berta →
  ¿Las hamburguesas? ¡Que las prepare Berta!

1. bañar el perro / Ernestito
2. limpiar el baño / Berta
3. pagar las cuentas / Ernesto
4. cuidar a las niñas / Ernesto
5. lavar el coche / Ernestito

13.3. Making Suggestions: "Let's" (Subjunctive)

A. As you know, an invitation to do something can be expressed in Spanish with **vamos a** + *infinitive*. It can also be expressed with the *we* form of the present subjunctive.

> Vamos a trabajar ahora. }
> Trabajemos ahora.   *Let's work now.*

> Vamos a leer. }
> Leamos.   *Let's read.*

B. Pronouns are attached to affirmative *let's* commands and precede negative ones.

> Parece riquísimo. **Pidámoslo**.
> *It looks delicious. Let's order it.*

> Tomás siempre se emborracha. **No lo invitemos** a la fiesta.
> *Tomás always gets drunk. Let's not invite him to the party.*

When the pronoun **nos** is added to a *let's* command, the final **-s** is omitted: **levantemos** + **nos** → **levantémonos** (*let's get up*).

> Estoy rendido. **Acostémonos** temprano esta noche.
> *I'm exhausted. Let's go to bed early tonight.*

Ejercicio 6

Aquí tiene usted algunas situaciones. ¿Qué sugiere usted?

MODELO: Hace calor y usted y sus amigos tienen sed.   (tomar refrescos) →
        Tomemos unos refrescos.

1. Vienen a visitarlo/la unos amigos de otra ciudad. Ellos quieren conocer su ciudad.   (salir a dar un paseo en carro)
2. Usted y su hermano/a están limpiando la casa; los dos están muy cansados.   (descansar un rato)
3. Usted y su madre están de compras en una tienda muy elegante que hay en el centro de su ciudad.   (comprarle a papá esta camisa)
4. Usted y sus amigos están hablando de sus planes para el fin de semana.   (asistir a un concierto)
5. Usted está en la casa de un amigo, leyendo el periódico. Usted ve que hay una película de estreno (*new movie*) que quiere ver.   (ver una película esta noche)

CAPÍTULO CATORCE
LA FAMILIA Y LOS VALORES

LOS TEMAS

- More About Family, Friends, and Marriage
- Talking About Personal Goals for the Future
- Stereotypes of Many Kinds
- The Values of Modern Society

LAS LECTURAS

- La boda de la abuelita
- El nuevo empleo

LAS LECTURAS ADICIONALES

- Los amigos hispanos: La familia (dos mundos)
- La ficción: Sofía a los cuarenta

LA GRAMÁTICA

14.1. Reciprocal Pronouns: *Each other*
14.2. Hypothetical Reactions: The Conditional
14.3. The Future
14.4. Expressing Opinions and Reactions: The Subjunctive Mood
14.5. Expressing Conditions with **si**: The Past Subjunctive

In **Capítulo catorce** you will learn to talk about your future plans and goals as well as to express your opinions in a number of ways. You will have the opportunity to discuss the family as well as a number of contemporary issues.

ACTIVIDADES ORALES

LA FAMILIA, LAS AMISTADES Y EL MATRIMONIO

¡OJO! *Estudie Gramática 14.1–14.2.*

EL CONDICIONAL

hablar	vivir	salir
hablaría	viviría	saldría
hablarías	vivirías	saldrías
hablaría	viviría	saldría
hablaríamos	viviríamos	saldríamos
hablaríais	viviríais	saldríais
hablarían	vivirían	saldrían

·∴· El bautizo ∴··

la madrina   los ahijados   el padrino   los bisabuelos

Actividad 1. Definiciones

1. la luna de miel
2. el noviazgo
3. el compadre
4. la amistad
5. el bautizo
6. la hermanastra
7. la tatarabuela
8. la boda
9. el parentesco
10. el ahijado

a. El hijo de un amigo de la familia, a quien usted lleva a bautizar; usted es responsable del bienestar del niño en caso de que los padres de él se mueran.
b. Una ceremonia que tiene lugar en una iglesia y que une a un hombre y a una mujer en matrimonio.
c. La abuela de su abuela.
d. El padrino de su hijo.
e. El viaje que hacen los recién casados.
f. La relación entre los miembros de una familia.
g. La relación entre dos personas que están comprometidas para casarse.
h. La hija de su madrastra o padrastro.
i. El sentimiento de un amigo íntimo.
j. Una ceremonia religiosa en la cual se le da un nombre al niño recién nacido.

Actividad 2. Discusión: El buen carácter

1. ¿Qué características va a tener la persona con quien usted se case? (Si está casado/a ya, ¿qué características valora más en su esposo/a?)
2. ¿Qué características tiene un buen padre? ¿una buena madre? ¿una buena abuela?
3. Piense en su mejor amigo/a. ¿Qué características quiere usted que tenga un amigo? ¿Por qué son importantes los amigos? ¿Quiénes son más importantes en su vida, sus amigos íntimos o los miembros de su familia? ¿Por qué?
4. ¿Cree que una persona egoísta puede ser un buen amigo? ¿Por qué sí o por qué no?

5. ¿Cuál de estas cualidades es más importante en un buen amigo, la lealtad o la inteligencia?
6. ¿Tiene amigos de la escuela secundaria que no asisten a la universidad? ¿Cree que es importante conservarlos, o piensa que usted y ellos ya no tienen nada en común? Explique.
7. ¿Qué espera de un amigo? ¿Comprensión? ¿Lealtad? ¿Ayuda incondicional? ¿Les ofrece usted todo esto a sus amigos?

LOS AMIGOS HISPANOS: La boda de la abuelita

Clarisa está hablando con su abuela mientras mira las fotos de la boda de Carolina, una prima.

CLARISA: ¡Qué bonita estuvo la boda de Carolina! ¿No te parece, abuela?

ABUELA: Sí, muy hermosa, pero había tan poca gente.

CLARISA: ¡Poca gente! A mí me pareció que había demasiada. ¿En tu boda había más?

ABUELA: Pues, ya ves lo grande que es nuestra familia hoy; en aquellos días era más grande todavía.

CLARISA: ¡Ay, abuelita! ¡Me gustaría tanto que me hablaras de tu boda!

ABUELA: ¿De verdad?

CLARISA: Me encantaría.

ABUELA: Pues, fíjate,° Clarisa, que el día de mi boda la casa estaba llenísima° de gente ¡y todos eran familiares! ¡Cuántas madrinas y padrinos, por Dios°!　　*just think*　*muy llena*　*por... my goodness*

CLARISA: ¿No tienes fotos de tu boda, abuela?

ABUELA: Sólo tengo ésta. Es una foto ya muy vieja y no se pueden apreciar muchas cosas. Mi vestido era de encaje,° con una cola° larga, y el velo° era el mismo que llevó mi madre, tu bisabuela Beatriz, en su boda. Me sentía tan orgullosa de llevar una prenda que habían llevado todas las novias de mi familia.　　*lace / train*　*veil*

CLARISA: ¿Quiénes son estas otras personas que se ven en la foto?

ABUELA: Ésta es mi hermana Isabel y éste es mi cuñado Arturo. Fueron padrinos de velación.[1] Y

---

[1]Veiling ceremony (part of the nuptial Mass).

Una boda en España. La recepción, después de la ceremonia religiosa, tiene lugar (takes place) *en un salón cuando las familias de los novios son acomodadas. Generalmente se sirve un buen almuerzo o una cena elegante antes de que empiece el baile.*

aquí están mi hermano José Alfredo y mi cuñada Ramona; fueron padrinos de lazo.[2] Mi tío Pascual y su esposa fueron los padrinos de arras.[3]

CLARISA: ¿Y de la familia del abuelo no escogieron a nadie?

ABUELA: No, creo que no; pero sí recuerdo que invitó a un ejército° de tíos y primos... ¡Y cómo bailaron!   *army*

CLARISA: Cuéntame de la ceremonia, abuela.

ABUELA: ¡Como si hubiera sido un velorio!° Todas las tías sentadas junto a mi madre lloraron durante toda la misa; no se oía ni la música.   *¡Como... It was like a wake!*

CLARISA: ¿Pero no estaban felices?

ABUELA: Pues sí, claro. Tal vez lloraban de alegría... tal vez porque ellas eran solteronas°... ¡Qué sé yo! Nunca se lo pregunté.   *old maids*

Preguntas

1. ¿Qué le pareció a la abuela la boda de su nieta Carolina? ¿Cómo la compara con su propia boda?
2. ¿Cómo estaba vestida la abuela? ¿Quiénes la acompañaban?
3. ¿Lloraron algunos parientes durante la ceremonia? ¿Por qué?

---

[2]Symbolic tying ceremony.
[3]Giving of symbolic dowry.

EL FUTURO Y LAS METAS PERSONALES

¡OJO! *Estudie Gramática 14.3.*

EL FUTURO

gozar	vender	sentir
goza**ré**	vende**ré**	senti**ré**
goza**rás**	vende**rás**	senti**rás**
goza**rá**	vende**rá**	senti**rá**
goza**remos**	vende**remos**	senti**remos**
goza**réis**	vende**réis**	senti**réis**
goza**rán**	vende**rán**	senti**rán**

Cuando tenga 5 años,
asistiré al kínder.

1. Cuando me gradúe, viajaré a Europa.

2. Cuando me case, iré a Rio de Janeiro
   en mi luna de miel.

3. Cuando nazca nuestro primer hijo,
   nos sentiremos orgullosos.

1. Cuando mis hijos sean grandes,
   trabajaré otra vez para una
   empresa grande.

2. Cuando gane más de $140,000
   al año, me mudaré a una
   vecindad elegante.

1. Si me cuido bien, viviré
   por mucho tiempo y gozaré
   de la vida.

2. Cuando me jubile, realizaré
   mi sueño de vivir en las
   montañas.

3. Cuando logre mis metas,
   seré feliz.

Actividad 3. La vida futura

¿Cómo será el mundo dentro de veinte años?

1. Habrá paz en el mundo.
2. Todos tendremos nuestros aviones privados.
3. Sólo las computadoras sabrán leer y escribir.
4. No habrá suficiente comida y muchos morirán de hambre.
5. Ya no habrá bosques en el mundo.
6. Ya no habrá contaminación ambiental.
7. Rusia y Europa serán un solo país, Rusopa.
8. Tendremos mucho más tiempo libre.
9. Todavía se escucharán las canciones de Julio Iglesias.
10. Ya no habrá cines; todo el mundo verá las películas en casa.

Actividad 4. En el futuro

Diga lo que usted hará cuando…

MODELO: Cuando me case,… →
   Cuando me case, viviré primero en un apartamento con mi esposo/a.

1. Cuando me guadúe en la universidad,…
2. Cuando consiga mi primer empleo,…
3. Cuando vaya a España,…
4. Cuando me case,…
5. Cuando tenga hijos,…
6. Cuando me jubile,…

Actividad 5. Discusión: Las carreras y la felicidad

1. ¿Qué carrera quiere seguir usted? ¿Por qué va a escoger usted esa carrera?
2. ¿Cree usted que uno puede ser feliz si no escoge su carrera con cuidado?
3. ¿Qué busca usted en su carrera? ¿dinero? ¿satisfacción personal? ¿aventuras?
4. ¿Cree usted que trabajará toda la vida en la misma carrera?
5. ¿Tendrá su propio negocio?
6. ¿En qué consiste la felicidad?
7. ¿Hay aspectos de la felicidad que pueden comprarse?
8. ¿Hay una clase de felicidad que no pueda comprarse?
9. ¿Cuáles son sus metas en la vida? ¿Las podrá lograr sin dinero?
10. ¿Qué hará usted para lograr la felicidad?

LA FICCIÓN: *El nuevo empleo*

Un anuncio en el periódico *El País*:

Se busca joven estudiante para enseñar español a señora norteamericana recién llegada a Madrid. Urgente necesidad de aprender este idioma. Buen sueldo. Requisitos: sociable, paciente, inteligente y dispuesto[1] a trabajar muchas horas.

[1]con ganas

Rafael recorta el anuncio del periódico, tira el delantal° y pide el resto del día libre. El patrón° le dice que no; hasta° lo insulta. Rafael protesta. Al final sale despedido.° «Mejor. Quería dejar° este trabajo de todos modos. Adiós a las propinas ridículas, a los clientes groseros° y mandones.° Adiós a la grasa y al olor a comida que nunca se quita de la ropa». Rafael vuelve a leer la dirección de la «señora norteamericana». La casa no queda muy lejos.

> tira... *throws the apron aside* / jefe
> *even*
> *fired* / *to quit*
>
> *obnoxious* / *bossy*

Después de un viaje corto en autobús, Rafael encuentra sin dificultad la calle y el número que busca: una casa antigua, de puertas enormes, madera desgastada,° rejas,° un jardín que parece abandonado.

> vieja y usada / *window bars (grillwork)*

Rafael mira otra vez el recorte° del periódico antes de tocar a la puerta. Se da cuenta entonces de que no reúne° exactamente todos los requisitos para el trabajo. ¿Joven? Bueno, sí, ¿por qué no? Tiene veinticinco años pero aparenta° veinte. ¿Inteligente? Sin duda. ¿Sociable? Sí, excepto en las fiestas o en grupos grandes. Pero eso no debe ser un obstáculo para enseñar buen castellano.° ¿Paciente? A veces. Lo importante es que está dispuesto a trabajar muchas horas. Necesita trabajar. ¿Español? ¡Eso sí! Lo ha hablado toda la vida.

> *clipping*
>
> no... no tiene
>
> parece tener
>
> español

Por fin llama a la puerta. Espera unos segundos. La abre un hombre bajo y delgado.

—¿Usted viene para lo del° anuncio?

—Sí... «joven estudiante para enseñar español... »

—Bien, entre entonces.

La puerta se abre de par en par° y Rafael entra con un poco de aprensión.°

—¡Sígame! —le ordena° el hombre. —Yo soy el secretario personal de la señora.

> lo... *the business about the*
>
> de... poco a poco
> miedo
> dice

—¿Está ella?

—Está durmiendo todavía.

Rafael mira su reloj. Son las 2:30 de la tarde. Observa el amplio° salón: una decoración ultramoderna,° completamente diferente al exterior de la mansión. Alfombras y paredes blancas, impecables,° cuadros llenos de color, muy pocos adornos, estructura, rigidez.° Rafael sigue al secretario de la señora por un largo pasillo.

grande
muy moderna
perfectas

rigidity

—La señora va a entrevistarlos a todos dentro de una hora.

—¿A todos?

—Sí. A todos.

Entran en otro salón decorado como el anterior. Pero en éste, pegados° a la pared, hay un gran número de jóvenes sentados, unos dormidos, otros leyendo, algunos mirando al techo aburridos. Nadie conversa. Y ninguno presta atención a la llegada de Rafael.

stuck

Rafael se sienta en la última y única silla vacía.°

sin nadie

—¿Cuál es su nombre? —le pregunta el secretario.

—Rafael... Rafael Martínez.

El hombre apunta el nombre en un cuaderno enorme.

—Espere aquí. Ya° lo llamaremos.

Pronto

Rafael se acomoda. «Un par° de horas de espera, es poco tiempo», piensa con gusto y seguridad,° «un buen descanso antes de empezar mi nuevo empleo».

dos o tres
seguro de sí mismo

Preguntas

1. ¿Por qué no está satisfecho Rafael con su trabajo?
2. ¿Qué tipo de persona pide el anuncio?
3. ¿Qué pasa cuando Rafael pide el resto del día libre?
4. ¿Qué encontró Rafael en la casa de la señora? ¿Se sorprendió?
5. ¿Cree Rafael que conseguirá el trabajo? ¿Por qué?
6. ¿Cree usted que lo va a conseguir? Explique.

LOS ESTEREOTIPOS

¡OJO! *Estudie Gramática 14.4.*

OPINIONES

AFIRMACIÓN

Es verdad que...
Es seguro que...   + indicativo
Creo que...

DUDA Y NEGACIÓN

Dudo que (Es dudoso que)...
Es posible (imposible) que...   + subjuntivo
No creo que...
Es probable que...

REACCIONES SUBJETIVAS

¡Qué bueno que... !
¡Me alegro de que... !
¡Estoy muy contento/a de que... !   + subjuntivo
¡Qué lástima que... !
¡Me sorprende que... !

Es imposible que todos los italianos coman espaguetis todos los días.

No es posible que todos los ingleses sean fríos.

Dudo que a todos los mexicanos les gusten los frijoles.

No creo que todos los chinos lleven lentes.

Es imposible que todos los norte-americanos lleguen a tiempo.

Actividad 6. Situación: Otras lenguas, otras culturas

Usted está hablando con un primo suyo a quien no le caen bien los extranjeros ni le gustan las lenguas extranjeras. Trate de convencerlo de las ventajas de estudiar otras lenguas y culturas.

SU PRIMO: Es que en los Estados Unidos todos hablamos inglés y no es necesario hablar otro idioma.

USTED: Tal vez no sea necesario pero...

Actividad 7. Discusión: Los estereotipos

El dicho «mujer al volante, peligro constante» ilustra cierto estereotipo sobre la mujer. Es un estereotipo totalmente falso, por supuesto, porque se sabe que los hombres no manejan un carro mejor que las mujeres. Aquí tiene usted otros estereotipos muy frecuentes. ¿Son totalmente falsos? ¿Hay algo de verdad en cada uno?

1. Los mexicanos comen tortillas de maíz y beben margaritas.
2. Los puertorriqueños van diariamente a la playa.
3. Los habitantes de Hawai llevan camisas de colores brillantes.
4. Los anglohablantes no necesitan aprender otros idiomas para viajar por el mundo.
5. Los hombres no expresan sus emociones.
6. Los inmigrantes se avergüenzan de la lengua y la cultura de sus antepasados.
7. Los habitantes de los países de clima cálido trabajan poco y pasan la vida bebiendo y bailando.

Actividad 8. Discusión: El matrimonio y los papeles de los esposos

1. Dé una definición del papel de la «madre» y el del «padre». ¿Cuál es más difícil?
2. ¿Deben trabajar fuera de casa las madres que tienen niños pequeños?
3. ¿Ama la madre más a sus hijos que el padre?
4. ¿Tienen los hijos la obligación de cuidar a los padres cuando éstos lleguen a estar viejos?
5. ¿Hay personas que no deban tener hijos? ¿Por qué sí o por qué no? Explique.

Actividad 9. Preferencias

En la vida diaria hay algunas cosas que nos gustan y otras que nos disgustan. Por ejemplo, en la playa hay gente a quien le encanta nadar, pero a quien le molesta mucho el sol. Muchas personas prefieren vivir en las ciudades grandes por la vida cultural, pero detestan el ruido y el tráfico. Piense en algunos aspectos de las siguientes situaciones que le gustan y en otros que le disgustan. Puede usar expresiones positivas como **me gusta** y **me encanta**, o formas negativas como **no me gusta**, **me molesta**, etcétera.

MODELO: Cuando visito a mis padres… →
Cuando visito a mis padres, me gusta que mi mamá me prepare una cena especial, pero me molesta que mi papá mire la televisión mientras comemos.

1. Cuando viajo por avión…
2. Cuando estoy enamorado/a…
3. Cuando estoy de vacaciones…
4. Cuando salgo con mi novio/a…
5. Cuando como demasiado…

LOS VALORES DE LA SOCIEDAD MODERNA

¡OJO! *Estudie Gramática 14.5.*

PASADO DEL SUBJUNTIVO

hablar	vivir	hacer
hablara	viviera	hiciera
hablaras	vivieras	hicieras
hablara	viviera	hiciera
habláramos	viviéramos	hiciéramos
hablarais	vivierais	hicierais
hablaran	vivieran	hicieran

temas controvertibles
el aborto   la violación sexual
el divorcio   la homosexualidad
la eutanasia   el suicidio
la educación sexual

—Ayer les pedí que se prepararan para discutir estos temas en clase. ¿Quién quiere empezar?

Actividad 10. Si fuera así…

Describa la condición necesaria.

MODELO: Viajaría a Francia si (yo)… →
Viajaría a Francia si hablara francés.

1. Estudiaría más si (yo)…
2. Iría a México si (yo)…
3. Estaría más contento/a si mi padre…
4. Pasaría más tiempo con mis abuelos si ellos…

5. Mi hermano no tendría tantos líos si no...
6. No castigaría a mis hijos si no...

Actividad 11. Discusión: Los principios

¿Está usted de acuerdo con las siguientes declaraciones? Explique brevemente sus razones.

1. El aborto es un acto de homicidio y debe de prohibirse.
2. La eutanasia es una solución aceptable al problema de la sobrepoblación.
3. La educación sexual es obligación de los padres y no de las escuelas públicas.
4. Hay que prohibir la violencia y el sexo en los programas de televisión y en las películas.
5. Se debe prohibir que los ciudadanos lleven armas de fuego.

Actividad 12. Discusión: Los medios de comunicación

1. En su opinión, ¿hay temas que no deban aparecer en los programas de televisión? Por ejemplo, ¿deben de tratarse los siguientes temas: el adulterio, el divorcio, el suicidio, las drogas, el incesto, la homosexualidad, la violencia, el aborto, el maltrato de los niños, la violación sexual, la eutanasia? ¿Por qué sí o por qué no?
2. ¿Mira usted mucho la televisión? ¿Cuántas horas al día? ¿Cuántas horas de televisión por día recomienda usted que se vea? ¿Cuáles son sus programas favoritos? ¿Qué es lo que busca en un programa de televisión? ¿Cree que el gobierno debe censurar ciertos programas? ¿Qué tipo de programas? ¿Cree que los niños deben mirar la televisión más de dos horas por día? ¿Hay programas que no deben ver? ¿Cree usted que mirar la televisión mucho tiempo cada día puede ser malo para la salud física? ¿para la salud mental? Explique.

Vocabulario

*Note: **Palabras semejantes** are not listed in this chapter or in Chapter 15. You should be able to guess the meaning of these words from context.*

LAS EXPRESIONES DE OPINIÓN Expressions of opinion

dudar que	to doubt that	**es seguro que**	it's certain that
es dudoso que	it's doubtful that	**es sorprendente que**	it's surprising that
es probable que	it's probable that	**estar seguro/a de que**	to be sure that

REPASO: **alegrarse de que, (no) creer que, es bueno que (¡qué bueno que... !), es cierto que, es imposible que, es improbable que, es una lástima que (¡qué lástima que... !), es maravilloso que (¡qué maravilloso que... !), es posible que, estar contento/a de que, sentir (ie) que, sorprenderle que**

LAS PERSONAS People

el/la ahijado/a	godson/goddaughter
el antepasado	ancestor
el/la bisabuelo/a	great-grandfather/great-grandmother
el compadre/ la comadre	your child's godfather/ godmother
el/la habitante	inhabitant
el/la hermanastro/a	stepbrother/stepsister
el/la inmigrante	immigrant

la madrastra	stepmother
la madrina	maid of honor; godmother
la novia	bride
el novio	groom
el padrastro	stepfather
el padrino	best man; godfather
los padrinos	godparents
el/la tatarabuelo/a	great-great-grandfather/ great-great-grandmother

LOS VERBOS Verbs

acomodar(se)	to make(get) comfortable
acompañar	to accompany
amar	to love (*people*)
avergonzar(se) (üe)	to shame (be ashamed)
bautizar	to baptize
dar la mano	to shake hands
jubilar(se)	to retire

lograr	to attain
mudarse	to move (*from one residence to another*)
realizar	to attain (*a goal*)
tratarse	to talk about, discuss
unir	to unite
valorar	to value

LOS SUSTANTIVOS Nouns

el aborto	abortion
la alegría	happiness
la amistad	friendship
el/la anglohablante	English speaker
las armas de fuego	firearms
la aventura	adventure
la ayuda	help
el bautizo	christening, baptism
el bienestar	welfare, well-being
la cualidad	quality
el descanso	rest
la duda	doubt
la empresa	company, firm
la felicidad	happiness

la lealtad	loyalty
la luna de miel	honeymoon
el maltrato	abuse, mistreatment
la meta	goal
el noviazgo	courtship; engagement
el olor	smell
el parentesco	family relationship, tie
el pasillo	hall
la paz (*pl.* **las paces**)	peace
el peligro	danger
el requisito	requirement
el sentimiento	feeling
la sobrepoblación	overpopulation
la violación sexual	rape

LOS ADJETIVOS Adjectives

ambiental	environmental
antiguo/a	ancient
cálido/a	warm, hot (*climate*)
comprometido/a	engaged, committed (*schedule*)

controvertible	controversial
enorme	enormous
satisfecho/a	satisfied

PALABRAS Y EXPRESIONES ÚTILES Useful words and expressions

brevemente	briefly
excepto	except

mientras	during, while

LECTURAS ADICIONALES

LOS AMIGOS HISPANOS: La familia (dos mundos)

Rubén Salazar y Mark Thompson son maestros de inglés en el Instituto Dominico-Americano en la ciudad de Santo Domingo. Rubén tiene veintitrés años y vive aún con su familia. Mark tiene veintinueve años y su familia vive en los Estados Unidos. Ha pasado mucho tiempo fuera de su país viajando, especialmente por Latinoamérica. Hoy se han reunido en una cafetería cerca del Instituto para tomar un refresco y charlar un poco antes de regresar a casa.

RUBÉN: Mira, Mark, me gusta mucho mi trabajo, pero a veces pienso que sería bueno viajar, conocer otros lugares, vivir en los Estados Unidos, por ejemplo, para perfeccionar mi inglés…

MARK: Tu inglés es bueno, Rubén. Sólo necesitas leer más para ampliar tu vocabulario.

RUBÉN: No es solamente por el inglés. También hay el problema de mi familia.

MARK: ¿Qué problema?

RUBÉN: Quieren saber todo lo que hago, adónde voy, a qué hora vuelvo y con quién salgo.

MARK: ¿Por qué no te mudas a un apartamento, solo?

RUBÉN: Costaría mucho. Y además, aquí todo el mundo se conoce. Creo que no cambiaría mucho la situación. ¿Cómo te las arreglas tú?°   ¿Cómo… *How do you manage?*

MARK: Bueno, mi familia ha vivido mucho tiempo en el extranjero. Mis hermanos y yo somos bastante independientes. En casa cada uno anda por su lado.°   cada… *everyone minds his own business*

RUBÉN: Pues mi madre siempre dice que si un miembro de la familia no se preocupa por los otros, por ejemplo, un padre por un hijo, un hijo por su madre, un hermano por otro hermano, entonces ¿quién lo va a hacer? ¿Un extraño?

MARK: Tienes razón. Pero en mi caso cada uno de mis hermanos vive en una ciudad distinta y todos vivimos lejos de nuestros padres.

RUBÉN: No quisiera tener un modo de vida como el de

La familia hispana, como lo demuestra esta familia de Ávila (España), es generalmente grande y muy unida. Las familias se reúnen los domingos y los días de fiesta, aun en estos tiempos en que la influencia del cine y la televisión de otros países ha conseguido cambiar muchas costumbres típicas.

© ERIC KROLL/TAURUS PHOTOS

los Estados Unidos; los hijos crecen solos, sin cariño ni apoyo…

MARK: Rubén, ése es un estereotipo absurdo. ¿Sabes lo que se dice en los Estados Unidos de los hispanos? El estereotipo más común es que el padre es un tirano, la madre una esclava y que los hijos se casan sólo para irse de la casa.

RUBÉN: Es que la familia norteamericana, en comparación con la hispana, nos parece desunida, sin lazos,° Mark.   *ties*

MARK: Pero lo que olvidamos es que son dos culturas diferentes. Lo importante en la cultura anglosajona es la independencia, el éxito personal. Los padres estimulan a los hijos a que se valgan° por sí solos desde que son muy   *se… they fend* jóvenes; pero eso no quiere decir que no sientan amor por ellos, o que los quieran menos que los padres hispanos.

RUBÉN: Y claro, en nuestra cultura, el énfasis está en el éxito de todos por medio de la cooperación. Si un hijo triunfa, triunfa con la ayuda de la familia. Nosotros los hispanos tenemos una historia diferente, otro concepto de la vida. Para nosotros es todavía importante que los hijos

consulten a sus padres antes de tomar una
decisión.

MARK: En el fondo, Rubén, pienso que la familia
tiene la misma importancia en ambas culturas.
¡Pero toda esta discusión no ha resuelto tu
problema!

RUBÉN: Bueno, tal vez el problema no es tan serio
como había° pensado.   *had*

Comprensión

¿Quién diría lo siguiente, Mark o Rubén?

1. Mis padres quieren saber todo lo que hago.
2. El estereotipo de la familia norteamericana es absurdo.
3. Es importante que los hijos consulten con sus padres.
4. Mis hermanos y yo preferimos llevar una vida muy independiente de nuestros padres.
5. Me gustaría viajar.
6. He vivido mucho tiempo en el extranjero.
7. La familia norteamericana nos parece desunida.

LA FICCIÓN: *Sofía a los cuarenta*

Sofía escuchó el despertador. Trató de apagarlo de un manotazo° pero no acertó.° Volvió a intentarlo.   *golpe con la mano / no... no pudo hacerlo*
Cuando su esposo Pablo dormía con ella, él se encargaba de apretar el botoncito del aparato y luego la despertaba suavemente. Pensar en él ahora, en la mañana, era como recibir el primer golpe del día, la primera bofetada.° Y había estado pensando en él,   *slap in the face*
sin falta,° cada mañana durante los últimos tres   *sin... constantemente*
meses. Su vida en realidad había cambiado poco: ella seguía trabajando en el salón de belleza, seguía viviendo en la misma casa y tenía las mismas amigas. Pero ahora todo lo hacía mecánicamente. Su rutina: ocho horas de peinados° y chismes,° de champús,   *hairdos / gossip*
permanentes, tintes° para esconder las canas° y su   *hair dyes / gray hair*
camino a casa, sola.

   Se levantó con pereza° y escogió la ropa del día. Se   *con... lazily*
había convertido en un verdadero problema escoger un atuendo° nuevo para cada jornada de trabajo. Su   *outfit*
jefa se fijaba° diariamente en la ropa que llevaban   *se... observaba*
sus empleadas: «Chicas, ustedes ya lo saben, la apariencia es esencial». Sofía se miró en el espejo mien-

tras se vestía. Pablo siempre la observaba desde la cama y ella le preguntaba cómo le quedaba el atuendo. Le dolía mucho recordar las palabras de él, aquella mañana cuando le habló por primera vez del divorcio. Estaban desayunando…

* * * * * *

—Sofía, sé que éste no es el mejor momento para hablar.

—¿Hablar? ¿De qué?

—De nosotros.

—Pero, Pablo, mi amor, ¿en qué estás pensando? Tienes un tono tan dramático…

—No sé cómo explicarte, Sofía, cómo decirte…

—Podemos hablar esta noche. Ahora tengo que irme.

—Podrías llegar un poco tarde a tu trabajo, ¿no?

—Esta noche es mejor, Pablo.

—Sofía, yo no estaré aquí esta noche.

—¿Y adónde vas?

—Me mudo, Sofía. Ya he empezado los trámites° para el divorcio…   los… el proceso legal

Ella se levantó aturdida.°   confundida

—¿Divorcio? ¡Divorcio!… ¿Por qué, Pablo?

—¿Para qué indagar° más, Sofía?   preguntar

—Quiero saber.

—Hace un año que estoy enamorado de otra mujer.

—¿Otra mujer? ¿Es más joven que yo?

—Sí, Sofía, pero no es eso…

Sofía salió de la casa confundida. «Divorcio… ¿Cómo es posible?», se preguntó cien veces ese día.

—Esto me parece la comedia más ridícula que he visto en mi vida, —le dijo Sofía a su amiga Alicia en el trabajo.

—Cálmate un poco, Sofía…

—Pero, ¿no te parece cómico? Hombre mayor se enamora de jovencita y abandona a su esposa, la que le ayudó a salir adelante° en sus tiempos difíciles.   salir… tener éxito
Este hombre busca su juventud perdida y rechaza la vejez de su esposa. Su vida con ella se ha hecho rutinaria, tediosa, mecánica, vacía de pasión. Y en cambio su nueva amante lo electriza con su energía y su belleza. ¡Una historia estupenda! ¡Digna de Hollywood!

* * * * * *

Sofía se peinó y se maquilló con cuidado. La posibilidad de empezar de nuevo, de ver a otros hombres, la asustaba. Y sin embargo, ¿cómo iba a poder seguir así, viendo a Pablo en cada objeto, en cada detalle?

Decidió detenerse unos minutos para beberse en calma su café. Miró a través de la ventana. Mientras jugaba con la taza de café, se confesó a sí misma que ésta había sido la mañana más difícil desde su separación con Pablo, hacía ya tres meses. ¿Podría ella empezar otra vez a los cuarenta? «Qué estúpidas somos nosotras las mujeres», pensó. «Nos enseñan a ser dependientes. Aplauden desde que somos niñas nuestro sentimentalismo, nuestra ineptitud; mientras más ineptas mejor; mientras más inservibles,° más *useless* femeninas; mientras más tontas y calladas, más atractivas... ¡Y lo aceptamos todo, sonriendo!»

Se sirvió una segunda taza de café. Estos últimos meses habían sido los peores de su vida. Veinte años de matrimonio eran muchos años. Se preguntó entonces si tal vez aquel amor que ella había sentido por Pablo, aquella devoción, había sido sólo necesidad; necesidad de estar enamorada, de cumplir con las costumbres y la sociedad; necesidad de estar casada, para complacer° a sus padres y parientes... Se *darles placer* levantó. Se dirigió° al teléfono y marcó un número. *Se... She went*

—¿Alicia? Te habla Sofía... Sí, ya sé que es tarde. Pero no importa, porque no pienso regresar al salón de belleza; voy a buscar otro trabajo. ¿Podríamos encontrarnos en el centro a la hora del almuerzo? Quiero hablar contigo... ¡Qué bueno!... No sé, se me ocurrió que estoy harta° de este apartamento y de *cansada* esta vida que llevo... y que ya es hora de cambiar...

Sofía se miró una vez más al espejo y se puso la chaqueta. Al abrir la puerta y salir a la calle, pensó, más segura de sí misma: «En realidad nunca me gustó el papel de esposa abandonada».

Preguntas

1. ¿Cuáles son las cosas que hacía Pablo y que ahora extraña Sofía al despertarse en la mañana?
2. Describe en sus propias palabras la escena en que Pablo le dice a Sofía que quiere divorciarse.
3. Al final, ¿qué decide hacer Sofía?

GRAMÁTICA Y EJERCICIOS

14.1. Reciprocal Pronouns: "Each other"

Reciprocal actions are expressed in Spanish with the reflexive pronouns.

> Los novios **se abrazaron** y luego **se besaron**.
> *The bride and groom embraced (each other) and then kissed (each other).*

> **Nos vemos** mañana en el bautizo de tu sobrino.
> *We'll see each other tomorrow at the christening of your nephew.*

Context usually indicates whether the pronoun is reflexive (*self*) or reciprocal (*each other*).

> Vamos a la boda pero tenemos que **vestirnos** primero.
> *We're going to the wedding but we have to get dressed first.*

Ejercicio 1

Exprese con acciones recíprocas.

MODELO: Yo quiero a mi esposo y mi esposo me quiere mucho también. →
Mi esposo y yo nos queremos mucho.

1. El señor Ruiz llamó a su suegra por teléfono y su suegra lo llamó a él también.
2. Mi ahijada me escribe a mí y yo le escribo a ella a menudo.
3. Amanda habla con su novio y él habla con Amanda todos los días.
4. Mi madre respeta mucho a mi padre y mi padre respeta mucho a mi madre.
5. El abuelo de Gustavo me conoce y yo lo conozco a él muy bien.

14.2. Hypothetical Reactions: The Conditional

The conditional is formed using the infinitive as a base.

hablaría	*I would speak*
comerías	*you (informal sing.) would eat*
dormiría	*you (formal sing.), he/she would sleep*
tomaríamos	*we would drink*
viviríais	*you (familiar pl.) would live*
escribirían	*you (formal pl.), they would write*

> Yo **hablaría** con su familia primero.
> *I would speak with her family first.*

A Leticia Reyes le **gustaría** ir de luna de miel a Acapulco.
Leticia Reyes would like to go to Acapulco on her honeymoon.

A few verbs form the conditional on irregular stems.

poner	pondría
salir	saldría
tener	tendría
venir	vendría

decir	diría
hacer	haría

caber	cabría
haber	habría
poder	podría
querer	querría
saber	sabría

—¡Yo no **sabría** qué decirle! —Pues yo le **diría** la verdad.
"I wouldn't know what to tell him!" "Well, I would tell him the truth."

Ejercicio 2. ¿Qué haría usted?

Escoja una repuesta lógica. Use **dormiría**, **iría a la playa**, **me bañaría**, **tomaría una Coca-Cola**, **comería**, **consultaría con un médico**, **me casaría**, **me pondría un abrigo** o **me acostaría**.

MODELO: Si tuviera sueño... →
         Si tuviera sueño, me acostaría.

1. Si tuviera hambre...
2. Si tuviera sed...
3. Si estuviera (*I were*) cansado/a...
4. Si estuviera enfermo/a...
5. Si estuviera enamorado/a...
6. Si tuviera frío...
7. Si tuviera calor...
8. Si estuviera sucio/a...

14.3. The Future

A. The future tense, like the conditional, is formed using the infinitive as a base:

jugar**é**	*I will play*
terminar**ás**	*you (informal sing.) will finish*
escribir**á**	*you (formal sing.), he/she will write*
lavar**emos**	*we will wash*
leer**éis**	*you (familiar pl.) will read*
dormir**án**	*you (formal pl.), they will sleep*

Me **jubilaré** en dos años.
I will retire in two years.

Los políticos nunca **cumplirán** con lo que prometen.
The politicians will never carry out what they promise.

B. The verbs that have irregular stems for the conditional use the same stems for the future.

poner	pondré
salir	saldré
tener	tendré
venir	vendré
decir	diré
hacer	haré

caber	cabré
haber	habré
poder	podré
querer	querré
saber	sabré

Mi hermana dice que **podrá** casarse cuando encuentre al hombre perfecto.
My sister says that she will be able to get married when she finds the perfect man.

C. For statements about future events, the **ir** + **a** + *infinitive* construction is more frequently used in Spanish than the future verb forms.

Mañana **vamos a escuchar** el noticiero de las seis.
Tomorrow we are going to listen to the six o'clock news.

However, when doubt or speculation are involved, especially in questions, the use of the future is common.

¿A qué hora **llegarán?**
What time do you think they'll arrive? (I wonder what time they'll get here.)

This "future of probability" may also refer to present conditions.

¿Qué **estarán haciendo** ahora?
What do you think they are doing now? (I wonder what they're doing now.)

¿Qué hora **será?** ¿**Serán** ya las siete?
What time do you think it is? (I wonder what time it is.) Do you think it's already seven?

Ejercicio 3

Dé la respuesta más lógica. Use **venir, ser, casarse, trabajar, estudiar, salir, vivir, asistir, decir, tener,** o **hacer la tarea.**

MODELO: Silvia <u>vivirá</u> en México después de casarse.

1. Mi hermano _____ a la Universidad Nacional Autónoma de México después de graduarse en la secundaria.
2. Creo que Esteban _____ con Alicia antes de terminar su carrera.

3. No, yo no _____ hijos antes de terminar mi carrera.
4. Luis y Alberto _____ en la oficina de sus padres.
5. Jorge _____ abogado muy pronto.
6. (Yo) _____ en Perú y Bolivia antes de escribir mi novela sobre los incas.
7. (Nosotros) _____ mucho y _____ todos los días para graduarnos con las notas más altas de la clase.
8. ¿Le _____ a tu padre que quieres casarte con Silvia?
9. Mis cuñadas _____ para Europa el 22 de junio.
10. Mis tíos _____ a visitarnos durante el mes de agosto.

14.4. Expressing Opinions and Reactions: The Subjunctive Mood

A. We often convey opinions by asserting an idea or opinion directly.

> Los chinos son muy trabajadores.
> *The Chinese are very hardworking.*

We may also modify our assertions.

> **Creo que** los mexicanos son muy religiosos.
> *I believe that Mexicans are very religious.*

Whether we assert our opinions directly or indirectly, the indicative mood is used to assert that something is true. The present, preterite, imperfect, and present perfect all belong to the indicative mood.

> Siempre me es (fue, era, ha sido) difícil realizar mis sueños.
> *It is (was, has been) always difficult for me to make my dreams come true.*

> Creo que la base de los valores humanos es la creencia en Dios.
> *I think that the basis of our human values is the belief in God.*

B. To deny or cast doubt on a statement or idea, subjunctive mood verb forms are used. (See Section 13.2.) You have studied only the *present* subjunctive thus far.

> **No creo** que todos los chinos **sean** trabajadores.
> *I don't believe that all Chinese are hardworking.*

There are various ways to cast doubt on an assertion. The following are some common phrases that are used in Spanish to express doubt or disbelief.

dudar que	*to doubt that*
es dudoso que	*it's doubtful that*
no estar seguro/a de que	*to not be sure that*
no creer que	*to not believe that*
es (im)posible que	*it's (im)possible that*
es (im)probable que	*it's (im)probable that*

Dudo que siempre **haga** sol en la Florida.
I doubt that it is always sunny in Florida.

No es posible que todos los italianos **sean** alegres.
It's not possible that all Italians are cheerful.

C. Sometimes we accept an assertion as true but wish to react emotionally or subjectively to it.

¡Qué bueno que te **cases** con el hijo de los Olivares!
How nice that you're marrying the Olivares' son!

Such phrases of emotional and subjective reaction are followed by subjunctive verb forms.

¡Qué bueno que… !	*How nice that . . . !*
¡Qué interesante que… !	*How interesting that . . . !*
Me alegro de que…	*I'm happy that . . .*
Estoy contento/a de que…	*I'm pleased that . . .*
Siento que…	*I'm sorry that . . .*
Me sorprende que…	*It surprises me that . . .*

Me alegro de que los países hispanos **estén** progresando.
I'm happy that Hispanic countries are developing.

Es una lástima que el niño se **quede** en casa todo el día.
It's too bad that the child stays at home all day.

Ejercicio 4

Escoja la forma correcta.

1. Es una lástima que (*hay/haya*) una guerra.
2. Es verdad que (*hay/haya*) muchos pobres en la América Latina.
3. Es cierto que los precios (*suben/suban*) todos los años.
4. Me alegro de que el precio de la gasolina no (*sube/suba*).
5. Es imposible que ellos no se (*dan/den*) cuenta de lo que está pasando con su hijo.
6. Le agradezco que me (*hace/haga*) el favor.
7. No dudo que los Estados Unidos (*tiene/tenga*) muchos problemas sociales.
8. ¡Qué bueno que usted (*ha/haya*) decidido tomar las vacaciones ahora!
9. ¡Qué triste que tus padres (*quieren/quieran*) divorciarse!
10. Creo que todavía (*sigue/siga*) el problema de la contaminación de los océanos.

14.5. *Expressing Conditions with* **si**: *The Past Subjunctive*

A. Simple conditional sentences with **si** (*if*) in the present are constructed using the indicative mood.

Si Elena se **gradúa** este año, **puede** trabajar para la empresa.
If Elena graduates this year, she can work for the company.

Si **termino** el curso de contabilidad, **voy** a trabajar para mi tío.
If I finish the accounting course, I'm going to work for my uncle.

B. Conditional sentences that express contrary-to-fact situations in the present use the past tense of the subjunctive mood (past subjunctive) in the *if* clause and the conditional in the conclusion.

Past subjunctive forms are based on the stem used for the preterite (past) (**hablé, comí**), even if the verb is irregular in the preterite (**tuve, supe**).

past subjunctive		
hablara	comiera	tuviera
hablaras	comieras	tuvieras
hablara	comiera	tuviera
habláramos	comiéramos	tuviéramos
hablarais	comierais	tuvierais
hablaran	comieran	tuvieran

Note the lack of **i** in these forms: **dije** → **dijera**... , **traje** → **trajera**... .

Si **tuviera** más dinero, me **jubilaría** el año entrante.
If I had more money, I would retire this coming year.

Si la madre de Andrea y Paula **trabajara**, las niñas **tendrían** que estar en la guardería todo el día.
If Andrea's and Paula's mother worked, the children would have to be at the child-care center the entire day.

Ojalá (*I wish*) + *past subjunctive* expresses a condition contrary to fact.

Ojalá que tuviéramos más tiempo.
I wish we had more time.

C. Contrary-to-fact conditions in the past are constructed with the past perfect subjunctive (**hubiera, hubieras**... is the past subjunctive of **haber**) in the *if* clause and the conditional perfect (**habría, habrías**... is the conditional of **haber**) in the conclusion.

Si **hubiera conseguido** el trabajo, **habría ganado** mucho dinero.
If she had gotten the job, she would have earned a lot of money.

Si le **hubiera limitado** el número de horas de televisión, mi hijo **habría aprendido** a leer mejor.
If I had limited television-watching hours, my son would have learned to read better.

Ejercicio 5

Escoja la respuesta más lógica. Use **estudiara**, **hiciera**, **hubiera**, **pudiéramos** o **tuviéramos**.

1. Si _____ más tiempo, iríamos de vacaciones ahora.
2. Si _____ buen tiempo, saldríamos a pasear con ustedes.
3. Si _____ un buen programa esta noche, nos quedaríamos en casa a ver la televisión.
4. Si _____ conseguir una visa, visitaríamos Cuba.
5. Si _____ más, Ernestito tendría buenas notas.

CAPÍTULO QUINCE
LOS ASUNTOS ACTUALES

LOS TEMAS

Talking About Geography and History

Political and Economic Systems

The Problems of Urban Societies

Immigration and Minority Groups

LAS LECTURAS

• El joven hispano en la política

LAS LECTURAS ADICIONALES
• Nota cultural: España: Del «Guernica» a la democracia
• La ficción: Mi querida cuñada

LA GRAMÁTICA

15.1. The Subjunctive in Adjective Clauses
15.2. The Perfect Tenses
15.3. The Subjunctive in Time Clauses
15.4. The Subjunctive in Purpose Clauses
15.5. The Passive Voice

In **Capítulo quince** you will continue to talk about contemporary issues: urban problems, political and geographical concerns, and so on; and you will learn about immigration and the immigrant experience.

ACTIVIDADES ORALES

¡OJO! *Estudie Gramática 15.1.*

Conozco…
Tengo… } + **que** + indicativo
Hay…

¿Conoces…
No conozco…
Quiero/Busco… } + **que** + subjuntivo
No hay…

—Conozco a un señor
que vende suéteres
de lana muy lindos.

—Busco una tienda que
venda suéteres
de lana.

—Vivo en una casa
que está al lado de
un lago.

—Quiero una casa que
esté al lado del mar.

—Vivo en un país
que tiene una
estación fría.

—Quiero vivir en
un país que tenga
un clima tropical.

Soy de
Argentina.

—Conocí a una señorita
de la Argentina.

—No conozco a nadie que
sea de la Argentina.

Actividad 1. Discusión: El occidente y el oriente

Nombre algún país...

1. que esté muy industrializado.
2. que tenga una agricultura muy moderna.
3. que produzca muchos diamantes.
4. que tenga un clima tropical.
5. que dependa mucho del turismo.
6. que tenga una población de más de 250 millones de habitantes.
7. que no mantenga buenas relaciones con un país vecino.
8. que importe más de lo que exporta.

Actividad 2. Personas famosas del mundo hispano

1. Pablo Neruda
2. Simón Bolívar
3. el General Francisco Franco
4. Isabel la Católica
5. Pablo Picasso
6. Juan Carlos de Borbón
7. Hernán Cortés
8. José Martí
9. Cristóbal Colón
10. Miguel de Cervantes

a. el autor de la novela *Don Quijote*
b. el pintor español que inició el «cubismo»
c. el descubridor de las Américas que nació en Italia
d. el poeta chileno que ganó el Premio Nóbel
e. el libertador de Bolivia, Colombia y Ecuador
f. la reina de España cuando Colón descubrió las Américas
g. el actual rey de España
h. el conquistador de los aztecas
i. el patriota cubano que luchó por la independencia de su país
j. el dictador español que simpatizó con Hitler

Actividad 3. Las capitales de los países hispanos

Encuentre la capital que corresponde a los siguientes países.

PAÍS	CAPITAL
1. Chile	a. Caracas
2. Cuba	b. Santiago
3. España	c. Santo Domingo
4. México	d. La Paz
5. la República Dominicana	e. San Juan
6. Puerto Rico	f. México, D.F.
7. Bolivia	g. Madrid
8. Venezuela	h. Lima
9. Argentina	i. La Habana
10. Perú	j. Buenos Aires

Decida a cuál de las capitales mencionadas en la página 517 se aplican estas descripciones.

1. Esta capital está ubicada a corta distancia del Mar Caribe y el país produce mucho petróleo.
2. Es la capital del país más «largo» de Sudamérica.
3. Esta capital está muy cerca del estado de la Florida; hay famosos puros que tienen el mismo nombre.
4. Es una ciudad muy cosmopolita y de ambiente europeo. Aquí se establecieron muchos emigrantes italianos.
5. Está muy cerca de la costa del Pacífico. En esta ciudad, una llovizna o neblina oceánica, llamada «garúa», persiste en algunos meses del año.
6. La moneda oficial de esta isla es el dólar. Su capital atrae mucho turismo por su clima tropical y sus magníficas playas.
7. Está situada a una altura de 3,400 metros (11,000 pies) sobre el nivel del mar.
8. Esta capital europea es el sitio del famoso Museo del Prado.
9. Esta capital, de clima tropical, es la ciudad hispana más antigua del hemisferio occidental. Se dice que aquí descansan los restos de Cristóbal Colón.
10. Esta ciudad es la antigua capital de los aztecas; fue construida sobre un lago.

Actividad 4. ¿Qué país?

¿Qué país hispano identifica usted con... ?

1. el tequila
2. el petróleo
3. la cerámica indígena
4. los suéteres de alpaca
5. el café
6. la banana
7. la caña de azúcar
8. el tabaco
9. el cuero / la carne de res
10. el cobre

⠿ LOS SISTEMAS POLÍTICOS Y ECONÓMICOS

¡OJO! *Estudie Gramática 15.2.*

he terminado
había elegido
habré tenido
habría resuelto
haya derrotado
hubiera intervenido

—Han elegido a un nuevo presidente.
Espero que sea mejor que el último.

Francisco Franco 1939-1975

—Durante el gobierno de Franco las
autoridades habían restringido la
libertad de prensa y de expresión.

—Me imagino que los terroristas
se habrán apoderado del Palacio
de Gobierno.

—Si el gobierno no hubiera tenido
tantos problemas económicos, el
ejército no habría intervenido.

Actividad 5. Definiciones: La política

Busque la definición de los siguientes conceptos. Luego comente la importancia de cada uno en el mundo de hoy.

1. el capitalismo
2. la libertad de prensa
3. el socialismo
4. la democracia
5. la libertad de expresión
6. el marxismo
7. el comunismo
8. el totalitarismo
9. los medios de comunicación
10. los sindicatos
11. las huelgas
12. la dictadura

a. El pueblo elige a los representantes del gobierno.
b. Se estimula a la gente a que compre.
c. Corriente ideológica basada en las teorías de Carlos Marx.
d. Organizaciones a las que pertenecen los trabajadores y que tienen como objeto protegerlos contra los abusos de los jefes.
e. Los trabajadores se niegan a trabajar y en esta forma luchan para mejorar las condiciones en el trabajo.
f. Todo el poder del gobierno está concentrado en una sola persona.
g. El radio, la televisión, el cine, las revistas, el periódico.
h. El individuo puede decir lo que piensa sin temor a represiones.
i. Los periodistas pueden criticar cualquier situación del país sin temor de

persecución por el gobierno.

j. Todo el gobierno está en las manos de unos cuantos políticos; hay censura, represión y persecución de los miembros de la oposición política.

k. En este sistema de gobierno basado en el marxismo, todos los bienes son repartidos con igualdad y se supone que no hay división de clases.

l. Sistema de gobierno en el que la medicina y el cuidado médico, por ejemplo, son gratis al pueblo.

Actividad 6. Los asuntos políticos

Considere estas afirmaciones políticas. ¿Cree usted que la mayoría de los ciudadanos norteamericanos las apoyan o las rechazan? Explique su respuesta.

1. El presupuesto militar es mucho más de lo suficiente para mantener las armas de defensa contra nuestros enemigos.

2. Los grupos indígenas de nuestro país no han podido participar suficientemente en el proceso electoral.

3. El aborto es un derecho de todas las mujeres, no sólo las ricas.

4. La «carrera» nuclear ha sido provocada por la política agresiva de las fuerzas militares norteamericanas.

5. Los sindicatos han promovido el progreso de los trabajadores y de los campesinos.

6. El papel más importante de la mujer ha sido y sigue siendo el de madre y esposa.

7. La preocupación por los derechos de los criminales ha dado como resultado que éstos tengan más derechos que sus víctimas.

8. El gobierno de México no ha podido resolver sus problemas económicos; por eso tenemos problemas con la inmigración ilegal.

9. Los grupos minoritarios de nuestro país—los latinos, los negros, los orientales—han enriquecido la cultura de los Estados Unidos.

10. Uno de los más graves errores de los Estados Unidos en la política latinoamericana ha sido dejar a Cuba en manos de los comunistas.

Actividad 7. ¿Por quién votará usted?

Doraselva es una república imaginaria de Latinoamérica. Es pequeña y está en vías de desarrollo. Sus recursos más importantes son el café y el azúcar. Tiene una costa al mar y un puerto. En el centro del país hay una región de selva tropical con pocos habitantes. Hay también una zona montañosa llamada «La Cordillera». Su capital es una ciudad hermosa que se llama Dora.

Usted puede hacer varios papeles: el de (1) un campesino pobre, (2) un trabajador, (3) un negociante o (4) un hacendado. Primero, preséntese a sí mismo (¿quién es usted?) y luego diga por cuál de los siguientes candidatos para presidente votará en las próximas elecciones. Explique por qué.

CANDIDATO A: **El general Gerardo Montalbo**. Apoyó el régimen militar que gobernó últimamente. Es de ideología anticomunista y antimarxista. Está a favor de mantener buenas relaciones con los Estados Unidos y dice que cerrará la embajada de la Unión Soviética. Se opone a la reforma agraria porque dice que eso bajaría la producción agrícola y que todo el país sufriría. Está a favor del «mercado libre» y se opone fuertemente a la formación de sindicatos de trabajadores.

CANDIDATO B: **El licenciado Germán Gutiérrez**. Se opuso al régimen militar. Está a favor de una reforma agraria en forma moderada. «Tenemos que repartir las tierras de una manera justa tanto para los campesinos como para los hacendados», dice el candidato. Apoya el desarrollo de la industria nacional y espera crear un clima favorable para los negocios; quiere aumentar las exportaciones al extranjero. Promete aumentar la ayuda económica que prestan otros países, especialmente los Estados Unidos y el Banco Internacional de Desarrollo. Es anticomunista y pide la pena de muerte para los guerrilleros capturados por el régimen militar.

CANDIDATO C: **El líder sindicalista Jorge Elías Blanco**. Fue guerrillero y luchó contra el régimen militar. Se identifica como marxista pero dice que no se dejará controlar por los rusos. «Queremos ser libres; no queremos depender de ninguna de las dos potencias, ni de los Estados Unidos ni de la Unión Soviética». Favorece la nacionalización de los bancos y de los negocios de exportación. Promete establecer una campaña nacional de alfabetización. También dice que luchará para proveer atención médica gratuita. Se opone a los préstamos de bancos extranjeros porque, según dice, «no queremos endeudarnos con los imperios capitalistas».

Actividad 8. Las crisis

Usted y sus compañeros de clase forman parte del gabinete del presidente de la república de Doraselva. El presidente está tratando de resolver las siguientes crisis y les pide ayuda a ustedes como miembros de su gabinete. ¿Qué le recomendarán?

1. Hay una huelga de los conductores de autobuses municipales en la capital. Piden un aumento de sueldo pero en estos momentos hay pocos fondos. La gran mayoría de la población de Doraselva es pobre y depende del transporte urbano para ir a su trabajo.
2. En las montañas al norte de la capital los guerrilleros marxistas se han apoderado de un pueblo. Exigen la legalización del partido comunista de Doraselva.
3. Se ha descubierto que un general del ejército obliga a los indígenas de su distrito a trabajar en sus tierras sin pagarles.
4. Ha habido rumores de que un grupo de militares está planeando derrocar al gobierno. Hasta ahora el presidente ha tenido muy buenas relaciones con el ejército.

NOTA CULTURAL: *El joven hispano en la política*

En Nicaragua el Frente Sandinista de Liberación Nacional, un movimiento popular, derrocó al dictador Anastasio Somoza en 1979. Una vez establecido el nuevo gobierno, se comenzó a educar al pueblo. Los nicaragüenses, con la ayuda de voluntarios de todo el mundo, han realizado una laudable (praiseworthy) labor de alfabetización. También se han hecho grandes esfuerzos por proveer servicios médicos a todos los nicaragüenses, sin distinción de clases sociales.

© PETER MENZEL

Los jóvenes hispanos generalmente participan en la política de su país. La Revolución Cubana, por ejemplo, fue realizada° por un grupo de jóvenes universitarios. En las cafeterías de las universidades hispanas se escuchan en todo momento discusiones muy acaloradas° respecto a tal° presidente o tal ideología. Todos opinan. Y todos piden cambios en el gobierno y en las estructuras socioeconómicas.

    Los estudiantes que quieren terminar rápidamente su carrera se matriculan° en las universidades o en institutos privados, porque en las instituciones públicas corren el riesgo° de ver sus estudios interrumpidos varias veces al año. Las causas son casi siempre las mismas: huelgas, presupuestos limitados, la escasez° de equipos° y materiales, largos recesos y leyes nuevas con cada gobierno. Pero generalmente es una minoría la° que puede pagar una carrera en las universidades privadas. No se trata

carried out

serias, con mucho calor / este

se... *enroll*

risk

scarcity / equipment

las personas

sólo del° alto costo de la matrícula° y de los textos. El estudiante tiene que dedicarse de lleno° a los estudios y esto implica que no puede trabajar para mantenerse. Además, al estudiante que asiste a una institución privada se le exige muchas veces que se mantenga al margen de toda actividad política. Y éste es quizá° el precio más alto que pagan: no poder expresar abiertamente sus opiniones.

No... *It's not just a matter of* / *enrollment fee* de... completamente

perhaps

Hay dos factores que mueven al joven latinoamericano a comprometerse° con la lucha política: la inestabilidad de muchos gobiernos y su carácter represivo. Por ejemplo, en los últimos diez años del reciente gobierno militar en Argentina desaparecieron más de 30,000 personas que se sospecha que murieron a manos de los mismos militares. La América Central confronta una situación violenta en la cual se oponen grupos de izquierda y las fuerzas armadas de los gobiernos establecidos. En Chile miles de mujeres salen a las calles golpeando ollas° y cacerolas° para protestar contra la política del gobierno militar.

be involved with

pots
pans

El estudiante universitario también es testigo de la gran diferencia entre las clases sociales que existen en cada país latinoamericano. En México el ingreso° anual es de $1,200 por persona mientras que en Bolivia es de $350. En la gran mayoría de los países latinos no existe una clase media extensa como en otros países occidentales. Éstas son realidades que el estudiante latinoamericano confronta diariamente y que lo impulsan a simpatizar° y a trabajar con los movimientos estudiantiles de protesta.

income

estar de acuerdo

Preguntas

1. ¿Qué deben hacer los estudiantes hispanos que quieren terminar rápidamente su carrera? ¿Por qué?
2. ¿Quiénes pueden asistir a las universidades privadas? ¿Por qué? ¿Qué requisitos exigen las instituciones privadas?
3. ¿Qué factores provocan y estimulan la participación activa del joven hispano en la política?
4. Nombre algunos problemas socioeconómicos en el mundo hispano que estimulan al estudiante a «politizarse».

LOS PROBLEMAS DE UNA SOCIEDAD URBANA

¡OJO! *Estudie Gramática 15.3–15.4.*

hasta que	*until*		con tal (de) que	*provided that*
cuando	*when*		sin que	*without*
antes (de) que	*before*		para que	*so that,*
después (de) que	*after*			*in order that*
			de modo (manera) que	*so that*
			a menos que	*unless*

—Viviré hasta los 90 años, a menos que haya una guerra nuclear.

—La defensa de nuestro país no será adecuada hasta que el gobierno aumente el presupuesto militar.

—No habrá más contaminación ambiental cuando todos dejemos de usar nuestro propio automóvil.

—Me gustaría vivir en una ciudad grande con tal que no sea una zona de muchos delitos.

—Espero que dejen de construir reactores nucleares antes de que ocurra un accidente grave.

—En el centro de muchas grandes ciudades se ha limitado el uso del automóvil en algunas zonas para que disminuya el nivel de contaminación.

Actividad 9. Minidiálogos

MODELO: E1: Juan, ¿por qué te vestiste todo de blanco?

    E2: Para que <u>me vean los choferes</u>. Esta noche voy a andar en bicicleta por la avenida central.

1. E1: Tenemos que cerrar todas las puertas con llave aunque estemos en casa.

  E2: ¿Por qué? Estamos aquí en el jardín. Ningún ladrón podrá entrar sin que _____.

2. E1: ¡Ay! Estoy seguro de que va a subir el precio de la gasolina.

  E2: No, hoy dijeron en las noticias que no subirá a menos que _____.

3. E1: La contaminación ambiental es cada vez peor.

  E2: Sí, a menos que _____, muy pronto tendremos que llevar un tanque de oxígeno en la espalda.

4. E1: El candidato les está prometiendo hasta el cielo a los ciudadanos.

  E2: Sí, así son todos los políticos. Prometen el paraíso con tal que _____.

Actividad 10. Las reacciones

A continuación (*Below*) tiene usted una serie de expresiones:

¡Qué horror!	¡Qué desastre!	¡Qué basura!
¡Ya era hora!	¡Qué maravilla!	¡Son puras mentiras!
¡Así es la vida!	¡No lo puedo creer!	¡Qué va!
¡Fantástico!	¡Adónde vamos a parar!	¡Qué me importa a mí!
¡No me digas!	¡Súper!	¡Y a mí qué!
¡Qué desgracia!	¡Ni modo!	¡Quién lo iba a decir!

Usted y su amigo/a están en el carro. Oyen un programa de noticias breves. Reaccione a las siguientes noticias.

1. Fidel Castro declaró recientemente en un discurso que en menos de diez años todos los países del Caribe y Centroamérica tendrán un sistema de gobierno comunista.
2. Dos científicos norteamericanos acaban de inventar una píldora para rejuvenecer (*to become young again*).
3. Nació el primer bebé verdaderamente «extrauterino». El niño fue concebido y gestado (*conceived and grown*) fuera del útero (*uterus*). Al nacer la criatura (*baby*) pesó 3 kilos y 20 gramos y los científicos dicen que está en perfectas condiciones.
4. Varios científicos rusos declararon haber recibido un mensaje por radio espacial (*from space*) de seres extraterrestres. Los rusos no han dado más detalles.
5. La contaminación ambiental en la ciudad de México ha llegado a tal nivel extremo que se ha decidido prohibir el uso de automóviles dentro de la ciudad. Todos tendrán que usar los transportes públicos.

Actividad 11. Discusión

LAS DROGAS

1. ¿Cómo podemos definir la palabra «droga»? ¿Qué tipos de drogas hay? ¿Para qué se usan las drogas?
2. ¿Por qué se prohíbe o se restringe el uso de ciertas drogas? ¿Qué tipos de drogas requieren receta médica? ¿Por qué?
3. ¿Qué es un drogadicto? ¿Cómo se llega a ser drogadicto? ¿Cómo se puede curar esta condición?
4. ¿Cuáles son las drogas comúnmente usadas para «el recreo»? Describa los peligros.

Actividad 12. Debate: El medio ambiente

Discuta con otros compañeros de clase los siguientes problemas del medio ambiente. Decidan si hay soluciones y cuáles son las consecuencias posibles si no se toman medidas inmediatas para resolverlos.

1. los desperdicios nucleares
2. la desaparición de algunas especies de animales
3. la explotación y destrucción de los bosques
4. la contaminación de los ríos por las sustancias químicas de la industria
5. la sobrepoblación

LA INMIGRACIÓN Y LOS GRUPOS MINORITARIOS

¡**OJO!** *Estudie Gramática 15.5.*

ser + participio pasado	
fue	atacado/a
fueron	restringidos/as

—Los africanos fueron traídos por los ingleses como esclavos.

—Mis antepasados fueron perseguidos por el gobierno. Emigraron a la Argentina.

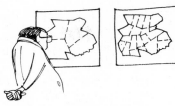

—La reforma agraria fue propuesta por el nuevo presidente.

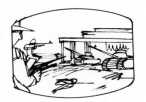

—La dictadura fue derrocada por las Fuerzas Populares Democráticas.

Actividad 13. Discusión: La inmigración a los Estados Unidos

Usted es un campesino (una campesina) en la república de Doraselva; tiene muy pocas posibilidades de conseguir su propia tierra porque el nuevo presidente se opone a la reforma agraria. Ya que hay poco trabajo, usted decide «ir al norte», a los Estados Unidos, en busca de trabajo. Irá sin su familia, pero promete mandarles dinero tan pronto como consiga trabajo. Usted entra ilegalmente en los Estados Unidos y pronto encuentra trabajo en las fincas que cultivan legumbres y otros productos agrícolas. ¿Cómo ha cambiado su vida?

1. Cambios en la vivienda: ¿Dónde y cómo vive usted ahora?
2. Cambios en la comida: ¿Qué come usted ahora? ¿Quién prepara lo que come?
3. Cambios en la lengua: ¿Habla usted inglés? ¿Cómo y dónde lo puede aprender?
4. Cambio en las actividades recreativas: ¿Qué hace usted ahora para divertirse?
5. Cambio de amigos: ¿Con quiénes se asocia usted? ¿Por qué?
6. Dificultades: ¿Qué tipo de problemas ha tenido? ¿Cómo los ha resuelto?
7. Planes: ¿Piensa quedarse en el norte? ¿Va a traer a su familia a vivir con usted en los Estados Unidos? ¿Es fácil hacer esto?

Vocabulario

LOS SISTEMAS POLÍTICOS Y ECONÓMICOS Political and economic systems

el/la ciudadano/a	citizen	**la libertad**	liberty, freedom
el conquistador	conqueror	**el libertador**	liberator
la dictadura	dictatorship	**la mayoría**	majority
la embajada	embassy	**la minoría**	minority
el/la extranjero/a	foreigner	**la población**	population
los fondos	funds	**la política**	politics
la igualdad	equality	**el presupuesto**	budget

el rey/la reina   king/queen
el/la sindicalista   union member

el sindicato (trade) union

LOS ASUNTOS Y PROBLEMAS ACTUALES Current issues and problems

la alfabetización	literacy	**la explotación**	exploitation
la campaña	campaign	**la guerra**	war
el/la campesino/a	farmer, farm worker	**el hacendado**	rancher; landowner
la censura	censorship	**la huelga**	strike
el delito	crime	**la pena de muerte**	capital punishment
el desastre	disaster	**el proceso**	trial; process
el desperdicio (nuclear)	(nuclear) waste	**la reforma agraria**	agrarian reform

LAS CONJUNCIONES Conjunctions

a menos que	unless	**hasta que**	until
antes de que	before	**para que**	so that
con tal (de) que	provided that	**sin que**	without
de manera que	so that	**tan pronto como**	as soon as
de modo que	so that	**ya que**	since
después de que	after		

LOS VERBOS Verbs

apoderarse de	to take over	**luchar**	to fight, struggle
apoyar	to support	**llegar a ser**	to become
atraer	to attract	**negar (ie)**	to deny
atraigo/atrae		**negarse (ie) a**	to refuse to
aumentar	to increase	**oponerse a**	to oppose
criticar	to criticize	**me opongo/se opone**	
derrocar	to overthrow	**perseguir (i)**	to pursue;
derrotar	to defeat		to persecute
elegir (i)	to elect		
elijo/elige		**persigo/persigue**	
endeudarse	to go into debt	**politizar**	to politicize
enriquecer	to enrich	**promover (ue)**	to promote
enriquezco/enriquece		**proponer**	to propose
establecerse	to get established	**propongo/propone**	
me establezco/se establece		**proveer**	to provide
exigir	to demand	**reaccionar**	to react
exijo/exige		**rechazar**	to reject
favorecer	to favor	**repartir**	to distribute
favorezco/favorece		**restringir**	to restrict
impulsar	to push; to encourage, motivate	**restrinjo/restringe**	
		simpatizar con	to favor
intervenir	to intervene	**sospechar**	to suspect
intervengo/interviene			

LOS SUSTANTIVOS Nouns

la altura	height	el occidente	West
el aumento	increase	el oriente	East
los bienes	goods	el paraíso	paradise
la caña de azúcar	sugarcane	la pérdida	loss
la desaparición	disappearance	el poder	power
el desarrollo	development	la potencia	powerful nation
el discurso	speech	el premio	prize
el/la esclavo/a	slave	la prensa	press (newspaper, etc.)
la especie	species	el préstamo	loan
la finca	ranch, farm	el puro	cigar
el guerrillero	guerrilla	la realidad	reality
el ladrón	thief	los recursos	resources
la medida	means; measure	los restos	remains
el medio ambiente	environment	el temor	fear
el mensaje	message	la vivienda	housing

LOS ADJETIVOS Adjectives

actual	current, up-to-date	extenso/a	extensive
agrario/a	agrarian	gratuito/a	free
agrícola	agricultural	indígena	indigenous, native
castigado/a	punished	materno/a	maternal; native (*language*)
construido/a	constructed	minoritario/a	minority
cosmopolita	cosmopolitan	repartido/a	distributed
estudiantil	student, pertaining to students	ubicado/a	located

PALABRAS Y EXPRESIONES ÚTILES Useful words and expressions

a favor de	in favor of	¡Qué desgracia!	What a shame!
¡a mí qué!	so what?, what do I care?	¡Qué maravilla!	How wonderful!
¡Adónde vamos a parar!	Where will it all end?	¡qué va!	no way!
¡Así es la vida!	That's life!	¿Quién lo iba a decir?	Who would have thought that?
en contra de	against		
ni modo	no way, it doesn't matter	¡Son puras mentiras!	What a pack of lies!
¡No me diga!	You don't say!	¡Ya era hora!	It's about time!

LECTURAS ADICIONALES

NOTA CULTURAL: España: Del «Guernica» a la democracia

«La vida de un artista a través de su obra» fue el título de la exposición de las pinturas de Picasso en el Museo de Arte Moderno de Nueva York, durante el verano de 1980. Los anuncios, los catálogos, los carteles,° los folletos° turísticos, todo prometía una perspectiva total y profunda de la obra del pintor español. Era casi imposible conseguir boletos de entrada. La gente se amontonaba° contra los cristales de las puertas con la esperanza° de poder entrar, o tal vez para alcanzar a ver algo, cualquier cosa, un cuadro, un bosquejo° colgado° en el vestíbulo del edificio.

    Durante varios meses miles y miles de personas recorrieron° los pasillos del museo y fueron testigos de la evolución del arte de Picasso; hablaron, comentaron, discutieron, se sumergieron° en el Cubismo y la Vanguardia.° Pasaron, de los primeros intentos realistas del pintor, al Cubismo de cuadros como «Tres Músicos».° Y finalizaron el recorrido° con la impresionante y controvertible pintura «Guernica», símbolo conmovedor° de la guerra y la represión política.

    Es posible que alguno que otro° de los que asistieron a la exposición del Museo de Arte Moderno de Nueva York haya sido testigo de la masacre de Guernica, el pueblo español que las fuerzas fascistas alemanas bombardearon en 1937. La destrucción de Guernica ocasionada por la explosión de las bombas ha sido uno de los episodios más tristes y trágicos de la historia de España; fue también simbólicamente el comienzo de una de las más largas dictaduras de nuestro siglo.

    El general Francisco Franco, despues de dirigir un golpe militar contra el gobierno español republicano, triunfó en 1939 con la ayuda del dictador italiano Mussolini y con el apoyo de Hitler. Tuvo poder absoluto para regir el destino de España hasta 1975,

posters / pamphlets

se... crowded
hope

sketch / hanging

walked through

se... submerged themselves
avant-garde

«Tres... "Three Musicians" (1921) / tour

moving

alguno... unos pocos

El «Guernica» de Picasso denuncia en silencio un acto salvaje contra la indefensa población civil del pueblo más antiguo de los vascos. Las figuras fragmentadas y los tonos grises y negros que empleó el pintor captan la agonía y el terror de una familia rural, símbolo de toda nación que ha sufrido las injusticias de la guerra. Este cuadro, donde Picasso examina la realidad simultáneamente desde varias perspectivas, muestra su control técnico y su poder expresivo. Es también prueba contundente (forceful) de que el cubismo no fue nunca simplemente un ejercicio formal para este gran pintor español.

año de su muerte. La mayoría de los intelectuales españoles fueron asesinados o se exilaron en los Estados Unidos y la América Latina. Esta dictadura despótica y represiva duró casi cuarenta años. Como consecuencia, España se vio apartada de las corrientes artísticas e intelectuales del momento.

A la muerte de Franco en 1975 se estableció una monarquía constitucional al frente de la cual están el rey Juan Carlos de Borbón y su esposa doña Sofía de Grecia. De 1975 a 1977 España pasó por un difícil período de transición durante el cual trató de actualizarse.° Surgieron nuevas revistas, se fundaron nuevas casas editoriales,° se representaron obras de teatro anteriormente prohibidas y entraron al país novelas y textos que habían estado en la «lista negra» del gobierno franquista.° Pero lo más importante fue la elaboración de una constitución que sirviera de marco° a la actividad política del país.

En 1977 los españoles votaron por primera vez en cuatro décadas para elegir un gobierno democrático. Triunfó Adolfo Suárez y ese mismo año tomó el poder, apoyado por el partido de «La Unión Centro Democrática». En 1981 España eligió un gobierno socialista presidido por Felipe González.

Picasso pidió en su testamento° que su obra «Guernica» no fuera exhibida en España hasta que su país tuviera un gobierno democrático y hasta que sus compatriotas disfrutaran de la libertad que él nunca tuvo en su patria. En 1981 esta obra fue trasladada al Museo del Prado y el pueblo español pudo admirarla

modernizarse

casas... publishing houses

de Franco

framework

will

por primera vez desde que Picasso la creó en 1937. «Guernica» regresó a España después de haber recorrido los museos más prestigiosos del mundo. Será siempre nombrada como una pieza clave de Vanguardia que transformó el concepto del arte y de la creación artística. Pero «Guernica» es también un testimonio de la lucha del hombre por la libertad. Al mostrar el sufrimiento, la pintura de Picasso pide una sola cosa: paz.

Preguntas

1. ¿Qué estilos del arte de Picasso pudo ver el público?
2. ¿Qué simboliza «Guernica»?
3. ¿Cuándo murió Franco? ¿Cómo afectó a España este acontecimiento?
4. ¿Cómo se caracteriza el período entre 1975 y 1977 en España? ¿A qué partido político pertenece Felipe González?
5. ¿Por qué no se trasladó «Guernica» al Museo del Prado hasta después de la muerte de Franco?

LA FICCIÓN: *Mi querida cuñada*

Ya estaba harto° de la capital; por eso decidí volver al pueblo. Aquellos seis meses que había pasado en la gran ciudad habían sido tremendos. Había tenido una buena vida, pero de repente me vi sin un centavo, lleno de deudas, cansadísimo de los coches y del humo. Como no tenía dinero para el pasaje, me fui caminando hasta las afueras. Tendría que hacer autostop.° Viajé los primeros treinta kilómetros en un camión de ganado.° No fue un viaje muy agradable, pero no me importó, porque mi único propósito era regresar a casa de mis padres.

El camionero me dejó en un pueblo donde no se veía a casi nadie en las calles, un lugar desolado y caluroso. Tenía un hambre espantosa° y un dolor de cabeza que me hacía perder la vista por segundos. Estaba a punto de desmayarme° cuando un enorme monstruo se detuvo ante mí. Al principio creí que era una alucinación causada por el hambre y el cansancio. Di tres pasos y entonces comprendí que aquel monstruo era un flamante Cadillac. Venía conduciéndolo una mujer extraña; tenía la cara delgada y exageradamente maquillada; sus cejas eran largas y puntiagudas;° el cabello era corto y de un color rubio

cansado

hacer… hitchhike
livestock

Tenía… Tenía muchísima hambre
fainting

arching

plateado° que cegaba.° Fumaba un cigarrillo largo, con filtro.

Subí al carro y la saludé secamente. Ella sonrió un poco incómoda. Y salimos de allí.

—¿Viaja usted muy lejos? —me preguntó.

—Voy a Villalba.

—¿Y su equipaje?

—No tengo equipaje. Le expliqué sin detalles la razón de mi viaje.

—¿Cómo se llama? —me preguntó.

—Vicente, —le dije sin mirarla.

—Mi nombre es María, pero prefiero que me llame usted Marí, como en francés, con acento en la í. Y entonces su mano enguantada° cubrió la mía.

—Dígame, ¿no le gusta la capital?

—Sí. Bastante.

—A mí también. Me encanta el humo de la gran ciudad; sus rascacielos,° sus coches, sus multitudes. Le parecerá a usted raro, pero fíjese que cada vez que vengo al campo, me da asfixia.° Vengo para ver a mi hermana; por ella soy capaz de sacrificarme...

—¿Su hermana?

—Sí. Ella es muy buena, una mujer muy fuerte. La pobre, desde que se casó con el torpe de Vicente... ¡Ay! ¡Qué casualidad! Mi cuñado se llama Vicente igual que usted... En fin, como le decía, desde que se casó con él, vive en esos montes del infierno,° pero bueno, ella lo prefiere así. El campo, claro, no le ha venido del todo mal.° Los niños se han criado muy saludables. ¡Ah! Quiero tanto a esos niños. Mi hermana y mis dos sobrinos son toda mi familia. Por supuesto que excluyo al inútil de mi cuñado; ése no es ariente ni pariente°...

Por la ventanilla veía llegar y desaparecer cientos de imágenes con árboles y montañas. ¡Ya no soportaba° la voz de aquella mujer!

—...Mi difunto esposo, que en gloria esté,° me acostumbró a las comodidades y a los vicios de la metrópolis. Yo no podría habitar, como mi hermana, esos laberintos rurales. Y aun así, si no fuera porque el campo me hace tanto daño, me trasladaría al pueblucho° donde ellos viven. Mire, le muestro una foto de mis sobrinos. Abra usted la cartera y busque con cuidado.

Me sorprendió la confianza que la mujer ponía en

---

color... de plata / *was blinding*

gloved

edificios muy altos

me... no puedo respirar

montes... *boondocks*

no... *hasn't been bad for her*

ése... *he's no relative of mine*

no... *I couldn't stand*

que... *may he rest in peace*

pueblo pequeño y sin atractivo

mí. Abrí la cartera un poco nervioso, pensando en todo el dinero que descubriría; y así fue, en mucho tiempo no había visto tantos billetes juntos. Cuando hallé por fin la fotografía tuve que admitir que los niños eran en verdad muy hermosos.

—¿Qué le parece si antes de llegar paramos a comer en algún sitio? —me preguntó después.

—Me parece una idea estupenda, —le respondí.

Nos detuvimos a comer en un restaurante del camino.

—¿A usted qué tipo de comida le gusta, Vicente?

—No sé, Marí. Creo que la que hace mi madre.

—¡Oh! Pues a mí me gusta mucho la *cuisine française*, quiero decir, la cocina francesa. También me gusta la cocina oriental. La comida francesa es muy bella, con mucho adorno, se hace para mirarse, para deleitarse° uno viéndola; en cambio la comida oriental no se vale° de trucos° visuales para atraer al hambriento; es como es, sin embellecimiento. Pero la comida oriental tiene un problema: a la hora de haberla comido ya está una con hambre otra vez. Satisface en el momento, pero... ¡Ah, espero no estar aburriéndolo, Vicente!

—No, Marí.

—Cuando me siento un poco exótica me gusta la comida china; me aleja de este mundo.

Fuera de mi mundo es adonde me hubiera gustado mandar a Marí. La cotorra° con peluca° no daba descanso a la lengua.

—Cuando como a la francesa me siento de otra manera. Me siento, ¿cómo diría yo? Con un *je ne sais quoi*,° me siento *chic*.

La mesera vino por fin a la mesa donde estábamos sentados. Su aspecto era sucio y repulsivo. Su cabello era de color grisáceo y lo llevaba todo desgreñado;° algunos mechones° le rozaban° a menudo la nariz y la hacían rascarse constantemente.

—Y bien, ¿qué van a tomar?

Cuando abrió la boca pude notar que no tenía dientes; por eso se le veía la cara muy hundida.°

—¿No nos trae el menú? —preguntó Marí extrañada.

—Señora, permítame ahorrarle ese trabajo... Hoy han llegado muchos camioneros° a comer y sólo nos queda sopa de legumbres y café.

---

divertirse

no... no depende / tricks

parrot / wig

Con... With a certain something

disheveled

strands / brushed

sunken-in

truck drivers

Con desilusión Marí pidió para los dos. La sopa estaba fría, pero tenía buen sabor. El café era muy bueno.

Durante el trayecto sólo hablamos una vez más; fue cuando llegamos a mi pueblo. Yo me había dormido. Marí me despertó para avisarme que ya habíamos llegado. Cuando abrí los ojos y la vi a mi lado sentí lástima y me arrepentí de haberla odiado tanto en el transcurso de aquel viaje. Después de todo, ella me había quitado el hambre y me había dejado en las mismas puertas de mi casa. Pero Marí seguiría su rumbo° y yo no la vería jamás; ese pensamiento me llenaba de alegría.

seguiría... *would go on her way*

*   *   *   *   *   *

Mis padres se alarmaron mucho cuando me vieron tan barbudo° y delgado. En verdad me sentía agotado.° Estuve durmiendo dos días seguidos y cuando me levanté no podía parar de comer. Los platillos de mi madre llovían sobre la mesa.

de mucha barba
cansadísimo

—¿Y papá?—le pregunté a mamá mientras devoraba su comida tan rica.

—Está en la sala atendiendo a don Manuel. El pobre se ha portado tan bien con nosotros. Desde que te trajo hace dos días no hace más que preguntar por ti.

—¿Don Manuel?, ¿qué don Manuel?

—El camionero, hijo, el de las vacas. Te recogió en las afueras de esa ciudad infernal y te trajo hasta la misma puerta de la casa. Dice que no se perdona haberte dejado viajar atrás con las bestias. Cuando se bajó a comer en un café del camino te encontró desmayado. Dios te salvó, hijo, de no morir aplastado° por uno de esos animales.

flattened, squashed

—Pero, mamá, ¿qué dices? Estoy aquí gracias a Marí, una señora que me recogió, me invitó a almorzar y me dejó muy cerca de aquí...

Mamá me dio a entender que yo estaba delirando° y que necesitaba descansar. Según ella, yo había hecho el viaje en el camión de don Manuel. Le describí en detalle mi viaje con Marí. Se lo describí varias veces tratando de convencerla; ella solamente sonreía incrédula° y me repetía que necesitaba mucho descanso.

que... *that I was delirious*

sin creerme

*　*　*　*　*　*

¡Estaba tan ansioso por descifrar aquel misterio! Tenía que recorrer otra vez mi trayecto° con Marí. Pensé que la dueña de aquel café me sacaría de dudas° y me devolvería la confianza en mi sano juicio. En cuanto° me sentí un poco más fuerte y recuperado, le pedí prestado el auto a papá y les expliqué a él y a mamá para qué lo quería. A mi madre le pareció un capricho° y una tontería querer viajar a la capital sólo para poderles probar que estaban equivocados.° Pero yo insistí.

Recorrí cada milla de aquella ruta misteriosa. Casi podía escuchar otra vez la voz de Marí. Por la ventanilla veía llegar y desaparecer un paisaje que refrescaba en mi memoria la presencia de aquella señora: su cartera, la foto de sus sobrinos, su voz insoportable, su vana conversación, su peluca rubia.

Llegué por fin al café donde Marí y yo paramos a almorzar. El lugar estaba vacío. Llamé a la mesera, gritando más fuerte cada vez, como si temiera no poder encontrarla. A los cinco minutos la mujer por fin apareció. Me reconoció inmediatamente. Le pedí un café y le pregunté si recordaba a Marí. Se extrañó mucho de mi pregunta. Me dijo que no, que no recordaba a ninguna señora de peluca rubia.

—A usted sí lo recuerdo. A usted sí, —me dijo nerviosa, —pero a esa señora de quien me habla no la recuerdo. A este restaurante lo trajo un señor, un camionero. El hombre venía muy afligido° porque usted se había desmayado. Yo le puse compresas en la frente y lo reviví con mi buen café. Ésa es la verdad. Lo demás lo habrá soñado usted.

—¡Todos se han puesto de acuerdo para hacerme creer que estoy loco! —le grité. —¡Todos! ¡Admítalo! Usted me vio aquí con aquella vieja pintorreada.° Usted nos sirvió a los dos aquella sopa fría. ¿Pero no se acuerda, no se acuerda?

La pobre mujer empezó a temblar, asustada. Me amenazó con llamar a la policía si no me iba inmediatamente. Me fui de aquel lugar confundido y sin saber qué pensar. Al parecer mis padres tenían razón. Todos tenían razón: aquel viaje con Marí había sido un sueño. Regresé a casa vencido,° con el propósito de olvidar aquella pesadilla. En aquel

viaje

me... *would clarify things for me*
En... Tan pronto como

whim

wrong

upset

que usaba mucho maquillaje

derrotado

momento no podía sospechar que al cabo° de los años   al... después
Marí regresaría a mi vida.

*   *   *   *   *   *

Terminé casándome con una de las hijas de don
Manuel el camionero. Tenemos dos niños. Mi esposa
y mi madre no se llevan muy bien; por eso vivimos en
otro pueblo. Confieso que soy feliz, aunque hemos
tenido nuestros altos y bajos. Y esos bajos se repiten
todos los veranos, cuando viene a visitarnos una
extravagante señora de peluca rubia. Se llama María,
o Marí, como lo prefiere ella. Es mi querida cuñada y
la tolero porque adora a mis hijos y además, ¡no
quiero más problemas de familia! Pero tengo razones
suficientes para odiar a esta señora. Aunque ella trate
de ser muy amable conmigo, siempre, desde aquel
viaje, he sabido lo que realmente opina de mí.

Preguntas

1. ¿Por qué decidió Vicente regresar a su pueblo?
2. En sus propias palabras describa a Marí: su físico, sus opiniones. ¿Qué le parece esta mujer? ¿Qué piensa Vicente de Marí?
3. ¿Por qué viaja Marí al campo todos los años?
4. ¿Qué piensa ella de la situación de su hermana? ¿Qué opina de su cuñado?
5. Cuando Vicente llega por fin a su casa, ¿cómo reaccionan sus padres?
6. Según su madre, ¿cómo y con quién viajó Vicente de la capital al pueblo? ¿Está de acuerdo Vicente? ¿Qué piensa su madre de la historia de Marí?
7. ¿Qué hace Vicente para probarles a sus padres que están equivocados?
8. Cuando Vicente llega otra vez al café, ¿qué le dice la mesera? ¿Cómo reacciona Vicente?
9. ¿En qué forma está relacionado ahora Vicente con Marí? ¿Qué razones tiene Vicente para odiar a su cuñada?
10. ¿Es Vicente la misma persona que describe Marí al principio del cuento?

GRAMÁTICA Y EJERCICIOS

15.1. The Subjunctive in Adjective Clauses

Spanish uses the subjunctive in adjective clauses that refer to unknown or nonexistent people, places, or things. Notice the contrast between the use of the indicative (known) and the subjunctive (unknown) in the following examples.

Adriana **vive** en Buenos Aires, que **es** una ciudad muy cosmopolita.
Adriana lives in Buenos Aires, which is a very cosmopolitan city.

Yo también **quiero vivir** en una ciudad que **sea** muy cosmopolita.
I also want to live in a city that is very cosmopolitan.

Tengo un colega que **conoce** al presidente de España, pero en esta reunión **no hay nadie** que lo **conozca**.
I have a colleague who knows the president of Spain, but at this meeting there is no one who knows him.

Ejercicio 1

Escoja la forma apropiada del verbo (indicativo o subjuntivo) según el contexto.

1. Vivo en un país que no (*está*/*esté*) muy desarrollado económicamente.
2. Busco a un político que (*es*/*sea*) honesto.
3. Todos los años pasamos las vacaciones en un lugar que (*tiene*/*tenga*) un clima tropical.
4. No conozco a nadie que (*toma*/*tome*) tanto tequila como Fernando.
5. La empresa quiere establecerse en un lugar que (*está*/*esté*) muy industrializado.

15.2. The Perfect Tenses

A. The perfect tenses in Spanish and in English are formed by using the appropriate tense of an auxiliary verb (**haber**, *to have*) followed by a past participle. (See Section 11.1 for some forms of **haber**.) You have already studied the present perfect.

Nunca **he viajado** a Brasil.
I have never traveled to Brazil.

The other perfect tenses are not often used in everyday speech and are even relatively uncommon in writing.

B. The past perfect (pluperfect) indicates an action that preceded another action in the past. It consists of the imperfect of **haber** + *past participle*.

> El primer ministro no **había llevado** a cabo su plan antes de convocar a elecciones en la primavera.
> *The prime minister had not carried out his plan before calling elections in the spring.*

C. The present perfect subjunctive is often used to indicate a completed action in sentences of subjective reaction.

> ¡Qué bueno que el partido conservador no **haya ganado** las elecciones!
> *I am glad that the conservative party has not won (did not win) the elections!*

D. The conditional perfect and the past perfect subjunctive are used in sentences that describe conditions contrary-to-the-fact in the past. (See Section 14.5C for past subjunctive forms of **haber**.)

> Si no **hubiera anunciado** su renuncia, lo **habrían despedido**.
> *If he hadn't announced his resignation, they would have fired him.*

Ejercicio 2

Complete las oraciones con la forma correcta de **haber** y el participio pasado. Use **ha(n)** o **haya(n)** y el verbo que aparece al final de cada oración.

MODELO: No conozco ningún periódico que <u>haya criticado</u> al gobierno tanto como «La Nación».   (criticar)

1. Los senadores _____ _____ al primer ministro.   (elegir)
2. No conozco a nadie que _____ _____ el pueblo de Guernica en España.   (visitar)
3. Los países de América Latina se _____ _____ mucho en los últimos años.   (desarrollar)
4. Las huelgas de los choferes de taxi _____ _____ la economía del país.   (paralizar)
5. No creo que los grupos minoritarios _____ _____ participar en el sistema democrático.   (poder)

Ejercicio 3

Complete las oraciones con el imperfecto del verbo **haber** y el participio pasado del verbo que aparece al final.

MODELO: Ya <u>habían</u> <u>asesinado</u> al presidente cuando llegó el ejército.

1. Antes de mudarnos a la capital, mi familia y yo _____ _____ en un pueblo pequeño.   (vivir)

2. Gracias a las investigaciones, se supo que los militares ____ _____ a más de 45,000 personas por razones políticas. (encarcelar *to put in jail*)

3. Antes de obtener el aumento de sueldo, los trabajadores se ____ _____ a trabajar. (negar)

4. Antes de las elecciones, el candidato ____ _____ todo. (prometer)

5. Antes de la guerra, ____ _____ los precios de la gasolina. (bajar)

15.3. *The Subjunctive in Time Clauses*

A. Spanish requires subjunctive verb forms in time clauses whenever the time expressed is anticipated and indefinite (future). On the other hand, present indicative forms are used to express habitual activities.

> Voy a ver las noticias cuando **termine** de trabajar.
> *I am going to watch the news when I finish working.*

> Yo siempre veo las noticias cuando **termino** mi trabajo.
> *I always watch the news when I finish my work.*

B. Although **cuando** is most commonly used to introduce time clauses, other similar conjunctions are **hasta que** (*until*), **después de que** (*after*), **tan pronto como** (*as soon as*), and **en cuanto** (*as soon as*).

> El nuevo presidente no hablará **hasta que tome** posesión de su puesto.
> *The new president will not speak until he takes office.*

> Generalmente los políticos nos prometen todo **hasta que toman** posesión de su puesto.
> *Usually politicians promise us everything until they take office.*

C. Normally the conjunction **antes de que** (*before*) is followed by subjunctive verb forms even when the activity described is habitual.

> Voy a comprar un carro importado **antes de que suban** los precios.
> *I'm going to buy a new car before the prices go up.*

Ejercicio 4

Escoja la forma correcta.

1. El rey se va a jubilar en cuanto (*cumple/cumpla*) 65 años.
2. Los senadores no descansarán hasta que se (*soluciona/solucione*) la crisis.
3. Antes de que el embajador (*ambassador*) (*vuelve/vuelva*) a su país este verano, comenzarán a seleccionar al nuevo embajador.
4. Habrá muchos discursos en la televisión cuando (*comienzan/comiencen*) las elecciones.

5. Necesito hablar con el secretario del Presidente tan pronto como (*es/sea*) posible.
6. Después de que (*sale/salga*) el rey del palacio, buscaremos la bomba.

15.4. The Subjunctive in Purpose Clauses

A. Spanish requires subjunctive verb forms in purpose clauses introduced by conjunctions such as **para que** (*so that, provided that*), **sin que** (*without that*), **con tal (de) que** (*provided that*), **a menos que** (*unless*), and so forth.

> ¡La legislatura va a aprobar la nueva ley **sin que** los ciudadanos lo **sepan**!
> *The legislature is going to pass the new law without the citizens knowing it!*

B. If the verb in the main clause expresses a past action or a hypothetical case, then the verb in the purpose clause is also past, usually the imperfect subjunctive.

> El político les pagó $50,000.00 **para que** no **dijeran** nada del asunto.
> *The politician paid them $50,000.00 so that they wouldn't say anything about the case.*

> El sindicalista estaría de acuerdo, **con tal (de) que** le **consiguieran** un puesto en el gobierno.
> *The union member would agree, provided they got him a job with the government.*

Ejercicio 5

Escoja la forma correcta.

1. Es necesario reparar los edificios del centro para que no se (*caen/caigan*).
2. Habrá más criminales a menos que los jueces (*dan/den*) sentencias más estrictas.
3. No podemos seguir usando tanta gasolina sin que (*hay/haya*) grandes problemas con la contaminación.
4. El candidato ofrece ayudar a todos con tal que (*votan/voten*) por él.
5. Yo le escribiré al senador para que nos (*ayuda/ayude*) a conseguir fondos.

15.5. The Passive Voice

A. The passive voice in Spanish, as in English, is constructed with any tense of the verb **ser** (*to be*) followed by a past participle. The passive voice is most commonly used in the past tense.

> Los huelguistas **fueron atacados** por el ejército.
> *The striking workers were attacked by the army.*

B. The participle must agree in number and gender with the subject of the sentence.

> **Las presas** serán **construidas** por la compañía Electrolux.
> *The dams will be constructed by the Electrolux Company.*

> No es verdad que si los rebeldes derrocaran al gobierno **la república** de Doraselva sería **invadida** por los rusos.
> *It is not true that if the rebels overthrew the government the republic of Doraselva would be invaded by the Russians.*

Ejercicio 6

Cambie las oraciones de la voz pasiva a una declaración directa.

MODELO: Las paredes fueron destruidas por los trabajadores. →
Los trabajadores destruyeron las paredes.

1. Las islas fueron invadidas por las tropas.
2. La pregunta fue contestada por el primer ministro.
3. Los discursos fueron escritos por el secretario del Presidente.
4. La residencia del gobernador es protegida por los guardias 24 horas al día.
5. Tres de los ladrones fueron sentenciados a cinco años de cárcel (*jail*) por el juez.

APPENDIX 1

VERBS

A. Regular Verbs: Simple Tenses

INFINITIVE / PRESENT PARTICIPLE / PAST PARTICIPLE	INDICATIVE					SUBJUNCTIVE		IMPERATIVE
	PRESENT	IMPERFECT	PRETERITE	FUTURE	CONDITIONAL	PRESENT	IMPERFECT	
hablar	hablo	hablaba	hablé	hablaré	hablaría	hable	hablara	
hablando	hablas	hablabas	hablaste	hablarás	hablarías	hables	hablaras	habla tú,
hablado	habla	hablaba	habló	hablará	hablaría	hable	hablara	no hables
	hablamos	hablábamos	hablamos	hablaremos	hablaríamos	hablemos	habláramos	hable Ud.
	habláis	hablabais	hablasteis	hablaréis	hablaríais	habléis	hablarais	hablemos
	hablan	hablaban	hablaron	hablarán	hablarían	hablen	hablaran	hablen
comer	como	comía	comí	comeré	comería	coma	comiera	
comiendo	comes	comías	comiste	comerás	comerías	comas	comieras	come tú,
comido	come	comía	comió	comerá	comería	coma	comiera	no comas
	comemos	comíamos	comimos	comeremos	comeríamos	comamos	comiéramos	coma Ud.
	coméis	comíais	comisteis	comeréis	comeríais	comáis	comierais	comamos
	comen	comían	comieron	comerán	comerían	coman	comieran	coman
vivir	vivo	vivía	viví	viviré	viviría	viva	viviera	
viviendo	vives	vivías	viviste	vivirás	vivirías	vivas	vivieras	vive tú,
vivido	vive	vivía	vivió	vivirá	viviría	viva	viviera	no vivas
	vivimos	vivíamos	vivimos	viviremos	viviríamos	vivamos	viviéramos	viva Ud.
	vivís	vivíais	vivisteis	viviréis	viviríais	viváis	vivierais	vivamos
	viven	vivían	vivieron	vivirán	vivirían	vivan	vivieran	vivan

B. Regular Verbs: Perfect Tenses

INDICATIVE					SUBJUNCTIVE	
PRESENT PERFECT	PAST PERFECT	PRETERITE PERFECT	FUTURE PERFECT	CONDITIONAL PERFECT	PRESENT PERFECT	PAST PERFECT
he	había	hube	habré	habría	haya	hubiera
has	habías	hubiste	habrás	habrías	hayas	hubieras
ha	había	hubo	habrá	habría	haya	hubiera
hemos	habíamos	hubimos	habremos	habríamos	hayamos	hubiéramos
habéis	habíais	hubisteis	habréis	habríais	hayáis	hubierais
han	habían	hubieron	habrán	habrían	hayan	hubieran

For each perfect tense above, the past participle follows: **hablado, comido, vivido**.

C. Irregular Verbs

INFINITIVE PRESENT PARTICIPLE PAST PARTICIPLE	INDICATIVE					SUBJUNCTIVE		IMPERATIVE
	PRESENT	IMPERFECT	PRETERITE	FUTURE	CONDITIONAL	PRESENT	IMPERFECT	
andar andando andado	ando andas anda andamos andáis andan	andaba andabas andaba andábamos andabais andaban	anduve anduviste anduvo anduvimos anduvisteis anduvieron	andaré andarás andará andaremos andaréis andarán	andaría andarías andaría andaríamos andaríais andarían	ande andes ande andemos andéis anden	anduviera anduvieras anduviera anduviéramos anduvierais anduvieran	anda tú, no andes ande Ud. andemos anden
caer cayendo caído	caigo caes cae caemos caéis caen	caía caías caía caíamos caíais caían	caí caíste cayó caímos caísteis cayeron	caeré caerás caerá caeremos caeréis caerán	caería caerías caería caeríamos caeríais caerían	caiga caigas caiga caigamos caigáis caigan	cayera cayeras cayera cayéramos cayerais cayeran	cae tú, no caigas caiga Ud. caigamos caigan
dar dando dado	doy das da damos dais dan	daba dabas daba dábamos dabais daban	di diste dio dimos disteis dieron	daré darás dará daremos daréis darán	daría darías daría daríamos daríais darían	dé des dé demos deis den	diera dieras diera diéramos dierais dieran	da tú, no des dé Ud. demos den
decir diciendo dicho	digo dices dice decimos decís dicen	decía decías decía decíamos decíais decían	dije dijiste dijo dijimos dijisteis dijeron	diré dirás dirá diremos diréis dirán	diría dirías diría diríamos diríais dirían	diga digas diga digamos digáis digan	dijera dijeras dijera dijéramos dijerais dijeran	di tú, no digas diga Ud. digamos digan
estar estando estado	estoy estás está estamos estáis están	estaba estabas estaba estábamos estabais estaban	estuve estuviste estuvo estuvimos estuvisteis estuvieron	estaré estarás estará estaremos estaréis estarán	estaría estarías estaría estaríamos estaríais estarían	esté estés esté estemos estéis estén	estuviera estuvieras estuviera estuviéramos estuvierais estuviera	está tú, no estés esté Ud. estemos estén
haber habiendo habido	he has ha hemos habéis han	había habías había habíamos habíais habían	hube hubiste hubo hubimos hubisteis hubieron	habré habrás habrá habremos habréis habrán	habría habrías habría habríamos habríais habrían	haya hayas haya hayamos hayáis hayan	hubiera hubieras hubiera hubiéramos hubierais hubieran	
hacer haciendo hecho	hago haces hace hacemos hacéis hacen	hacía hacías hacía hacíamos hacíais hacían	hice hiciste hizo hicimos hicisteis hicieron	haré harás hará haremos haréis harán	haría harías haría haríamos haríais harían	haga hagas haga hagamos hagáis hagan	hiciera hicieras hiciera hiciéramos hicierais hicieran	haz tú, no hagas haga Ud. hagamos hagan

C. Irregular Verbs (continued)

INFINITIVE / PRESENT PARTICIPLE / PAST PARTICIPLE	INDICATIVE					SUBJUNCTIVE		IMPERATIVE
	PRESENT	IMPERFECT	PRETERITE	FUTURE	CONDITIONAL	PRESENT	IMPERFECT	
ir / yendo / ido	voy vas va vamos vais van	iba ibas iba íbamos ibais iban	fui fuiste fue fuimos fuisteis fueron	iré irás irá iremos iréis irán	iría irías iría iríamos iríais irían	vaya vayas vaya vayamos vayáis vayan	fuera fueras fuera fuéramos fuerais fueran	ve tú, no vayas vaya Ud. vayamos vayan
oír / oyendo / oído	oigo oyes oye oímos oís oyen	oía oías oía oíamos oíais oían	oí oíste oyó oímos oísteis oyeron	oiré oirás oirá oiremos oiréis oirán	oiría oirías oiría oiríamos oiríais oirían	oiga oigas oiga oigamos oigáis oigan	oyera oyeras oyera oyéramos oyerais oyeran	oye tú, no oigas oiga Ud. oigamos oigan
poder / pudiendo / podido	puedo puedes puede podemos podéis pueden	podía podías podía podíamos podíais podían	pude pudiste pudo pudimos pudisteis pudieron	podré podrás podrá podremos podréis podrán	podría podrías podría podríamos podríais podrían	pueda puedas pueda podamos podáis puedan	pudiera pudieras pudiera pudiéramos pudierais pudieran	
poner / poniendo / puesto	pongo pones pone ponemos ponéis ponen	ponía ponías ponía poníamos poníais ponían	puse pusiste puso pusimos pusisteis pusieron	pondré pondrás pondrá pondremos pondréis pondrán	pondría pondrías pondría pondríamos pondríais pondrían	ponga pongas ponga pongamos pongáis pongan	pusiera pusieras pusiera pusiéramos pusierais pusieran	pon tú, no pongas ponga Ud. pongamos pongan
querer / queriendo / querido	quiero quieres quiere queremos queréis quieren	quería querías quería queríamos queríais querían	quise quisiste quiso quisimos quisisteis quisieron	querré querrás querrá querremos querréis querrán	querría querrías querría querríamos querríais querrían	quiera quieras quiera queramos queráis quieran	quisiera quisieras quisiera quisiéramos quisierais quisieran	quiere tú, no quieras quiera Ud. queramos quieran
saber / sabiendo / sabido	sé sabes sabe sabemos sabéis saben	sabía sabías sabía sabíamos sabíais sabían	supe supiste supo supimos supisteis supieron	sabré sabrás sabrá sabremos sabréis sabrán	sabría sabrías sabría sabríamos sabríais sabrían	sepa sepas sepa sepamos sepáis sepan	supiera supieras supiera supiéramos supierais supieran	sabe tú, no sepas sepa Ud. sepamos sepan
salir / saliendo / salido	salgo sales sale salimos salís salen	salía salías salía salíamos salíais salían	salí saliste salió salimos salisteis salieron	saldré saldrás saldrá saldremos saldréis saldrán	saldría saldrías saldría saldríamos saldríais saldrían	salga salgas salga salgamos salgáis salgan	saliera salieras saliera saliéramos salierais salieran	sal tú, no salgas salga Ud. salgamos salgan

Infinitive / Present Participle / Past Participle	PRESENT	IMPERFECT	PRETERITE	FUTURE	CONDITIONAL	PRESENT (subj.)	IMPERFECT (subj.)	IMPERATIVE
ser siendo sido	soy eres es somos sois son	era eras era éramos erais eran	fui fuiste fue fuimos fuisteis fueron	seré serás será seremos seréis serán	sería serías sería seríamos seríais serían	sea seas sea seamos seáis sean	fuera fueras fuera fuéramos fuerais fueran	sé tú, no seas sea Ud. seamos sean
tener teniendo tenido	tengo tienes tiene tenemos tenéis tienen	tenía tenías tenía teníamos teníais tenían	tuve tuviste tuvo tuvimos tuvisteis tuvieron	tendré tendrás tendrá tendremos tendréis tendrán	tendría tendrías tendría tendríamos tendríais tendrían	tenga tengas tenga tengamos tengáis tengan	tuviera tuvieras tuviera tuviéramos tuvierais tuvieran	ten tú, no tengas tenga Ud. tengamos tengan
traer trayendo traído	traigo traes trae traemos traéis traen	traía traías traía traíamos traíais traían	traje trajiste trajo trajimos trajisteis trajeron	traeré traerás traerá traeremos traeréis traerán	traería traerías traería traeríamos traeríais traerían	traiga traigas traiga traigamos traigáis traigan	trajera trajeras trajera trajéramos trajerais trajeran	trae tú, no traigas traiga Ud. traigamos traigan
venir viniendo venido	vengo vienes viene venimos venís vienen	venía venías venía veníamos veníais venían	vine viniste vino vinimos vinisteis vinieron	vendré vendrás vendrá vendremos vendréis vendrán	vendría vendrías vendría vendríamos vendríais vendrían	venga vengas venga vengamos vengáis vengan	viniera vinieras viniera viniéramos vinierais vinieran	ven tú, no vengas venga Ud. vengamos vengan
ver viendo visto	veo ves ve vemos veis ven	veía veías veía veíamos veíais veían	vi viste vio vimos visteis vieron	veré verás verá veremos veréis verán	vería verías vería veríamos veríais verían	vea veas vea veamos veáis vean	viera vieras viera viéramos vierais vieran	ve tú, no veas vea Ud. veamos vean

D. Stem-changing and Spelling Change Verbs

INFINITIVE / PRESENT PARTICIPLE / PAST PARTICIPLE	INDICATIVE					SUBJUNCTIVE		IMPERATIVE
	PRESENT	IMPERFECT	PRETERITE	FUTURE	CONDITIONAL	PRESENT	IMPERFECT	
pensar (ie) pensando pensado	pienso piensas piensa pensamos pensáis piensan	pensaba pensabas pensaba pensábamos pensabais pensaban	pensé pensaste pensó pensamos pensasteis pensaron	pensaré pensarás pensará pensaremos pensaréis pensarán	pensaría pensarías pensaría pensaríamos pensaríais pensarían	piense pienses piense pensemos penséis piensen	pensara pensaras pensara pensáramos pensarais pensaran	piensa tú, no pienses piense Ud. pensemos piensen
volver (ue) volviendo vuelto	vuelvo vuelves vuelve volvemos volvéis vuelven	volvía volvías volvía volvíamos volvíais volvían	volví volviste volvió volvimos volvisteis volvieron	volveré volverás volverá volveremos volveréis volverán	volvería volverías volvería volveríamos volveríais volverían	vuelva vuelvas vuelva volvamos volváis vuelvan	volviera volvieras volviera volviéramos volvierais volvieran	vuelve tú, no vuelvas vuelva Ud. volvamos vuelvan

D. Stem-changing and Spelling Change Verbs (continued)

INFINITIVE PRESENT PARTICIPLE PAST PARTICIPLE	INDICATIVE					SUBJUNCTIVE		IMPERATIVE
	PRESENT	IMPERFECT	PRETERITE	FUTURE	CONDITIONAL	PRESENT	IMPERFECT	
dormir (ue, u) durmiendo dormido	duermo duermes duerme dormimos dormís duermen	dormía dormías dormía dormíamos dormíais dormían	dormí dormiste durmió dormimos dormisteis durmieron	dormiré dormirás dormirá dormiremos dormiréis dormirán	dormiría dormirías dormiría dormiríamos dormiríais dormirían	duerma duermas duerma durmamos durmáis duerman	durmiera durmieras durmiera durmiéramos durmierais durmieran	duerme tú, no duermas duerma Ud. durmamos duerman
sentir (ie, i) sintiendo sentido	siento sientes siente sentimos sentís sienten	sentía sentías sentía sentíamos sentíais sentían	sentí sentiste sintió sentimos sentisteis sintieron	sentiré sentirás sentirá sentiremos sentiréis sentirán	sentiría sentirías sentiría sentiríamos sentiríais sentirían	sienta sientas sienta sintamos sintáis sientan	sintiera sintieras sintiera sintiéramos sintierais sintieran	siente tú, no sientas sienta Ud. sintamos sientan
pedir (i, i) pidiendo pedido	pido pides pide pedimos pedís piden	pedía pedías pedía pedíamos pedíais pedían	pedí pediste pidió pedimos pedisteis pidieron	pediré pedirás pedirá pediremos pediréis pedirán	pediría pedirías pediría pediríamos pediríais pedirían	pida pidas pida pidamos pidáis pidan	pidiera pidieras pidiera pidiéramos pidierais pidieran	pide tú, no pidas pida Ud. pidamos pidan
reír (i, i) riendo reído	río ríes ríe reímos reís ríen	reía reías reía reíamos reíais reían	reí reíste rió reímos reísteis rieron	reiré reirás reirá reiremos reiréis reirán	reiría reirías reiría reiríamos reiríais reirían	ría rías ría riamos riáis rían	riera rieras riera riéramos rierais rieran	ríe tú, no rías ría Ud. riamos rían
seguir (i, i) (ga) siguiendo seguido	sigo sigues sigue seguimos seguís siguen	seguía seguías seguía seguíamos seguíais seguían	seguí seguiste siguió seguimos seguisteis siguieron	seguiré seguirás seguirá seguiremos seguiréis seguirán	seguiría seguirías seguiría seguiríamos seguiríais seguirían	siga sigas siga sigamos sigáis sigan	siguiera siguieras siguiera siguiéramos siguierais siguieran	sigue tú, no sigas siga Ud. sigamos sigan
construir (y) construyendo construido	construyo construyes construye construimos construís construyen	construía construías construía construíamos construíais construían	construí construiste construyó construimos construisteis construyeron	construiré construirás construirá construiremos construiréis construirán	construiría construirías construiría construiríamos construiríais construirían	construya construyas construya construyamos construyáis construyan	construyera construyeras construyera construyéramos construyerais construyeran	construye tú, no construyas construya Ud. construyamos construyan
producir (zc) produciendo producido	produzco produces produce producimos producís producen	producía producías producía producíamos producíais producían	produje produjiste produjo produjimos produjisteis produjeron	produciré producirás producirá produciremos produciréis producirán	produciría producirías produciría produciríamos produciríais producirían	produzca produzcas produzca produzcamos produzcáis produzcan	produjera produjeras produjera produjéramos produjerais produjeran	produce tú, no produzcas produzca Ud. produzcamos produzcan

APPENDIX 2

ANSWERS TO GRAMMAR EXERCISES

PASO A

Ej. 1. 1. son 2. es 3. soy 4. somos 5. es **Ej. 2.** 1. No, Carmen no es gorda. 2. No, Nora y Mónica no son altas. 3. No, Esteban no tiene barba. 4. No, Luis y Mónica no son amigos. 5. No, la profesora Martínez no tiene pelo corto. **Ej. 3.** 1. cinco pesos 2. trece pesos 3. treinta y dos pesos 4. veinticinco pesos 5. diecinueve pesos 6. diez pesos 7. treinta y nueve pesos 8. veinte pesos 9. catorce pesos 10. cuatro pesos

PASO B

Ej. 1. 1. b 2. b 3. a 4. a 5. a **Ej. 2.** 1. No, no es una puerta. Es una mesa. 2. No, no es un muchacho. Es una pizarra. 3. No, no es una luz. Es un muchacho. 4. No, no es una mesa. Es una luz. 5. No, no es un lápiz. Es una puerta. 6. No, no es una pizarra. Es un bolígrafo. **Ej. 3.** 1. La 2. El 3. El 4. La 5. El **Ej. 4.** 1. alto 2. simpático 3. idealista 4. tradicional 5. guapo **Ej. 5.** 1. chico 2. chica 3. estudiantes 4. mujer **Ej. 6.** 1. pares de zapatos 2. perros nuevos 3. chaquetas rojas 4. lápices amarillos 5. profesoras mexicanas **Ej. 7.** *Answers will vary; here is one possible response.* Hay una pizarra y tres estudiantes. Hay pupitres, una mesa y un reloj. Hay libros y cuadernos. En el escritorio hay papeles.

PASO C

Ej. 1. 1. tiene 2. tenemos 3. tienes 4. tengo 5. tienen **Ej. 2.** 1. El coche es de la profesora Martínez. 2. La camisa es de Luis. 3. El perro es de Nora. 4. Los lentes son de la señora Ramírez. 5. El traje es del señor Ramírez. 6. La bicicleta es de Ernestito. **Ej. 3.** 1. su 2. sus 3. tu 4. mis 5. nuestros 6. su **Ej. 4.** 1. Son las cuatro y veinte. 2. Son las seis y quince (*or:* Son las seis y cuarto). 3. Son las ocho y trece. 4. Es la una y diez. 5. Son las siete y siete. 6. Son las cinco y media. **Ej. 5.** (*Answers will vary, depending on year text is used.*) 1. Estela Ramírez tiene 35 años. 2. Ernestito Ramírez tiene 8 años. 3. Gustavo Rivero tiene 16 años. 4. Doña María González de Saucedo tiene 79 años.

PASO D

Ej. 1. 1. Hace sol (buen tiempo). 2. Llueve. 3. Hace frío. 4. Hace mal tiempo. 5. Hace calor. 6. Nieva. **Ej. 2.** 1. cubano 2. española 3. franceses 4. italianas 5. costarricense **Ej. 3.** 1. La primera persona es Ernesto. 2. La segunda persona es Estela. 3. No, Gustavo es el cuarto. 4. No, Amanda es la quinta. 5. Sí, Ernestito es el tercero. 6. La sexta persona es Ramón. 7. No, don Anselmo es la séptima persona. **Ej. 4.** El lunes es el primer día. El martes es el segundo día. El miércoles es el tercer día. El jueves es el cuarto día. El viernes es el quinto día. El sábado es el sexto día. El domingo es el séptimo día. **Ej. 5.** 1. está 2. están 3. estás 4. estamos 5. estoy

PASO E

Ej. 1. 1. Quinientos sesenta y ocho dólares. 2. Tres mil seiscientos ochenta y nueve dólares. 3. Novecientos noventa y nueve dólares y cincuenta centavos. 4. Cincuenta mil trescientos noventa y seis dólares. 5. Quinientos millones sesenta y ocho mil cuatrocientos dólares. **Ej. 2.** 1. te-hache-ere-o-ce-ca-eme-o-ere-te-o-ene 2. ere-e-de-eme-a-ene 3. be-ere-e-doble u-e-ere 4. ca-a-ene-de-i-ene-ese-ca-i griega 5. doble u-e-elle-ese **Ej. 3.** 1. Es el cinco de mayo de mil novecientos ochenta y dos. 2. Es el dieciséis de agosto de mil novecientos noventa. 3. Es el primero de enero de mil novecientos ochenta y siete. 4. Es el veintiocho de febrero de mil novecientos sesenta y dos. 5. Es el trece de septiembre de mil novecientos setenta y cinco. **Ej. 4.** 1. La blusa cuesta treinta y cuatro (dólares), noventa y cinco (centavos). 2. El abrigo cuesta ciento diecinueve, ochenta y nueve. 3. El coche cuesta doce mil (dólares). 4. Los pantalones cuestan veintiocho, sesenta y nueve. 5. La bicicleta cuesta ochenta y cuatro. 6. La mesa cuesta cincuenta y dos, cincuenta.

CAPÍTULO UNO

Ej. 1. A mis amigas (no) les gusta cocinar. 2. A mi papá (no) le gusta fumar. 3. A mi mamá (no) le gusta jugar al golf. 4. A mi novia (no) le gusta tomar fotos. 5. A mis abuelos (no) les gusta mirar la televisión. **Ej. 2.** 1. Ernestito quiere jugar al béisbol. 2. El señor Ramírez prefiere mirar un partido de fútbol. 3. Estela y Margarita quieren ir de compras. 4. Doña Lola prefiere sentarse y leer. 5. Gustavo y Roberto prefieren levantar pesas. 6. Amanda quiere viajar. **Ej.**

3. 1. vas 2. Voy 3. van 4. va, va 5. Vamos **Ej. 4.** 1. Gustavo está leyendo. 2. Don Eduardo y Don Anselmo están jugando al golf. 3. Amanda está corriendo. 4. La señora Ramírez (Estela) está cocinando. 5. Pedro y Margarita están mirando la televisión. 6. Daniel (Galván) está fumando.

CAPÍTULO DOS

Ej. 1. 1. b 2. d 3. e 4. c 5. a **Ej. 2.** 1. ¿Tomas mucho café? 2. ¿Quieres… ? 3. ¿Cocinas bien? 4. ¿Juegas… ? 5. ¿Asistes… ? **Ej. 3.** 1. ¿Va usted… ? 2. ¿Prepara usted… ? 3. ¿Escribe usted… ? 4. ¿Vive usted… ? 5.¿Toma usted… ? **Ej. 4.** 1. Traigo 2. pongo 3. digo 4. oigo 5. salgo **Ej. 5.** 1. (No) Jugamos… 2. (No) Almorzamos… 3. (No) Preferimos… 4. (No) Volvemos… 5. (No) Dormimos… **Ej. 6.** 1. Sí (No, no) nos despertamos… 2. Sí (No, no) nos acostamos… 3. Sí (No, no) nos bañamos… 4. Sí (No, no) nos lavamos… 5. Sí (No, no) nos afeitamos… **Ej. 7.** 1. Vas al 2. van al 3. Vamos a la 4. va a la 5. Voy a la

CAPÍTULO TRES

Ej. 1. 1. c 2. a 3. d 4. b 5. e **Ej. 2.** 1. tiene hambre. 2. Tienes frío. 3. Tenemos calor. 4. tengo sueño. 5. prisa. 6. tienen sed. **Ej. 3.** 1. Antes de salir para el trabajo, me pongo la ropa. Salgo para el trabajo después de ponerme la ropa. 2. Antes de preparar la comida, Estela Ramírez hace la compra. Estela Ramírez prepara la comida después de hacer la compra. 3. Antes de invitar a unos amigos, Pedro y Margarita Ruiz limpian la casa. Después de limpiar la casa, Pedro y Margarita Ruiz invitan a unos amigos. 4. Antes de ir al trabajo, el señor Galván lee el periódico. Después de leer el periódico, el señor Galván va al trabajo. 5. Antes de acostarse, Amanda apaga la luz. Después de apagar la luz, Amanda se acuesta. **Ej. 4.** 1. secarse, bañarse 2. lavarse 3. ponerse 4. quitarse 5. afeitarse **Ej. 5.** le, me, les, me, me, me, me, les, te, me, nos **Ej. 6.** 1. Son las doce menos quince. Son (Faltan) quince para las doce. 2. Son las diez menos veinticinco. Son (Faltan) veinticinco para las diez. 3. Son las cinco menos cinco. Son (Faltan) cinco para las

cinco. 4. Son las cuatro menos veinte. Son (Faltan) veinte para las cuatro. 5. Son las seis menos ocho. Son (Faltan) ocho para las seis. 6. Son las once menos cinco. Son (Faltan) cinco para las once. 7. Son las nueve menos veinte. Son (Faltan) veinte para las nueve. 8. Son las tres menos dos. Son (Faltan) dos para las tres. 9. Son las ocho menos veinticinco. Son (Faltan) veinticinco para las ocho. 10. Es la una menos quince. Son (Faltan) quince para la una. **Ej. 7.** 1. b 2. d 3. e 4. a 5. c

CAPÍTULO CUATRO

Ej. 1. 1. e 2. b 3. a 4. c 5. d **Ej. 2.** 1. le gustaría 2. Quisiéramos 3. pienso 4. Tienes ganas 5. nos gustaría 6. piensa 7. tengo ganas 8. te gustaría 9. piensan **Ej. 3.** 1. Tengo que 2. debe 3. debemos 4. necesitan 5. Tienes que **Ej. 4.** 1. esa 2. este 3. esos 4. este 5. estas **Ej. 5.** Estos 2. Aquellos 3. Esos 4. Esos 5. Aquellas 6. Estas **Ej. 6.** 1. truenos 2. escarcha 3. tormenta, nubes 4. llovizna 5. viento 6. humedad 7. neblina 8. fresco

CAPÍTULO CINCO

Ej. 1. 1. El sillón pesa más que la mesa. (La mesa pesa menos que el sillón) 2. Más personas viven en mi casa que en la casa de los vecinos. (Menos personas viven en la casa de los vecinos que en mi casa.) 3. El refrigerador es más nuevo que la estufa. (La estufa es menos nueva que el refrigerador.) 4. La casa de los López tiene más recamaras que la casa de los vecinos. (La casa de los vecinos tiene menos recámeras que la casa de los López. 5. Nuestro patio es más grande que el patio de mis abuelos. (El patio de mis abuelos es menos grande que nuestro patio.) **Ej. 2.** 1. La sala de su casa no tiene tantas lámparas como la sala de nuestra casa. 2. La casa de los señores Ruiz no tiene tantos cuartos como la casa de los señores Ramírez. 3. La casa de los señores Ramírez tiene tantos baños como la casa de los señores Ruiz. 4. El edificio de la calle Colón tiene tantos pisos como el edificio de la calle Bolívar. 5. El patio de don Anselmo no tiene tantas flores y plantas como el patio de doña Lola. **Ej. 3.** 1. La piscina de los señores Montes es tan bonita

como la piscina de los señores Lugo. 2. El edificio de la Avenida Oriente no es tan alto como el edificio de la Avenida del Libertador. 3. La lavandería vieja no es tan limpia como la lavandería nueva. 4. El apartamento de Adriana Bolini es tan bonito como el apartamento de Julio Martínez Delgado. 5. Los condominios «San Juan» no son tan modernos como los condominios «Princesa». **Ej. 4.** 1. ¿Para ella? 2. ¿Para él? 3. ¿Para ellos? 4. ¿Para ti? 5. ¿Para mí? 6. ¿Para él? 7. ¿Para él? 8. ¿Para ella? 9. ¿Para ti? 10. ¿Para ellos? **Ej. 5.** 1. Para, Para 2. por 3. para 4. para/por 5. por 6. para 7. por 8. para 9. para 10. para **Ej. 6.** 1. Saben 2. Conocen 3. Sabe 4. Conoce 5. Sabes 6. Conoces **Ej. 7.** 1. los 2. la 3. lo 4. los 5. lo 6. lo 7. la 8. los 9. lo 10. la

CAPÍTULO SEIS

Ej. 1. 1. compré 2. comí 3. miré 4. escribí 5. tomé 6. estudié 7. visité 8. corrí 9. bebí 10. lavé **Ej. 2.** 1. escribió 2. cenó 3. viajaron 4. jugaron 5. visitó **Ej. 3.** *Answers will vary; here are some possible responses.* 1. ¿Cómo descubrieron ustedes el proceso nuevo? 2. ¿Por qué escribieron ustedes dos artículos el mes pasado? 3. ¿Cuántas horas trabajaron ustedes en el laboratorio ayer? 4. ¿Cuándo recibió el dinero el doctor Figueroa? 5. ¿Por qué experimentó la doctora Gallo? **Ej. 4.** 1. Roberto hizo ejercicio. 2. Ernestito dio una fiesta. 3. Los compañeros de la clase de español trajeron su almuerzo a clase. 4. La profesora Martínez dijo varias cosas importantes. 5. El presidente de México tuvo que asistir a una reunión de tres horas. 6. Pedro Ruiz leyó el periódico. 7. La abuelita de Raúl recibió una carta del presidente de México. 8. Las amigas de Amanda tradujeron un poema del español al inglés. 9. Ernesto Ramírez puso el coche en el garaje. 10. El médico fue a una reunión de doctores. **Ej. 5.** 1. Margarita Ruiz: Anoche salió a cenar con su esposo y sus hijos. Llegaron al restaurante «La Copa de Oro» a las ocho. Terminaron de comer a las nueve y media. Dieron un paseo por la plaza que hay enfrente de su casa y luego se acostaron a las once. 2. Ricardo

Sícora: La semana pasada fue con sus hermanos Pablo y Enrique y tres amigas a una playa cerca de Ocumare a bucear. Primero fue a la casa de su amigo Eduardo y recogió los tanques de oxígeno. Luego volvió a casa a recoger a sus hermanos y salieron para la playa. Llegaron temprano, así que descanso un rato antes de meterse en el agua. Bucearon por una hora y vieron muchísimos peces y animales marinos. Después él hizo una fogata en la playa y cocinaron un pescado que Pablo pescó. Cantaron y bailaron con la música del radio hasta las doce. Regresaron a casa contentos y satisfechos después de un día tan divertido. 3. Silvia Bustamante: Anoche fue con su novio Carlos Padilla a una fiesta. Llegaron a las nueve y cuando entró, vio a Luisa Hernández, una amiga del Instituto donde estudió inglés el año pasado. La saludó y salieron al patio a charlar de los viejos amigos del Instituto. Bailó mucho con Carlos y tomó unas copas de champán. Regresó a casa un poco mareada pero por suerte ¡no tuvo que manejar! **Ej. 6.** *A variety of answers are possible; only verb forms are included here.* 1. dormí 2. me sentí 3. se divirtieron 4. me divertí 5. durmieron 6. se sintieron 7. mentí 8. dormimos 9. nos divertimos 10. nos sentimos **Ej. 7.** 1. Pero, señora, limpié el baño hace... 2. Pero, señora, barrí el patio hace... 3. Pero, señora, pasé la aspiradora hace... 4. Pero, señora, bañé al perro hace... 5. Pero, señora, cociné... hace... **Ej. 8.** *Answers will vary, depending on year text is used. All sentences contain* **hace ___ años**.

CAPÍTULO SIETE

Ej. 1. 1. Gustavo andaba mucho en bicicleta. 2. Mi hermana y yo jugábamos con muñecas. 3. Yo leía historietas. 4. Adriana y Alicia nadaban en el mar. 5. Ernesto comía muchos dulces. 6. Estela limpiaba su recámara. 7. Toda la familia se bañaba en el mar. 8. Pedro escuchaba música. 9. Los hijos de don Eduardo veían la televisión. 10. El abuelo cuidaba el jardín. **Ej. 2.** 1. tenía 2. Eran 3. sabían 4. era 5. conocía 6. Queríamos, teníamos 7. estabas 8. tenía 9. estaban 10. Sabías, tenías **Ej. 3.** 1. Ernestito recibió

zapatos. 2. Ernestito recibió un avión. 3. Ernestito recibió pantalones. 4. Ernestito recibió un perro. 5. Ernestito recibió un sombrero. **Ej. 4.** cafecito, ratito, poquito, enfermito, solito, pobrecito, carrito, avioncito, regalitos **Ej. 5.** 1. Los discos de Esteban se rompieron. 2. El disco de Luis se perdió. 3. El carro de Nora se descompuso. 4. La pelota de Carmen se cayó. 5. Quedó en casa la grabadora.

CAPÍTULO OCHO

Ej. 1. *Answers will vary.* 1. Lo preparé... 2. La dejé... 3. Las compré... 4. Lo traje... 5. La puse... 6. Las preparé... 7. Los puse... 8. Lo compré... **Ej. 2.** 1. las 2. la 3. los 4. lo 5. la **Ej. 3.** 1. pedí, pidió, pedimos, sirvió 2. pedir, pedir, sirven, pedir 3. pides, sirven, pido, pedir 4. pidieron, Pedimos, sirvieron, pedí, pidió **Ej. 4.** 1. No quiero ninguno (de los dos). 2. No vi a ninguno (de los dos). 3. No llamé a ninguna (de las tres). 4. No comí ninguno. 5. No encontré ninguno. **Ej. 5.** 1. No, no fue nadie. 2. No, no comí nada. 3. No, nunca como allí. 4. No, no invité a nadie. 5. No, no hay ninguna. **Ej. 6.** 1. se corta 2. se debe 3. se lava, se pone 4. se sirven 5. se fríe, se agrega

CAPÍTULO NUEVE

Ej. 1. 1. Han, hemos 2. Has, he 3. Ha, ha **Ej. 2.** 1. visto 2. escrito 3. viajado 4. comprado 5. comido **Ej. 3.** 1. Nunca he viajado a México o a Puerto Rico. He viajado a... (dos) veces. 2. Nunca he esquiado en un lago. He esquiado en un lago ___ veces. 3. Nunca he subido a las pirámides de Egipto, de Guatemala o de México. He subido las pirámides de... ___ veces. 4. Nunca he acampado en el desierto o en las montañas. He acampado en... ___ veces. 5. Nunca he hecho un viaje a España o a otro país de Europa. He hecho ___ viajes a... **Ej. 4.** 1. Bolivia... ¡Qué país más interesante! 2. Un vuelo de Bogotá a Madrid... ¡Qué vuelo tan largo! 3. Los Andes... ¡Qué montañas más altas! 4. Una selva tropical en Venezuela... ¡Qué selva tan verde! 5. Una playa en el Caribe... ¡Qué arena más blanca! **Ej. 5.** 1. ¡Qué impresionantes son las ruinas de Machu Picchu! 2. ¡Qué

grande es el lago Titicaca! 3. ¡Qué cosmopolita es Buenos Aires! 4. ¡Qué húmeda es la selva de Ecuador! 5. ¡Qué seco es el desierto Atacama de Chile! **Ej. 6.** 1. por 2. para 3. por 4. para 5. por, por 6. por, por 7. para 8. por 9. por 10. por **Ej. 7.** 1. rápidamente/puntualmente 2. cómodamente 3. puntualmente 4. constantemente 5. inmediatamente **Ej. 8.** 1. gustan 2. interesa 3. importa 4. encanta 5. parece **Ej. 9.** *Answers will vary; all will have* **hace** + *Time* + **yo**-*form of present-tense verb.*

CAPÍTULO DIEZ

Ej. 1. 1. ¡Vamos a esquiar! 2. ¡Vamos a hacer un muñeco de nieve! 3. ¡Vamos a regresar al hotel! 4. ¡Vamos a preparar chocolate caliente! 5. ¡Vamos a sentarnos al lado de la chimenea! **Ej. 2.** *pensáis, queréis* hacer *vosotros, os* parece, A *vosotros* tal vez *os* gustan, *os* gustaría, *vosotros sabéis, Vosotros invitáis* a *vuestros* amigos, *os* parece, fue de *vosotros* **Ej. 3.** 1. ¡Prepárenlo ahora! 2. ¡Salgan inmediatamente! 3. ¡Háganlas esta noche! 4. ¡Duerman (más) antes de salir! 5. ¡Tráiganlos! 6. ¡Vuelvan antes del verano! **Ej. 4.** Nuestro agente de viajes quiere que (nosotros) 1. compremos nuestros billetes pronto. 2. hagamos una lista de lo que vamos a necesitar. 3. no dejemos comida en el refrigerador. 4. no llevemos demasiada ropa. 5. pongamos nuestros documentos en un lugar seguro. **Ej. 5.** Mi profesor quiere que yo... 1. que haga las maletas dos días antes de la salida. 2. que recoja mi billete una semana antes del vuelo. 3. que no olvide mi diccionario. 4. que lea la información que nos (me) dio. 5. que duerma ocho horas la noche antes de la salida. **Ej. 6.** tenga, llegue, termine, canse, ponga

CAPÍTULO ONCE

Ej. 1. Tiene que haber, había, Hay, puede haber, haya **Ej. 2.** 1. se volvió 2. se pusieron 3. se ponía 4. se hizo 5. nos poníamos **Ej. 3.** 1. No le muestre su pierna a la enfermera. 2. No me diga si duele mucho. 3. No le lleve estos papeles a la recepcionista. 4. No le traiga la comida al paciente. 5. No le dé la receta al farmacéutico. **Ej. 4.** 1. El doctor Sánchez le recomienda a la enfermera que le ponga la inyección al paciente del cuarto número 408. 2. El doctor Sánchez le recomienda al paciente que le llame mañana para preguntar por los resultados del análisis de sangre. 3. El doctor Sánchez le recomienda a la enfermera que le explique los síntomas de la gripe a la señora López. 4. El doctor Sánchez le recomienda a la recepcionista que les lleve a los señores Gómez estos papeles del seguro médico. 5. El doctor Sánchez le recomienda al paciente que le cuente a la enfermera cómo ocurrió el accidente. **Ej. 5.** le hacía, me contestaba 2. le escribían 3. dijo 4. le explicaste 5. le contaste **Ej. 6** 1. estaba leyendo 2. estaba reparando 3. estaban limpiando 4. estábamos viendo 5. estaba hablando **Ej. 7.** 1. leía 2. entraba 3. preparaba 4. hablaban 5. dormían **Ej. 8.** 1. era 2. íbamos 3. alquilábamos 4. buceábamos 5. bañábamos 6. salíamos 7. caminábamos 8. tenía 9. fuimos 10. estaban durmiendo 11. jugaba 12. hablaba 13. conocía 14. miré 15. estaba jugando 16. vi 17. levantamos 18. corrimos 19. encontramos 20. buscamos 21. pudimos 22. Estaba 23. regresamos 24. teníamos 25. estaba 26. fuiste 27. grité 28. contestó 29. estaba 30. enojé

CAPÍTULO DOCE

Ej. 1. *Choices may vary.* 1. Margarita, te acosejo que compres una verde. 2. Lola, te aconsejo que compres uno eléctrico. 3. Gustavo, te aconsejo que compres una grande. 4. Guillermo, te aconsejo que compres una mediana. 5. Amanda, te aconsejo que compres una portátil. **Ej. 2.** *Choices may vary.* 1. Nora, yo prefiero el largo. 2. Alberto, yo prefiero el de cuero. 3. Mónica, yo prefiero el grueso. 4. Carmen, yo prefiero la blanca. 5. Esteban, yo prefiero la de seda. **Ej. 3.** 1. éste 2. ésta 3. ésos 4. ésas 5. ése 6. ésa 7. éstos 8. ésas 9. éste 10. ésta **Ej. 4.** 1. Sí, es mío. (No, no es mío.) 2. Sí, son suyas. (No, no son suyas.) 3. Sí, es tuyo. (No, no es tuyo.) 4. Sí, es suya. (No, no es suya.) 5. Sí, es suyo. (No, no es suyo.) **Ej. 5.** 1. le, Le 2. le 3. le, Le, nos 4. nos 5. le **Ej. 6.** 1. Le quedan 15. 2. Le quedan dos. 3. Le

falta leer 100. 4. Le falta correr dos. 5. Le falta comprar dos. 6. Le falta comprar camisetas. 7. Le faltan 200 pesos. **Ej. 7.** 1. Sí, se la entregué ayer. 2. Sí, se los vendí ayer. 3. Sí, se lo di ayer. 4. Sí, se la di ayer. 5. Sí, se los di ayer. 6. Sí, te la traje ayer. 7. Sí, te las traje ayer. 8. Sí, te lo devolví ayer. 9. Sí, me lo devolviste ayer. 10. Sí, me lo diste ayer. **Ej. 8.** 1. Sí, mamá, voy a regalárselo ahora mismo. 2. Sí, mamá, voy a pedírselo ahora mismo. 3. Sí, mamá, voy a devolvérselo ahora mismo. 4. Sí, mamá, voy a prestártelas ahora mismo. 5. Sí, mamá, voy a traértelas ahora mismo. **Ej. 9.** 1. Te la estoy calentando… (Estoy calentándotela…) 2. Te lo estoy preparando… (Estoy preparándotelo…) 3. Te la estoy haciendo… (Estoy haciéndotela…) 4. Te lo estoy grabando… (Estoy grabándotelo…) 5. Te la estoy reparando… (Estoy reparándotela…) **Ej. 10.** 1. No, ya me la está cosiendo (cosiéndomela…) 2. No, ya nos la está preparando (preparándonosla)… 3. No, ya me la está reparando (reparándomela) 4. No, ya me lo está comprando (comprándomelo)… 5. No, ya nos lo está pintando (pintándonoslo)…

CAPÍTULO TRECE

Ej. 1. No, no me la escriba. 2. No, no me la muestre. 3. No, no me los organice. (Ojo: cambio ortográfico) 4. No, no me lo limpie. 5. No, no me lo sirva. **Ej. 2.** *Answers will vary.* 1. Sí, prepárame uno de jamón y queso. 2. Sí, lávamelos, por favor. 3. Sí, ponme un disco de Julio Iglesias. 4. Sí, lávamelo esta tarde, si tienes tiempo. 5. Sí, tráeme un refresco. **Ej. 3.** *Answers will vary.* Ernestito, quiero que (tú) barras el patio. 2. Mamá, es mejor que (tú) vayas de compras. 3. Andrea y Paula, prefiero que ustedes les den comida a los gatos. 4. Papá, prefiero que (tú) abras las ventanas. 5. Abuela, es mejor que usted apague las luces. **Ej. 4.** 1. Mis padres prefieren que yo no fume. 2. (Nosotros) Esperamos que ustedes nos acompañen en este viaje. 3. Graciela y Cristina sugieren que yo vaya con ellas al cine. 4. Nuestro profesor quiere que (noso-

tros) entreguemos la tarea a tiempo. (Ojo: cambio ortográfico) 5. El médico le aconseja a mi mamá que se quede en cama por una semana. **Ej. 5.** 1. ¡Que lo bañe Ernestito! 2. ¡Que lo limpie Berta! 3. ¡Que las pague Ernesto! 4. ¡Que las cuide Ernesto! 5. ¡Que lo lave Ernestito! **Ej. 6.** 1. Salgamos a dar un paseo en carro. 2. Descansemos un rato. 3. Comprémosle camisa a papá. (Ojo: acento) 4. Asistamos a un concierto. 5. Veamos una película esta noche.

CAPÍTULO CATORCE

Ej. 1. El señor Ruiz y su suegra se llamaron por teléfono. 2. Mi ahijada y yo nos escribimos a menudo. 3. Amanda y su novio se hablan todos los días. 4. Mi madre y mi padre se respetan mucho. 5. El abuelo de Gustavo y yo nos conocemos muy bien. **Ej. 2.** 1. …comería. 2. …tomaría una Coca-Cola. 3. …dormiría (me acostaría). 4. …consultaría con un médico (me acostaría). 5. …me casaría. 6. …me pondría un abrigo. 7. …iría a la playa. 8. …me bañaría. **Ej. 3.** 1. asistirá 2. se casará 3. tendré 4. trabajarán 5. será 6. viviré 7. estudiaremos, haremos la tarea 8. dirás 9. saldrán 10. vendrán **Ej. 4.** 1. haya 2. hay 3. suben 4. suba 5. den 6. haga 7. tiene 8. haya 9. quieran 10. sigue **Ej. 5** 1. tuviéramos 2. hiciera 3. hubiera 4. pudiéramos 5. estudiara

CAPÍTULO QUINCE

Ej. 1. 1. está 2. sea 3. tiene 4. tome 5. esté **Ej. 2.** 1. han elegido 2. haya visitado 3. han desarrollado 4. han paralizado 5. hayan podido **Ej. 3.** 1. habíamos vivido 2. habían encarcelado 3. habían negado 4. había prometido 5. habían bajado **Ej. 4.** 1. cumpla 2. solucione 3. vuelva 4. comiencen 5. sea 6. salga **Ej. 5.** 1. caigan 2. den 3. haya 4. voten 5. ayude **Ej. 6.** 1. Las tropas invadieron las islas. 2. El primer ministro contestó la pregunta. 3. El secretario del presidente escribió los discursos. 4. Los guardias protegen la residencia del gobernador 24 horas al día. 5. El juez sentenció a cinco años de cárcel a tres de los ladrones.

VOCABULARY

This Spanish–English vocabulary contains all of the words that appear in the text, with the following exceptions: (1) most identical cognates that do not appear in the chapter vocabulary lists; (2) verb forms; (3) diminutives in **-ito/a**; (4) absolute superlatives in **-ísimo/a**; and (5) some adverbs in **-mente**. Only meanings that are used in this text are given.

The gender of nouns is indicated, except for masculine nouns ending in **-o** and feminine nouns ending in **-a**. Stem changes and spelling changes are indicated for verbs: **dormir (ue, u); llegar (gu).**

Words beginning with **ch**, **ll**, and **ñ** are found under separate headings following the letters **c**, **l**, and **n**, respectively. Similarly, **ch**, **ll**, and **ñ** within words follow **c**, **l**, and **n**, respectively. For example, **coche** follows **coctel**, **calle** follows **calor**, and **añadir** follows **anuncio**.

The following abbreviations are used:

adj.	adjective		*Mex.*	Mexico
adv.	adverb		*n.*	noun
coll.	colloquial		*obj. of prep.*	object of a preposition
conj.	conjunction		*p.p.*	past participle
d.o.	direct object		*pl.*	plural
f.	feminine		*poss.*	possessive
fam.	familiar		*prep.*	preposition
form.	formal		*pron.*	pronoun
i.o.	indirect object		*refl. pron.*	reflexive pronoun
inf.	infinitive		*s.*	singular
inv.	invariable		*Sp.*	Spain
irreg.	irregular		*sub. pron.*	subject pronoun
m.	masculine			

A

a to; at (*with time*); **al** (*contraction of* **a** + **el**) to the; **a cobrar: una llamada a cobrar** a collect call; **a favor de** in favor of
abajo below, underneath
abandonado/a abandoned
abandonar to abandon
abarrotes *m. pl.* groceries (*Mex.*)

abiertamente openly
abierto/a open
abogado/a lawyer
abonarse to subscribe (*to a magazine, etc.*)
abordar to board (*a train, plane, bus*)
aborto abortion
abrazar (c) to hug
abrazo hug

abrelatas *m. s.* can opener
abreviatura abbreviation
abrigo coat
abril *m.* April
abrir to open
abrochar to fasten; **abrocharse los cinturones** to fasten one's seatbelt
absoluto/a absolute
absurdo/a absurd

abuelo/a grandfather/mother;
  abuelos *pl.* grandparents
abundante abundant
abundar to be in abundance
aburrido/a: estar aburrido/a to be
  bored; **ser aburrido/a** to be boring
abusivo/a abusive
abuso abuse
acabar to finish; **acabar de** + *inf.* to
  have just (*done something*); **acabarse**
  to run out of
academia academy
académico/a academic
acalorado/a heated, emotional
acampar to camp, go camping
acaso: por si acaso just in case
acceso access
accidente *m.* accident
acción *f.* action
aceite *m.* oil
aceituna olive
acento accent
aceptable acceptable
aceptar to accept
acerca de *prep.* about, concerning
acercarse (qu) to approach
acero steel
acogedor(a) cozy, sheltering
acomodar to accommodate;
  acomodarse a to conform to
acompañado/a accompanied
acompañar to accompany, go with
acondicionado/a conditioned; **aire
  acondicionado** *m.* air conditioning
aconsejar to advise
acontecimiento event
acordarse (ue) to remember
acostar (ue) to put to bed; **acostarse
  (ue)** to go to bed
acostumbrado/a (a) used (to),
  accustomed (to)
acostumbrar to usually (*do
  something*); **acostumbrarse a** to get
  used, accustomed to
actitud *f.* attitude
actividad *f.* activity
activo/a active
acto act, action
actor *m.* actor
actriz *f.* (*pl.* **actrices**) actress
actuación *f.* performance
actual current, present-day,
  up-to-date
actualizarse (c) to bring oneself up to
  date
actualmente *adv.* at present
actuar to act
acuario aquarium
acuático/a aquatic
acueducto aqueduct

acuerdo: de acuerdo OK; I agree
acumulador *m.* battery
acumular to accumulate
acusado/a accused
acusar to accuse
adaptarse to adapt oneself
adecuado/a fitting, suitable
adelantado/a in advance, ahead
adelantar to move forward, advance;
  to pass (*in a vehicle*)
adelante *adv.* ahead, forward; go
  ahead; come on in
adelanto advance, improvement
adelgazar (c) to make, get thin
además (de) besides, in addition (to)
adentro *adv.* inside; **adentro de** *prep.*
  inside of
aderezo sauce, dressing
adicional additional
adiós good-bye
aditivo additive
adivinar to guess
adjetivo adjective
administración *f.* administration
admiración *f.* admiration
admirador(a) admirer
admirar to admire
admitir admit
adolescencia adolescence
adolorido/a painful
¿adónde? where (to)?; **¿adónde
  vamos a parar?** where will this
  lead to?
adoptar to adopt
adoptivo/a adopted; adoptive
adorar to adore
adornado/a adorned, decorated
adorno decoration
adquirir (ie) to acquire
adquisitivo/a acquiring; **poder
  adquisitivo** *m.* buying power
aduana customs
aduanero/a customs agent
adulterio adultery
adulto/a adult
adverbio adverb
advertir (ie, i) to warn
aéreo/a *adj.* air, of or pertaining to
  air travel
aeróbico/a aerobic
aerolínea airline
aeropuerto airport
afectar to affect
afecto affection
afectuosamente affectionately
afeitar(se) to shave (oneself)
aficionado/a *n.* amateur; fan;
  aficionado/a (a) *adj.* fond (of)
afiliado/a affiliated
afirmación *f.* statement, affirmation

afirmar to affirm, maintain firmly
afligido/a afflicted; emotionally upset
aflojar to loosen, slacken
afortunadamente fortunately
afortunado/a fortunate
africano/a African
afuera *adv.* outside; **afuera de** *prep.*
  outside of; **en las afueras** in/on the
  outskirts
agarrar to grab, catch
agencia agency; **agencia de viajes**
  travel agency
agente *m., f.* agent; **agente de viajes**
  travel agent
agosto August
agotado/a exhausted; sold out
agotamiento exhaustion
agotar to exhaust; to wear out; to use up
agradable pleasant, agreeable
agradablemente pleasantly
agradar to please
agradecer (zc) to thank
agrado agreeableness, graciousness
agrario/a agrarian, of or pertaining to
  agriculture
agregar (gu) to add
agresión *f.* aggression
agresivo/a aggressive
agrícola *m., f.* agricultural
agricultura agriculture
agronomía agronomy
agua *f.* (*but* **el agua**) water; **agua de
  coco** coconut milk; **agua mineral**
  mineral water
aguacate *m.* avocado
aguacero downpour, rain shower
aguantar to put up with, endure,
  tolerate
agudizar (c) to sharpen, become
  more acute
ahí there
ahijado/a godson/daughter; **ahijados**
  pl. godchildren
ahogarse (gu) to drown; to suffocate
ahora now; **ahora mismo** right now
ahorrar to save (*money*)
ahorros savings, money saved
aire *m.* air; **aire acondicionado** air
  conditioning; **al aire libre** outside
ajedrez *m.* chess
ajo garlic
ajustado/a tight(fitting); just right (*fit*)
ajustar to adjust; to adapt; **ajustarse**
  to fit; to come to an agreement
alarma alarm
albaricoque *m.* apricot
alberca swimming pool (*Mex.*)
albergue *m.* lodging, shelter;
  albergue de la juventud youth
  hostel

alcance: a su alcance within one's reach

alcanzar (c) to reach, attain

alcoba bedroom

alcoholismo alcoholism

alegrarse (de) to be glad (about)

alegre happy

alegría happiness

alejarse to move away

alemán *m.* German (*language*)

alemán, alemana German

Alemania Germany

alentar to encourage; to cheer up

alergia allergy

alérgico/a allergic

alfabetización *f.* literacy

alfabeto alphabet

alfombra carpet

algo something

algodón *m.* cotton

alguien someone

algún, alguno/a some; any; **alguna vez** once; ever; **algún día** someday

alimentar to feed; **alimentarse** to feed, nourish oneself

alimento food

aliviado/a relieved

alivio relief

almacén *m.* department store

almeja clam

almendra almond

almohada pillow

almorzar (ue) (c) to eat lunch

almuerzo lunch

aló hello (*telephone*)

alojamiento lodging

alpaca alpaca (*llama-like animal of the Andes*)

alquilar to rent

alquiler *m.* rent

alrededor de *prep.* around

alternativa *n.* alternative

alto/a tall

altoparlante *m.* loudspeaker

altura altitude, height

alucinación *f.* hallucination

aludir a to allude to

aluminio aluminum

alumno/a student

allá (over) there

allí there

ama de casa *f.* (*but* **el ama**) housewife

amabilidad *f.* friendliness

amable friendly

amablemente kindly

amado/a loved

amanecer (zc) to dawn

amante *m., f.* lover

amar to love

amarillo/a yellow

ambiental environmental

ambiente *m.* environment

ambos/as both

ambulancia ambulance

ambulante traveling, mobile

amenaza threat

América Central Central America

América Latina Latin America

americano/a American

amigo/a friend

amigote *m.* crony, pal (*derogatory*)

amistad *f.* friendship

amistoso/a friendly

amontonar to heap up; to accumulate

amor *m.* love; honey (*term of endearment*)

amoroso/a loving, affectionate; amorous

ampliar to widen

amplio/a spacious, large; ample

amueblado/a furnished

amuleto amulet, good-luck charm

análisis *m.* analysis

anaranjado/a orange (*in color*)

anciano/a elderly person

ancho/a wide

andar (*irreg.*) to run, function (*with machines*); **andar en bicicleta** to ride a bicycle; **andar en motocicleta** to ride a motorcycle

andén *m.* train platform

anécdota anecdote

anglohablante *m., f.* English speaker

angloparlante *m., f.* English speaker

anglosajón, anglosajona Anglo-Saxon

angosto/a narrow

ángulo angle

anillo ring (*jewelry*)

animal *m.* animal; **animal doméstico** pet

animar to encourage; to animate; **animarse** to feel encouraged

ánimo courage, spirit; energy

aniversario anniversary

anoche last night

anochecer (zc) to get dark

ante before, in front of; in the face of

antemano: de antemano beforehand

antena antenna

antepasados *pl.* ancestors

anterior previous, preceding; at the front

anteriormente previously

antes *adv.* sooner, before; **antes de** *prep.* before; **antes (de) que** *conj.* before

antibiótico antibiotic

anticipar to anticipate, look forward to

anticomunista *m., f.* anti-Communist

anticuado/a old-fashioned, antiquated

antigüedad *n. f.* antique; **en la antigüedad** long ago

antiguo/a ancient

antimarxista *m., f.* anti-Marxist

antipático/a disagreeable, obnoxious

antiperspirante *m.* deodorant

antojitos *pl.* hors d'oeuvres

antropología anthropology

antropólogo/a anthropologist

anual annual

anunciado/a announced

anunciar to announce

anuncio announcement; ad

anzuelo fishhook

añadir to add

año year; grade (*in school*); **año escolar** school year; **año pasado** last year; **tener ____ años** to be ____ years old; **Año Nuevo** New Year

apagado/a turned off

apagar (gu) to turn off (*an appliance*); to put out (*fire*)

aparador *m.* china cabinet

aparato appliance, apparatus; **aparatos domésticos** home appliances

aparecer (zc) to appear

aparentar to pretend; to seem to be

aparición *f.* apparition

apariencia appearance

apartado post office box

apartado/a distant, remote

apartamento apartment

apasionado/a passionate

apelar to make an appeal, have recourse

apellido last name

apenas barely, hardly, scarcely

apetito appetite

apio celery

aplanar to flatten; to smooth

aplastar to flatten, crush

aplaudir to applaud

aplicar (qu) to apply

apoderarse de to take control of; to overpower

apodo nickname

aportar to contribute

aportación *f.* contribution

apostar (ue) to bet

apoyar to support, back

apoyo support

apreciado/a appreciated, esteemed

apreciar to appreciate, esteem, value
aprehender to apprehend
aprender to learn
aprendizaje *m.* learning; apprenticeship
aprensión *f.* apprehension
apresurarse to hurry
apretado/a tight
apretar to squeeze, tighten
aprobar (ue) to approve; to pass (*an exam*)
apropiado/a appropriate
aprovechar to take advantage of, make good use of; **aprovecharse de** to avail oneself of, take advantage of
aproximadamente approximately
apuntar to take notes; to point
apuntes *m. pl.* notes (*in class*)
apurarse to hurry
aquel, aquella *adj.* that (*over there*); **aquél, aquélla** *pron.* that one (*over there*); **en aquel entonces** in those days
aquello that, that thing, that fact
aquí here; **aquí lo tiene** here it is
árabe *m.* Arabic (*language*)
árabe *m., f.* Arab, Arabian
araña spider
árbol *m.* tree
arena sand
argentino/a Argentine, Argentinian
argumento argument; plot
árido/a arid
arma *f.* (*but* **el arma**) arm, weapon; **armas de fuego** *pl.* firearms
armado/a armed
armario closet
armarse to arm oneself
aro hoop; rim (*of a wheel*)
arqueología archeology
arqueólogo/a archeologist
arquitecto/a architect
arquitectura architecture
arrancar (qu) to start (*with cars*)
arranque *m.* starter (*motor*)
arrecife *m.* reef
arreglar to fix; to arrange; **arreglárselas** to get along, manage
arreglo arrangement
arrepentir (ie, i) to repent
arriba de above, over
arroz *m.* rice; **arroz con pollo** dish of rice with chicken
arruinar to ruin
arte *m.* (*but* **las artes**) art
arteria artery
artesanía crafts; craftsmanship
artículo article (*magazine, newspaper*); item, thing

artista *m., f.* artist
artístico/a artistic
asado *n.* roast
asado/a roasted; **bien asado/a** well done; **poco asado/a** rare
asaltar to assault
ascendencia ancestry
ascensor *m.* elevator
asco disgust, revulsion; **¡qué asco!** how disgusting!
asegurar to assure
asequible accessible, obtainable
asesinado/a assassinated, murdered
asesinar to assassinate, murder
asesino/a assassin, murderer
aseverar to assert, declare
asfixia asphyxiation
así thus, so, that way; **así que** with the result of, so (that)
asiático/a Asian, Asiatic
asiento seat
asignar to assign
asistencia attendance
asistente *m., f.* assistant; **asistente de vuelo** flight attendant
asistir (a) to attend (*a play, class, etc.*)
asociación *f.* association
asociar to associate
asociarse con to associate, become associated with
asopado/a soggy
aspecto aspect
áspero/a rough, harsh
aspiradora vacuum cleaner
aspirante *m., f.* candidate, applicant (*for a job*)
aspirina aspirin
astilla splinter
astro star
astronauta *m., f.* astronaut
astrónomo/a astronomer
asunto subject, topic
asustado/a frightened, afraid
asustar to frighten
atacar (qu) to attack
atado/a tied to
ataque *m.* attack
atar to tie, fasten
atención *f.* attention; **poner atención** to pay attention
atender (ie) to attend to; to wait on
atentamente politely, sincerely
ateo/a *n.* atheist; *adj.* atheist
aterrizar (c) to land (*an airplane*)
atleta *m., f.* athlete
atmósfera atmosphere
atractivo/a attractive, sexy
atraer (*like* **traer**) to attract
atrapado/a trapped
atrapar to trap

atrasado/a late; slow, backward; **estar atrasado/a** to be late
atravesar (ie) to go across; to pass through
atreverse to dare
atribuir (y) to attribute
atropellar to run over
atuendo suit (*of clothes*), outfit
atún *m.* tuna
aturdido/a confused
audífonos *pl.* earphones
auditorio auditorium; audience
aula *f.* (*but* **el aula**) classroom
aumentar to increase
aumento increase, raise
aun even
aún still, yet
aunque even though
ausencia absence
ausentarse to be absent
ausente absent
auténtico/a authentic
auto car
autobús *m.* bus
automático/a automatic
automóvil *m.* automobile, car
automovilista *m., f.* driver (*of a car*)
automovilístico/a of or pertaining to automobiles
autónomo/a autonomous
autopista freeway, expressway; turnpike
autor(a) author
autoridad *f.* authority
autostop: hacer autostop to hitchhike
auxilio aid, help
avance *m.* advancement
avanzado/a advanced
avanzar (c) to advance
avena oats; oatmeal porridge
avenida avenue
aventón: pedir aventón to hitchhike
aventura adventure
avergonzado/a ashamed, embarrassed
avergonzarse (güe) (c) to get embarrassed
aviación *f.* aviation
avión *m.* airplane, jet
avisar to inform, warn
aviso information; advertisement; warning
avivar to revive; to brighten
ayer yesterday
ayuda help
ayudar to help
ayuntamiento city hall
azteca *n. m., f.* Aztec; *adj.* Aztec
azúcar *m.* sugar; **caña de azúcar** sugarcane
azul blue; **azul marino** *m.* navy blue

B

bachiller *m. title given to one who has completed the* **bachillerato**
bachillerato *course of studies equivalent to high school and junior college*
bahía bay
bailador(a) dancer
bailar to dance
bailarín/bailarina dancer/ballerina
baile *m.* dance
bajar to lower; to go down (*stairs*); **bajar(se) de** to get out of (*vehicle*); to get off of (*vehicle*); **bajar de peso** to lose weight
bajo under
bajo/a short (*in height*); low; **precio bajo** low price, low cost
balada ballad
balanza balance; scales
balcón *m.* balcony
baloncesto basketball
banco bank
banda band; ribbon
bandeja tray
bandera flag
banderillero *participant in bullfight who puts flagged spikes into the bull before the* **matador** *comes out*
banquero/a banker
banquete *m.* banquet
bañar to bathe; **bañarse** to bathe oneself; to get wet
bañera bathtub
baño bath; bathroom
baraja deck of cards; cards; **jugar a la baraja** to play cards
barato/a cheap, inexpensive
barba beard
barbacoa barbecue
barbudo/a bearded
barco boat
barrer to sweep
barril *m.* barrel
barrio neighborhood; area
barro clay; mud
basado/a based
basar(se) (en) to base (oneself) on
básico/a basic
básquetbol *m.* basketball
bastante *adj.* enough, sufficient; *adv.* rather, quite
bastar to be enough; **¡basta!** enough!, that's enough!
basura trash
bata robe, bathrobe
batalla battle
bate *m.* bat
batería battery
batido (de leche) milkshake
batidor(a) beater, mixer

batir to beat, mix
bautizar (c) to baptize
bautizo baptism
bebé *m.* baby
beber to drink
bebida drink
béisbol *m.* baseball
belleza beauty
bello/a beautiful; **bellas artes** fine arts
beneficiar to benefit
beneficioso/a beneficial
besar to kiss
beso kiss
bestia beast
biblioteca library
bicarbonato bicarbonate, baking soda
bicicleta bicycle
bien *adv.* well; **muy bien** very well; **bien + adj.** very + *adj.*; **bien parecido/a** good-looking, handsome
bienes *n. m. pl.* possessions, property
bienestar *m.* well-being
bienvenido/a welcome
bigote *m.* moustache
bilingüe bilingual
billar *m.* billiards, pool
billete *m.* bank note, bill (*money*); ticket
billón: un billón (de) *m.* a billion
biología biology
bisabuelo/a great-grandfather/mother; **bisabuelos** *pl.* great-grandparents
bistec *m.* steak
blanco/a white
blusa blouse
boca mouth; **boca abajo** prone, flat on one's face; **boca arriba** flat on one's back
bocadillo snack; morsel
bocina horn (*car*); speaker (*stereo*)
boda wedding
bofetada slap (in the face)
boletín *m.* bulletin
boleto ticket
boliche *m.* bowling
bolígrafo ball-point pen
bolívar *m. monetary unit of Venezuela*
boliviano/a Bolivian
bolsa purse; sack, bag; **bolsa de dormir** sleeping bag
bolsillo pocket
bolso purse; bag
bomba bomb
bombardear to bomb
bombero fireman
bondad *f.* goodness, kindness
bonito/a pretty

bordado/a embroidered
bordo: a bordo on board
borracho/a drunk
borrador *m.* eraser
borrar to erase
bosque *m.* forest
bota boot
botánico/a botanical
botella bottle
botiquín *m.* medicine chest; first-aid kit
botón *m.* button
botones *m. pl.* bellhop
boxeador *m.* boxer
boxear to box
boxeo boxing (*sport*)
Brasil *m.* Brazil
brasileño/a Brazilian
bravo/a brave; angry; fierce; **¡bravo!** bravo!
brazo arm
brebaje *m.* beverage; brew
breve brief
brillante brilliant
brincar (qu) to jump, cavort about
brisa breeze
británico/a British
bróculi *m.* broccoli
broma joke
bromear to joke
broncearse to get a tan
brujo/a wizard/witch
brusco/a brusque; rough
bruto/a beastly; stupid
bucear to skin- (or scuba-) dive
buen, bueno/a good; **bueno** well; OK; **bueno** hello (*on the telephone*); **buenos días** good morning; **buenas noches** good night; **buenas tardes** good afternoon
bufanda scarf
bullicioso/a noisy, lively
buñuelo fritter
burrito *beans and meat wrapped in a tortilla and covered with cheese and salsa (Mexican-American)*
burro donkey
buscar (qu) to look for
busto bust; torso

C

caballero gentleman
caballo horse
cabaña cabin; cottage
cabello hair
caber (*irreg.*) to fit
cabeza head (*body*)
cabina cabin (*of an airplane*)
cabo cape (*geography*); **al cabo de + time expression** at the end of + *time expression*

cacahuate *m.* peanut (*Mex.*) (**cacahuete,** *Sp.*)
cada *inv.* each; **cada uno/a** each one
cadena chain
cadera hip
caer (*irreg.*) to fall; **caerle bien (mal) a alguien** to make a good (bad) impression on someone; **caerse** to fall down; **caérsele** to let fall; to drop (**se me cayó** I dropped it)
café *m.* coffee; café, small restaurant; **café expreso** espresso coffee
cafetera coffeepot, coffee maker
cafetería cafeteria
caja box; cash register
cajero/a cashier, teller (*bank*); **cajero automático** automatic teller
cajetilla package; **cajetilla de cigarrillos** pack of cigarettes
calabacita summer squash (zucchini, crookneck)
calabaza pumpkin, winter squash
calcetines *m. pl.* socks
calculadora calculator
calcular to calculate
caldo broth, bouillon
calendario calendar
calentador *m.* heater
calentar (ie) to heat
calentura fever
calidad *f.* quality
cálido/a warm, hot (*climate*)
caliente hot
calma *n.* calm, tranquility
calmado/a *adj.* calm, tranquil
calor *m.* heat; **hace calor** it's hot; **tener calor** to be hot (*living things*)
caluroso/a warm, hot
calzado footwear
calzoncillos *pl.* underwear (*for men*)
callado/a quiet, soft-spoken
callarse to be silent, quiet
calle *f.* street
callejón *m.* alley; small street
calloso/a callous, hardened
cama bed; **cama matrimonial** double bed
cámara camera
camarera maid (*in a hotel*)
camarero/a waiter/waitress
camarones *m. pl.* shrimp
cambiar to change; **cambiarse de ropa** to change one's clothes
cambio change; (rate of) exchange; *pl.* gears; **en cambio** on the other hand
camilla cot, stretcher
caminar to walk
camino road, street; **camino a** going toward
camión *m.* truck; bus (*Mex.*)

camionero truck driver
camioneta station wagon; small truck
camisa shirt
camiseta T-shirt; undershirt
campaña campaign
campeón, campeona champion
campeonato championship
campesino/a farmworker; peasant
campo countryside; field
canal *m.* channel; canal
canasta basket
cancelar to cancel
canción *f.* song
cancha court (*sports*)
candidato *m.* candidate
canela cinnamon
caníbal *m.* cannibal
cansado/a tired
cansancio exhaustion
cansar to tire; **cansarse** to get tired
cantante *m., f.* singer
cantar to sing
cantidad *f.* quantity
caña cane; **caña de azúcar** sugarcane
cañón *m.* cannon; canyon
capacitado/a qualified, capable
capaz capable
capital *f.* capital city; **pena capital** death penalty
capitalismo capitalism
capitalista *m., f.* capitalist
capitán *m.* captain
capítulo chapter
capó hood (*car*)
capotazo *pass that a bullfighter makes with his cape*
capricho whim, caprice
cápsula capsule
capturado/a captured
cara face
carácter *m.* (*pl.* **caracteres**) character, personality
característica characteristic
caracterizar (c) to characterize
¡caramba! darn it!
caramelo caramel
carbón *m.* carbon; coal
carburador *m.* carburetor
cárcel *f.* jail
careta mask
cargo: a cargo de in charge of
Caribe *m.* Caribbean
caridad *f.* charity
caries *f. pl.* cavities
cariño love; affection
cariñosamente lovingly
carnaval *m.* carnival
carne *f.* meat; **carne asada** roasted, broiled meat; **carne de cerdo** pork; **carne de puerco** pork; **carne de res** beef; **carne molida** ground meat

carnicería butcher shop
carnicero/a butcher
carnitas *pl. Mexican dish of chopped meat and spices rolled into tortillas*
caro/a expensive
carpintero/a carpenter
carrera career; racetrack; **carrera de caballos** horse race, racing
carretera highway
carro car
carroza cart; carriage; float (*in a parade*)
carta letter; **jugar a las cartas** to play cards
cartelera billboard; movie announcements
cartera wallet
cartón *m.* cardboard
casa house; **casa particular** private house; **en casa** at home
casado/a married
casarse to get married
cascada cascade
cáscara shell, peel (*of fruit or vegetables*)
casero/a family-style, home-style
casi almost; **casi siempre** almost always
caso case; **hacer caso** to pay attention
castaño/a hazel; brown
castellano Spanish (*language*)
castigado/a punished
castigar (gu) to punish
castillo castle
casualidad *f.* chance, coincidence
catálogo catalogue
catarata waterfall; cataract (*of the eye*)
catarro head cold
catedral *f.* cathedral
categoría category
catequismo catechism, religious instruction
católico/a Catholic
catorce fourteen
caudillo commander, chief, leader
causa cause; **a causa de** because of
causar to cause
cavado/a dug
cazuela earthen cooking pot
cebiche *m. marinated raw fish* (*Peru*)
cebolla onion
cédula identification card
cegar (ie) (gu) to blind
cejas *pl.* eyebrows
celebrar to celebrate
celos *pl.* jealousy; **tener celos** to be jealous
celoso/a jealous
celsio Celsius
cemento cement
cena dinner, supper

cenar to eat dinner; to dine
Cenicienta Cinderella
censura censure
censurar to censure
centavo cent
centenar *m.* a hundred-count, group of a hundred
centígrado centigrade
céntrico/a central
centro center; downtown; **centro comercial** mall, shopping center; **centro nocturno** nightclub
Centroamérica Central America
cepillo brush; **cepillo de dientes** toothbrush
cerámica ceramics
cerca fence; **cerca de** *prep.* near
cerdo pig; **carne de cerdo** pork
cerebro brain
ceremonia ceremony
cereza cherry
cernido/a sifted; **harina cernida** sifted flour
cero zero
cerrar (ie) to close
cerveza beer
césped *m.* lawn
cicatriz *f.* (*pl.* **cicatrices**) scar
ciclón *m.* cyclone, hurricane
cielo sky
cien(to) one hundred
ciencia science; **ciencia computacional** computer science; **ciencias naturales** biological sciences; **ciencias sociales** social sciences
científico/a *n.* scientist; *adj.* scientific
cierto/a certain
cifra number, cipher
cigarrillo cigarette
cigarro cigar; cigarette
cilindro cylinder
cima peak, summit
cinco five
cincuenta fifty
cine *m.* movie theater, cinema
cinematográfico/a cinematographic
cinta tape; ribbon
cintura waist
cinturón *m.* belt; **cinturón de seguridad** seat belt
circo circus
circulación *f.* circulation; traffic
circular to travel, move (*of vehicles*)
ciruela plum
cirujano/a surgeon
cita appointment; date
ciudad *f.* city
ciudadanía citizenship
ciudadano/a citizen
civilización *f.* civilization

claro/a clear; **claro** clearly, of course; **claro que no** of course not; **claro que sí** of course
clase *f.* class; kind, type
clásico/a classical
clavar to nail
clave *adj.* key, of importance
clavel *m.* carnation
clavo nail
cliente *m., f.* client
clima *m.* climate
clínica clinic
cobija blanket
cobrar to charge (*someone for an item or a service*); to cash (*a check*)
cobre *m.* copper
cocaína cocaine
cocina kitchen; cooking
cocinar to cook
cocinero/a cook
coco coconut; **agua de coco** *f.* (*but* **el agua de coco**) coconut milk
coctel *m.* cocktail
coche *m.* car
codo elbow
coincidencia coincidence
coincidir to coincide
cojín *m.* cushion; small pillow
cola tail; **hacer cola** to stand in line
colección *f.* collection
colectivo bus (*Argentina*)
colega *m., f.* colleague
colegio private elementary or secondary school
colgar (gu) to hang
coliflor *f.* cauliflower
colilla cigarette butt
colina hill
collar *m.* necklace
colocar (qu) to place, put
colombiano/a Colombian
colonia colony
coloquial colloquial
color *m.* color; **color café** brown; **en colores** in color, color
colosal colossal
comadre *f.* good friend (*female*); godmother of one's children
combatir to fight, combat
combinación *f.* combination; petticoat, slip
combinar to combine
combustible *m.* fuel
comedia comedy
comedor *m.* dining room
comentar to comment (on)
comentario commentary
comentarista *m., f.* commentator
comenzar (ie) (c) to begin
comer to eat
comerciante *m., f.* merchant

comercio business
comestibles *m. pl.* foodstuffs, provisions
cómico/a funny, amusing; **tiras cómicas** *pl.* comic strips, funnies
comida food
comisión *f.* commission
como as a; like; since; **¿cómo?** how?, how's that again? (what?); **¡cómo cambia el mundo!** how things change!; **¿cómo es?** what is/are it (he, she, you) like?; **¿cómo está?** how is/are it (he, she, you)?; **¿cómo está usted?** how are you?; **¿cómo le va?** how's it going?; **¡cómo no!** of course!; **¿cómo se dice... ?** how do you say . . . ?; **¿cómo se escribe... ?** how do you write (*spell*) . . . ?; **¿cómo se llama?** what's his (her, your) name?
cómoda chest of drawers
cómodamente comfortably
comodidad *f.* comfort, convenience
cómodo/a comfortable
compacto/a compact
compadre *m.* very good friend (*male*); godfather of one's children
compañero/a companion
compañía company; **compañía de aviación** airline
comparación *f.* comparison
comparar to compare
compartir to share
compás *m.* measure (*musical*); rhythm
compatriota *m., f.* compatriot
competencia competition
complejo *n.* complex; group of items
complejo/a complex, complicated
complementario/a complementary
completar to complete
completo/a complete
complicación *f.* complication
complicar (qu) to complicate
comportamiento behavior
composición *f.* composition
compra *n.* purchase
comprar to buy
comprender to understand
comprensión *f.* comprehension
comprensivo/a understanding; comprehensive
comprometerse to get engaged; to commit oneself; to get involved
comprometido/a engaged; committed
compromiso commitment
computadora computer
común common; **en común** in common
comunicación *f.* communication

comunicar (qu) to communicate
comunidad *f.* community
comunismo Communism
comunista *m., f.* Communist
comúnmente commonly
con with; **con frecuencia** frequently;
  con gusto with pleasure; **con
  permiso** excuse me (*when
  interrupting someone, trying to make
  one's way through a crowd, or asking
  for permission of some sort*)
concebir to conceive
concentrado/a concentrated
concentrar to concentrate
concepto concept
concierto concert
concurso contest, competition
condición *f.* condition
condimento condiment, spice
condominio condominium
conducir (*like* **producir**) to drive
conductor(a) driver
conectar to connect
conexión *f.* connection
conferencia conference; lecture
  (*academic*)
confesar (ie) to confess
confeti *m.* confetti
confianza confidence, trust
confirmado/a confirmed
confirmar to confirm
conflicto conflict
confortable comfortable
confrontar to confront
confundido/a confused
confundir to confuse
congelado/a frozen
congelador *m.* freezer
congelar to freeze
congestionado/a congested; stuffed
  up
conjunto band (*musical*)
conmovedor(a) moving, emotional
conocer (zc) to know; to meet
conocido/a well-known
conquistador(a) conqueror
conquistar to conquer
consciente conscious
consecuencia consequence
conseguir (i, i) (ga) to obtain
consejero/a counselor, advisor
consejo advice
conservar to conserve
considerar to consider
consistir en to consist of; to be about
constante constant
constar de to consist of (*parts, etc.*)
constitución *f.* constitution
construcción *f.* construction
construido/a constructed, built
construir (y) to construct, build

consulado consulate
consulta consultation, conference
consultar to confer, consult;
  consultar con el médico to go to
  the doctor
consultorio (doctor's) office
consumidor(a) consumer
consumir to consume
contabilidad *f.* accounting
contable *m., f.* accountant
contador(a) accountant
contagioso/a contagious
contaminación *f.* contamination;
  pollution
contaminante contaminating
contar (ue) to count; to tell (about);
  contar con to depend on; **contar
  historias** to tell stories
contento/a happy
contestar to answer
contexto context
contigo with you (*fam.*)
continente *m.* continent
continuar to continue
contra against; **en contra de** against,
  in opposition
contrabando contraband
contracción *f.* contraction
contrario: al contrario on the
  contrary; **de lo contrario**
  otherwise, if not
contrato contract
contribución *f.* contribution
contribuir (y) to contribute
control remoto *m.* remote control
controlar to control; **controlarse** to
  control oneself
controversia controversy
controvertible controversial
convencer (z) to convince
convencido/a convinced
convención *f.* convention
convento convent
conversación *f.* conversation
conversar to converse
convertir (ie, i) to convert,
  transform; **convertirse en** to
  become
convocar (qu) to convene, convoke
cooperación *f.* cooperation
cooperar to cooperate
copa wineglass; **copa de vino** glass
  of wine
corazón *m.* heart
corbata tie
cordel *m.* cord, thin rope
cordero lamb
cordonar to cordon off, rope off
corona crown
coronado/a crowned
correcto/a correct

corregir (i,i) (j) to correct
correr to run
correspondencia correspondence
corresponder to correspond
corriente *n. f.* current (*of water*); *adj.*
  current, up-to-date; **estar al
  corriente** to be up to date, well
  informed
cortar to cut
cortejo courtship
cortés courteous
cortesía courtesy
cortina curtain
corto/a short (*in length*)
cosa thing
cosecha harvest
coser to sew
cosmopolita *m., f.* cosmopolitan
costa coast
costado side
costar (ue) to cost; **¿cuánto cuesta?**
  how much does it cost?
costarricense *m., f.* Costa Rican
costilla rib
costo cost, price
costoso/a costly, expensive
costumbre *f.* custom, habit
cotorra parrot; talkative woman
creación *f.* creation
crear to create
crecer (zc) to grow
crecimiento growth
crédito credit
creencia belief
creer (y) to believe; **creo que...** I
  think that . . .
cremoso/a creamy
criada (live-in) maid
crianza upbringing
criar to raise, bring up; **criarse** to be
  raised, brought up
criatura creature; infant
crimen *m.* murder; crime
criminalista *n. m., f.* criminologist;
  adj. criminal
cristalino/a crystal clear
criterio criterion; *pl.* criteria
crítica criticism
criticar (qu) to criticize
crítico/a *n.* critic; *adj.* critical
cronológicamente chronologically
cronológico/a chronological
cruce *m.* crossing
crucero cruise ship; pleasure cruise
crudo/a raw
cruz *f.* (*pl.* **cruces**) cross; **la Cruz
  Roja** the Red Cross
cruzar (c) to cross
cuaderno notebook
cuadra (city) block; **a dos cuadras**
  two blocks from here

cuadrado/a square (*shape*); checkered
cuadrilla crew; troops
cuadro picture (*on the wall*)
¿cuál? what?, which?; **¿cuál(es)?** which one(s)?
cualidad *f.* quality
cualquier(a) any
cuando when; **de vez en cuando** once in a while; **¿cuándo?** when?
cuánto how much
¿cuánto/a? how much?; **¿a cuánto está?** how much is it?
¿cuántos/as? how many?
cuarenta forty
cuarto quarter; room; **cuarto de servicio** servant's quarters
cuatro four
cubano/a Cuban
cubierto/a covered
cubo bucket
cubrir to cover
cuchara spoon
cucharita small spoon; teaspoon
cuchillo knife
cuello neck; neckline
cuenta bill (*in a restaurant*)
cuento story; **cuento de hadas** fairy tale
cuerda cord, rope; string
cuero leather
cuerpo body
cuestión *f.* question, matter
cuestionario questionnaire
cueva cave
cuidado care; **¡cuidado!** (be) careful!
cuidar to take care of; **cuidarse** to take care of oneself
culinario/a culinary
culpa blame; guilt
culpable guilty
cultivar to cultivate; to grow
culto/a cultured, civilized
cultura culture
cumbia *dance from Colombia*
cumpleaños *m. s.* birthday; **feliz cumpleaños** happy birthday
cumplir to accomplish, fulfill; **cumplir ___ años** to reach ___ years (*of age*)
cuñado/a brother/sister-in-law
cuota quota; **cuota inicial** down payment
cura *m.* priest
curandero/a faith healer
curar to cure; **curarse** to cure oneself
curiosidad *f.* curiosity
curioso/a curious; strange
curita bandaid
curso course
curva curve
cuyo/a whose

CH

chabacano apricot (*Mex.*)
champaña champagne
champiñón *m.* mushroom
champú *m.* shampoo
chao bye-bye
chaqueta jacket
charlar to converse, chat
ché hey; hey you (*Argentina*)
cheque *m.* check; **cheque de viajero** traveler's check
chicle *m.* chewing gum
chico/a *n.* boy/girl; *adj.* small
chícharo pea (*Mex.*)
chile *m.* chili pepper; **chile relleno** *stuffed chili fried in egg batter*
chileno/a Chilean
chimenea chimney; fireplace
chino/a Chinese
chisme *m.* gossip
chismear to gossip
chiste *m.* joke
chistoso/a funny
chocar (qu) (con) to collide, clash (with)
choclo ear of corn (*South America*)
chocolatería chocolate store
chofer *m.* driver
choque *m.* accident; crash
chorizo (type of) sausage
chuleta de puerco pork chop

D

dama lady
damas: jugar a las damas to play checkers
dañado/a injured; damaged
daño damage, injury
dar (*irreg.*) to give; **dar clase** to teach; **darse cuenta de** to realize; **dar la mano** to shake hands; **darse prisa** to hurry up; **dar un paseo** to go for a walk
datar to date (*from a certain time period*)
datos data
de of; **de acuerdo** OK, I agree; **de ___ a ___** from ___ to ___
debajo *adv.* underneath, below; **debajo de** *prep.* under, below
deber to owe; **deber + inf.** should, must, ought to (*do something*)
deber *m.* obligation
debidamente justly, duly; exactly
debido a due to, owing to
débil weak
década decade
decidir to decide
décimo/a *adj.* tenth
decir (*irreg.*) to say; to tell

declamar to recite; to harangue
declaración *f.* declaration
declarar to declare
decoración *f.* decoration
decorado/a decorated
dedicado/a dedicated
dedicar (qu) to dedicate; **dedicarse a** to dedicate oneself to
dedo finger
defender (ie) to defend; **defenderse** to defend oneself
defensa defense
definición *f.* definition
definir to define
definitivamente definitely
dejar to leave (behind); to quit; to let, allow; **dejar de + inf.** to stop (*doing something*); **dejárselo a alguien** to leave something for someone; **dejárselo en + *quantity of money*** to let someone have an item for (*a quantity of money*); **dejar una propina** to leave a tip
del (*contraction of* **de + el**) of the; from the
delantal *m.* apron
delante de *prep.* in front of
delatar to inform against, accuse, denounce
deleitarse to delight oneself in; to take pleasure
delgado/a slender
delicado/a delicate
delicioso/a delicious
delito offense; crime
demás: lo demás the rest, remaining; **los/las demás** the others
demasiado *adv.* too; too much
demasiado/a *adj.* too much
democracia democracy
democrático/a democratic
dentista *m., f.* dentist
dentro de *prep.* inside, within
departamento department; territory; apartment (*Mex.*)
depender (de) to depend (on); **depende** it depends
dependiente *m., f.* (sales) clerk
deporte *m.* sport
deportivo/a sporting, of or relating to sports
depositar to deposit
deprimido/a depressed
deprimir to depress; **deprimirse** to become depressed
derecha: a la derecha (de) to the right (of) (*direction*)
derecho *n.* right; law; *pl.* customs duty; *adv.* straight ahead
derretir (i, i) to melt
derrocamiento overthrow

derrocar (qu) to overthrow, pull down (*from office*)
derrotar to defeat, overthrow
desafío challenge; rivalry
desafortunadamente unfortunately
desagradable disagreeable, unpleasant
desaparecer (zc) to disappear
desaparición *f.* disappearance
desarrollar to develop
desarrollo development
desastre *f.* disaster
desastroso/a disastrous
desayunar to eat breakfast
desayuno breakfast; **desayuno continental** continental breakfast (*consisting of coffee, juice, and a sweet roll*)
descansado/a rested
descansar to rest
descanso rest; break; sleep
descargar (gu) to unload; to fire or discharge (*firearms*); to exonerate
descender (ie) to descend, go down
descifrar to decipher
descolgado/a let down, slipped down; **teléfono descolgado** telephone off the hook
descomponerse (*like* **poner**) to break down; to be out of order
descompuesto/a broken down; out of order
desconocido/a unknown
desconsiderado/a inconsiderate, thoughtless
describir to describe
descripción *f.* description
descrito/a described
descubierto/a discovered
descubridor(a) discoverer
descubrir to discover
desde *prep.* from; **desde que** *conj.* since
desear to desire; to want, wish
desempleo unemployment
desenvolverse (ue) to evolve
deseo desire
desequilibrio unbalanced condition; disorder
desesperado/a desperate, hopeless
desfile *m.* parade
desgastado/a worn out; used
desgracia disgrace, misfortune
desgraciadamente unfortunately
desgreñado/a disheveled
deshabitado/a uninhabited
desierto desert
desigualdad *f.* inequality
desilusión *f.* disappointment
desilusionado/a disappointed
deslizar (c) to slide

desmayado/a fainted
desmayarse to faint
desodorante *m.* deodorant
desolado/a desolate
despacio *adv.* slowly
despedida farewell, leave-taking
despedir (i, i) to fire, dismiss; **despedirse (de)** to say good-bye (to)
despegar (gu) to take off (*with planes*)
despejado/a clear, cloudless (*sky*)
desperdicio waste (product)
despertador *m.* alarm clock
despertar (ie) to wake (*someone up*); **despertarse** to wake up, awaken
despierto/a awake
despótico/a despotic
después *adv.* later on; **después (de)** *prep.* after; **después (de) que** *conj.* after
destacado/a prominent, outstanding
destacar(se) (qu) to stand out; to be prominent
destinar to designate; to destine
destino fate, destiny; destination (*travel*)
destreza skill, ability
destrucción *f.* destruction
desunido/a disunited; far apart
desventaja disadvantage
desvestirse (i, i) to undress
desviación *f.* deviation; detour
detalle *m.* detail
detener (*like* **tener**) to detain; **detenerse** to stop (over); to pause; to halt
detergente *m.* detergent
determinado/a determined
detestar to detest, hate
detrás de *prep.* behind
deuda debt
devoción *f.* devotion
devolver (ue) to return (*something*)
devorar to devour
día *m.* day; **Día de Acción de Gracias** Thanksgiving; **Día de la Independencia** Independence Day; **Día de las Madres** Mother's Day; **Día de los Enamorados** Valentine's Day; **Día de los Padres** Father's Day; **el día del santo** saint's day; **día feriado** holiday
diablo devil **¡al diablo!** to hell!
diagnosticar (qu) to diagnose
diálogo dialogue
diamante *m.* diamond
diapositiva slide (*photographic*)
diariamente daily
diario *n.* newspaper; *adv.* daily
diario/a *adj.* daily
dibujar to draw

dibujo drawing, sketch
diccionario dictionary
diciembre *m.* December
dictador(a) dictator
dictadura dictatorship
dictar to dictate, direct
dicha: ¡qué dicha! what luck!
dicho saying; proverb
dichoso/a lucky
diecinueve nineteen
dieciocho eighteen
dieciséis sixteen
diecisiete seventeen
diente *m.* tooth
dieta diet; **estar a dieta** to be on a diet
diez ten
diferencia difference
diferente different
difícil difficult
dificultad *f.* difficulty
difunto/a deceased
diga (*from* **decir**) hello (*on the telephone*); **¡no me diga(s)!** you don't say!
dilema *m.* dilemma
diminutivo nickname; affectionate family name; diminutive form
Dinamarca Denmark
dinero money
dios *m. s.* god; **¡Dios mío!** my God!, my goodness!
diplomático/a diplomatic
diputado/a *n.* representative, delegate
dirección *f.* direction; address
directamente directly
director(a) director
directorio telefónico telephone directory
dirigir (j) to direct
disco record (*musical*)
discoteca discotheque; nightclub
discriminación *f.* discrimination
disculpa apology, excuse
discurso speech
discusión *f.* discussion; argument
discutir to discuss; to argue
diseño design
disfraz *m.* (*pl.* **disfraces**) costume
disfrazado/a masked, costumed
disfrutar (de) to enjoy
disgustarse to become annoyed, displeased
disminuir (y) to lessen
disparar to shoot (*a gun*)
disponer de (*like* **poner**) to have available
disponible available
disposición *f.* disposal; **a su disposición** at your (his, her) disposal

dispuesto/a favorably disposed, inclined
distancia distance
distinguir (ga) to distinguish
distinto/a different; distinct
distracción *f.* amusement; diversion; distraction
distraer (*like* **traer**) to distract
distribuido/a distributed
distribuir (y) to distribute
distrito district
diversión *f.* diversion; entertainment
divertido/a entertaining, fun
divertirse (ie, i) to have a good time, enjoy oneself
dividido/a divided
dividir to divide
divisa devise
divorciado/a divorced
divorciar to divorce; **divorciarse** to get divorced
divorcio divorce
doblado/a doubled; folded; dubbed
doblar to double; to fold, crease; to turn
doble *adj.* double, duplicate
doce twelve
doctor(a) doctor
documento document; *pl.* nationality papers (*passport, visa, etc.*)
dólar *m.* dollar
doler (ue) to hurt
dolor *m.* pain, ache; **dolor de cabeza** headache; **dolor de estómago** stomachache; **dolor de garganta** sore throat
doloroso/a painful
doméstica: empleada doméstica maid, cleaning lady
doméstico/a domestic, of the house
domicilio house, residence
dominar to dominate; to control; to master
domingo Sunday; **Domingo de Pascua** Easter Sunday
dominicano/a Dominican
dominó *m. s.* dominos
don *title of respect used with a man's first name*
dona donut
doncella maiden
donde where; **¿dónde?** where?; **¿de dónde?** from where?; **¿adónde?** where (to)? **¿dónde está... ?** where is . . . ?
doña *title of respect used with a woman's first name*
dorado/a golden (brown)
dormido/a asleep
dormir (ue, u) to sleep; **dormirse** to fall asleep

dormitorio bedroom
dos two
doscientos two hundred
drama *m.* drama; play
dramático/a dramatic
dramatismo quality of being dramatic
dramaturgo/a playwright
drástico/a drastic
droga drug
drogadicción *f.* drug addiction
drogadicto/a drug addict
ducha shower
ducharse to take a shower
duda doubt
dudar to doubt
dudoso/a doubtful
dueño/a owner, proprietor
dulce *n. m.* sweet; *n. pl.* sweets, candy; *adj.* sweet
duna dune
durante during; for (*a period of time*)
durar to last
durazno peach
duro/a hard; difficult

E

e and (*used instead of* **y** *before words beginning with* **i** *or* **hi**)
economía economy; economics
económico/a economic(al)
economista *m., f.* economist
ecuador *m.* equator
ecuatoriano/a Ecuadorian
edad *f.* age (*chronological*); era, epoch
edificio building
educación *f.* education; **educación física** physical education
educar (qu) to educate; to rear
efectivo/a effective; real, actual; **dinero en efectivo** *n.* cash
efecto effect
efectuar to effect, carry out
eficiencia efficiency
eficiente efficient
Egipto Egypt
egoísta egotistical
ejecución *f.* execution; carrying out
ejecutivo/a *adj.* executive; **ejecutivo** *n. m.*/**mujer ejecutivo** *n. f.* business executive
ejemplar *m.* copy (*of a book or magazine*)
ejemplo example; **por ejemplo** for example
ejercicio exercise; **hacer ejercicio** to exercise; **ejercicio aeróbico** aerobic exercise
ejército army
ejotes *m. pl.* green (string) beans (*Mex.*)

el (*m. definite article*) the
él *sub. pron.* he; *obj. of prep.* him
elaboración *f.* preparation, working up (*of materials*)
elección *f.* election; choice
electricidad *f.* electricity
eléctrico/a electric, electrical
electrizar (c) to electrify
electrónico/a electronic
elegante elegant
elegido/a elected
elegir (i, i) (j) to elect
elemento element
elevación *f.* elevation
elevador *m.* elevator
elocuente eloquent
elote *m.* ear of corn (*Mex.*)
ella *sub. pron.* she; *obj. of prep.* her
ellos/as *sub. pron.* they; *obj. of prep.* them
embajada embassy
embajador(a) ambassador
embarazada pregnant
embarcar (qu) to embark; to go on board (*a ship or a train*)
embarque *m.* shipment of goods
emborracharse to get drunk
embotellamiento traffic jam; logjam
emergencia emergency
emigración *f.* emigration
emigrante *m., f.* emigrant
emigrar to emigrate
emisión *f.* emission, transmission
emisora radio or television station
emoción *f.* emotion
emocionado/a excited
emocionante exciting
empacar (qu) to pack (*for a trip*)
empanada meat pie
emparedado sandwich (*Sp.*)
empastar las caries to fill cavities
empeorar to worsen; to get worse
emperador/emperatriz (*pl.* **emperatrices**) emperor/empress
empezar (ie) (c) begin
empleado/a employee
empleo job; employment
empresa firm, company
empujar to push
empujón *m.* shove, push
en in; on; at
enamorado/a in love; **Día de los Enamorados** *m.* Valentine's Day
enarmorarse (de) to fall in love (with)
encabezar (c) to head up; to lead
encaje *m.* lace
encantado/a delighted; pleased to meet you
encantar to delight, please
encanto joy

encarcelar to imprison
encargado/a in charge of
encargarse (qu) (de) to be in charge (of)
encariñado/a (con) fond (of)
encender (ie) to light (*a fire, electricity*)
encerrado/a closed up
encías *pl.* gums
encima *adv.* above, overhead; **encima de** *prep.* on top of
encontrar (ue) to find; **encontrarse (con)** to meet, happen upon; come across
enchilada *rolled tortilla filled with meat and topped with cheese and sauce, cooked in oven*
endeudarse to become indebted
enemigo/a enemy
energía energy
enero January
enfadado/a irritated, angry
enfadarse to get angry
énfasis *m.* emphasis
enfermarse to get sick
enfermedad *f.* illness; disease
enfermería nursing
enfermero/a nurse
enfermo/a *n.* patient; *adj.* sick, ill
enfocar (qu) to focus on
enfrente *adv.* in front, opposite; **enfrente de** *prep.* in front of
enfriarse to get cold
engaño deceit; fraud
engordar to fatten; **engordarse** to get fat
engrasar to grease
enguantado/a wearing gloves
enlatado/a canned
enojado/a angry
enojar to anger; **enojarse (con)** to become angry (with)
enorme enormous
enriquecer (zc) to enrich; **enriquecerse** to become rich
enriquecido/a enriched, fortified
enriquecimiento enrichment
ensalada salad
ensayar to try out
ensayo essay
enseñar to teach; to show
ensuciar to dirty, soil
entender (ie) to understand
enterarse (de) to find out (about)
entero/a whole, entire
enterrado/a buried
entonces then, in that case; **en aquel entonces** at that time
entrada entrance
entrar to enter; **entrar al trabajo** to start work

entre *prep.* between, among
entregar (gu) to turn in, hand over; **entregar el equipaje** to check luggage
entrenamiento training
entrenar to train
entretenido/a entertaining
entretenimiento entertainment
entrevista interview
entrevistar to interview
entristecerse (zc) to become sad
entusiasmado/a enthusiastic; excited
entusiasmarse to get excited
entusiasmo enthusiasm
entusiasta enthusiastic
enviar to send; to mail
envolver (ue) to wrap
enyesado/a in a cast
epidemia epidemic
episodio episode
época epoch, era
equipaje *m.* luggage; **equipaje de mano** carry-on luggage
equipo team; equipment
equitación *f.* horseback riding
equivalente *adj.* equivalent
equivocado/a mistaken, wrong
erupción *f.* eruption
escala stopover (*on a plane*)
escalar to climb
escalera ladder; stairs
escandalizado/a scandalized
escaparse to escape
escape *m.* escape
escarcha frost
escena scene
esclavitud *f.* slavery
esclavo/a slave
escoba broom
escoger (j) to choose
escolar pertaining to school; **año escolar** the school year
esconder to hide
escondido/a hidden
escondite *m.* hide-and-seek; **jugar al escondite** to play hide-and-seek
escribir to write; **escribir a máquina** to type
escritor(a) writer
escritorio desk; office; study
escritura (hand)writing; penmanship
escuchar to listen (to)
escuela school; **escuela primaria** elementary school; **escuela secundaria** high school
ese, esa *adj.* that; **ése, ésa** *pron.* that one
esencial essential
esfuerzo effort
esmalte: esmalte de uñas *m.* fingernail polish

eso that, that thing, that fact; **a eso de** about (*a certain time*); **eso es** that's right; **por eso** therefore, that's why
esos/esas *adj.* those; **ésos/ésas** *pron.* those (ones)
espacio space
espaguetis *m. pl.* spaghetti
espalda back
espantoso/a frightening
España Spain
español *m.* Spanish (*language*)
español(a) Spanish
esparcido/a scattered
espárragos *pl.* asparagus
especia *f.* spice
especial special
especialidad *f.* specialty; major (*field of study*)
especialista *m., f.* specialist
especializado/a specialized
especie *f.* kind, type; species
espectacular spectacular
espectáculo spectacle; show
espejo mirror
esperanza hope
esperar to hope; to wait (for); **espero que sí/no** I hope so/not
espeso/a thick (*of liquids*)
espina spine; **espina dorsal** spine (*body*)
esposo/a husband/wife
espuma foam
esqueleto skeleton
esquí *m.* skiing
esquiar to ski
esquina corner (*of a street*)
estable *adj.* stable
establecer (zc) to establish; **establecerse** to get established
establecido/a established
establecimiento establishment
estación *f.* season; station; **estación de televisión** television station
estacionado/a parked
estacionamiento parking lot
estacionar(se) to park
estadía stay (*amount of time one is somewhere*)
estadio stadium
estado state; **estado civil** marital status
Estados Unidos *pl.* United States
estallar to break out (*conflict, war*); explode (*bomb*)
estante *m.* shelf
estar (*irreg.*) to be; **¿cómo está usted?** how are you?; **estar a dieta** to be on a diet
estatua statue
estatura height (*people*)

este/esta *adj.* this; **éste/ésta** *pron.* this one; **esta noche** tonight; **este...** um . . . (*pause in speech*)
estéreo stereo
estereotipo stereotype
estilizado/a stylized
estilo style
estimado/a dear (*used as form of address in a letter*)
estimular to stimulate, incite
estirar to stretch; **estirar la pata** *coll.* to kick the bucket (*pass away*)
esto this, this thing, this matter
estómago stomach
estornudar to sneeze
estrecho/a tight
estrella star
estrellar to explode; to shatter; **estrellarse** to crash (**se estrelló un avión** a plane crashed)
estrenar to show, use, wear (*something*) for the first time
estricto/a strict
estructura structure
estudiante *m., f.* student
estudiantil of or pertaining to students
estudiar to study
estudio study
estufa stove
estupendo/a wonderful, marvelous
etapa stage or period of time
etcétera et cetera
eterno/a eternal
etiqueta label; (price) tag
eufemismo euphemism
europeo/a European
eutanasia euthanasia
evento event
evidente evident
evitar to avoid, evade
evolución *f.* evolution
exacto/a exact
exagerar to exaggerate
examen *m.* exam
examinar to examine
excelencia excellence
excelente excellent
excepcional exceptional
excepto except
exceso excess
exclamación *f.* exclamation
exclusivo/a exclusive
excusa excuse
exhausto/a exhausted
exhibir to show, display, exhibit
exigente demanding
exigir (j) to demand; to require
exilarse to go into exile
existencia existence
existir to exist

éxito success; **tener éxito** to be successful
éxodo exodus
exótico/a exotic
experiencia experience
experimento experiment
experto/a expert
explicación *f.* explanation
explicar (qu) to explain
exploración *f.* exploration
explorar to explore
explotación *f.* exploitation
exponer (*like* **poner**) to expose; **exponerse (a)** to run a risk, lay oneself open (to)
exportación *f.* export
exportar to export
exposición *f.* exposition
expresado/a expressed
expresar to express
expresión *f.* expression
expresivo/a expressive
expreso: **café expreso** *m.* espresso coffee
expulsar to expel, drive out
exquisito/a exquisite
extender (ie) to extend
extenso/a extensive, widespread
externo/a external
extra: **horas extra** extra hours, overtime
extranjero *n.* foreign country; abroad
extranjero/a *n.* foreigner; *adj.* foreign
extrañar to miss (*someone or someplace*)
extraño/a strange
extraordinario/a extraordinary
extremo *n.* extreme end, point
extremo/a *adj.* extreme
extrovertido/a extrovert

F

fábrica factory
fabricación *f.* manufacture
fabricado/a made, manufactured
fabricante *m., f.* manufacturer
fabuloso/a fabulous
facción *f.* faction
fácil easy
facilitar to facilitate, make easier
fácilmente easily
factura bill; invoice
facturar to check (*baggage*)
falda skirt
falsedad *f.* untruth
falso/a false
falta lack; absence
faltar to be absent, missing, lacking
fama fame
familia family

familiar *n. m.* relation, member of the family; *adj.* of or pertaining to the family
famoso/a famous
fantasía fantasy
fantástico/a fantastic
farmacéutico/a pharmacist
farmacia pharmacy
fascinado/a fascinated
fascinante fascinating
fascinar to fascinate
fascista *m., f.* fascist
favor *m.* favor; **a favor de** in favor of; **favor de** + *inf.* please (*do something*)
favorecer (zc) to favor
favorito/a favorite
febrero February
fecha date; **fecha de nacimiento** date of birth
felicidad *f.* happiness
felicitaciones *f. pl.* congratulations
felicitar to congratulate
feliz (*pl.* felices) happy; **feliz cumpleaños** happy birthday; **Feliz Navidad** Merry Christmas
femenino/a feminine
feo/a ugly
feriado/a *adj.* of or pertaining to holidays; **día feriado** *m.* holiday
ferrocarril *m.* railroad; railway
fervorosamente fervently
festejado/a "birthday boy/girl"
festejar to celebrate; to entertain
festivo/a festive; **día festivo** *m.* holiday
fiambres *m. pl.* cold cuts (*meat*)
fianza bail, bond
fidelidad *f.* faithfulness
fiebre *f.* fever
fiel faithful
fiesta party; **hacer una fiesta** to give a party
fijarse (en) to take notice (of)
fijo/a fixed, stationary
filete *m.* fillet (*meat or fish*)
filmar to film
filosofía philosophy; **filosofía y letras** humanities
filósofo/a philospher
filtro filter
fin *m.* end; **en fin** in short; **por fin** finally; **fin de semana** weekend
finalizar (c) to finalize
finalmente finally
financiable financing available
finca farm; country estate
fino/a fine
firma signature
firmar to sign
firme *adj.* firm

física physics
físico/a physical
flaco/a skinny
flamante resplendent; brand-new
flamenco/a *of or pertaining to a style of Andalusian dance and song*
flan *m.* sweet custard (*dessert*)
flauta flute
flor *f.* flower
floreado/a flowered
flotar to float
fogata campfire, bonfire
folleto pamphlet, brochure
fondo bottom, depth, back; background
fondos *pl.* funds
forma form
formación *f.* formation
formar to form
formulario form (*to fill out*)
forrado/a lined (*clothing*); covered (*car*)
fosforescente phosphorescent
foto *f.* (*short for* **fotografía**) photo
fotocopiadora photocopy machine
fotografía photograph
fotográfico/a photographic
fotógrafo/a photographer
fracasar to fail
fracturado/a fractured
fragancia fragrance
fragante fragrant
francés *m.* French (*language*)
francés, francesa French
Francia France
franquista *m., f.* of or pertaining to Franco (*ex-dictator of Spain*)
frase *f.* phrase; sentence
frecuencia frequency; **con frecuencia** frequently
frecuente frequent
fregadero kitchen sink
freír (i, i) to fry
frenar to put on the brakes
frenos *pl.* brakes
frente *f.* forehead
fresa strawberry
fresco/a fresh; **hace fresco** it's cool
frescura freshness
frijoles *m. pl.* beans
frío/a cold; **hace frío** it's cold
frito/a fried
frontera border
fruta fruit
frutal *n.* fruit tree; *adj.* of or pertaining to fruit bearing
fuego fire; **a fuego lento** over low heat (*cooking*); **fuegos artificiales** *pl.* fireworks
fuente *f.* fountain, spring; source
fuera *adv.* outside; **fuera de** *prep.* outside of

fuerte strong
fuerza force
fumar to smoke
función *f.* function
funcionar to function; to work or run (*of machines*)
fundar to found
fúnebre mournful, sad
furioso/a furious
fútbol *m.* soccer; **fútbol norteamericano** football
futuro *n.* future
futuro/a *adj.* future

G

gabinete *m.* cabinet
galón *m.* gallon
gallego/a Galician, from the province of Galicia
galleta cracker; cookie
galletita cookie
ganador(a) winner
ganar to win
ganas: tener ganas de + *inf.* to feel like (*doing something*)
ganga bargain
garaje *m.* garage
garantía guarantee
garantizado/a guaranteed
garantizar (c) to guarantee
garganta throat
gárgaras: hacer gárgaras to gargle
garúa drizzle, mist
gasolina gasoline
gasolinera gas station, service station
gastar to spend; to waste
gastos *pl.* expenses
gato jack (*for a car*)
gato/a cat
gelatina jello, gelatin
gemelo/a twin
generación *f.* generation
general *adj.* general; *n. m.* general
genérico/a generic
género kind, class, genus; gender
generoso/a generous
gente *f. s.* people
geografía geography
geográfico/a geographic
geólogo/a geologist
geometría geometry
gerente *m., f.* manager
gestado/a gestated; grown to maturity
gesto gesture
gigantesco/a gigantic
gimnasia gymnastics; **hacer gimnasia** to exercise
gimnasio gymnasium
gira tour
gitano/a gypsy

glándula gland
glorieta traffic circle (*Mex.*)
gobernador(a) governor
gobierno government
gol *m.* goal
golfo gulf
golpe *m.* hit, blow
golpear to hit, pound
goma rubber; **goma de mascar** chewing gum
gordito/a pudgy, chubby
gordo/a fat
gorro cap
gota drop
gozar (c) (de) to enjoy
grabadora recorder; **grabadora de video** video cassette recorder
grabar to record
gracias thanks; **muchísimas gracias** thank you very much; **Día de Acción de Gracias** *m.* Thanksgiving
gracioso/a funny
grado degree (*temperature*)
graduación *f.* graduation
gradualmente gradually
graduarse to graduate
gráfico/a graphic
gramática grammar
gran, grande big; great
grano grain; pimple
grasa grease
gratis free, gratis
gratuito/a free, gratis
grave *adj.* grave, serious; seriously ill
griego *m.* Greek (*language*)
griego/a Greek
gringo/a *coll.* term for a North American or European
gripe *f.* flu
gris gray
gritar to yell, shout
grosero/a gross, vulgar
grueso/a heavy (*clothing*); thick (*book*)
grupo group; **grupo minoritario** minority
guacamole *m. sauce or dip made of mashed avocado*
guagua bus (*Caribbean*); baby (*Chile, Peru*)
guantes *m. pl.* gloves
guapo/a handsome
guaracha Cuban music
guarda *m., f.* guard, watchperson
guardafango fender
guardar to guard; to keep; to save
guardia *f.* guard (*body of armed people*)
guatemalteco/a Guatemalan
guayabera *embroidered shirt made of light material and worn in tropical climates*

guerra war
guerrillero/a guerrilla
guía *m., f.* guide
guisado stew
guisantes *m. pl.* peas
guitarra guitar
guitarrista *m., f.* guitar player
gustar to be pleasing; **¿te/le gusta... ?**
do you like . . . ? **me gusta...**
I like . . .
gusto liking, preference; taste;
pleasure; **a su gusto** as you prefer
it; **con (mucho) gusto** with
pleasure, certainly; **mucho gusto**
pleased to meet you

H

haber *(irreg.) (infinitive form of* **hay***)* to
have *(auxiliary)*
habichuelas *pl.* green (string) beans
habilidad *f.* ability
habitación *f.* bedroom, room
(*especially in a hotel*)
habitante *m., f.* inhabitant
habitar to live in
hablar to talk; to speak
hacendado/a landowner, rancher
hacer *(irreg.)* to do; to make; **hace**
buen (mal) tiempo it's good (bad)
weather; **hace calor (frío, fresco,**
sol, viento) it's hot (cold, cool,
sunny, windy); **hacer caso (a, de)**
to pay attention (to); **hacer cola** to
stand in line; **¿cuánto tiempo hace**
que + *present tense?* how long
have you been (*doing something*)?;
hacer ejercicio to do exercises;
hacer el papel de to play the role
(part) of; **hacer escala** to make a
stopover (*travel*); **hacer la compra**
to go grocery shopping; **hacer las**
maletas to pack one's bags; **hacer**
preguntas to ask questions;
hacerse to become; **hacer una**
fiesta to give a party; **hacer un**
viaje to take a trip; **¿qué tiempo**
hace? what's the weather like?;
hace + *period of time* ago (**hace tres**
años three years ago)
hacia *prep.* toward
hada fairy
halago compliment
hambre *f. (but* **el hambre***)* hunger;
tener hambre to be hungry
hambriento/a starving
hamburguesa hamburger
harina flour
harto/a fed up
hasta *prep.* until; even; **hasta luego**
see you later; **hasta mañana** see
you tomorrow; **hasta que** *conj.* until

hay there is, there are; **hay que** +
inf. one must (*do something*), it's
necessary to (*do something*)
hazaña feat, exploit
hecho/a done, made; **hecho/a a mano**
handmade; **hecho/a de** made of
heladería ice cream store
helado ice cream
helicóptero helicopter
hembra female
hemisferio hemisphere
herida wound
herido/a wounded person
hermanastro/a stepbrother/sister
hermano/a brother/sister
hermoso/a beautiful
héroe *m.* hero
heróico/a heroic
heroína heroine
herramienta tool
hervido/a boiling
hervir (ie, i) to boil
hielo ice
hierba grass
hierro iron
hígado liver
hijo/a son/daughter; **hijo único** only
child; **hijos** *pl.* children,
sons/daughters
hinchado/a swollen
hispánico/a Hispanic
hispano/a Hispanic
Hispanoamérica Spanish America
historia history; story
historiador(a) historian
histórico/a historic
historietas *pl.* comics, funnies
hogar *m.* hearth; home
hoja leaf
hola hello, hi
hombre *m.* man
hombro shoulder
homicidio homicide, murder
homosexualidad *f.* homosexuality
hondureño/a Honduran
honesto/a honest
hongo mushroom
hora hour; **¿qué hora es?** what time
is it?; **a última hora** at the last
minute; **¡ya era hora!** it's about
time!
horario schedule
horneado/a baked
hornear to bake
horno oven; **horno de microondas**
microwave oven
horrorizado/a horrified
hospedarse to stay (*in a hotel*)
hospitalario/a hospitable
hospitalidad *f.* hospitality
hoy today; **hoy día** nowadays

huelga strike
huelguista *m., f.* striker
huérfano/a orphan
huerta small vegetable garden;
orchard
hueso bone
huésped *m., f.* guest
huevo egg; **huevos cocidos**
hard-boiled eggs; **huevos**
rancheros *Mexican-style eggs with*
frijoles and salsa; **huevos revueltos**
scrambled eggs; **huevos tibios**
soft-boiled eggs
huir (y) to flee
humanidad *f.* humanity
humanitario/a humanitarian,
humane
humano/a human, humane
humedad *f.* humidity
humo smoke
huracán *m.* hurricane

I

ibérico/a Iberian
ida y vuelta round-trip
idealista *n. m., f.* idealist; *adj.*
idealistic
identificación *f.* identification
identificar (qu) to identify
ideología ideology
ideológico/a ideological
idioma *m.* language
iglesia church
ignorar to be ignorant of, not know
igual equal
igualdad *f.* equality
igualmente equally, likewise
ilegal illegal
ilimitado/a unlimited
iluminado/a lit, illuminated
ilustrar to illustrate, explain
imagen *f.* image
imaginación *f.* imagination
imaginar to imagine; **imaginarse** to
imagine, suppose
imaginario/a imaginary
imaginativo/a imaginative
impaciencia impatience
impaciente impatient
impacto impact
imparcial impartial
impecable impeccable
imperfecto/a imperfect
imperio empire
impermeable *m.* raincoat
implacable implacable, inexorable
implementar to implement
implicar (qu) to imply
importación *f.* import; importation
importado/a imported
importancia importance

importante important
importar to import; to be important; to concern
imposible impossible
impresión f. impression
impresionado/a impressed
impresionante impressive
impresionar to impress
impuesto/a imposed
impuestos pl. taxes
impulsar to impel; to prompt
inaccesible inaccessible
incesto incest
incidente m. incident
incluir (y) to include
incluso adv. including
incondicional unconditional
inconsciente unconscious
inconveniente inconvenient
incorrecto/a incorrect
increíble incredible
increíblemente incredibly
independencia independence; **Día de la Independencia** m. Independence Day
indicar (qu) to indicate
indígena n. m., f. native; Indian; adj. indigenous, native
indiscreto/a indiscreet
individuo n. individual
individuo/a adj. individual
indocumentado/a illegal resident
industria industry
industrialización f. industrialization
industrializado/a industrialized
inepto/a inept
inestabilidad f. instability
infantil of or pertaining to children
infarto heart attack
infección f. infection
inflamado/a inflamed, swollen
influencia influence
influir (y) to influence
información f. information
informar to inform
informe m. report; pl. information
ingeniería engineering
ingeniero/a engineer
ingenuo/a naive
Inglaterra England
inglés m. English (language)
inglés, inglesa English
ingrediente m. ingredient
ingreso income (money)
inicial adj. initial; **cuota inicial** down payment
iniciar to initiate, begin
iniciativa initiative
injusticia injustice
inmediato/a immediate
inmigración f. immigration

inmigrante m., f. immigrant
innecesario/a unnecessary
innovación f. innovation
inocente innocent
inodoro toilet
inofensivo/a inoffensive
inolvidable unforgettable
inscribir(se) to enroll, register (oneself)
inscripción f. enrollment, registration
inscrito/a enrolled, registered
insecto insect
inservible useless, unserviceable
insistir to insist
insoportable intolerable
inspeccionar to inspect
inspector(a) inspector
inspirado/a inspired
instalación f. installation
instantáneamente instantly
institución f. institution
instituto institute
instrucción f. instruction
instructor(a) instructor
insultar to insult
intelectual intellectual
inteligencia intelligence
inteligente intelligent
intención f. intention
intentar to try
intento attempt, try
interacción f. interaction
intercambiar to exchange
interés m. interest; pl. interest (on a loan)
interesado/a interested
interesante interesting
interesar to interest
internacional international
internado/a admitted, interned (in a hospital)
interno/a internal
interpretar to interpret
interrogación f. interrogation
interrumpido/a interrupted
interrumpir to interrupt
intersección f. intersection
intervención f. intervention
intervenir (like **venir**) to intervene
íntimo/a intimate
intriga intrigue
introducción f. introduction
inútil useless
invadir to invade
inventar to invent
invertir (ie, i) to invest
investigación f. investigation
invierno winter
invitación f. invitation
invitado/a n. guest; adj. invited

invitar to invite
involucrar to involve; **involucrarse** to get tangled up in
inyección f. injection, shot
ir (irreg.) to go; **ir a** + place to go (somewhere); **ir a** + inf. to be going to (do something); **ir de compras** to go shopping; **ir de vacaciones** to go on vacation; **irse** to leave, go away
irritado/a irritated
irritar to irritate
isla island
Italia Italy
italiano Italian (language)
italiano/a Italian
itinerario itinerary
izquierda left; **a la izquierda (de)** to the left (of) (direction)
izquierdista m., f. leftist (political)

J

jabón m. soap
jactarse to boast, brag
jalar to pull (Mex.)
jalea f. jelly
jamás never
jamón m. ham
Japón m. Japan
japonés, japonesa Japanese
jarabe m. (cough) syrup
jardín m. garden
jardinero/a gardener
jaula cage
jefe/a boss
Jesucristo Jesus Christ
jitomate m. tomato (Mex.)
jonrón m. home run
jornada: jornada completa full-time (work); **jornada parcial** part-time (work)
joven n. m., f. young person; adj. young
joya jewel
joyería jewelry store
jubilarse to retire
juego game; set
jueves m. s. Thursday
juez m., f. (pl. **jueces**) judge
jugar (ue) (gu) to play (sports)
jugo juice; **jugo natural** unsweetened juice
juguete m. toy
juicio trial
julio July
junio June
junto/a united, joined; **junto a** prep. close to, next to
juntos/as together
justicia justice
justificado/a justified

justificar (qu) to justify
justo/a just, fair
juvenil youthful
juventud *f.* youth
juzgar (gu) to judge

K

kilómetro kilometer

L

la (*f. definite article*) the
la *d.o.* you (*form. pl.*), her, it
laberinto labyrinth
labio lip
laborable of or pertaining to the work week, day, hours
laboratorio laboratory
lacio/a straight (*hair*)
lado *n.* side; **al lado (de)** *prep.* to the side (of); next to; **al lado** on the side, a la carte (*food*)
ladrar to bark
ladrillo brick
ladrón *m.* thief
lagarto alligator
lago lake
laguna lagoon
lamentable deplorable
lamento lament; moan, wail
lámina baking sheet, cookie sheet
lámpara lamp
lana wool
lancha boat
langosta lobster
lanzador(a) pitcher (*baseball*)
lápiz *m.* (*pl.* **lápices**) pencil
largo/a long; **larga distancia** long distance; **llamada de larga distancia** long distance call
las (*f. pl. definite article*) the
las *d.o.* you (*form. pl. f.*), them (*f.*)
lástima pity; **¡qué lástima!** what a pity!
lata can
latino/a Latin
latinoamericano/a Latin American
lavabo (bathroom) sink
lavadora washing machine
lavandería laundry
lavaplatos *m. s.* dishwasher
lavar to wash; **lavarse** to wash (oneself); **lavarse los dientes** to brush one's teeth
le *i.o.* to/for you (*form. s.*), him, her, it
lealtad *f.* loyalty
lección *f.* lesson
lector(a) reader
lectura reading
leche *f.* milk
lechería *f.* dairy

lechuga lettuce
leer (y) to read
legalización *f.* legalization
legendario/a legendary
legumbre *f.* vegetable
lejos *adv.* far
lengua tongue; language
lenguaje *m.* language
lentes *m. pl.* glasses
lento/a slow
leña firewood
les *i.o.* to/for you (*form. pl.*), them
lesión *f.* wound, injury
letra letter (*of the alphabet*)
letrero sign
levantar to lift, raise; **levantar pesas** to lift weights; **levantarse** to get up
levemente lightly; gently
ley *f.* law
liberación *f.* liberation
liberado/a liberated
libertad *f.* liberty, freedom
libertador(a) liberator
libra pound
libre free
librería bookstore
libreta de direcciones address book
libro book
licenciado lawyer
licor *m.* liquor
licuadora blender
líder *m., f.* leader
ligero/a light
limitado/a limited
limitar to limit
limón *m.* lemon
limonada lemonade
limpiador *m.* cleaner
limpiaparabrisas *m. s.* windshield wiper
limpiar to clean
limpieza cleanliness; cleaning
limpio/a clean
lindo/a pretty
línea line
linterna lantern
lío problem; **meterse en líos** to get in trouble
líquido liquid
liso/a smooth, even; flat; straight (*hair*)
lista list
listo/a: estar listo/a to be ready; **ser listo/a** to be smart, clever
literatura literature
lo *d.o.* you (*form. s. m.*), him, it; **lo que** what, that which; **lo siento** I am sorry
loco/a crazy
locomotora locomotive
locutor(a) radio announcer

lógico/a logical
lograr to achieve, attain; to gain, obtain
lona canvas
Londres London
los (*m. pl. definite article*) the
los *d.o.* you (*form. pl. m.*), them (*m.*)
lotería lottery
lubricante *n. m.* lubricant; *adj.* lubricating
lubricar (qu) to lubricate
luciérnaga glowworm, firefly
lucha libre wrestling
luchar to fight
luego then, next; later; **hasta luego** see you later
lugar *m.* place
lujo luxury
lujoso/a luxurious
lumbre *f.* fire
luminoso/a luminous
luna moon; **luna de miel** honeymoon
lunes *m. s.* Monday
luz *f.* (*pl.* **luces**) light

LL

llamada *n.* call
llamado/a called
llamar to call; **llamar la atención (a)** to call, attract attention (to); **llamar por teléfono** to telephone; **llamarse** to be named, called; **¿cómo se llama usted?, ¿cómo te llamas?** what is your name?; **me llamo...** my name is . . .
llano level ground; plain (*geography*)
llanta (automobile) tire; **llanta desinflada (pinchada)** flat tire
llave *f.* key
llavero key ring
llegada arrival
llegar (gu) to arrive; **llegar a ser** to become, get to be
llenar to fill
lleno/a full
llevar to take (*something or someone somewhere*); to wear; to carry
llorar to cry
lloroso/a tearful, mournful
llover (ue) to rain; **llueve** it rains
llovizna drizzle, sprinkling
lloviznar to drizzle, sprinkle
llueve (*from* **llover**) it rains, is raining
lluvia rain

M

maceta flowerpot
madera wood
madrastra stepmother

madre *f.* mother; **Día de las Madres**
  m. Mother's Day
madrina godmother; *pl.* bridesmaids
madrugada dawn
maduro/a ripe; mature
maestro/a teacher
mágico/a magic(al)
magnífico/a magnificent
maíz *m.* corn
majestuoso/a majestic
mal *adv.* badly; **de mal en peor** from
  bad to worse; **estar de mal humor**
  to be in a bad mood
maldad *f.* wickedness
maldito/a wicked; damned, accursed
maleta suitcase; **hacer las maletas** to
  pack
malo/a bad
maltratar to abuse, treat badly
maltrato abuse, ill treatment
mamá mother
manantial *m.* spring; source
manchar to stain, soil
mandado errand
mandar to send
mandato command
mandón, mandona imperious,
  domineering
manejar to drive
manera manner; **de manera que** so
  that; **de ninguna manera** in no
  way
manga sleeve
maní *m.* peanut
mano *f.* hand
manotazo cuff, slap (*of the hand*)
manteca lard
mantel *m.* tablecloth
mantener (*like* **tener**) to support; to
  maintain
mantequilla butter
manzana apple
mañana *n.* morning; *adv.* tomorrow
mañanitas *pl. Mexican birthday song*
mapa *m.* map
maquillaje *m.* makeup
máquina machine
mar *m.* sea
maracas *percussion instrument from the*
  Caribbean
maravilla *n.* wonder, marvel; **qué**
  maravilla! how wonderful!
maravilloso/a marvelous
marca brand
marcar (**qu**) to dial (*a phone number*)
marco frame
marcha march; marching
marchito/a withered
mareado/a seasick; nauseated
marearse to get seasick; to get
  carsick; to become nauseated

mareo seasickness, carsickness
margarina margarine
margarita daisy; *alcoholic drink made*
  with tequila
margen *f.* margin
mariachi *m. Mexican band/type of*
  music with trumpets, guitars, and
  marimba
mariscos *pl.* seafood
mármol *m.* marble
martes *m. s.* Tuesday
martillo hammer
marxismo Marxism
marxista *m., f.* Marxist
marzo March
más more; **más o menos** more or
  less; **más que** more than; **más**
  tarde later; **más de** + *number* more
  than (*number*)
masa dough
masacre *m.* massacre
masculino/a masculine
masticar (**qu**) to chew
matar to kill
mate *m.* tea (*Argentina*)
matemáticas *pl.* mathematics
materia (school) subject; **materia**
  prima raw material
material *m.* material
materialismo materialism
materno/a maternal
matrícula registration fees
matricularse to register (oneself) in
  school
matrimonio marriage; matrimony
máximo/a maximum
mayo May
mayonesa mayonnaise
mayor older; **el/la mayor** the oldest
mayoría majority
mayoritario/a *adj.* majority
mayormente principally, chiefly
mazorca ear of corn
me *d.o.* me; *i.o.* to/for me; *refl. pron.*
  myself
mecánico/a *n.* mechanic; *adj.*
  mechanical
mecanografía typing
mecedora rocking chair
mechón *m.* large lock of hair
media half (*time:* **las ocho y media**
  eight-thirty)
mediano/a medium
medianoche *f.* midnight
medias *pl.* stockings
medicamento medicine
medicina medicine
médico physician, doctor
médico/a *adj.* medical
medida measure
medio/a *adj.* half; middle

medio ambiente *m.* environment
mediodía *m.* noon, midday
medir (**i, i**) to measure
mejilla cheek
mejor better; **lo mejor** the best (part)
mejorar to improve
melón *m.* melon, cantaloupe
memoria memory
mencionado/a mentioned
mencionar to mention
menor minor; younger
menos less; **a menos que** unless;
  menos de + *number* less than
  (*number*); **menos mal** good thing,
  lucky; **menos que** less than
mensaje *m.* message
mensual monthly
mente *f.* mind
mentir (**ie, i**) to lie, not tell the truth;
  son puras mentiras! what a pack
  of lies!
mentira lie
menudo: a menudo frequently
mercadeo trade, commerce
mercado market; **mercado negro**
  black market; **mercado paralelo**
  parallel market
mercancía merchandise
merecer (**zc**) to deserve
merendar (**ie**) to snack
merienda light snack (*eaten at about*
  5:00 or 6:00 P.M.); picnic
mermelada marmalade
mes *m.* month
mesa table
mesero/a waiter/waitress
mesita coffee table
mesón *m.* tavern
meta goal
meter to put in, insert; **meterse a** +
  inf. to begin, get into (*doing*
  something) **meterse en líos** to get in
  trouble
metro meter; subway
mexicano/a Mexican
mezcla mixture
mezclar to mix
mi *poss.* my
mí *obj. of prep.* me; **y a mí qué!** what
  do I care!
miedo fear; **tener miedo** to be afraid
miel *f.* honey
miembro member
mientras meanwhile
miércoles *m.s.* Wednesday
mil one thousand
militar *n. m.* military
milla mile
millón: un millón de + *noun* a
  million (*things*)
millonario/a millionaire

mimado/a spoiled, overindulged (*child*)
mina mine
minero miner
mínimo/a *adj.* minimum
minoría minority
minoritario/a *adj.* minority
minuto minute
mío/a *poss. adj.* my, (of) mine
mirador *m.* bay window; observatory
mirar to look (at)
misa Mass (*Catholic religious ceremony*)
miseria misery
misionero/a missionary
mismo/a same
misterio mystery
misterioso/a mysterious
mitad *f.* half
mixto/a mixed
mochila backpack
moda fashion; **a la moda** in style
modelo *m., f.* model
moderado/a moderate
moderno/a modern
modesto/a modest
módico/a reasonable, economical
modificar (qu) to modify
modismo idiom, idiomatic expression
modo way, means; **de modo que** so that; **de todos modos** at any rate
mojado/a wet
molde *m.* mold (*shape*)
mole: mole poblano *m. Mexican chili sauce for turkey or chicken*
molestar to bother
molesto/a bothersome
molido/a ground (*as in ground beef*)
momentito moment, just a moment
momento moment
momia mummy
monarquía monarchy
moneda coin
monja (Catholic) nun
mono/a monkey
monótono/a monotonous
monstruo monster
montaña mountain
montañoso/a mountainous
montar a caballo to ride a horse
monte *m.* hill
montón *m.* heap, pile
monumento monument
morado/a purple
morder (ue) to bite
moreno/a brunet(te); dark complected
morir (ue, u) to die; **morirse de celos** to be very jealous
moro/a *n.* Moor; *adj.* Moorish
mosca fly

Moscú Moscow
mostaza mustard
mostrador *m.* counter
mostrar (ue) to show
motivación *f.* motivation
motivo motive
motocicleta motorcycle
mover (ue) to move
movimiento movement
muchacho/a young man/woman
mucho/a much; **mucho gusto** pleased to meet you
mudarse to move (*to another residence*)
muebles *m. pl.* furniture
muela molar (*tooth*)
muerte *f.* death
muerto/a dead
mujer *f.* woman
muleta crutch
multa fine; traffic ticket
multifamiliar *m.* building with housing for several families
multitud *f.* multitude, crowd
mundial *adj.* world
mundialmente all over the world
mundo world
muñeca wrist
muñeco/a doll; **muñeco de nieve** snowman
muñequita little doll
muñequitos *pl.* cartoons
músculo muscle
museo museum
música music; **música ranchera** Mexican country music
muslo thigh
musulmán, musulmana Muslim
muy very; **muy bien** very well, very good

N

nacer (zc) to be born
nacimiento *m.* birth; **fecha de nacimiento** birthdate; **lugar de nacimiento** *m.* birthplace
nación *f.* nation
nacional national
nacionalidad *f.* nationality
nacionalización *f.* nationalization
Naciones Unidas *f. pl.* United Nations
nada nothing, not anything; **de nada** you are welcome
nadar to swim
nadie no one, nobody, not anybody
nalgada *coll.* slap on the buttocks
nalgas *pl.* buttocks
naranja orange (*fruit*)
nariz *f.* (*pl.* **narices**) nose; **nariz tapada** stuffy nose; *pl.* nostrils

natación *f.* swimming (*sport*)
natal: país natal *m.* native country
nativo/a native
naturaleza nature
naturalmente naturally
navegar (gu) to sail
Navidad *f.* (*often pl.*) Christmas; **Feliz Navidad** Merry Christmas
neblina fog
necesario/a necessary
necesidad *f.* necessity
necesitar to need
negar (ie) (gu) to deny; **negarse a +** *inf.* to refuse to (*do something*)
negativo/a negative
negociante *m., f.* businessman/woman
negocio business
negro/a black
nene, nena infant; baby
nervio nerve
nervioso/a nervous
nevar (ie) to snow; **nieva** it snows
ni neither; nor; **ni ___ ni** neither ___ nor; **ni siquiera** not even; **ni pensar** let's not even think of it; **ni ariente ni pariente** neither kin nor cousin; **ni modo** too bad; no way
nicaragüense *m., f.* Nicaraguan
nieto/a grandson/daughter; **nietos** *pl.* grandchildren
nieva (*from* **nevar**) it snows, is snowing
nieve *f.* snow
ningún, ninguno/a no, none, not any; **de ninguna manera** in no way
niñera baby sitter; nursemaid
niñez *f.* (*pl.* **niñeces**) childhood
niño/a boy/girl; child; **el Niño Jesús** Baby Jesus
nivel *m.* level
no no; not; **¿no?** right?; **no hay de que** you are welcome; **¡no me diga(s)!** you don't say!
nocivo/a noxious; harmful
nocturno/a *adj.* nocturnal, night
noche *f.* night
Nochebuena *f.* Christmas Eve
nombrado/a named; appointed
nombrar for name; for appoint
nombre *m.* name
nopal *m.* cactus
nordeste *m.* northeast
nórdico/a Nordic
normalidad *f.* normality
normalmente normally
norte *m.* north
norteamericano/a North American
nos *d.o.* us; *i.o.* for/for us; *refl. pron.* ourselves
nosotros/as *sub. pron.* we; *obj. of prep.* us

nostalgia homesickness, nostalgia
nostálgico/a homesick, nostalgic
nota note; (school) grade
noticias *pl.* news
noticiero newscast
novecientos nine hundred
novedoso/a new, novel
novela novel
noveno/a ninth
noventa ninety
noviazgo courtship; engagement
noviembre *m.* November
novio/a boy/girlfriend; fiancé(e); groom/bride
nube *f.* cloud
nublado/a cloudy, overcast
núcleo nucleus
nudillos *pl.* knuckles
nuera daughter-in-law
nuestro/a *poss.* our, ours
nueve nine
nuevo/a new; **de nuevo** again
nuez *f.* (*pl.* **nueces**) nut; **nuez moscada** nutmeg
numérico/a numerical
número number; **número de teléfono** telephone number
nunca never
nupcial nuptial
nutritivo/a nutritious

O

obedecer (zc) for obey
objetivo *n.* objective
objeto object
obligación *f.* obligation, duty
obligar (gu) to obligate, compel
obra work; **obra de arte** work of art
obrero/a worker
observar for observe
observatorio observatory
obstáculo obstacle
obtener (*like* **tener**) for obtain
obvio/a obvious
ocasión *f.* occasion, chance, opportunity
ocasionar to cause
occidente *m.* west
oceánico/a oceanic, of the ocean
océano ocean
oceanografía oceanography
octavo/a eighth
octubre *m.* October
ocupado/a busy
ocuparse de to take care of; to pay attention to
ocurrir to happen, occur
ochenta eighty
ocho eight
odiar to hate
odio hate

odontología dentistry
oeste *m.* west
ofender to offend
oferta offer
oficial official
oficina office
oficio job, position
ofrecer (zc) to offer
oído (inner) ear
oír (*irreg.*) to hear; **¡oiga(n)!** well!, the idea!; hey, listen!
ojalá (que) I hope (that)
ojo eye; **¡ojo!** watch out!, take notice!; pay attention!
ola wave (*ocean*); **nueva ola** new wave
oler (ue) to smell
olmo elm
olor *m.* smell, odor
olvidar to forget; **olvidarse** to be forgotten; to forget
olla pot, kettle; stewpot
omelet *m.* omelette
once eleven
onza ounce
operación *f.* operation
operador(a) operator
operar to operate
opinar to judge, be of the opinion
oponer(se) (*like* **poner**) to oppose; to hinder; to object
oportunidad *f.* opportunity
oportuno/a opportune
oposición *f.* opposition
opresión *f.* oppression
oprimido/a oppressed
optimista *m., f.* optimist
óptimo/a best; eminently good
opuesto/a opposed
oración *f.* prayer; sentence (*grammar*)
orden *m.* order; *f.* order (*of food in a restaurant*); **a la orden** at your service; **a sus órdenes** at your service
ordenado/a ordered
ordenar to order
oreja (external) ear
organización *f.* organization
órgano organ
orgullo pride
orgulloso/a proud
oriente *m.* orient; east
origen *m.* origin
originalmente originally
orilla edge
oro gold
orquesta orchestra
ortografía orthography, spelling
os *d.o.* you (*fam. pl. Sp.*); *i.o.* to/for you (*fam. pl. Sp.*); *refl. pron.* yourselves (*fam. pl. Sp.*)

oscuridad *f.* darkness
oscuro/a dark
ostra oyster
otoño *m.* autumn, fall
otro/a other, another
oxígeno oxygen
oye (*fam. command from* **oír**) hey, listen

P

paciencia patience
paciente *n. m., f.* patient; *adj.* patient
padecer (zc) to suffer
padrastro stepfather
padre *m.* father; Catholic priest; **Día de los Padres** *m.* Fathers' Day; *pl.* parents
padrino godfather; *pl.* godparents
paella valenciana *Spanish dish with rice, chicken, shellfish and pork*
pagar (gu) to pay
página page
pago payment; **pago mensual** monthly payment
país *m.* country, nation; **país natal** birthplace (*country*)
paisaje *m.* landscape
pájaro bird; **pajarillo** little bird
pala shovel
palabra word
palacio palace
palma palm tree
palmera palm tree
palo stick
palpar to feel with the fingers; to touch
pan *m.* bread; **pan tostado** toast; **pan dulce** *semi-sweet Mexican breakfast roll*
panadería bakery
panal *m.* beehive
panameño/a Panamanian
pandilla gang
panecillo roll (*bread*)
pánico panic
panorámico/a panoramic
panqueque *m. coll.* pancake
pantalones *m. pl.* pants
pantalla (TV) screen
pantorrilla calf (*of the leg*)
pantuflas *pl.* slippers
pañuelo handkerchief
papa potato; **papas fritas** french fries
Papa *m.* Pope
papá *m.* father
papel *m.* paper; role; **hacer el papel de** to play the role of; **papel sanitario** toilet paper
papelería stationery store
paperas *pl.* mumps
paquete *m.* package

par *m.* pair
para *prep.* for; in order to; **para que**
   conj. so that; **¿para qué sirve?**
   what is it good for?, what is it
   used for?; **para servirle** at your
   service
parabrisas *m. s.* windshield
parachoques *m. s.* bumper
parada (de autobús) (bus) stop
paraguas *m. s.* umbrella
paraguayo/a Paraguayan
paraíso paradise
paralelo/a parallel
parar to stop; **pararse** to stop; *coll.* to
   stand up
parcela parcel
parcial partial
parecer (zc) to seem
pared *f.* wall
pareja couple
parentesco family relationship
pariente *m.* relative
parque *m.* park; **parque zoológico**
   zoo
párrafo paragraph
parrilla gridiron, broiler; grate; **a la**
   parrilla grilled, barbecued
parrillada grilled meats
parroquia parish
parte *f.* part
participación *f.* participation
participar to participate
participio participle
particular particular; **casa particular**
   private home
partido game (*sports*); political party
pasa raisin
pasado/a past; **pasado/a de moda**
   old-fashioned, dated; **pasado**
   mañana day after tomorrow
pasaje *m.* fare; passage; journey
pasajero/a passenger
pasaporte *m.* passport
pasar to pass; to happen, occur;
   pasar por to go through, to go
   (*somewhere to get something*); **pasar**
   la aspiradora to vacuum; **pasarlo**
   bien to have a good time; **pasar**
   tiempo to spend time
Pascua Easter
pasear to go for a walk
paseo stroll
pasillo hall
pasión *f.* passion
pasivo/a passive
paso step; **paso por/a paso** step by
   step
pasodoble *m. Spanish dance*
pasta paste; **pasta dental** toothpaste
pastel *m.* cake
pastilla tablet, lozenge

pata leg (*animal, table*)
patata potato (*Sp.*)
patinar to skate
pato/a duck
patriarcado patriarchy
patriota *m., f.* patriot
patrocinador(a) sponsor
patrón, patrona boss
patrulla patrol; patrol car
patrullar to patrol
pavimentado/a paved
pavo turkey
paz *f.* (*pl.* **paces**) peace
peatón, peatona pedestrian
pecera fishbowl
pecho chest
pedagogía pedagogy; education
   (*academic subject*)
pedazo piece
pedir (i, i) to ask for; **pedir permiso**
   to ask permission
pegar(se) (gu) to stick on, glue on
peinarse to comb one's hair
pelear to fight
película movie
peligro danger
peligroso/a dangerous
pelo hair
pelota ball
peluca wig
peluquería hairdressing shop;
   barbershop
peluquero/a hairdresser, barber
pellizcar (qu) to pinch
pellizco pinch
pena pain (*especially mental*),
   affliction; **pena de muerte** death
   penalty
pensamiento thought
pensar (ie) to think; to plan on
peor worse
pepino cucumber
pequeño/a small
pera pear
percibir to perceive
perder (ie) to lose; **perderse** to get
   lost
pérdida loss
perdido/a lost
perdón *n. m.* pardon; *interjection*
   excuse me
perdonar to forgive
pereza laziness
perezoso/a lazy
perfeccionamiento *n.* perfecting,
   improving
perfeccionar to perfect
perfecto/a perfect
periódico newspaper
periodismo jouralism
periodista *m., f.* journalist

período period
permanecer (zc) to remain
permanente permanent
permiso permission; **con permiso**
   excuse me (*when interrupting*
   someone or trying to make one's way
   through a crowd)
permitido/a allowed
permitir to allow; to give permission
pero but
perpetuar to perpetuate
perro/a dog
persecución *f.* persecution
perseguir (i, i) (ga) to persecute; to
   chase
persistir to persist
persona person
personaje *m.* character (*as in a novel*)
personal *n. m.* personnel; *adj.*
   personal
personalidad *f.* personality
perspectiva perspective
pertenecer (zc) to belong
peruano/a Peruvian
pesadilla nightmare
pesado/a heavy; insufferable;
   annoying
pesar to weigh
pesas *pl.* weights; **levantar pesas** to
   lift weights
pesca: de pesca of or pertaining to
   fishing
pescado fish
pescar (qu) to fish, go fishing
peseta *monetary unit of Spain*
pesimista *m., f.* pessimist
peso weight; *monetary unit of Mexico,*
   Colombia, Cuba, etc.
pestaña eyelash
petróleo petroleum; oil
petrolero/a *n.* seller of petroleum;
   adj. petroleum, oil
pez *m.* (*pl.* **peces**) fish
picador *m.* (*in bullfighting*) *person on*
   horseback who goads the bull
picante hot, spicy
pico peak
pie *m.* foot
piedra rock; pebble
piel *f.* skin; fur; leather
pierna leg
pijama pajamas
píldora pill
piloto *m., f.* pilot
pimienta pepper
pintado/a painted
pintar to paint
pintor(a) painter
pintoresco/a picturesque
pintura paint; painting (*artistic*)
pinza dart

piña pineapple
pipa pipe
pirámide *f.* pyramid
piropear to pay compliments, make flattering remarks (*to a woman*)
piropo compliment
piscina swimming pool
piso floor
pista track; **pista de baile** dance floor
piza pizza
pizarra chalkboard
pizca pinch (*quantity, in cooking*)
pizería pizzeria
placa license plate
placer *m.* pleasure
plaga plague; pest
plancha iron
planchar to iron
planear to plan
planeta *m.* planet
plano *n.* blueprint
plano/a *adj.* flat
planta plant
plantear to raise (*an issue*)
plástico/a plastic
plata *n.* silver
plataforma platform
plátano banana
plateado/a silver(y)
platicar (qu) to converse, chat
platillo (food) dish
plato plate; dish
playa beach
pleno: en pleno in the middle of
pluma pen (*American Spanish*)
población *f.* population
pobre *m., f.* poor person; **pobre de ti** you poor thing
pobrecito/a poor little thing
pobreza poverty
poco/a a little; **poco a poco** little by little; **poco asado/a** rare (*steak*); **un poco** a little
poder (*irreg.*) to be able to
poder *m.* power
poderoso/a powerful
poema *m.* poem
poeta *m.* poet
polaco/a Polish
policía *f.* police (force); *m.* policeman; **mujer policía** *f.* policewoman
poliglota *m., f.* polyglot
política politics
político/a *n.* politician; *adj.* political
politizar (c) to politicize; **politizarse** to become politicized
polvo powder; dust; **polvo de hornear** baking powder
polvorón *m. type of cookie*
pollera skirt (*Argentina*)

pollo chicken; **pollo frito** fried chicken
poner (*irreg.*) to put; **poner atención** to pay attention; **ponerse** to put on (*clothing*); **ponerse** + *adj.* to become + *adj.*
Popocatépetl *volcano near Mexico City;* **Popo** *nickname for Popocatépetl*
poquito/a a little bit
por *prep.* in (*the morning, evening, etc.*); for; per; by; through; during; on account of; for the sake of; **por avión** airmail; by plane; **por adelantado** in advance; **por completo** completely; **por Dios** by God; **por ejemplo** for example; **por eso** that's why, therefore; **por favor** please; **por fin** finally; **por lo general** generally; **por lo menos** at least; **por primera (última) vez** for the first (last) time; **por si acaso** just in case; **por suerte** luckily; **por su propia cuenta** on his own, at his own cost; **por supuesto** of course; **por último** finally, at last
porción *f.* piece; serving
¿por qué? why?
porque because
portafolio briefcase
portal *m.* porch, entrance
portarse to behave
portátil portable
portero door-opener (*automatic*); **portero/a** porter
portugués *m.* Portuguese (*language*)
portugués, portuguesa Portuguese
posada inn
posesión *f.* possession
posibilidad *f.* possibility
posible possible
posición *f.* position
positivo/a positive
postre *m.* dessert
postura posture
potencia: potencias mundiales *pl.* world powers
potente potent, powerful
práctica practice
practicar (qu) to practice
práctico/a practical
pragmático/a pragmatic
precaución *f.* caution
precio price; **precio fijo** fixed price
precioso/a precious; beautiful
precipitación *f.* precipitation, rainfall
precisamente precisely
precolombino/a pre-Columbian
predicción *f.* prediction
predilecto/a favorite
predominante predominant
preferencia preference

preferible preferable
preferir (ie, i) to prefer
pregunta question; **hacer una pregunta** to ask a question
preguntar to ask a question
prejuicio prejudice
premiar to reward
premio prize
prenda de vestir article of clothing
prender to turn on
prendido/a turned on (*light*)
prensa press (*newspaper, radio, television*)
preocupación *f.* worry
preocupado/a worried
preocuparse (por) to worry (over, about)
preparación *f.* preparation
preparado/a prepared
preparar to prepare
presa dam
presencia presence
presenciar to be present at
presentación *f.* presentation
presentado/a presented
presentar to present; **presentarse** to introduce oneself
presente *adj.* present
preservativo preservative
presidente/a president
presidido/a presided
presión *f.* pressure
préstamo loan
prestar to lend
prestigio prestige
prestigioso/a prestigious
presumido/a overconfident, stuck-up
presupuesto budget
pretexto pretext
primaria: escuela primaria elementary school
primavera spring
primer, primero/a *adj.* first; **primera vez** first time
primer ministro prime minister
primitivo/a primitive
primo/a cousin
princesa princess
principal main; essential
principiante *m., f.* beginner
principio beginning
prioridad *f.* priority
prisa haste
privado/a private
probabilidad *f.* probability
probablemente probably
probador *m.* fitting room
probar (ue) to taste; **probarse** to try on (*an article of clothing*)
problema *m.* problem
proceder de to come from, originate in

proceso process
producción *f.* production
producir (*irreg.*) to produce
productivo/a productive
producto product
profesión *f.* profession
profesional professional
profesor(a) professor
profundo/a deep; profound
programa *m.* program
programación *f.* programs (*as of a TV network*)
programador(a) programmer
progreso progress
prohibido/a forbidden
prohibir to forbid, prohibit
promesa promise
prometer to promise
promover (ue) to promote
pronombre *m.* pronoun
pronosticar (qu) to predict, foretell
pronóstico forecast; **pronóstico del tiempo** weather forecast
prontitud *f.* promptness
pronto quickly; **de pronto** suddenly, all at once
pronunciación *f.* pronunciation
pronunciar to pronounce
propiedad *f.* property
propietario/a owner
propina tip; **dejar una propina** to leave a tip
propio/a own
proponer (*like* **poner**) to propose
propósito purpose; **a propósito** on purpose
propuesta proposal
proteger (j) to protect
proteína protein
protesta protest
protestar to protest
provecho: buen provecho may it benefit you (*usual greeting before or after a meal*)
proveer to provide
provenir (*like* **venir**) (**de**) to arise (from), originate (in)
provocar (qu) to provoke, excite
próximo/a next; **la próxima vez** next time
proyectar to project
proyecto project
prueba test; quiz
psicología psychology
psicológico/a psychological
psicólogo/a psychologist
psiquiatra *m., f.* psychiatrist
publicidad *f.* publicity
público *n.* public
público/a *adj.* public
pudín *m.* pudding

pueblo town; people
pueblucho small town (*derogatory*)
puente *m.* bridge
puerco pig; **carne de puerco** *f.* pork
puerta door; gate
puerto port
puertorriqueño/a Puerto Rican
pues well
puesto position; stall
pulga flea
pulgada inch
pulmón *m.* lung
pulmonía pneumonia
pulsera bracelet
pulso pulse
pulverizado/a powdered
punta point; end
puntiagudo/a pointed, sharp
punto point; **al punto** medium rare; **en punto** on the dot (*time*); **punto de vista** point of view
puntualmente punctually
pupitre *m.* (student) desk
puro cigar
puro/a pure

Q

que what; that; which; **lo que** that which; **¡qué bien!** how nice!; **¡qué caray!** darn it!; **¡qué desgracia!** what a misfortune!; **¡qué divertido/a!** what fun!; **¡qué va!** no way!; **¿qué?** what?; **¿qué hora es?** what time is it?; **¿qué tal?** how's it going?
quedar to remain, be left; **quedarse** to stay, remain; **quedarle bien/mal a uno** to fit well/badly (*clothes*); **quedarle grande/pequeño a uno** to be too big/small for one (*clothes*)
quehaceres *m. pl.* chores
queja complaint
quejarse to complain; to moan in pain
quemado/a burnt, burned
quemadura burn
quemar to burn
querer (*irreg.*) to want; to love (*persons*)
querido/a dear
queso cheese
quien who
¿quién(es) who?, whom?
química chemistry
quince fifteen
quinientos five hundred
quinto/a fifth
quitar to take away; **quitarse** to take off (*clothes*)
quizá(s) maybe

R

rabo tail (*of an animal*)
ración *f.* ration
racismo racism
radiador *m.* radiator
radicado/a established
radiografía X-ray
radioyente *m.* radio listener
raíz *f.* (*pl.* **raíces**) root
rallar to grate (*cheese, etc.*)
rana frog
rancho ranch, small farm
rápidamente rapidly, quickly
rapidez *f.* rapidity, swiftness
rápido/a *adj.* fast; *adv.* fast, rapidly
raqueta racquet
ráquetbol *m.* racquetball
rascacielos *m. s.* skyscraper
rascarse (qu) to scratch oneself
rasgar (gu) to tear, rip
rato short time, while, little while
ratón *m.* mouse
raya stripe; **de rayas** striped
rayos equis *pl.* X-rays
raza race; **de raza** pedigreed
razón *f.* reason; **tener razón** to be right
reacción *f.* reaction
reaccionar to react
reaccionario/a reactionary
reactor nuclear *m.* nuclear plant
realidad *f.* reality; **en realidad** actually, really
realista *m., f.* realist
realización *f.* realization
realizar (c) to fulfill, carry out, bring about
realmente in reality; really
rebaja discount, reduction
rebajado/a reduced (*price*)
rebajar to reduce
rebanada slice
rebelde *m., f.* rebel
recado message
recámara bedroom
recepción *f.* reception
recepcionista *m., f.* receptionist
receso recess
receta recipe; (doctor's) prescription
recetar to prescribe (*medicine*)
recibir to receive
recibo receipt
recién casado/a just married
reciente recent
recoger (j) to pick up
recomendable recommendable
recomendación *f.* recommendation
recomendar (ie) to recommend
recompensa reward
reconocer (zc) to recognize

reconstruido/a rebuilt
recordar (ue) to remember
recorrer to pass over/through; to travel in or over
recorrido *n.* space or distance passed or traveled over
recorte *m.* clipping
recreativo/a recreational
recreo recess (*school*)
rector(a) director or president (*of a college or university*)
rectoría office of the director or president (*of a college or university*)
recuerdo memory
recurso resource
rechazar (c) to reject
red *f.* net
redondo/a round
reducción *f.* reduction
reducir (*like* **producir**) to reduce
reflejar to reflect
reflexivo/a reflexive
reforma reform; **reforma agraria** land reform
refrán *m.* proverb, saying
refrescante refreshing
refrescar (qu) to cool off, down
refresco refreshment; cold drink; soft drink
refrigerador *m.* refrigerator
regadera shower (*Mex.*); watering pot/can
regalar to give a gift
regalo gift
regar (ie) to irrigate; to water (*plants*)
regatear to bargain, haggle
regateo *n.* bargaining
régimen *m.* regime
región *f.* region
regir (i, i) (j) to rule, govern
registrar to register; to search; to thoroughly check something out
regla rule; ruler (*for measuring*)
regresar to return
regular to regulate
reina queen
reírse (i, i) (de) to laugh (at)
reja grating, railing, lattice
rejuvenecer (zc) to rejuvenate, become young again
relación *f.* relation, relationship
relacionado/a related
relacionar to relate
relámpago lightning
relativo/a *adj.* relative
religioso/a religious
reloj *m.* clock; watch
relojería watchmaker's shop
rellenar to fill in/out; to stuff
relleno stuffing
remedio remedy

remoto/a remote
rendido/a exhausted
renuncia resignation
renunciar to resign
reparación *f.* repair
reparar to repair
repartido/a distributed
repartir to distribute
repasar to review
repaso review
repente: de repente suddenly, all of a sudden
repetir (i, i) to repeat
reponer (*like* **poner**) to replace
reportaje *m.* report; reporting (*journalism*)
reportar to report
reportero/a reporter
reprender to scold, reproach
representante *n. m., f.* representative
representar to represent
represión *f.* repression
represivo/a repressive, restrictive
república republic
republicano/a republican
repulsivo/a repulsive
requerir (ie, i) to require
requisito requirement
res *f. s.* head of cattle; **carne de res** *f.* beef
resbaloso/a slippery
rescatar to rescue
rescate *m.* ransom
reseña review (*book or movie*)
reserva reserve
reservación *f.* reservation
reservado/a reserved
reservar to reserve
resfriado: estar resfriado/a to have a cold
residencia residence; **residencia de estudiantes/estudiantil** dormitory
residencial residential
residente *m., f.* resident
residir to reside
resolver (ue) to solve
respectivo/a respective
respecto: con respecto a respecting, with respect to (*a particular thing, topic*)
respetado/a respected
respeto respect
respirar to breathe
resplandor *m.* radiance; glare
responder to answer, respond
responsabilidad *f.* responsibility
responsable responsible
respuesta answer
restaurante *m.* restaurant
resto remainder, balance, rest; *pl.* remains (*of a dead person*)

restricción *f.* restriction
restringir (j) to restrict
resultado result
resultar to result
resumen *m.* summary
resurrección *f.* resurrection
retirarse to step away
retrasar to delay
reunir to bring together, reunite; **reunirse** to get together
revelar to reveal
revisar to check
revista magazine
revivir to revive
revolución *f.* revolution
revolver (ue) to turn over; to stir
revuelto/a scrambled; **huevos revueltos** *pl.* scrambled eggs
rey *m.* king; **los reyes magos** Magi, Three Wise Men
rezar (c) to pray
rico/a rich (*money*); delicious, tasty
ridículo/a ridiculous
riego irrigation
riesgo risk
rigidez *f.* (*pl.* **rigideces**) rigidity
rincón *m.* corner (*especially where two walls meet*)
riñón *m.* kidney
río river
ritmo rhythm
rizado/a curly (*hair*)
robar to steal
rocío dew
rodante rolling
rodeado/a surrounded
rodilla knee
rogar (ue) (gu) to beg
rojo/a red
rollo roll
Roma Rome
romano/a Roman
romántico/a romantic
romper(se) to tear; to break; to fracture
rompope *m. type of eggnog that usually contains rum*
ron *m.* rum
ropa clothing; **ropa interior** underwear
rosa rose
rosado/a pink
roto/a torn, broken
rotundo/a rotund; resonant; **un «no» rotundo** a flat "no"
rozar (c) to pass over lightly
rubio/a blond(e)
rudimentario/a rudimentary
rueda wheel
ruedo arena (*in the bullring*)
ruido noise

ruidoso/a noisy
ruina ruin
rumbo direction
Rusia Russia
ruso/a Russian
rústico/a rustic
ruta route
rutina routine
rutinario/a *adj.* routine

S

sábado Saturday
saber (*irreg.*) to know; **saber** + *inf.* to know how to (*do something*)
sabor *m.* taste
sabroso/a tasty
sacar (qu) to take out; **sacar fotos** to take pictures
sacerdote *m.* Catholic priest
saco coat
sacrificar (qu) to sacrifice
sacudir to dust (*furniture*)
sal *f.* salt
sala living room; **sala de espera** waiting room
salado/a salty
salchicha sausage
salida exit
salir (*irreg.*) to go out; **salir del trabajo** to get off work
salón *m.* room; **salón de clase** classroom; **salon de baile** dance hall
salsa *type of Caribbean dance;* sauce; **salsa de tomate** tomato sauce
saltar to jump
salud *f.* health
saludable healthy
saludar to greet
saludo greeting
salvadoreño/a Salvadorean
salvar to save
salvavidas *m., f. s.* lifeguard
sandalia sandal
sandía watermelon
sangre *f.* blood
sanitario/a sanitary
sano/a healthy
santo saint; **el día del santo** *m.* saint's day
sarampión *m.* measles
sarcástico/a sarcastic
sardina sardine
sartén *m. or f.* (frying) pan
satisfacción *f.* satisfaction
satisfacer (*like* **hacer**) to satisfy
satisfactorio/a satisfactory
satisfecho/a satisfied
se (*impersonal*) one; *refl. pron.* yourself (*form.*), himself, herself, yourselves (*form.*), themselves

secadora dryer
secar (qu) to dry
sección *f.* section; **sección de (no) fumar** (no) smoking section
seco/a dry
secretariado set of courses for secretaries
secretario/a secretary
secreto secret
secuestrar to hijack; to kidnap, abduct
secuestro kidnapping; **secuestro aéreo** hijacking
secundario/a secondary; **escuela secundaria** high school
sed *f.* thirst; **tener sed** to be thirsty
seda silk
seguida: en seguida right away
seguido *adv.* often
seguir (i, i) (ga) to follow; **seguir adelante** to go on, continue; **seguir una carrera** to have a career; **seguir una dieta** to go on, follow a diet
según according to
segundo/a second
seguridad *f.* security
seguro insurance
seguro/a sure
seis six
selección *f.* selection
selva jungle
semáforo traffic light, signal; semaphore
semana week; **fin de semana** *m.* weekend; **la semana pasada** last week; **la semana próxima** next week; **Semana Santa** Holy Week
semejante similar
semestre *m.* semester
senador(a) senator
sencillamente simply
senda path; way
senos *pl.* breasts
sensación *f.* sensation; **la sensación del momento** the "latest" thing
sensacional sensational
sensible sensitive
sentado/a sitting down
sentarse (ie) to sit down
sentencia sentence (*legal*)
sentido sense; **sentido del humor** sense of humor
sentimentalismo sentimentality
sentimiento feeling
sentir (ie, i) to regret, feel sorry; **sentirse** to feel (*an emotion*)
señal *f.* sign, signal
señalar to point out
señor (Sr.) *m.* Mr., sir; gentleman
señora (Sra.) Mrs.; lady

señores (Sres.) *m. pl.* Mr. and Mrs.; gentlemen
señorita (Srta.) Miss; young lady
separación *f.* separation
separado/a separated
separar to separate
septiembre *m.* September
séptimo/a seventh
ser (*irreg.*) to be
ser *m.* being
serenata serenade
sereno/a calm
serie *f.* series
serio/a serious
serpentina (paper) streamer
servicio service
servido/a served
servilleta napkin
servir (i, i) to serve; **¿en qué puedo servirle?** how can I help you?
sesenta sixty
setecientos seven hundred
setenta seventy
sexo sex
sexto/a sixth
si if
sí yes
sí: en sí in itself
siempre always
sierra mountain range, sierra
siete seven
siglo century
significado meaning
significar (qu) to mean
siguiente following, next
silbido whistling, whistle
silencio silence
silenciosamente silently
silla chair; **silla mecedora** rocking chair
sillón *m.* easy chair
simbólicamente symbolically
símbolo symbol
simpático/a nice; likeable
simpatizar (c) to sympathize
simplemente simply
sin *prep.* without; **sin que** *conj.* without; **vuelo sin escala** nonstop flight
sinceramente sincerely
sindicalista *m., f.* unionist; *adj.* union
sindicato *n.* union
sino but (rather)
sinónimo synonym
síntoma *m.* symptom
sirviente/a servant
sistema *m.* system
sitio place
situación *f.* situation
situado/a situated

sobras *pl.* leftovers (*food*)
sobre on, on top of; about; **sobre todo** above all, especially
sobremesa conversation at table (*immediately after a meal*)
sobrepoblación *f.* overpopulation
sobretodo overcoat
sobreviviente *m., f.* survivor
sobrevivir to survive
sobrino/a nephew/niece; **sobrinos** *pl.* nephews; nephews and nieces
socialismo Socialism
socialista *m., f.* Socialist
sociedad *f.* society
socioeconómico/a socioeconomic
sociología sociology
sociólogo/a sociologist
¡socorro! help!
sol *m.* sun; *monetary unit of Peru*
solamente only
soleado/a sunny
solicitar to apply
solicitud *f.* application
sólo only
solo/a alone
soltero/a single, unmarried
solterón, solterona confirmed bachelor/old maid
solución *f.* solution
solucionar to resolve
sombra shade; shadow
sombrero hat
somnolencia somnolence, sleepiness
sonar (ue) to sound; to ring (*phone, doorbell*); to go off (*as an alarm clock*)
sonido sound
sonreír (i, i) to smile
sopa soup
soportar to put up with
sordo/a deaf
sorprender to surprise
sorprendido/a surprised
sorpresa surprise
sorteo drawing, raffle
sortija ring
sos *form of* **ser** *that goes with* **vos** (**tú eres** = **vos sos**) (*Argentina*)
sospecha suspicion
sospechar to suspect
sospechoso/a suspicious; suspecting
sostén *m.* brassiere
sostener (*like* **tener**) to support
soviético/a Soviet
su *poss.* his, her, its, your (*form. s., pl.*), their
suave soft; smooth
subasta auction
subir to go up; **subir al** to get on/in (*a bus, car, plane*)
subjetivo/a subjective

subjuntivo subjunctive
subte *n. m. shortened form used by Argentines for* **subterráneo** (*subway*)
subterráneo/a *adj.* underground; cellar
suceder to happen
sucio/a dirty
Sudamérica South America
sudamericano/a South American
sudar to perspire
sudor *m.* perspiration
Suecia Sweden
suegro/a father/mother-in-law; **suegros** *pl.* in-laws
suela sole (*of a shoe*)
sueldo salary
suelo floor
suelto/a loose
sueño drowsiness; dream; **tener sueño** to be sleepy
suerte *f.* luck; **buena (mala) suerte** good (bad) luck
suéter *m.* sweater
suficiente enough, sufficient
sufrir to suffer
sugerencia suggestion
sugerir (ie, i) to suggest
suicidio suicide
Suiza Switzerland
suizo/a Swiss
sujetar to grasp; to fasten
sujeto/a fastened; **sujeto/a a** subject to
suma addition
sumar to add
sumergir (i, i) (j) to submerge
suntuoso/a sumptuous
¡super! great!
superficie *f.* surface
supermercado supermarket
superstición *f.* superstition
supersticioso/a superstitious
suponer (*like* **poner**) to suppose
sur *m.* south
surtido *n.* assortment; supply
surtido/a *adj.* assorted
surtir una receta to fill a prescription
suspender to fail; to discontinue
sustancia substance
sustancial substantial
sustantivo noun
susto fright
suyo/a your, of yours (*form. s., pl.*); his, of his; her, of hers

T

tabaco tobacco
taco *Mexican dish, rolled or folded tortilla filled with meat, beans, etc.*

tachuela thumbtack
tal such; **tal como** such as; **con tal (de) que** provided that; **¿qué tal?** how are you?; **tal vez** perhaps, maybe
talento talent
talla size (*clothing*)
taller *m.* shop, workshop
tamal *m.* tamale
tamaño size
también also
tampoco neither
tan as, so; **tan ___ como** as much ___ as; **tan pronto como** as soon as
tanque *m.* tank
tanto/a so much; **tanto/a(s) ___ como** as much/many as; **al tanto** up to date; informed
tapado/a covered
tapiz *m.* (*pl.* **tapices**) tapestry; rug
tardar to take (+ *period of time*)
tarde *n.* afternoon; **buenas tardes** good afternoon; *adv.* late; **llegar tarde** to be late; **tarde o temprano** sooner or later
tarea homework
tarifa tariff, rate
tarjeta card; **tarjeta de abordaje** boarding pass; **tarjeta de crédito** credit card; **tarjeta postal** post card
tasa rate
tatarabuelo/a great-great-grandfather/mother
taxista *m.* taxi driver
taza cup; toilet bowl
te *d.o.* you (*fam. s.*); *i.o.* to/for you (*fam. s.*); *refl. pron.* yourself (*fam. s.*)
té *m.* tea; **té helado** iced tea
teatro theater
técnico/a technological
tecnológico/a technological
techo roof; ceiling
tedioso/a tedious, boring, tiresome
tela cloth
telefónica telephone company
telefonista *m., f.* telephone operator
teléfono telephone; **hablar por teléfono** to call/talk on the phone
telenovela soap opera
telescopio telescope
televidente *m.* television viewer
televisor *m.* television set
tema *m.* theme
temblar (ie) to tremble; to shiver
tembleque *m. hair ornament on a spiral wire*
tembloroso/a trembling; shivering
temor *m.* fear
temperatura temperature

templo temple
temporada season (*sports*)
temprano early
tender (ie): tender la cama to make the bed; **tender la ropa** to hang clothes on a clothesline
tendido/a laid out (*said of a dead person laid out so people can come to pay their last respects*)
tenedor *m.* fork
tener (*irreg.*) to have; **tener calor** to be hot; **tener frío** to be cold; **tener ganas de** + *inf.* to feel like (*doing something*); **tener hambre** to be hungry; **tener líos** to have problems, be in trouble; **tener miedo** to be afraid; **tener planes** to have plans; **tener prisa** to be in a hurry; **tener que** + *inf.* to have to (*do something*); **tener razón** to be right; **tener sed** to be thirsty; **tener sueño** to be sleepy
tenis *m.* tennis
teoría theory
tequila *m.* tequila
tercer, tercero/a third; **tercer mundo** Third World
terciopelo velvet
terminar to end, finish
termómetro thermometer
ternera veal
terraza terrace
terremoto earthquake
terreno land, piece of land
terrorismo terrorism
terrorista *m., f.* terrorist
tesorería treasury
tesoro treasure
testamento will, testament
testigo *m., f.* witness
testimonio testimony
tetera teapot
textil textile
texto text
ti *obj. of prep.* you (*fam. s.*)
tibio/a warm, tepid
tiempo time; weather; **a tiempo** on time; **hace buen (mal) tiempo** the weather is nice (bad); **tiempo libre** free time
tienda store; **tienda de campaña** tent (*for camping*)
tierra land
tigre *m.* tiger
tijeras *pl.* scissors
timbre *m.* doorbell
timidez *f.* shyness, timidity
tímido/a shy
tino *n.* good aim
tinta ink

tinte *m.* dye
tinto red wine
tío/a uncle/aunt; **tíos** *pl.* aunts and uncles
típico/a typical
tipo type; **tipo de cambio** exchange rate
tirano/a tyrant
tirar to throw; to throw away
tiras cómicas *pl.* comic strips, funnies
título title; degree
tiza chalk
toalla towel
tobillo ankle
tocacintas *m. s.* cassette (tape) player
tocadiscos *m. s.* record player
tocador *m.* dresser
tocar (qu) to play (*a musical instrument*); **tocar la bocina** to honk a horn; **tocar la puerta** to knock on a door; **tocar el timbre** to ring the doorbell on a door
tocino bacon
todavía still; yet
todo everything; **todo/a** all of something; **todo el día** all day; **todo el mundo** everybody; **todos** all, everyone; **de todos modos** at any rate; **todos los días** every day
tolerar to tolerate
tomar to take; to drink; **tomar fotos** to take pictures
tomate *m.* tomato
tonalidad *f.* tonality
tonelada ton
tono tone
tontería foolishness, nonsense
tonto/a dumb, silly
torcido/a twisted, bent; distorted
torero bullfighter
tormenta storm
toro bull
toronja grapefruit
torre *f.* tower
torta *type of sandwich* (*Mex.*); cake (*Sp.*)
tortilla *thin cake made of corn flour* (*Mex.*); **tortilla española** *Spanish omelette made of eggs, potatoes, and onions*
tos *f.* cough
toser to cough
tostada *dish with beans, meat, lettuce, etc. on a crisp, fried tortilla* (*Mex.*); toast (*Sp.*)
tostado/a toasted
tostador *m.* toaster
tostar (ue) to toast
tostones *m. pl. fried slices of green plantain* (*Cuban*)

totalidad *f.* totality
totalitarismo totalitarianism
totalmente totally
trabajador(a) *n.* worker; *adj.* hardworking
trabajar to work; **trabajar de** to work as
trabajo work; job
tradición *f.* tradition
tradicional traditional
traducir (*like* **producir**) to translate
traer (*irreg.*) to bring
tráfico traffic
tragar (gu) to swallow
tragedia tragedy
trágico/a tragic
trago drink
traición *f.* betrayal
traidor(a) traitor
traje *m.* suit; **traje de baño** bathing suit
trámites *m. pl.* legal proceedings
tranquilo/a calm; tranquil
transbordar to transfer (*as from one bus to another*)
transbordo transfer
transcurso lapse, course (*of time*)
transformar to transform
transición *f.* transition
transitar to travel
tránsito traffic
transmisión *f.* transmission
transparente transparent
transportar to transport, carry
transporte *m.* transportation
tranvía tramway; cable car; streetcar
tras after
trasbordar *see* **transbordar**
trasbordo *see* **transbordo**
trasladar to move; to transfer
tratamiento treatment
tratar to try; **tratarse** to talk about, deal with; **tratarse de** to be about something; **tratar bien (mal) a una persona** to treat a person well (poorly)
trato deal, treaty
través: a través de through
travesura prank
travieso/a prankish; mischievous
trayecto distance, stretch
trece thirteen
treinta thirty
tremendo/a tremendous
tren *m.* train
trenza braid
tres three
trimestre *m.* trimester; quarter (*of a year*)
triste sad

tristeza sadness
triunfante triumphant
triunfar to succeed, triumph
triunfo triumph
trofeo trophy
trolebús *m.* trolley
trompeta trumpet
tropas *pl.* troops
trozo piece
truco trick
trueno thunder
tu *poss.* your (*fam. s.*)
tú *sub. pron.* you (*fam. s.*); **¿y tú?** and you?
tubo tube; pipe (*in plumbing*)
tumulto tumult, uproar; uprising
turismo tourism
turista *m., f.* tourist
turístico/a *adj.* tourist
turno turn, shift (*on a job*)
turrón *m.* nougat, almond paste
tuyo/a *poss.* your, of yours (*fam. s.*)

U

ubicado/a located
últimamente lately
último/a last; **a última hora** at the last minute
un, uno/a one; (*indefinite article*) a, an
únicamente only
único/a *adj.* only; **hijo/a único/a** only child; **lo único** the only thing
unidad *f.* unity
unido/a united
uniforme *m.* uniform
Unión Soviética *f.* Soviet Union
unir to unite
universidad *f.* university; **universidad autónoma** state-funded but autonomous university
universitario/a *adj.* university
urbanización *f.* housing development
urbano/a urban
urgencia urgency
urgente urgent
uruguayo/a Uruguayan
usado/a used
usar to use
uso *n.* use
usted (Ud., Vd.) *sub. pron.* you (*form. s.*); *obj. of prep.* you (*form. s.*)
usualmente usually
utensilio utensil
útero uterus
útil useful
utilidad *f.* utility
utilizar (c) to use, utilize
uva grape

V

va: ¡qué va! no way!
vaca cow
vacaciones *f. pl.* vacation; **ir de vacaciones** to go on vacation
vacío/a empty
vacuna shot, vaccination
vado dip in a road
vagón *m.* wagon
vainilla vanilla
vajilla set of dishes
valer to be worth; **¿cuánto vale... ?** how much is . . . ?; **valer la pena** to be worth the trouble; **valerse de** to make use of, avail oneself of; **vale** OK (*Sp.*)
válido/a valid
valiente brave
valioso/a valuable
valor *m.* value; price; nerve
valorar to value
valle *m.* valley
vano/a vain
vaquero cowboy
variado/a varied
variar to vary
varicela chicken pox
variedad *f.* variety
varios/as several
varón *n. m.* male
vaso glass (*for water, milk*)
vecindad *f.* neighborhood
vecino/a neighbor
vegetación *f.* vegetation
vegetal *n. m.* vegetable; *adj.* vegetable
vehículo vehicle
veinte twenty
vela candle
velada soiree, evening party
velero sailboat
velita candle (*for birthdays*)
velo veil
velocidad *f.* speed
velorio wake; watch (*over a dead person*)
vena vein
vencer (z) to conquer, subdue, defeat
vencido/a defeated, conquered
vendaje *m.* bandage
vendedor(a) salesperson
vender to sell
venezolano/a Venezuelan
venganza revenge
venir (*irreg.*) to come
venta sale; **de venta** for sale; **en venta** on sale
ventaja advantage
ventana window

ventanilla window (*of ticket office, bank teller, etc.*)
ventilador *m.* fan
ver (*irreg.*) to see; **a ver si** let's see if; **nos vemos** we'll see each other
veraniego/a *adj.* summer(y)
verano summer
veras: ¿de veras? really?
verbo verb
verdad *f.* truth
verdaderamente truly
verdadero/a true
verde green
vergüenza shame
verter (ie, i) to pour
vestíbulo vestibule; lobby (*in a hotel*)
vestido dress
vestir (i, i) to dress; **vestirse** to get dressed
veterinario/a veterinarian
vez *f.* (*pl.* **veces**) time; **a la vez** at the same time; **alguna vez** ever; **a veces** sometimes; **de vez en cuando** once in a while; **en vez de** instead of; **muchas veces** many times; **otra vez** again; **pocas veces** not very often, a few times; **primera vez** first time; **próxima vez** next time; **última vez** last time; **una vez** once, one time
viajar to travel
viaje *m.* trip; **hacer un viaje** to take a trip
viajero/a traveler
vías: en vías de desarrollo developing; **país en vías de desarrollo** developing nation
vicepresidente/a vice-president
vicio vice
víctima *m., f.* victim
vida life; **vida marina** ocean life
vidrio glass
viejo/a old
viento wind; **hace viento** it's windy
viernes *m. s.* Friday
vietnamita *m., f.* Vietnamese
vigencia: tener vigencia to be in force
vigilancia vigilance
villancico Christmas carol
vinagre *m.* vinegar
vino wine
violación *f.* violation; sexual rape
violencia violence
violento/a violent
virgen *f.* virgin
viruela pox; **viruela loca** chicken pox; **viruela negra** smallpox
visado visa
visita visit; **de visita** visiting
visitar to visit

vitamina vitamin
viudo/a widower/widow
vivienda dwelling, lodging, house
vivir to live
vivo/a alive
vocabulario vocabulary
volante *m.* steering wheel
volar (ue) to fly
volcán *m.* volcano
vólibol *m.* volleyball
voltear to turn; **voltearse** to turn oneself
volumen *m.* volume
voluntario/a volunteer
volver (ue) to return; **volverse (ue)** to become; **volverse loco/a** to go (become) crazy
vos *sub. pron.* you (*fam. s. in Argentina, Guatemala, etc.*)

vosotros *sub. pron.* you (*fam. pl. Sp.*); *obj. of prep.* you (*fam. pl. Sp.*)
votar to vote
voz *f.* (*pl.* **voces**) voice; **en voz alta** in a loud voice; speak up; **en voz baja** in a low voice
vuelo flight
vuelta turn; **de ida y vuelta** round-trip; **a la vuelta** around the corner
vuestro/a *poss.* your (*fam. pl. Sp.*), of yours (*fam. pl. Sp.*)

Y

y and; plus; **¡y a mí qué!** what do I care! **¿y (eso), qué?** so what?
ya already, now; **¡ya era hora!** it's about time! **ya no** no longer; **ya que** since; **ya voy** I'm coming

yate *m.* yacht
yema egg yolk
yerno son-in-law; **yernos** *pl.* sons- and daughters-in-law
yeso gypsum, plaster of Paris; cast (*on a broken leg, etc.*)
yo *sub. pron.* I
yuca yucca
yugo yoke

Z

zanahoria carrot
zapatería shoe store
zapatilla slipper
zapato shoe
zona zone; **zona franca** free zone
zoológico zoo

INDEX

ABOUT THE AUTHORS

Tracy D. Terrell is a Full Professor of Spanish at the University of California at Irvine; during the 1985–86 academic year, he is a visiting professor in the Department of Linguistics at the University of California, San Diego. He received his Ph.D. in Spanish Linguistics from the University of Texas at Austin and has published extensively in the area of Spanish dialectology, specializing in the sociolinguistics of Caribbean Spanish. Professor Terrell's publications on second-language acquisition and on Natural Approach are widely known in the United States and abroad.

Magdalena Andrade received her first B.A. in Spanish/French and a second B.A. in English from San Diego State University. She has taught Spanish to native speakers for the State of California and elementary and intermediate Spanish at San Diego State University and the University of California, Irvine. She is currently teaching at UC Irvine and at Irvine Valley Community College while completing her Ph.D. in Spanish, with an emphasis on twentieth-century Latin American literature and the theory of criticism.

Jeanne Egasse received her B.A. and M.A. in Spanish linguistics from the University of California, Irvine. She has taught foreign language methodology courses and supervised student teachers of foreign languages and ESL in the Office of Teacher Education at UC Irvine. Currently she is an instructor in Spanish and linguistics at Irvine Valley Community College and also serves as a consultant for local schools and universities on implementing Natural Approach in the language classroom.

Elías Miguel Muñoz is Assistant Professor of Spanish at Wichita State University, where he teaches courses in language and Latin American literature. He received his M.A. and Ph.D. from the University of California, Irvine. He has published articles of literary criticism, poetry, short stories, and a novel—*Los viajes de Orlando Cachumbambé*—which was awarded the UCI Alumni Association Creative Achievement Award of 1978. His poetry has appeared in anthologies in the United States and in Spain.

$$
\begin{array}{r}
4 \\
26 \\
17 \\
\hline
182 \\
26 \\
\end{array}
$$

00

44 2 00

45,000

MAR CARIBE

OCÉANO ATLÁNTICO

Barranquilla
Cartagena ●

Lago de
Maracaibo

● **Caracas**

Río Orinoco

VENEZUELA

GUAYANA

SURINAM

GUAYANA
FRANCESA

Río Magdalena

Manizales ●

○ **Bogotá**

COLOMBIA

Cali ●

Otavalo ●

○ **Quito**

ECUADOR

Iquitos ●

Río Amazonas

ECUADOR

Cajamarca ●

PERÚ

Machu Picchu ●

Lima ○

Pisac ●

● Cuzco

Ayacucho ●

Lago
Titicaca

BOLIVIA

○ **La Paz**

BRASIL

● Sucre

● Potosí

○ Brasilia

PARAGUAY

Río Paraná

● Salta

Asunción ○

● Iguazú

Río de Janeiro ●

OCÉANO PACÍFICO

Río Uruguay

URUGUAY

Santiago ○

Buenos Aires ○

Montevideo ○

● Punta del Este

OCÉANO ATLÁNTICO

CHILE

ARGENTINA

Río de la Plata

Temuco ●

América del Sur

| 0 | 200 | 400 | 600 | 800 Millas |

| 0 | 200 | 400 | 600 | 800 Kilómetros |

Estrecho de Magallanes

TIERRA DEL FUEGO